只接受無條件投降的人

尤利西斯·格蘭特將軍

(Louis A. Coolidge)

A．柯立芝——著

李皓明——譯

主導南北戰爭、重建戰後美國、
執政時期飽受攻擊、用盡生命完成回憶錄，重現美國戰爭部長傳奇的一生

ULYSSES S. GRANT

身為最高統治者，他是流言蜚語與攻擊批評的靶心，
失去軍銜與離開總統之位後，他獲得了全國的愛戴，
但他那隨和的性情與對人的信任卻被利用，使他一度失去錢財、聲譽受損……

晚年的他，在經歷悲劇、歡喜與不幸後，以回憶錄在人民心中恢復了應有的地位。

他是美國第 18 任總統——陸軍上將尤利西斯·格蘭特

目錄

CONTENTS

序

在創作本書時，筆者自然要參閱其他作家所著的相關作品。要是不在下面提及這些參考書籍，必然會在敘述的過程中帶來諸多不便。

在格蘭特軍事生涯方面，我參考以下相關書籍：《格蘭特的個人回憶錄：內戰的戰鬥以及領袖》、尼古拉與哈伊所著的《林肯的一生》、理查森所著的《尤利西斯·辛普森·格蘭特的人生故事》、巴多所著的《軍事歷史》，還有薛曼（William Tecumseh Sherman）、謝里登（Philip Henry Sheridan）、斯科菲爾德、麥克萊倫（George B. McClellan）以及詹姆斯·H·威爾遜（James H. Wilson）等將軍所著的書籍；達納所著的《內戰回憶錄》、賀拉斯·波爾特所著的《與格蘭特一起作戰》、約翰·菲斯克所著的《內戰中的密西西比山谷》、A.H. 史蒂文斯所寫的個人回憶錄、格蘭特寫給家人、沃什伯恩（Elihu Benjamin Washburne）以及巴多等人的信件；格蘭特寫給謝爾曼兄弟 —— 特庫姆塞以及約翰的信件；甘梅利爾·布拉德福特創作的有關政府軍與南方聯盟一些將領的有趣肖像畫；歐文·韋斯特創作的一些有趣卻引人入勝的描摹畫。

在政府管理方面，很多作家都貢獻了許多素材以及對一些事情做出了清晰的論述。每一個想要系統性全面闡述內戰和重建時期的人，都必然會經常提及羅德創作的那本《美國的歷史》，這是一本里程碑式的著作，裡面囊括了許多充足的史料以及詳盡的資料。一些讀者可能會對他所下的結論不是很贊同，但這絲毫不影響這本書的嚴謹性與權威性。

其他參考的書籍有：布萊恩所著的《在國會的二十年》、喬治·F·霍爾所著的個人自傳、約翰·謝爾曼以及卡爾·舒爾茨各自寫的個人回憶

PREFACE

錄、吉迪恩·韋爾斯（Gideon Welles）所寫的日記、休·麥克洛克寫的《半個世界的偉大人物與重要事件》、梅里安姆所著的《薩繆爾·鮑爾斯的人生與時代》、斯坦頓（Edwin McMasters Stanton）、康克林、莫頓、錢德勒以及特蘭伯爾等人的回憶錄、巴多所著的《和平時期的格蘭特》、《美國政治家系列叢書》裡有關索姆奈（Charles Sumner）、查斯、史蒂文斯、查理斯·法蘭西斯·亞當斯（Charles Francis Adams）、斯沃德、薛曼等人的內容；亨利·亞當斯所著的《歷史文卷》、約翰·比奇洛所著的《動盪時代的反省》、麥克弗森所著的《重建時期的歷史》、德威特所著的《對安德魯·詹森的彈劾與審判》、約翰·羅素·楊格所著的《與格蘭特將軍環遊世界》、哈沃斯所著的《西元 1876 年總統選舉的各種爭議》、約瑟夫·布克林主教所著的《總統提名與選舉》、斯坦伍德所著的《總統制度的歷史》、詹姆斯·L·波斯特所著的《個人的朋友的回憶錄》小冊子、查理斯·伊里亞德·諾頓所寫的信件、約翰·洛斯洛羅普·莫特利（John Lothrop Motley）所寫的信件、奧利弗·溫德爾·霍爾姆斯所著的《莫特利的一生》、參議員洛奇所著的《早年的回憶》、查理斯·法蘭西斯·亞當斯所著的《華盛頓協議》。加蘭德、艾德蒙茲、金以及其他著名作家寫過有關格蘭特一生的故事，他們都對格蘭特在內戰期間的表現大為讚賞，卻沒有對格蘭特在阿波馬托克斯戰役之後的公共服務方面的表現有一個全面的評價。

我們必須記住一點，那就是格蘭特擁有兩個完全不同的事業，其中每一個事業都在歷史上有其重要的價值。自傳作家們並沒有對其中一個事業顯得吝嗇，正是他們所創作的作品讓格蘭特獲得了世界的聲望。但是，他們對格蘭特的另一項事業卻沒有這麼「友善」了。在平叛內亂之後，格蘭特所取得的成就並沒有那麼高。不過，身為總統的格蘭特卻讓處於重建階段的美國始終走在和平的道路，並在當時的世界上樹立了美國的國家威信。這樣的歷史功績與他在內戰時期的輝煌軍事成就相比，其實一點都不遜色。

第一章　命定的人

在人類歷史上所有獲得過不朽名聲的偉大人物當中，沒有比格蘭特的人生有更多運氣成分的了。在人類歷史上任何一個在軍事取得輝煌成就，在政治上得到回報的人當中，也沒有比格蘭特這樣一個缺乏政治野心的人得到更多回報的。格蘭特只是一個性情安靜、過著簡樸生活的人，一生的大部分時間都生活在落後的西部小鎮上。他沒有旺盛的想像力，對於人們一般愛好的東西也不是很感興趣，他甚至沒有足夠的能力像附近的一些男人那樣，為自己的家人提供溫飽的生活。

他之前的從軍經歷也沒有給他帶來多大的觸動，似乎這段經歷從未出現過一樣。最後，命運的轉機卻給了他一個名揚世界的機會 —— 成為了他那個時代最偉大的軍事將領。內戰結束後，他從未想過要在這樣一個陌生的領域內有所成就，他並不熟悉政治，也不懂得政府治理方面的事宜，卻因為時勢的影響，在長達八年的時間裡成為了這個國家最有權力的人。他的人生似乎擁有著數不清的機會，雖然他從未有意地去追求這些機會，因為他彷彿對這些機會的到來不是那麼在乎，但他最終都能夠憑藉自己的能力，冷靜地去把握。

在面對不得不處理的紛爭時，他選擇相信自己的能力，勇敢地去處理一些極為龐大複雜的問題。他見證了自己的國家重新團結起來，沿著一條清晰的康莊大道前進，最後他心甘情願地退下來，過著平凡的生活。此時他擁有從未被玷汙的名聲，內心沒有任何的遺憾與愧疚，不會因為一些悔恨的事情而睡不著。

當他獲得中將軍銜時，曾寫過一封信給薛曼。在信中，格蘭特表示正是在許多將領的幫助下，他才能不斷地前進。薛曼也同樣謙虛地回覆說：「我認為你是一個勇敢的愛國者，簡直與華盛頓一模一樣。你是一個無私、心地善良與誠實的人。你最大的一個優點就是，對自己所做的事情有著一種必須要取得成功的簡單信念，這樣的信念就像一位基督徒對救世主的信念那樣強烈。」內戰時期，薛曼經常親眼目睹格蘭特的行為舉止。因此當我們回頭看的時候，可以發現格蘭特在戰後的一些行為都展現出對他人有一種孩童般的信任情感。

對格蘭特這樣一位生性羞澀、安靜沉默的人來說，直到中年，他的人生依然是在混沌中度過的。在那個時候，他絕對不會想到自己接下來的人生，會充滿著各種勝利以及各種悲劇，這一切就像一個難解的謎題。在格蘭特的心靈世界裡根本就沒有讓步的概念，也沒有模稜兩可或是圓滑等方面的概念。他的思維方式比較直接，不願意想任何詭計去欺騙別人——在戰爭時期以及許多緊急的行政決策上，這是一種非常罕見的品格，可是在和平時期裡，政治策略、事關經濟的各種問題和面對諂媚者以及不誠實的隨從等問題上，這可能就不是一種優點了。

無論是身為總統還是身為普通民眾，我們可以撕掉任何抹黑他取得巨大成就的內容，如果這是可以的話。我很不想寫這一章，不過這個暗淡的序曲對於我們了解格蘭特這個擁有純潔靈魂的人來說，是極為必要的。

第一節　早年的影響

一百年前，在俄亥俄州的北岸沿線散落著一些移民的居住點，這些移民是為內河船服務的。其中一個移民定居點在辛辛那提東南二十五哩的地方，這裡有一個被稱為波因特普萊森的河灣。在十多戶的人家裡，絕大多

第一章　命定的人

數人都是從南方移民過來的。一些移民者在方圓二十五哩的地方裡居住。在靠近前面河流的地方，有一間只有兩個房間的建築，西元 1822 年 4 月 27 日，格蘭特就在這裡出生。

格蘭特的父親名叫傑西 · 魯特 · 格蘭特（Jesse Root Grant），他從俄亥俄州東北的一角搬過來這裡，為另一個移民者經營一間小型皮革廠。格蘭特的母親名叫漢娜 · 辛普森 · 格蘭特（Hannah Simpson Grant），她的父親是一位節儉的農民，也剛從賓夕法尼亞州來到這裡，距離費城只有幾哩路而已。

格蘭特的名字是在一場家庭聚會上取的，時間是在他出生之後的第六個星期。據說，當時一位年輕的阿姨從帽子上取出一張紙條，紙條上寫著「尤利西斯」的名字，這是格蘭特的外婆辛普森的選擇，因為她當時正在閱讀費奈隆所寫的《特勒馬科斯》，非常喜歡裡面這個人物的品格：「他的智慧就像是貼在他嘴唇的封緘，只有在面對事情時才會開口說話。」而「海勒姆」這個名字之所以加入其中，則是因為要取悅別人。在格蘭特前往西點軍校讀書之前，他的名字都是「海勒姆 · 尤利西斯」。帶他一起前往西點軍校的眾議員在幫他報名時，因為忘記了格蘭特的名字，於是將他的名字改為「尤利西斯 · 辛普森 · 格蘭特」。這就是格蘭特名字的由來。

在格蘭特還是個孩子的時候，鄰居喜歡稱他為「沒用的人」（因為 useless 這個詞語和 ulysses 一詞發音相近）。格蘭特在西點軍校讀書時的綽號則是「山姆大叔」或是「山姆」。格蘭特手下的士兵則稱他為「只接受無條件投降的人」（Unconditional Surrender，簡寫就是 U.S，這與格蘭特的名字 U.S.Grant 比較相像）。

在格蘭特剛滿一歲時，他的父親存下了一千一百美金的存款，決心要去闖一番事業。他將全家都搬到臨近的一個縣，這是一個邊遠的移民定居點，這個地方在他們原先居住的地方向東二十哩，距離河流也有十哩的路程。雖然這裡比波因特普萊森的規模還要小，但在格蘭特的父親看來，這裡是縣政府所在地，很有可能會慢慢發展起來。

這個縣在一片橡樹森林裡面，方便獲取更多的樹皮。這裡有十幾座房屋 —— 其中一些是木製結構，一些則是磚製結構 —— 這裡的生活環境顯得那麼地缺乏生氣、原始以及粗獷。格蘭特一家在一樓吃飯與生活，晚上則在一座小閣樓裡睡覺，還有一個簡易的廚房建在房子後面，是傑西·格蘭特用磚砌成的。當他的手頭寬裕些就不時添磚加瓦，直到這座房子比附近的房子都更加寬敞與整潔。當然，要是按照現在的衛生標準，他們當時居住的環境肯定會被列入黑名單。格蘭特就是在這樣的環境下成長的，直到他到了上學的年齡。

對格蘭特一家來說，生活的條件非常艱難，命運似乎並沒有垂青他們一家。他們家幾乎沒有什麼家具，牆壁上也沒有什麼東西可以懸掛，他們可以閱讀的東西也僅限於一些布道演說、讚歌詩篇以及溫姆所著的《華盛頓人生傳記》。除非他們跑去鄰居那裡借書，否則根本沒有其他的書可以看。格蘭特的母親與村裡面其他的家庭主婦一樣，每天勤勤懇懇地做好家務，在一個開放的壁爐裡煮飯燒菜，孩子們則在唱著歌。

他們所聽到的唯一一種與音樂相像的東西，就是在一座規模很小的衛理公會教堂裡，聽到的唱頌讚美詩發出的聲音，或是聽到一些簡陋的酒館在旅人打開大門時發出的吱吱聲。很多男人都會喝棕櫚酒，這可以說是他們唯一的室內消遣活動了。在格蘭特的一生裡，他幾乎分辨不出《老百首》（這是根據一百首詩編成的讚美詩或其樂曲）與《漁夫的舞歌》。在他看來，這兩者沒有什麼區別。

這個落後的小地方除了是格蘭特的成長地之外，還有一個為世人所知的地方。在內戰爆發時，這裡居住的人口將近一千，絕大多數人都是支持南方邦聯的。到教會參加禮拜的時候，格蘭特曾經說過，相比於相信《聖經》的真實性，多數人更熱衷於戰爭以及反對廢除黑奴制度。在內戰爆發前夕，要是生活在這裡的人們有投票權的話，那麼他們肯定會投票給傑弗遜·戴維斯（Jefferson Davis），而不會投票給林肯（Abraham Lincoln）。

格蘭特後來寫道：「這個偏遠的西部村莊要是將老人與孩子的總人數算在內，一共才只有一千人 —— 這足以成立一個單獨的軍團了，當然，前提是每個人都有能力去使用武器 —— 這個地方有四人在政府軍裡成為了將軍，有一人成為上校，還有許多西點軍校的畢業生，還有九名志願軍的將軍以及陸軍校級軍官。」

傑西·格蘭特為人正直，但他卻有自己的一些癖好，因此不是很受大家歡迎。他是一位節儉、勤奮與獨立的人，對政治問題以及其他議題有著自己堅定的看法，他的立場與觀點並不總能得到鄰居的贊同，當然他在闡述這些觀念的時間以及方式上都不太講究。傑西·格蘭特並沒有想過要因此順應自己所處的環境。根據格蘭特的說法，他的父親很擅長辯論，平時認真閱讀他所能借到的每一本書，並能記住自己所讀過的內容 —— 這幾乎就是他接受到的全部教育了。

傑西·格蘭特是一位身強體壯的人，身高六英尺，具有強烈的道德感，同時也是一個容易輕信別人、坦率、愛管閒事與愛爭辯的人。他喜歡作打油詩，其中的一些詩歌甚至出現在當地的週報上，至今還能看到。除此之外，傑西·格蘭特還能用非常簡潔的文字寫作，知道如何充分表達自己的思想。他與酒館裡那些遊手好閒的人關係不是很好，這些人經常嘲笑他的舉止以及他所戴的那一副金色鑲邊的眼鏡。許多人都難以理解傑西·格蘭特對年幼的格蘭特所表現出的自豪神色，因為他們認為年幼的格蘭特是一個很笨的人，跟村裡其他孩子相比既不聰明也不善談。

傑西．格蘭特對自己的祖先充滿了驕傲感，耗費許多心血將自己的家族追溯到了新英格蘭時期的祖先。他發現馬修．格蘭特在西元 1630 年從英格蘭移民到麻薩諸塞州的多賈斯特，沒過多久就搬到了康乃狄克州的溫莎地區，他的後代一直在這裡居住，一直到傑西．格蘭特的父親這一輩。傑西的祖父在英國的軍隊服役，後來在參加法國與印第安人的戰爭中犧牲。傑西的父親是諾亞．格蘭特上尉，曾經參加過邦克山戰役，後來在大陸軍服役，並參與了美國獨立戰爭。在這之後，他先搬到了賓夕法尼亞州的威斯特摩蘭縣，接著又搬到了俄亥俄州的迪爾菲爾德。傑西有一個同父異母的兄弟彼得，彼得前往肯塔基州的梅斯維爾並發了財。當時的諾亞並不是很富有，後來就搬過去跟彼得一起生活，並將自己的孩子帶到了迪爾菲爾德附近的家。

傑西與賈奇．陶德一起經營生意，陶德的兒子是現任州長。在了解這門生意之後，他利用一個偶然的機會去為在奧薩沃托米的約翰．布朗的父親工作，與當時還是孩子的約翰．布朗一起生活。沒過多久，傑西就下定決心，準備從事製革方面的工作，這樣的想法讓他回到了波因特普萊森，這裡離梅斯維爾不是很遠。這樣一件看似不走運的事情，最終對他卻成了一件好事。雖然傑西為人有不少癖好，但他在緊急關頭時卻顯得非常從容淡定 —— 他也將這樣一種優點遺傳給了自己的兒子。

格蘭特從他的母親那裡遺傳了沉默寡言與自我克制的特質。有些人說他從母親那裡學習到了常識。他從未見過母親流眼淚，母親也很少放聲大笑。母親從未試過刻意引導他，只是在潛移默化中帶給他正面的影響。他的母親是一位虔誠的人，卻從未強迫格蘭特向自己那樣去相信宗教。

即便是在格蘭特日後聲名大噪之際，她也很少談論自己的兒子或是誇耀他所取得的成就，只是淡淡地說自己為兒子取得的一切心存感激。當格蘭特第一次長時間離開家，前往西點軍校讀書時，她為格蘭特準備好一切行李，然後淡淡地道別，連嘴唇都沒有顫抖一下。之後，她只能偶爾見一次自己的兒子。當格蘭特成為美國總統後，她從未去過華盛頓。不過，不少之前沒有什麼往來的親戚卻紛紛前往華盛頓。她還是像之前那樣在家裡工作。據說，她每天都在為格蘭特祈禱，直到她去世的那一天。

「在我的記憶裡，母親從來沒有用言語責罵我，也沒有用棍子懲罰過我。」格蘭特後來回憶說。格蘭特的父母也從未對他說過一次斥責的話，他也知道父母這一輩子都沒有做過任何不正義的行為。無論是在西點軍校或是後來的墨西哥，格蘭特寫給他們的信件裡都是說一些小事以及表達自己的情感，格蘭特就像是一個自然純真的男孩。

第二節　童年生活

在格蘭特童年時期，他在駕馭馬匹方面的本領是最突出的 —— 這樣一種本領日後能夠很好地為他所用。格蘭特做事有一個特點，就是他始終會想盡一切辦法堅持到最後，即便他在這個過程中，會想出很多古怪的方法去支持自己這樣做 —— 這樣一種性格特點，讓他能夠很好地掌控自己的人生。在格蘭特聞名世界之後，出現了許多關於他童年時期的有趣故事，當然這些故事幾乎都是闡述格蘭特這個性格特點的。

「村裡面那些家庭環境稍微好一些的人都是非常努力的。只有那些比較貧窮的人，」格蘭特說，「才會變得懶惰。」在格蘭特的人生起步階段，他依然還只是一個小孩子而已。他的父親擁有一座農場以及一間製革廠，還有五十畝樹林，樹林距離村子有一哩的路程。在他八歲的時候，就經常到樹林裡搬木材以及用於建造房子和工廠的製造原料。年幼的格蘭特沒有足夠的力氣將沉重的木材搬到馬車上，也沒有力氣將木材卸下來，可是他卻有駕駛馬車的能力。

在他十一歲時，身體已經強壯到了能夠牢牢抓住鋤頭去耕種。「從十一歲開始直到十七歲，」格蘭特說，「我都在利用馬匹去做各種農活，比方說犁地、種植玉米和馬鈴薯，在豐收季節搬運糧食，搬運木材。除此之外，我還要照料兩到三匹馬、照看一兩隻羊、鋸木頭來燒火。」至於娛樂方面的活動，格蘭特可以在夏天的時候釣魚或是游泳 —— 他非常擅長游泳跟潛水 —— 冬天的時候滑雪與乘坐雪橇出門。當然，這一切都沒有什麼值得大書特書的。

村裡面的其他男孩都喜歡出去打獵，但是格蘭特一輩子都不喜歡打獵這樣的活動，也從來沒有將火槍當成取樂的一種方式。在他看來，殺死任何動物的念頭都讓他非常反感。格蘭特非常喜歡馬匹 —— 經常透過將村裡面的人載到喬治城來賺錢。在他九歲的時候，就擁有了一匹屬於自己的馬。十歲時，他就經常乘著馬匹獨自一人前往四十哩之外的辛辛那提，然後將一些乘客送回村裡面。他在騎馬的時候還會做一些特技表演，知道如何教馬匹走馬步，知道如何讓馬匹停下腳步。「只要我騎在一匹馬的馬背上，我就能騎這匹馬。」他經常都會這樣說。格蘭特之所以能夠如此輕易地駕馭馬匹，就是因為他喜歡馬。在他的一生裡，從沒有試過要進行賽馬比賽，他認為這樣的做法是非常殘忍的。

在他十一歲時，他的父親透過多種方式賺到了一筆錢，獲得了為縣城建造監獄的合約。這樣一份工作需要他們搬運許多沉重的木材。於是，他為格蘭特買了一匹名叫大衛的馬，讓格蘭特去幫忙搬運木材。樹林距離建造監獄的地點有兩哩路，這裡的木材有一平方英尺的直徑，有十四英尺長。十一個伐木工人負責砍伐與裝上馬車，格蘭特則負責駕駛馬車。某天，天氣比較陰暗，伐木工人不在樹林裡，只剩下格蘭特一個人。不過，格蘭特還是充分發揮自己的才能，順利完成了幾個強壯男人才能做到的工作。一棵被砍伐下來的楓樹斜著掛在另一棵樹上。格蘭特巧妙地利用這個斜面，用繩子將樹木連接著馬車，接著將樹木完全拉上馬車，直到樹木在馬車上處於一種平衡狀態，接著再慢慢地迂迴前進。

格蘭特是整個村子裡最喜歡旅行的男孩。他在一次遊玩時來到了肯塔基州的平岩地區，用自己的一匹馬換了一匹帶有馬鞍的馬，這件事讓他印象深刻。後來，格蘭特自己也繪聲繪影地講了這個故事：「當時，我離家差不多有七十哩，準備駕著馬車回家。佩恩說他不知道自己的馬匹之前是否套過頸圈。我對他說，最好將這匹馬拴在一輛農場馬車上，我們就可以看看這匹馬之前是否栓過頸圈了。很快，我們就發現這匹馬從未栓過頸圈，但這匹馬卻沒有表現出任何惡意。我對佩恩說，我有信心能夠駕馭這匹馬。我們立即達成了交易。最後，我賺到了十美元。」

第二天，格蘭特與在喬治城的一位鄰居交換了馬匹，便啟程回家。這匹馬一開始非常恐懼，有兩次想要逃跑。「我們在前進的道路上看到半哩之外的地方有一個收費站，於是我們就開始繞路走。附近有一個河堤，河堤下面是二十多英尺深的河水。我讓馬匹停在河堤旁。我的這匹新馬非常恐懼，身體像山楊樹的葉子那樣顫抖著。可是牠並不像在面對我的朋友佩恩時那樣感到恐懼。說到佩恩，自從上次見面之後，他就不管我了，獨自乘坐貨車前往梅斯維爾。每當我想要騎上這匹新馬的時候，這匹馬都會奮力地踢著腳。在某段時間，我幾乎陷入了兩難的境地，不知道該怎麼辦才好。當我來到梅斯維爾時，我向一位住在這裡的叔叔借了一匹馬。因為此時我出去遊玩已經超過一天了，最後我從褲袋裡掏出了印花大手帕……

用手帕蒙住這匹馬的眼睛。我就是用這樣的方式在第二天安全地到達梅斯維爾。」

格蘭特賺的第一筆錢，是透過將一馬車的破布運到辛辛那提去售賣賺到的，他賺到了十五美元。當時他還不滿十二歲，就開始從事這樣的銷售活動。後來，格蘭特在維克斯堡對湯瑪斯．基爾比．史密斯透露說：「在我上西點軍校之前，這是我接受過的最好訓練。」

還有另外一個故事也是格蘭特的傳記作家經常會闡述的，用來表明格蘭特這個人是多麼樸實無華。這是關於格蘭特要出去購買一匹馬的故事。他的父親之前已經出價二十美元，想要購買這匹馬，但賣家拉爾斯頓則想要二十五美元。「我的父親說，這匹馬就值二十美元，並且告訴我只能出這個價。如果對方認為無法接受的話，我要準備出價二十二點五美元。聽了父親這麼說，我立即騎上馬，前去拉爾斯頓那裡購買馬匹。當我來到拉爾斯頓的家，我對他說：『父親說，我只能出二十美元買你這匹馬，如果你不接受這個報價，我還準備出二十二點五美元。如果你還不接受的話，我將會出二十五美元！』對拉爾斯頓這位精明的康乃狄克人來說，最後這匹馬成交的價格是不言自明的。」

這個故事後來被村裡的很多男孩知道了，過了很久才平靜下來。但我們必須要明白一點，那就是格蘭特那個時候才只有八歲而已。假使我們必須要找一件事情說明格蘭特對他人過分純真地信任，我們可以找到一件之後發生的事情。格蘭特在西元 1859 年 10 月 24 日給在聖路易斯的弟弟辛普森的信裡這樣寫道：

「我之所以遲遲沒有寫信給你，就是希望能夠將馬匹還給你 —— 但我到現在依然還不知道那匹馬的下落。大約兩週前，有一個人跟我談到了這匹馬的事情，說他想在第二天試試這匹馬，如果他認為合適的話，就願意出一百美元購買這匹馬。我之前從未見過這個人。但在一個星期前，也就是上個星期六，他來到了馬棚，牽走了那匹馬，還拿走了馬鞍與轡繩。從那之後，我就再也沒有看到那個人與那匹馬了。我只能假設這個人真的很喜歡這匹馬。我知道這個人住在弗洛里桑特，距離這個縣城大約有十二哩路……

「附注：那個牽走了你的馬匹的人，在那個縣城裡有一間三層樓高的磚房。他的本意可能是想在拿到第一個月的租金之後，才將這匹馬的錢還給我。無論怎樣，我認為這匹馬現在還是非常安全的。」

第二章　身為一名軍人的錘鍊

第一節　西點軍校的生涯

格蘭特早年在村裡所能接受到的最好教育，不過就是在梅斯維爾與利普雷這兩個地方的學校讀了兩個學期而已，他所學到的知識也僅僅限於讀寫算等基本技能。直到他上了西點軍校之後，才第一次知道有代數這門學科。因為條件所限，格蘭特讀的書不多，不過他的成績卻還是可以的。他對學習的熱愛，讓他不願意像父親那樣繼續從事製革行業。多年後，他所掌握到最有用的知識，都是他從社會這所「常識」學校裡學到的。在往後的歲月裡，每當他面對更為嚴峻的考驗時，他使用的那種看似幼稚的解決方法卻是非常有效的。

格蘭特曾說過，在他還是個孩子的時候，他就不是很喜歡工作。「但是，在我青年時期，其實還是做了一個年輕人該做的一切。我一邊上學一邊工作。」在那個時候，格蘭特並不需要在緊急情況下做出任何決定，他每天都顯得懶洋洋的。「隨著我的年齡越來越大，我感覺自己變得越來越懶惰，這是困擾我一生的不良習慣。」西元 1873 年，成為總統的他在給亞當．巴多（Adam Badeau）的信件裡這樣寫道。不過，在面對緊急狀況時，他卻能表現出雷厲風行的一面。格蘭特身上的這種懶惰與雷厲風行的兩面性格，似乎在他的人生中形成了鮮明的矛盾。其他擁有如此矛盾性格的人在歷史上也不少見，但是過往的那些歷史人物很難展現出像格蘭特如此強烈的反差。

第二章　身為一名軍人的錘鍊

絕大多數的村民在回想起格蘭特的時候，都認為他是一個遲鈍的人。儘管格蘭特的一些行為看上去比較遲鈍，但他們依然非常喜歡這個傢伙。格蘭特天性善良，從來不說髒話，也從來不會咒罵別人。下面是村民對他的一些評價「一個沒有什麼不良習慣的好男孩」、「一個有點笨拙、充滿鄉土氣息的人」、「安靜且行動遲緩的人」、「有什麼不懂問他就可以了」、「他很少說話，但要是你給他足夠的時間去思考，他必然能夠回答得出來」、「他總是攜帶著一根木棍，整天在那裡削著，卻始終做不出什麼來」、「矮胖的身材，臉上長滿痘痘，頭腦大大的」、「為人穩健，充滿男人味」、「為人安靜，有一雙灰藍色的眼睛、挺拔的鼻梁、棕色的頭髮，身材結實」、「為人不好鬥」、「喜歡森林」、「為人謙虛、低調、有決心、具有克制力、行事果斷」。

上面這些評價是出自村裡當年從小認識格蘭特的人。還有一個人的評價似乎對格蘭特日後能成為什麼樣的人給出了暗示「村裡面的小孩子都喜歡跟他玩，他們都將格蘭特視為他們的保護者。」

格蘭特厭倦了製革的工作，不願意像父親那樣繼續從事這樣的行業。某天，當他放假從雷普利回到家時，不得不到製革房間裡幫忙，房間裡面的獸皮散發出讓他難以忍受的臭氣。他對父親說，自己根本不喜歡這樣的工作，現在迫於無奈地做，也只不過是當一天和尚撞一天鐘而已，等他到二十一歲時，肯定不會再做了。他寧願成為一名農夫或是一位不走運的商人，或是出去接受一點教育。當時，傑西·格蘭特就希望格蘭特前往西點軍校就讀。

那時，村裡面有五個男孩都已進入西點軍校就讀，學費是政府出的。最近一個剛去西點軍校就讀的人便是他家鄰居的兒子，此人剛剛因為考試不及格被西點軍校勸退了，但他還是滿臉驕傲地回到村裡，不讓其他人知道他是如此的狼狽，也只有格蘭特一家人才知道這個事情。為什麼不讓格蘭特填補他這個空缺呢？當時的眾議員湯瑪斯·哈馬爾屬於喬治城選區，在之前很長一段時間裡都是傑西最親密的朋友，但他們幾個月前發生了一場爭論，現在已經有點疏遠了。哈馬爾是一位民主黨人，而傑西則是輝格黨人。於是，傑西就寫信給俄亥俄州的參議員湯瑪斯·莫里斯，但莫里斯將這封信轉交給了眾議員哈馬爾。哈馬爾也希望利用這個機會與之前的朋友重歸於好，就同意立即去辦這件事。這件事發生在西元 1838 年末至 1839 年初。

根據格蘭特人生自傳的內容，當傑西收到莫里斯寄來的信件，得知這件事已經交給哈馬爾去辦的時候，「父親對我說：『尤利西斯，我相信你很快就會填補空缺的。』『什麼空缺？』我問。『到西點軍校讀書。我已經為你申請了。』『但我不想去。』我說。父親說他認為我肯定會去的。要是父親真的這樣想，那我最後肯定也得去。我其實也沒有反對去西點軍校讀書，只是有點擔心自己是否能通過考試而已。我認為自己沒有足夠的能力通過考試，並且無法忍受失敗帶來的痛苦。」

因此，雖然格蘭特很不情願，可他還是開始了自己偉大人生旅程的第一步。他對自己說，他之所以同意父親為自己安排的計畫，主要是因為他想要實現旅行的願望。「在這個時候，我去過最東的地方是維吉尼亞州的威靈，最北的地方是俄亥俄州的西部森林地區，最西的地方是路易斯維爾，最南的地方則是肯塔基州的波旁縣。除此之外，我還曾經駕駛馬車或是騎馬來到離家五十哩的地方。前往西點軍校的旅程讓我有機會遊覽美洲大陸兩座最著名的城市 —— 費城與紐約。單單是這一點就已經足夠了。當我遊覽了這些地方之後，我希望自己在乘坐蒸汽船或是火車的時候遭遇事故，或是任何其他類型的事故，讓我受一些輕傷，從而無法進入西點軍校就讀。但是，我所幻想的這些事情沒有發生，我必須要面對最後的結果……對我來說，軍事生活沒有任何讓人著迷的地方，即便在我從西點軍校畢業之後，也從未想過要繼續留在軍隊裡。後來發生的事情是我根本無法預期的。」

對格蘭特來說，軍營裡的號角或是鼓聲根本無法激起他的興奮感。當時美國眾議院正準備提交一個議案，說要撤銷這所軍校。格蘭特不耐煩地觀察著這件事的進展，希望這個議案能夠通過。最後，他不得不努力調整自己，適應軍校裡的課程。他當時的想法就是勉強地通過考試，之後在這裡擔任數學方面的助教，有了一定的基礎之後，再到某所稍微出名的院校裡謀取一份永久教職——「不過，時勢的變化實實在在地影響了我，讓我偏離原先的計畫。」在這個時候，格蘭特也表現出了自己的一些小情緒。在他寫給表弟的信件裡，他說：「我真的喜歡這個地方，要是我的朋友都在這邊的話，我肯定願意一輩子都住在這裡。」可見，格蘭特並沒有完全學會母親的含蓄，偶爾還是會表露自己的一些情感。

格蘭特對自己的學習沒什麼興趣。他在軍校讀書期間，幾乎不會重新看一次學過的課程。因為他在課堂上學不到什麼知識，只好經常到圖書館裡看書。他瘋狂地閱讀布林維爾、庫珀、瑪利亞特、斯科特、歐文以及勒維等人的著作。他經常說，數學就是一門講求「直覺」的學科。但對諸如法語這樣比較難的學科，他的成績就比較低。「事實上，要是將課程調轉過來的話，我肯定能排在班裡較前面的位置。在四年的學習生涯裡，我從未試過名列前茅，也從未排在倒數幾位。最後，我在法語、火炮、步兵以及騎兵戰略和操守等方面的成績都是剛好及格。」格蘭特很擅長繪圖，他繪製的幾幅大略的圖畫依然留存了下來。

在軍校第二年學習結束的時候，他有十週的放假時間，他非常享受人生的這段時光。「我的父親已經將位於喬治城的工廠賣掉了 —— 我曾在這裡度過自己的青春歲月。我經常會做一些白日夢，想著要是以後能夠順利畢業，我就會當一名老師。父親搬到了貝塞爾這個地方，這裡距離隔壁的克拉蒙特縣只有十二哩，他買下一匹年幼且尚未被馴服的馬匹，希望我在放假期間能夠馴服這匹馬。我假期的大部分時間都花在與老朋友玩耍上 —— 對我來說，這十個星期要比西點軍校的一個星期還要短暫。」由此，我們可知格蘭特當時是什麼心態。

第二節　軍校畢業生格蘭特

在當時，非常注重血統來歷的南方年輕人，都會想辦法去掌握社交的技能，想辦法到軍校接受訓練，從而為子孫後代贏得一個好名聲。但是，懶散的格蘭特似乎根本不這麼想 —— 他只是一個看不到人生出路的普通年輕人，普通得那麼不起眼。格蘭特的低調，也許連他自己都沒有察覺到。他就是在這個過程中吸取了眾多歷史上偉人的特質，這在日後的人生裡給他帶來諸多幫助。

在他就讀西點軍校的時候，同期的同學日後有不少成為內戰時期南北雙方的著名軍事將領，其中包括：薛曼、湯瑪斯、隆史崔特（James Longstreet）、哈迪、麥克萊倫、尤厄爾、布埃爾、羅斯克蘭斯與布克納。在格蘭特所在的班裡，出了佛蘭克林、昆比、加德納、漢密爾頓以及魯夫斯·英戈爾斯，其中英戈爾斯曾經短暫地與格蘭特是舍友。而著名的將領查理斯·史密斯則是當時這個班的指揮官。從這些人當中，我們可以很快地勾勒出一幅鉛筆畫。薛曼要比格蘭特高三屆，他表示自己曾在布告欄上看過「U.S.Grant」這個名字，因為當時剛入學的學生名字都會出現在布告欄上。其中一個人說，這個人的名字是「United States Grant」，另一個人則說是「Uncle Sam Grant」，第三個人大聲說「Sam Grant」。這個名字給薛曼留下了深刻的印象。格蘭特的名字後來也為軍校裡的其他學生所熟知。

維勒說：「格蘭特是一個心地善良的人，我從未聽他說過一句猥褻或是庸俗的話。」隆史崔特說：「格蘭特是一個充滿榮譽感的人。」哈迪說：「他對追求事實真相非常嚴謹。」英戈爾斯說：「格蘭特知道如何運用常識去解決一些問題。」其他人則說：「格蘭特是一位思維清晰的人，做起事來也很勤勉。」、「他對任何事情似乎都缺乏足夠的熱情。」、「他在軍團裡算不上一個非常出色的人，但他卻受到每個人的愛戴。」、「他是一個很受大家喜愛的年輕人。」、「他幾乎沒有什麼不良的習慣。」、「他不大擅長與女士交流，行為舉止缺乏優雅。」、「他不懂得如何跳舞，從來沒參加過聚會派對，也沒有進入過私人的房子。」、「他對自己所說的話看得很重，從來不說假話，即便是開玩笑，也從不說假話。」

在格蘭特單調沉悶的軍校生涯裡，唯一的亮點是，他是軍校裡最勇敢的騎馬師。「格蘭特勇敢地跳上約克馬」這樣的紀錄依然在西點軍校的年冊裡有清晰的記載。在溫菲爾德．史考特（Winfield Scott）以及其他過來參觀的人面前，格蘭特騎著這匹馬跨越了有一個士兵那麼高的障礙牆。

詹姆斯．弗萊將軍在講起這件事的時候更加有趣。在挑選進入軍校讀書的人時，「當所有常規的考核完成後，許多學員都要騎上馬排成一條線。接著，騎馬師就搭起一個比人還高的障礙牆，然後大聲說：『格蘭特學員！』一個面容瘦削、身材矮小、有著一雙藍眼睛的年輕人出現了，他的體重大約是一百二十磅左右。他騎著那匹栗色的馬轉動了一下，然後朝著與牆壁相反的方向奔去。接著，他迅速調轉馬頭，加速奔跑的馬一個跨越就橫跨了障礙牆。整個動作一氣呵成，似乎人與馬都合二為一了。在場觀看的人都驚呆了。『幹得漂亮！』赫什柏格大聲喊道。接著，騎馬師與其他學員都解散了。但格蘭特當時的表現依然留在我的記憶裡。」

還有一個故事是說格蘭特曾與高幾屆的學生一起訓練的事情。在訓練的時候，格蘭特在第二次與第三次都失利的情況下，在第四次終於取得了最後的勝利。

至於這個時期發生了什麼事，可以預測格蘭特未來的輝煌成就，我們不需要就此多說什麼。因為這樣一種隨機的預測，其實只有在當事人日後真的取得了這樣的成績之後才會被人們談起。但是，哈迪曾經說過，在他們兩人都在西點軍校就讀時，他說，「要是這個國家日後處於緊要關頭，格蘭特是解決這個問題的人選。」格蘭特的老師也曾說：「這個班最聰明的人就是格蘭特！」在內戰爆發的第一天，當時南方邦聯的軍官就說：「我希望政府軍不會在西點軍校的畢業生找到這個人，我是指格蘭特……相比於和其他將領作戰，我最害怕與格蘭特對抗。他不是那種天才的軍事家，但他是一個頭腦冷靜的人，做事雷厲風行，無所畏懼。」

格蘭特後來談到了當時見到溫菲爾德時內心的震撼。溫菲爾德在他上西點軍校讀書第一年就過來巡視他們這些新生。「他有著偉岸的身軀，體型龐大，穿著光亮的制服。當時我就覺得他是我眼中所見到的人類的典範。我有一種預感，以後我會處在他的位置去檢閱軍隊 —— 雖然我當時根本沒想過畢業後要繼續留在軍隊裡。十年前我在賣馬時的表現讓我被很多人嘲笑，這樣的苦澀印象依然在我的腦海裡記憶猶新。因此，即便是對我當時最親密的室友，我也沒有透露內心這樣的想法。」格蘭特認為史考特與史密斯上尉是「整個國家最讓人羨慕的兩個人」。

西元 1843 年，格蘭特從西點軍校畢業了，在全班八十九名學生裡，他的成績排在第二十一名。他想要加入當時依然被稱為遊騎兵的部隊，但遊騎兵部隊已經沒有名額，因此他只能退而求其次，加入了第四步兵團。在他加入部隊服役之前，他獲得了休假，在貝塞爾度過了三個月。在此期間，當地的民兵軍官要求他幫忙操練這些民兵。不過，當時的格蘭特生病了，患上一種被稱為「泰勒的控制」的疾病。有人回憶起當時見到格蘭特的情景：「他看上去非常年輕，很消瘦，臉色蒼白。」「他的聲音非常清晰與淡定，只有在訓練的時候才會發出洪亮的聲音，以非常精確的方式指揮民兵隊伍。」

格蘭特後來談到兩件發生在休假期間的小事，這些事情讓他對軍事生涯充滿了反感，這樣的反感情緒終其一生都無法抹去。當他隨著民兵來到辛辛那提的時候，身後有一個男孩大聲說：「士兵，你工作嗎？不，你沒有工作！我還是先把這些襯衫賣掉吧！」再次回到貝塞爾之後，他痛苦地發現在酒館裡喝醉的馬夫在街上大搖大擺地走著，赤著雙腳在街道上唱著不著邊際的歌曲，身上穿著藍色的褲子。「這與我當時的軍服顏色是完全一樣的，只是在衣服的縫合線上加入了一些棉線而已。」

第三節　墨西哥

在接下來的十一年裡，格蘭特都在軍隊裡服役。當他離開西點軍校的時候，常規軍只有七千五百人——因此對於那些從西點軍校畢業的學生來說，並沒有那麼多的軍官職務可以安排。格蘭特在他分配到的部隊裡只是擔任一個不起眼的軍官，他得到的薪水與少尉的薪水一樣多。後來，他奉命來到靠近聖路易斯的傑弗遜軍營，這在當時就是所謂的「荒涼的西部」。

格蘭特急於退伍，想著以後可以在某所學院擔任老師之類的工作。他想寫一封信給西點軍校的管理委員會，表示希望在學校擔任數學助教。但在他還沒來得及寫這封信的時候，墨西哥的局勢開始出現變化了。西元1844年5月，在軍營裡度過九個月之後，他奉命與部隊一起前往南方。在這個時候，他已經徹底愛上了茱莉婭（Julia Dent Grant）——他同班同學弗雷德·登特的姐姐，登特的父親是登特「上校」，在「懷特黑文」這個地方有一座很大的種植園，這裡距離軍營只有五哩路，登特有許多黑奴幫他們做事，因此他們過著比較舒適的生活。

格蘭特像他做任何事情那樣，堅持不懈地追求茱莉婭。當他所在的部隊奉命要前往南方時，他因為請假不在。當他回到聖路易斯的時候，大部隊已經離開了這裡。在趕上大部隊之前，他給馬匹安上了馬鞍，出發前往「懷特黑文」。

在路上，他必須要跨越一條平時沒有流水的小溪河道，但因為最近下了幾場暴雨，小溪的水流非常迅猛。「我看了一下眼前這條小溪，思考著該怎麼辦。我這個人做事始終都有這樣一個迷信，那就是當我想著要去某個地方或是去做某件事的時候，除非最終實現了目標，否則我是絕對不會回頭或是半途而廢的。我經常會去之前從未去過的地方，即便我不知道怎麼去。在這種情況下，我也會一路打聽，直到到達我想去的地方。如果我到了某個不知道叫什麼名字的地方，也不會想著回頭，而是會繼續朝著正確的方向前進。因此，當我騎馬駐足在小溪旁邊時，我相信自己能夠騎馬渡過這條小溪。最後，我騎著馬匹成功地渡過了小溪，全身都溼透了。」格蘭特從他未來的小舅子那裡借了一件乾淨的衣服，繼續前進，最後穿著得體的衣服出現在他心愛的女人面前。

一年後，格蘭特回到了聖路易斯。雖然登特上校認為自己女兒的眼光應該更高一些，而不是滿足於「這樣一個只能佩戴較大肩章的少尉軍官」，但他最後還是勉強同意了女兒嫁給格蘭特。他們在西元 1848 年 8 月 22 日結婚。此時，墨西哥戰爭已經結束六個月了。

在墨西哥戰爭爆發之前，格蘭特所在的部隊在薩魯布里提這個地方駐紮了一年多，這裡靠近納契托什的松樹林，地理位置在紅河與薩賓河之間。之後，他們的部隊在新奧爾良駐紮了兩個月，最後乘船來到庫帕斯克利斯蒂，來到了位於德克薩斯州的埃西斯河的河口。這三千人部隊的指揮官是扎卡里 · 泰勒（Zachary Taylor）。

這個時候的軍事行動，其實是為了防止國會議員阻礙議案的通過。在軍隊內部很多人都知道，這樣做的真正目的是為了威脅墨西哥以及兼併德克薩斯。格蘭特後來說：「就我個人而言，我非常反對這樣的做法。直到現在，我依然認為這場戰爭是非正義，完全是一個強大的國家在欺凌一個弱小的國家。我們這個共和國的做法，完全是在仿效歐洲那些君主制國家的不良做法，從來不考慮什麼公平正義，只是想著要侵占鄰國的領土，從而實現自身的擴張。從這場軍事行動的開始到結束，真正的目的都是為了分離墨西哥，兼併墨西哥的部分領土。這場旨在擴張領土的陰謀，是當時南部的勢力對當時聯邦政府強烈訴求妥協的最終結果。之後爆發的墨西哥戰爭也滿足了南方的這個要求。十多年後爆發的南方叛亂在很大程度上，就是墨西哥戰爭的一種延續。無論對國家還是個人，最終都會因為這樣一種僭越的做法而遭受懲罰。」

但是，格蘭特是一名軍人，他必須要服從命令。他在墨西哥戰爭中的表現給他帶來了一些嘉獎，卻沒有給他帶來什麼名聲。西元 1846 年 5 月，他以少尉的軍銜參加了帕洛阿爾托戰役，進入墨西哥城。十六個月後，他的軍銜依然是少尉 ——「在我參加的這麼多戰爭當中，我們部隊在那一次戰爭中失去的軍官數量，要比之前的任何戰爭都要多。」

即便如此，格蘭特的名字還是在遞交給上級的報告中被提到，他被擢升為中尉，接著又因為作戰勇敢被擢升為上尉。沃斯將軍在報告中指出：「格蘭特中尉作戰勇敢。」在查普德特克戰役裡，法蘭西斯·李少校在報告中這樣寫道：「格蘭特中尉在十三號與十四號的作戰中表現得極為勇敢。」加蘭德上校在報告中指出：「我必須要說一下這位格蘭特中尉。在我的觀察中，他始終勇敢無畏地作戰。」

接下來，格蘭特成為了軍團的軍需官，但這樣的職務無法讓他袖手旁觀。在蒙特利戰役裡，他騎上一匹馬離開軍營，騎到前線與戰友一起作戰——當時，他是唯一一個騎著馬作戰的人，因此成為了對方特別瞄準的目標。當部隊的武器彈藥不足了，需要一位志願者將送來全新武器補給的消息傳遞出去時，格蘭特立即幫馬匹安裝好馬鞍，一隻腳踏在馬蹬上，一隻手緊緊地抓住馬匹的鬃毛，沿著空無一人的大街飛奔疾馳。在整個過程中，他都在四面八方埋伏的敵人的射程範圍之內，但他最後騎著馬匹越過四英尺高的牆壁，成功地完成了這次的任務。

在查普德特克戰役裡，他發現有一個鐘樓的位置非常好，對作戰極為有利。在幾名士兵的幫助下，他背著一袋榴彈炮爬上鐘樓的頂部。在敵人毫無防備的情況下，打得敵人措手不及。

隆史崔特在談到莫雷諾德雷戰役時這樣說：「你無法讓格蘭特遠離戰場。即便他當時只是一名軍需官，但誰也無法讓他不去指揮作戰……格蘭特出現在戰場的每一個角落裡。他始終是那麼地冷靜、機敏，那麼從容不迫……當然他自己可能沒有意識到這點。他似乎認為頭頂呼嘯而來的不是子彈，而是冰雹。我聽過他的上校說：『這個人簡直不怕死。』」

「你想知道我在戰場上的感受嗎？」格蘭特在寫給家人的信件裡這樣說道。「我不知道自己當時是否有什麼特別的感受。相比於閱讀戰爭小說的人，戰爭對於參與其中的人來說並不是那麼可怕。」多年後，一名軍官曾經問他是否在戰場上感受過恐懼，格蘭特簡單地回答說：「我沒有時間。」

儘管如此，格蘭特依然是一名非常務實與高效的軍需官。在塔庫巴亞以及蒙特利等戰役，他租用了麵包店，為軍團提供補給。「在兩個月內，我湊到的資金要比我在整個戰爭期間裡得到的薪水還多。」墨西哥戰爭中，身為軍需官的格蘭特明白在戰爭中自由時間的掌握是多麼重要，他還明白軍隊的軍餉以及衣服等必備品的極端重要性，這為他日後在內戰裡很好地指揮軍隊打下了牢固的基礎。

當然，格蘭特還在墨西哥戰爭中學到了其他的經驗。他目睹了史考特的部隊失去了補給，最後只能駐紮在鄉村。他看到泰勒在敵人的炮火下依然保持冷靜與淡定，穿著一身下士的寬鬆衣服，從容不迫地指揮軍隊。他從泰勒身上學到了治軍要從簡，知道自己在炮火面前要抬頭挺胸，無所畏懼。他對自己在內戰期間面對的軍官所具有的優點與缺點都有初步的了解，其中包括李（Robert Edward Lee）、隆史崔特、布克納、傑克遜、彭伯頓、兩位約翰斯頓（Joseph E. Johnston、Albert Sidney Johnston）、以及南方其他日後的高級將領。這些將領永遠都想不到，他們真實的軍事才能徹底暴露在格蘭特的眼皮底下。

第三章　過渡時期

第一節　荒廢的時光

墨西哥戰爭後，格蘭特的生活又陷入到一潭死水的狀態當中。他在軍校、部隊以及戰爭等經歷，讓他對這個世界有了一定的認知，他親歷過戰爭，回家後也得到了一些榮譽，雖然並沒有得到很大的褒獎。不過，他現在不得不以中尉的身分繼續留在邊境的軍營裡，過著單調沉悶的生活。在他眼中，未來不過是一大段沉悶的歲月，除非他有足夠的運氣被調到其他地方，或是有機會退伍，找到一份不錯的文職工作 —— 比如成為他一直想當的數學教授。但在可見的未來，這樣的事情都不會實現。

身為軍需官，他一開始與部隊駐紮在安大略湖的薩克特港口，並在這裡度過一個了無生趣的冬天。這一切都是因為另一位軍官在華盛頓那邊有人脈關係，從而被調到了底特律。當時的底特律是軍團的總部所在地，這裡雖然也屬於邊境地區，但有許多社交活動。兩年之後，史考特一直在努力糾正這種不公平的情況。最後，格蘭特被調到了底特律，此時他依然是中尉軍銜，可他卻不擅長社交，不知道怎樣跟女人說話，也不知道如何與男人往來。他對這些華而不實的活動沒有任何興趣。很多參加這類社交活動的人，都根本不知道有格蘭特這個人的存在。格蘭特在薩克特港口又度過了一個沉悶無聊的冬天。此時，他的一個兒子在兩年前已經在懷特黑文出生了。他在貝塞爾離開了自己的小家庭，開始前往邊境駐紮的沉悶旅程。

第三章　過渡時期

路途中，他有機會在緊急情況下展現自己的智慧。這也是他自查普爾特佩克戰役至西元 1861 年南北戰爭爆發前，唯一有價值的機遇，那就是他們面對著一條被洪水沖刷成的地峽。對擔任軍需官的格蘭特來說，這是一個意想不到的難題。但是他充分發揮自己的聰明才智，最終讓八百多名士兵安全地來到了地峽的另一邊。

此時，他發現有不少士兵都感染了瘧疾，這成為整個軍營的一個沉重負擔 —— 他不得不整天照顧那些病患，埋葬死去的士兵。這場傷病給整個軍團帶來巨大的損失。「格蘭特就像一個鐵人，他幾乎都沒有睡過覺，即便能睡覺，也只是偶爾睡上兩三個小時。對我們來說，他就像是一位天使。」一位當時與格蘭特在一起的士兵後來這樣寫道。讓人驚訝的是，格蘭特在後來的傳記裡經常談論自己在巴拿馬的經歷，談論內戰的戰役情況則相對較少。

格蘭特在海岸線上服役的地點，是在哥倫布的溫哥華以及洪博特等地方，這裡距離舊金山將近兩百哩左右。一段時間之後，他被擢升為上尉。對格蘭特來說，這裡的生活是痛苦的。因為他討厭打獵，釣魚又讓他覺得十分無趣 —— 而這是當時那些軍官們唯一取樂的方式。他們也沒有什麼書可以閱讀。格蘭特想念自己的妻子與孩子，其中第二個兒子到現在他都能見上一面。他曾將一封信拿給一位年長的中士看，信上是妻子畫著小兒子的手的輪廓。當他沉默地將這封信收起來的時候，眼眶已經溼潤了 —— 這件事很可能是真實的。因為在格蘭特的一生中，他對家庭的感情始終是最為深厚的。

跟很多處於同樣環境下的軍官一樣，格蘭特也開始喝酒。當然，對格蘭特來說，他喝的酒可能是有點多了。不過，喝酒並沒有讓他失去判斷力，也沒有影響他正常的說話，但這的確對他的移動能力有所傷害。在他的思維還完全清晰的情況下，腳步卻幾乎邁不動。那些了解格蘭特的人都一致表示，這是真實的。

當然，在面對不是很重要的事情時，這樣的情況也依然是無法忽視的。這也有助於解釋格蘭特在戰爭初期如何克服重重障礙，特別是羅林斯（John Aaron Rawlins）生前給格蘭特帶來的積極影響。要是沒有這樣的認知，我們可能無法對格蘭特這個人有全面的評價。否則在夏洛伊戰役之後，我們也不會聽到林肯總統幽默地說：「我不能撤掉格蘭特，他始終在戰鬥。」甚至有一次，林肯總統表示他不知道格蘭特喝的是哪一種牌子的威士忌酒，但他希望其他的將領也能嘗嘗格蘭特所喝的那種威士忌酒，好讓他們也知道該怎麼領兵打仗。

格蘭特離開軍隊的原因一直存在著爭議。格蘭特後來在回憶錄裡給出了自己的解釋。他看不到繼續留在軍隊裡的希望，因為他所得到的薪水讓他無法養活妻子與孩子，所以他決定離開。格蘭特所說的這個原因無疑是真實的。這也與格蘭特從西點軍校畢業時的想法是一致的。當時是和平時期，沒有什麼戰爭。當他離開軍隊的時候，誰也不會認為在可預見的未來會爆發什麼戰爭。至於格蘭特是在什麼時候下定決心做出退伍這個決定的，則不得而知。這可能是格蘭特在心底一直盼望的吧！

當然，他也希望自己在部隊裡的表現，能夠為他獲得一個更好的職位，但他在邊境這幾年的生活，使他漸漸打消了這個念頭。一些不愉快的事情讓他明白了一個事實，那就是他不可能以中尉的薪水去養活自己，因為他的月薪只有三十美元，額外還有八十美分的飲食補貼，配有一名僕人，還有一個帶窗的房間 —— 所有的薪水加起來只有七十三點五美元。身為上尉的他在服役的最後一個月裡的薪水是九十二點五美元 —— 對一個有妻兒的人來說，他所面對的未來是慘澹的，況且他現在距離自己的家有八千多哩路。

當他成為上尉之後，內心當然想著自己以後會更上一步。但他很快就發現，文職工作更加適合自己。因此他一直在部隊待到了西元 1854 年 4 月。這一天，他在替其他士兵買單後，喝得酩酊大醉，被他的頂頭軍官布坎南少校痛罵了一頓。布坎南一直都是一位要求紀律嚴格的人，他對格蘭特說，如果他不辭職的話，就要面臨軍事法庭的審判。格蘭特選擇了辭職。其實，他並不一定要選擇辭職。其他與格蘭特軍銜相等的軍官都表示，要是他接受審判的話，也絕對不會被判撤職。不過格蘭特已經徹底厭倦了軍營生活，他在部隊裡待了這麼久，卻依然只是一名上尉。他急切地想要回到東部，回到自己親愛的人身邊，回到那些需要他賺錢養活的人身邊。

此時的他絕對不會想到，這件事日後會讓他感到那麼尷尬。在這一天，他寫了一封辭職信，立即被批准了，生效日期是西元 1854 年 7 月 31 日。這讓格蘭特的軍事生涯裡沒有留下接受軍事法庭審判的紀錄，但他那個時候絕對不會想到自己以後還會穿上軍裝，而這件事則會發酵成一樁讓他意想不到的醜聞，給他的內心帶來刺痛。當時的戰爭部長傑弗遜・戴維斯（Jefferson Davis）接受了格蘭特的辭職。

傑西・格蘭特在收到戰爭部的來信之後，感到非常吃驚。在現存的檔案紀錄中，還能看到他在 6 月 1 日寄出去的信件。他在信件裡這樣表示：「我從未想過他會離開軍隊。我以為，格蘭特在部隊裡待了這麼長的時間，應該很適應軍隊的生活了。他在軍隊裡服役這麼久，已經很難適應離開部隊的生活。要是就這樣讓格蘭特離開部隊回家，這是不是有點太過分了？是否可以讓格蘭特帶著孩子去駐守邊境呢？我必須要指出的是，格蘭特有兩年沒見過自己的家人了，他的小兒子已將近兩歲，他到現在都還沒有見上一面。我覺得他只是急著想要回家見見家人，才會做出離開軍隊的決定。」

雖然格蘭特不喜歡軍營單調的生活，可是他在加州的生活卻沒有給他帶來什麼不愉快的記憶。否則，他也不會這樣寫道：「我在離開太平洋沿岸這個地方的時候，內心深感不捨，真希望這裡以後能夠成為我的新家。當國會在西元 1853 年通過上尉軍階法案之前，這樣的念頭一直深藏在我的心底。這個法案的通過以及我遲遲無法獲得擢升，徹底摧毀了我想要成為這個地方的居民的夢想。」

第二節　為生存苦苦掙扎

「當你們下次聽到我的消息時，」格蘭特在與戰友們道別的時候說，「我將會成為密蘇里州的一名農夫。」成為一名農夫，這就是格蘭特的夢想。但是，他接下來面對的情況，要比他心裡所想的情景要糟糕許多。舊金山這座軍營拖欠他的薪水並沒有如期兌現。一位好心的軍需官為他買了一張前往紐約的火車票。抵達紐約之後，他身無分文。一位在薩克特港口還欠他錢的人也沒有還錢給他。要不是他的同學 —— 時任招兵軍官的布克納 —— 為他做擔保，讓他在紐約一間旅店裡睡上一晚，那麼在他父親寄給他的錢到來之前，他可能要睡在街頭上了。

當他回到貝塞爾的時候，人們並沒有表現出多大的歡喜。他的弟弟在皮革行業做的不錯，但格蘭特在西點軍校所接受的訓練，現在看上去卻是毫無用處的。身為父親的傑西一直以格蘭特為驕傲，現在在談到格蘭特的時候，都忍不住內心的一絲恥辱。格蘭特回到了自己在懷特黑文的妻子與孩子身邊，開始打理岳父登特上校留給他妻子的八十畝地，這是當時作為女兒的嫁妝給了格蘭特。格蘭特在農場裡非常勤奮，每天都去伐木，準備建造小房子。即便在生活困難的狀況下，格蘭特依然保持著樂觀幽默的心態，將自己這片土地稱為「貧瘠之地」。

為了一家人的生活，他非常努力地工作，經常到聖路易斯的集市上售賣糧食或是木材，獲得急需的金錢。除此之外，他還要努力找尋一些樹樁，購買打折的豬肉，做一個農夫應該做的一切工作。他們一家的生活要比鄰居節儉得多，同時也展現出更多的生活智慧。在別人用木頭來取火的時候，他就將自己的木材賣給了木炭廠作為木支柱，賺了一筆錢。因為在當時，煤炭的價格要比木材高一些。

冬天刺骨的寒風讓他瑟瑟發抖，高燒讓他無法繼續工作。他放棄了農夫的工作，將自己之前落腳的地方賣掉，在聖路易斯買了一棟木屋，想要與妻子那位名叫柏格斯的表弟從事房地產生意。在西元1857年的金融恐慌時期，現金流動的速度非常緩慢，而格蘭特的心又太軟了，不願意向那些生活已經非常拮据的佃戶收租。這個時候幾乎沒有什麼生意可做。於是，他向郡治安官申請了一個縣工程師的職位，年薪是一千九百美元。但是這個職位卻被另一名申請者搶走了。

當時的委員會一共有五名成員，其中兩名是民主黨人，還有另外三名是無黨派人士。格蘭特的岳父是一位蓄奴者，非常同情南方蓄奴者的立場，而格蘭特則對這些政治派系不了解。「你可以從這些委員的行為看到最後的結果。」格蘭特在9月23日寫給父親的信件裡說，「即便我看上去非常認同民主黨人的主張，但事實並不是這樣的。在我的一生中，我從未投票給民主黨。在上次總統競選裡，我投票給了布坎南（James Buchanan），希望他擊敗弗里蒙特（John C. Frémont）。這並不是因為布坎南是我的第一選擇，而是在其他的選舉裡，我總是選擇那些最適合這些職位的候選人。我從未想過這些委員會根據我的政治傾向做出這樣的決定[01]。」

格蘭特在海關擔任了一個月的職員，但一位收稅員在此期間去世了，他不得不去頂替。「我實在不想這樣沒頭沒腦地做了一件又一件事，我也不會這樣做。」他在寫給父親的信件裡這樣說，「可是，我從一開始就不得不為了生計這樣做，為了養活妻子兒女，我也只能硬著頭皮這樣做。」此時，格蘭特的父親已經發了財。據說，他的身家高達十萬美元，這在那個時候可是一筆鉅款。

傑西·格蘭特在肯塔基州的卡文頓創辦了一間製革廠，現在也定居在這裡，有時還會到伊利諾州的格利納做皮革批發生意，不過這裡的業務是由他的兩個小兒子辛普森與奧維爾負責。格蘭特雖然很不情願，但最後不得不承認身為農夫或是房地產商的他都是失敗的，因此他只能尋求父親的建議與幫助。傑西讓他去找辛普森，辛普森將格蘭特派到了格利納商店，讓他「在找到更好的工作前，留在這裡工作」。

這間商店主要是購買皮革，然後銷售鞋匠全套工具、馬具、花式條紋的布料以及摩洛哥皮革。格蘭特在這裡當一名店員，因為他很擅長算數。他的其他兄弟則負責與客戶討價還價，因為這並不是他擅長的。格蘭特在這裡做的年薪是八百美元，還能從聖路易斯那邊得到額外的七百美元，當然這筆錢是之後才能拿到的。格蘭特在這裡有一間舒適的小房子，也經常會前往衛理公會教堂。他常穿著那件自己在太平洋沿岸地區購買的藍色外套軍服前往愛荷華州與威斯康辛州購買獸皮，漸漸適應了這樣的生活環境。

雖然很少人在見到他的時候會認出他來。「在做這份全新工作的過程中，我開始變得健談起來。」西元 1860 年 12 月，格蘭特在給一位朋友的

01 《尤利西斯 · 格蘭特的信件》第 20 頁。

信件裡這樣說，「我對這樣的生活狀態感到非常滿意。我希望盡快成為這間商店的合夥人。我認為自己有足夠的能力幫助這間商店獲得更大的利潤，我對此充滿信心。」

差不多就在這個時候，薩姆特來到了這裡，發布了徵兵公告。

第四章　心靈被喚醒的格蘭特

當北方人民紛紛響應林肯保護聯邦的號召時，格利納地區的人們發現，在他們當中，有一位身穿破舊軍服外套的上尉。因為他之前在軍隊裡服役過，人們就叫他出來，在戰爭會議上擔任負責人，讓他在連隊裡擔任上尉職位，但格蘭特對此表示拒絕。於是，他們就讓格蘭特負責操練這些民兵，看看他們是否有足夠的裝備，觀察一下他們在來到車站後的表現。他站在人群當中，看著這些民兵經過。最後，格蘭特背著老舊的旅行袋跟在他們後面，一直來到了春田市，盡自己最大的努力去服務。

但這並不是整個故事的全部。在徵兵公告出來前的幾個月，格蘭特的內心就處於一種慢慢「發酵」的狀態。整個冬天裡，他經常聽到人們在談論著南方有可能出現分裂狀態，他也靜靜地觀察著這場戰爭的到來。在 12 月的時候，他這樣寫道：「很難想像，一個州或是幾個州聯合起來做出這樣自殺式的瘋狂舉動，竟然想要脫離聯邦。根據之前我掌握到的情況，至少有五個州會這樣做。而現在的執政者又是婆婆媽媽的人，他們制定的一些愚蠢政策必然會導致相反的結果，讓那些原本就想要脫離聯邦控制的州有了更大的把握，讓他們獲得更多人的同情。」

2 月分的時候，羅利說：「那些南方人做出了許多威脅性的舉動，但我認為不需要與他們戰鬥多久。」格蘭特認真地回答說：「你想錯了……倘若他們真的想要獨立，那他們肯定會拚死作戰的……現在，南北雙方都過分低估了對方的實力，然後又過分高估自身的實力。」

在薩姆特發布徵兵公告的七天後，格蘭特寫信給自己那位追隨民主黨的蓄奴岳父說：「現在是時候證明一個人對這個國家的熱愛程度了，特別是在邊境的蓄奴州裡。我知道人們覺得很難與共和黨合作，但在整個聯邦面前，我們不應該糾結於這樣的黨派區分，我們得想盡一切辦法去維護星條旗，守衛聯邦憲法。任何一個公正的人都絕不會在此時此刻選擇逃避，也不會允許南方一些州做出這種富於侵略性的行為。現在我們的聯邦政府完全是處於防禦狀態，但是聯邦政府是正義的一方，必然能夠取得最終的勝利……按照現在這個局勢，我已經看到了奴隸制必然要退出歷史舞臺。北方不會允許蓄奴，卻也無心去干預這樣的制度。但是，除非南方一些州重新表示對聯邦政府的忠誠，否則聯邦政府肯定會拒絕對南方各州提供必要的保護。」

兩天後，格蘭特在寫給主張廢奴的父親的信件裡，言語顯得非常懇切，展現出自己對父親的孝順以及對父親經濟層面上的依賴。「現在，我們正面臨一個遭受考驗的時刻，每個人都必須要選擇是支持政府或是反對政府，透過自身的每一個行動去展現出自己的立場。我之前在政府經費的幫助下，在軍校裡接受訓練，知道如何在國家處於緊要關頭時站出來。我覺得眼前的局勢給我帶來了許多責任，不過這樣的責任不是出於任何自我利益的考量。我不想在這件事情上表現得過於急切甚至是做出不明智的舉動。現在已經有足夠多的人第一時間向總統表達了自己的決心，我還沒有這樣做。我之前承諾過，要盡自己的能力去幫助操練連隊。我更進一步表示，要與這支連隊一起前往州首府。要是我能夠幫州長更好地組織這個州的軍隊，那麼我肯定會義不容辭的。我現在想要的就是你的同意，希望你能在這件事上提供一些建議給我。現在我們國家只有兩派，一派是叛徒，一派是愛國者。我肯定希望自己被歸在愛國者當中。我相信愛國者這一派具有強大的力量。」

格蘭特在寫給妹妹的信件裡這樣說：「東部的維吉尼亞州在整個對抗

中是讓人憎惡的，要是這些事情尚未完全解決之前，這個州就遭受懲罰的話，這必然會讓很多人失望的。這就是我的感受，我相信這也是大家普遍的想法。我們應該為南部的卡羅萊納州提供補貼，因為他們從上一代就接受這樣的教育，即認為他們的政府是專制的，始終在壓迫著他們，因此他們在自身力量尚未完全強大之前，只能默默地忍受。維吉尼亞州以及其他的邊境州都沒有這樣的藉口。因此，那些發動叛亂的叛徒必然是發自內心地想要脫離聯邦政府的。」

第五章　重返部隊

格蘭特非常清楚戰爭的殘酷性。因此，在來到春田市之後，看著一群愛國者在爭先恐後地希望得到名利時，他並沒有這樣做。他不希望獲得什麼引人注目的頭銜，不願意像那些政客站在講臺上慷慨陳詞，談論著他們所具有的軍事指揮天才。他對金飾帶以及所佩戴的肩章等級都不是很在乎 —— 他只是一位退伍之後沒有什麼大成就的普通人，看到了一個能讓自己重操舊業的機會而已。

整個春田市都陷入了這樣一種廉價的自我吹噓當中。當時的州長理查·葉芝非常具有政治頭腦，但他在面對這樣的緊急局勢時也顯得有點盲目。伊利諾州每一個有頭有臉的人，都想要為自己或是自己的朋友謀求一個職位。許多志願者組成的連隊不斷湧入這座城市，這些志願者之前都沒有接受過任何正規的軍事訓練，根本不知道該怎樣作戰，沒有軍服，也沒有武器，平均十二個人才只有一把滑膛槍。從克倫維爾斯村以及圖倫內村招募的志願兵裡，有很多都是身形瘦削的少年，他們的行動比較笨拙 —— 在這些人當中，也有像洛根這樣的士兵 —— 這些老兵很快就成為隊伍中的核心，讓世人見識到他們的厲害。

在所有這些連隊裡，戰鬥力最強的一支隊伍是來自格利納的。這支隊伍之前接受過軍需官格蘭特短時間的操練，行動比較統一。在人群當中，沒有多少人會注意到他的存在，但他透過自身的努力完成了職責。此時，他正準備離開春田市。與此同時，葉芝在一間陰暗房子的角落裡發現了格蘭特，發現他在軍事操練方面具有一定的能力，希望他能夠擔任副官，讓他負責填寫命令的名冊 —— 這樣的工作實在是太簡單了，即便是之前從未學習過的孩子，在明白了是怎麼回事之後都會做。

「我發現自己之前在軍隊的經歷能夠派上用場。」格蘭特在二十年後這樣寫道。「我不願意擔任什麼職員，我也沒有那樣的能力……可我之前在戰場上擔任過軍需官、軍糧供應官以及副官，因此軍隊的陣型對我來說，是非常熟悉的。我能按照自己的想法去操練他們！」於是，格蘭特就堅持去做這項他認為簡單的工作——檢查軍火庫裡面的滑膛槍數量、寫報告以及回答有關規章制度等方面的問題，這表現了他對軍事方面的熟悉程度，因為他之前在邊遠的軍營裡擔任過操練軍士。

最後，葉芝讓他擔任「操練軍官與助手」，將他稱為「上尉」，為他提供三美元的日薪。在格蘭特的一生當中，他從未尋求過什麼任命或是擢升，不過在面對必須擔任的工作時，他也從未選擇逃避。這可以說是他這個人最有趣的地方。

志願兵的人數眾多，他們都非常踴躍地報名參軍。於是，伊利諾州議會通過法案，提供了額外的兵團數額。格蘭特要負責這些志願兵的操練。當操練的工作完成之後，他在林肯發出號召的三週後寫信給父親說：「我覺得自己的使命就要完成了。我可能會成為一個兵團裡的上尉，但我已經對許多任命背後的政治操控徹底厭倦了，因此我是不會參與其中的。當然，無論在什麼時候或是什麼地方，要是他們還需要我，我也絕對不會退縮的。可我覺得自己已經做了超出能力範圍之外的工作了，因為我的上校是一位完全缺乏軍事經驗的人。如果繼續放任這些情況出現，那麼政府方面可能還要招募更多的士兵。我現在可以回到格利納，操練那裡的三四個連隊，讓他們在未來的作戰中更有戰鬥力。我個人認為，這場戰爭不會在短時間內結束。」

在聖路易斯的幾天時間裡，格蘭特依然在有條不紊地訓練志願兵。此時，法蘭西斯 · P · 布雷爾與納桑尼爾 · 里昂正在清理傑克遜軍營，這是想要脫離聯邦政府的州長克萊本 · 傑克遜之前在城市的郊區建立的，目的就是要控制這座城市與聯邦軍隊的軍火庫。格蘭特看到了南方軍隊的旗幟從叛亂總部降下來，他心想著這是如何做到的。當他走在街道上的時候，一位穿著整潔的年輕人從電車上走下來，對他說：「當自由的人民無法選擇他們自己的旗幟時，這實在讓人難以忍受。在我從小成長的州裡，要是一個人敢說一句支持聯邦政府的話，我們就要將他吊死在我們所能找到的第一棵樹上。」格蘭特回答說：「畢竟，我們並不像聖路易斯那裡的人如此缺乏容忍。我從未見過一名反叛士兵被吊死，也沒有聽說過這樣的事情。當然，的確有很多背叛這個國家的人應該被吊死。」

格蘭特負責操練志願兵的工作很快就結束了。約翰 · 蒲坡准將是當地人，當時駐守在春田市擔任聯邦召集軍官。無論是在西點軍校或是之後的墨西哥戰爭，他都了解格蘭特這個人，於是就推薦他到聯邦政府工作。但是格蘭特是一個安守本分的人，根本沒有什麼具有影響力的人可以幫助他，因此不願意去那裡工作。「當我為國家戰鬥的時候，我無法接受這還需要別人的批准。」

在回到格利納一個星期之後，他的內心始終感到煩躁不安。「在這六天裡，我每天都待在家裡。」格蘭特寫道，「我一直感覺到一點，那就是自己正在逃避責任，而這樣的責任是我所能承擔的最大責任。我完全有理由為自己已經做出的工作感到滿意，但現在就這樣袖手旁觀是絕對不行的。」

在他這次的旅程中，他寫了一封信給當時的民兵指揮官，講述自己之前的工作，並就自己希望得到的軍銜提出了個人建議：「在軍隊裡服役了十五年時間，其中包括在西點軍校的四年，我認為每一個透過政府經費接受教育的人，都應該感激現在的聯邦政府。我希望在這場戰爭結束之前，能夠有榮幸去為這個國家做出微薄貢獻。以我現在的年齡和服役的時間來看，我覺得自己有能力擔任一個兵團的指揮官，當然如果總統也認為他可以相信我的話。自從總統發出了第一個招兵公告之後，我就一直在州政府工作，盡自己最大的能力去幫忙訓練州民兵組織，現在我也依然在從事這樣的工作。要是你將回信寄到伊利諾州的春田市的話，我就能收到。」但是，格蘭特沒有收到回信。他的申請信件被掩埋在政府部門繁冗的信件當中。在內戰結束了很長一段時間之後，格蘭特的這封信才重見天日。

不過除此之外，格蘭特還有其他途徑可以找尋釋放自身能力的工作。他後來這樣寫道：「當我表示自己希望獲得上校軍銜的時候，我內心是忐忑的，因為我對自己是否有足夠能力勝任這個軍銜感到懷疑。但我見過了每一位來自伊利諾州以及印第安那州的上校操練士兵的情況，心想要是他們都能以恰當的方式去指揮一個兵團的話，那我也能做到。」

葉芝表示要推薦格蘭特擔任准將，但格蘭特拒絕了，他表示自己並不想一下子就獲得如此高的軍銜，而是希望能靠自己的表現去獲得。「格蘭特上尉是怎樣一種人呢？」葉芝詢問一名來自格利納商店的記帳員。「雖然他很想要為國家服務，可他卻不願意擔任較高的職務……他到底想做什麼呢？」「與他打交道的時候，」這位記帳員回答說：「就是不要問他任何問題，只要命令他完成某項工作就可以了。他會立即照辦的。」後來，葉芝馬上發電報給格蘭特，此時的格蘭特正在卡文頓看望自己的父親。電報上說：「即日起，你被任命為伊利諾州第二十一志願軍團的上校，現在立即生效。」葉芝的任命狀的日子是西元 1861 年 6 月 16 日。

第六章　指揮軍隊

一個月前，格蘭特就著手整合他現在指揮的這支部隊，這是由許多之前從未接受過軍事訓練、穿著破爛的鄉村男孩組成的，他們駐紮在馬頓附近。這支部隊之前的指揮官是他們推舉的，他是來自哥斯大黎加的海盜，身上展現出士兵的氣質，經常攜著單刃長獵刀，蓄著濃密的鬍子，每天對著手下那幫懵懂的志願兵誇誇其談，晚上則會與他們一起狂歡。在是否願意接受他的指揮去參加戰鬥的這個問題上，不少軍官都表示反對。他們想起了之前那位操練他們的沉默教官，於是懇請州長讓格蘭特擔任他們的指揮官。這就是格蘭特來到第一兵團的原因。

新來的指揮官格蘭特沒有穿著制服，他後來從一個朋友那裡借來三百美元，購買了一套軍服。他穿著破舊的衣服，下垂的雙肩與一些民兵上校威武的軍人姿態形成鮮明的對比。當格蘭特前去指揮這支兵團的時候，他講述了洛根（John A. Logan）與麥克倫南德（John Alexander McClernand）這兩位民主黨眾議員 —— 日後他們都成為志願兵的將領 —— 如何與他一起用熱情去激勵這些沒有接受過任何正規軍事訓練的士兵。他還談到了洛根用自己的演說激勵這群士兵，讓他們深刻地明白一點，即「只要這個國家的敵人依然還拿起武器反抗，那麼他們就要心甘情願地繼續留在軍隊裡與之作戰」。

但是，在麥克倫南德第一次介紹他這位新來的上校時，洛根並沒有在第一次演說裡這樣說。很多士兵都在找尋著另一個讓他們敬佩的人，他們大聲地喊：「格蘭特！格蘭特！」格蘭特只是簡潔地說：「回去你們的營地吧！」他說話的聲音是那麼清晰洪亮，多年前在貝塞爾的時候，一位遊手好閒的人就曾這樣對他說，不過格蘭特的這句話，很快就會在接下來更加激烈的戰場中得到驗證。格蘭特沒有過多談論他這支剛剛組建的兵團，因此這是這支部隊換帥以來的第一次公開聲明。格蘭特只是要求士兵們安靜地回到各自的營房。而士兵們似乎也感受到了格蘭特這種非凡的命令，乖乖地聽命了。

在接下來的一個月裡，格蘭特每天都認真地操練士兵，要求他們遵守嚴明的紀律。之後，格蘭特奉命前去密蘇里州前線，當時的分離叛亂勢力正在那裡爭奪邊境幾個州。格蘭特率領部隊經過鄉村，教會他們如何快速行軍，而不是等待著火車將他們載走。

在密蘇里的六週裡，格蘭特並沒有表現的機會。但在給父親的信件裡，格蘭特講述了自己在兵團裡所做的工作。他說：「這樣的工作讓我感到非常滿意。我讓這支紀律渙散、缺乏鬥志的部隊發生了徹底的改變，讓這支部隊的戰鬥力得到全新的提升。我認為，這是所有的軍官與士兵們共同努力的結果。聽說我最近有可能會得到擢升，不少軍官都一致表示願意接受我的指揮。我不想將這個消息告訴其他人，因為我不是很願意這樣談論自己。」—— 這讓格蘭特的父親傑西感到很為難，因為格蘭特再次升騰了他內心的驕傲情感。

有一件事能夠很好地展現出格蘭特質樸的性格。按照格蘭特的說法：在墨西哥州與密蘇里州，他的部隊在這裡駐紮了幾個星期。他最早有機會讓士兵們接受正規的軍事訓練。「畢業之後，我沒有閱讀過任何一本有關戰術方面的書籍……西元1846年以來，也沒有進行過任何正規的軍事訓練。現在軍隊裡的武器裝備已經發生了改變，哈迪提出的戰術思想得到了貫徹。我拿到一本講述相關戰術的書籍，從中學到了一點，就想著將自己學到的知識運用到第一天的操練中。我認為兵團裡的軍官都沒發現我從未學習過我所應用的戰術。」這件事足以表明格蘭特在運用常識能力這一方面，可以說得上是一個天才。

在荒原之戰開始前，格蘭特對米德說：「我向來不會研究太多作戰策略。」「我唯一的疑慮就是，你是否掌握了正確的策略以及對有關科學與歷史書籍是否有正確了解。」薛曼在一封讓人印象深刻的信件裡這樣談到格蘭特：「但我認為你的常識似乎能夠彌補這些缺陷。」當格蘭特在戰場上揚名之後，他對一位跟他談論若米尼（Antoine-Henri Jomini）的年輕軍官說，他從來都沒有過多地關注軍事策略方面的權威人士。「戰爭的藝術其實非常簡單。找到你的敵人，盡可能地趕上敵人，然後狠狠地打擊敵人，接著繼續前進。」

在格蘭特所看的書籍當中，幾乎找不到一本有關戰爭的書籍。他似乎根本就不在乎歷史上那些偉大將領在作戰時使用什麼策略。對他來說，內戰中的每一次戰役都是一個需要獨立解決的問題。他指揮軍隊作戰的唯一目標，就是在已有的作戰形勢下取得戰爭的勝利，利用自己所能夠獲得的武器給敵人最大的打擊。對他來說，戰爭遊戲沒有任何的吸引力。「你之前問我是否想要加入正規軍，」在格蘭特被擢升為上校之後，他寫給父親的一封信裡這樣說，「我其實並不想。我想讓自己的孩子長大後能有一份好工作，而想要在軍隊裡出人頭地的機會實在是太渺茫了。」

還有一個故事有助於讀者朋友們了解一個伴隨了格蘭特一生的性格特點。格蘭特所在的兵團要完成的第一個重要任務，就是要派遣一部分士兵去打擊當時已經成為影響各州安全的游擊隊。「當我們來到山頂時，原本以為能夠看到哈里斯在山下所搭設的帳篷，也許還會與他們的隊伍迎面碰上。在此期間，我的心越提越高，直到差點提到嗓子眼上。當時，我很想撤退，逃回伊利諾州，但我沒有撤退的勇氣，只能思考著接下來該怎麼做。我命令部隊繼續前進。當我來到了山頂某個能夠看清山谷一切情況的地方，我停下了腳步。哈里斯幾天前在這裡搭設的帳篷依然還在那裡，地面上還留下了他們最近搭設帳篷的痕跡，但是他們的游擊隊卻不見了蹤影。我的心這才放了下來。之前，我從未思考過這個問題，之後我卻永遠都不會忘記這個問題思考後的結果。從這件事直到戰爭結束，我在面對任何敵人的時候都沒有感受到一絲恐懼，雖然我在此期間多少會感到有些不安。我始終記得當時哈里斯害怕我的程度，要甚於我害怕他的程度。這件事給我上了寶貴的一課。」

這是格蘭特第一次獨立指揮軍隊。按照格蘭特對此的看法，他對這次行動的結果表示持懷疑態度。與格蘭特學到的其他教訓一樣，這樣的教訓他只需要學習一次就夠了。他從不擔心自己會面對什麼樣的敵人，只是考慮自己應該要怎麼去做。多年之後，薛曼這樣說：「當我上戰場指揮的時候，我總是會擔心敵人會怎麼做。但格蘭特對此根本不在乎[02]。」

---

02 詹姆斯·H·威爾遜將軍表示，在向大海行軍之前，薛曼曾對他說：「威爾遜，我要比格蘭特聰明太多了。我知道許多與戰爭相關的知識，了解軍事歷史、軍事策略以及戰術方面的知識。我要比格蘭特更加了解軍隊組織、補給以及管理方面的事情，甚至要比他清楚所有與軍事相關的事情。但是我要跟你說格蘭特在哪一點上勝過我，這也是他勝過全世界的原因。他從來不會在乎他看不見的敵人在做什麼，但這樣的情況會把我嚇死。」（出自《在古老的旗幟之下》，第二卷，第十七頁。）

第七章　升任准將

約翰 · C · 弗里蒙特，這位被稱為「探路者」的少將是以有趣的方式獲得這個軍銜的。他身材魁梧卻缺乏指揮能力。在戰爭初期，北方有許多人都盲目地崇拜他的作戰能力。他當時負責西部戰區，其中就包括伊利諾州、肯塔基州、堪薩斯州以及密蘇里州，總部設在聖路易斯——這個地方是遏制南方聯盟軍隊前進的重要戰略位置——在方圓一百多哩的範圍內，有多條河流在這裡匯合，形成了龐大的密西西比河。這條河是運送武器以及士兵的唯一有效航道。

當時，麥克萊倫駐紮在辛辛那提，總指揮史考特則在華盛頓，在他手下則是麥克道維爾、梅格思以及羅斯克蘭斯。格蘭特直接聽命於弗里蒙特，而後者對指揮的戰略重要性卻一無所知。格蘭特接受了他的命令，從密蘇里州的一個地方前往另一個地方，漸漸地提升了部隊的戰鬥力。他們在艾恩頓、傑弗遜城以及墨西哥做著維持治安的員警工作。因為克萊本 · 傑克遜擔任州長的州已經處於混亂狀態了，州內有很多同情南方與北方的人。因為格蘭特是最新一批被擢升為上校的軍官當中，唯一一位接受過軍事教育的人，因此他成為一支臨時組建的旅的指揮官。

西元 1861 年 8 月上旬的一天，他的軍隊牧師遞給他一封電報，電報上寫著林肯已經任命他為准將。「這肯定是沃什伯恩的功勞。」格蘭特說。

伊萊休 · B · 沃什伯恩是新英格蘭人，很小的時候全家搬到了西部生活。從西元 1852 年開始，他就擔任格利納地區的眾議員，成為最早獲得公職的反對蓄奴者或者說共和黨人。因此，當以林肯為首的政黨獲得了大選勝利之後，他就變成有一定影響力的人。他是一個精明的人，乍一看就像那些沒有接受過多少教育的政客，但他在國會任職多年，後來還擔任過駐法大使。現在，人們之所以知道他的名字，是因為當林肯發布徵兵令之後，他發現林肯竟然不認識自己的老鄉。

他看到格蘭特在整頓格利納地方連隊的方式，與格蘭特談論有關戰爭的問題，發現格蘭特是一個理解判斷力非常強的人。於是他就寫了一封信給當時伊利諾州州長葉芝，在格蘭特成為上校之後密切留意他的行為。這一份「天降」的友情，可以說是格蘭特所能獲得的最大的「影響力」了，但這其實也是格蘭特之前從未刻意去追求的。事實上，格蘭特對自己被擢升為准將是沃什伯恩幫了大忙的猜想是對的。

當國會在 8 月分開會的時候，林肯必須要為新招募的軍隊任命將領。他為自己之前所在的州指派了四名准將，同時要求華盛頓的那群人想一下這些人選。沃什伯恩這個時候就將格蘭特的名字，放在伊利諾州四名准將候選人名單的首位，這獲得了全員通過。其他被提名的將領有赫爾布特、普倫蒂斯、麥克倫南德。後面這三個人都沒有在西點軍校接受過正規的軍事訓練。8 月 7 日，林肯正式將任命這四名軍官以及另外三十三名准將的命令發下去。在這些人當中，格蘭特排在第十七位。與他同時在列的還有亨特、海因策爾曼、基耶斯、菲茲·約翰、波特（David Dixon Porter）、佛蘭克林、薛曼、斯通、布埃爾、里昂、卡尼以及胡克（Joseph Hooker）。正規軍少將的人選有史考特、麥克萊倫、弗里蒙特、麥克道威爾、哈勒克（Henry Wager Halleck），志願軍的少將人選有迪克斯、班克斯與布特勒（Benjamin Franklin Butler）。

因此，在戰爭開始之前，格蘭特就已經是准將了。他當時沒有什麼後臺，也沒有名聲，卻被安排在一個重要的作戰位置上，讓他有機會包圍與摧毀南方的叛軍。這一切也實在並非格蘭特的本意。

第七章　升任准將

其他一些將領看到了控制俄亥俄州與密西西比河附近樞紐的重要戰略意義，認為這是控制密西西比河到其出河口的第一步。格蘭特是當時唯一一個看到這一點，並且應該立即去做的將領。他沒有空談，而是真正地這樣做了。他將戰勝敵人的口號變成了一句響徹西部的話：「敵軍已經封閉密西西比河了，我們必須用利劍殺出一個港口。」

第八章　帕迪尤卡與貝爾蒙特

人稱「戰鬥主教」的列奧尼達斯．波爾克將軍此時指揮著南方叛軍。他制定了一個全面的軍事作戰計畫，指揮著南方訓練有素的軍隊，這是當時北方軍隊所缺乏的。他已經著手準備占領肯塔基州，這個邊境州依然處在脫離聯邦與維持聯邦體制的分裂當中。他將目光瞄準了伊利諾州南端的開羅，因為這裡是俄亥俄州與密西西比河交界的地方，這個重要的地方連接著三個邊境州。出於這樣的戰略考量，他占領了二十哩之外的哥倫布，這裡是肯塔基州與田納西州的交界處，處於密西西比河的東岸。在9月4日這一天，當弗里蒙特派他到密蘇里州時，格蘭特就將軍隊駐紮在開羅。

當他得知波爾克正派軍隊占領距離田納西與密西西比河河口四十五哩處的帕迪尤卡之後，他知道要是敵軍占領了那個地方，就意味著他們將占領整個密西西比河，因為整條河都會被敵軍所封鎖。格蘭特立即發電報給弗里蒙特，表示他要是沒有收到不准他去帕迪尤卡的命令，那麼他將於當天晚上前去那裡。格蘭特讓士兵們準備船隻出發，在路上沒有收到總部的任何消息，於是他就在9月6日占領了帕迪尤卡，趕在波爾克的軍隊到來前幾個小時占領了這個地方。為了安撫城裡受驚的市民，他發布了一個簡短的聲明：

我並不是以敵人的身分來到這裡，而是以你們的朋友與普通公民的身分。我不會傷害或是打擾你們的正常生活，我們會充分尊重你們的權利，保衛每一個忠誠公民的一切權利。現在，反對政府的叛軍已經出發了，他們架起了大炮，準備在肯塔基州發動戰爭，降下你們現在升起的旗幟。西克曼與哥倫布都已經落入敵軍手中。波爾克正率領著大軍朝這座城市進發。

我來這裡是保衛你們，對抗敵軍，維護聯邦政府的權威與主權的。我這樣做沒有任何的私心。我只會與那些武裝的叛軍及其幫手以及教唆犯作戰。你們可以像平常那樣過著正常的生活，不需要感到恐懼與不便。強大的政府軍隊在這裡保護著每一個支持政府的人，我們只會懲罰那些與政府為敵的人。無論什麼時候，你們都可以拿起武器保衛自己，捍衛聯邦政府的權威，保護所有忠誠民眾的權利。到那個時候，我將會把軍隊從這座城市撤出去。

格蘭特將軍隊留在帕迪尤卡，讓查理斯·史密斯負責指揮，史密斯是他在西點軍校讀書時的指揮官。他向肯塔基州立法機構發布了這份聲明，接著在州政府扮演「中立」的角色。州立法機構很快就通過了法令，支持政府軍，保衛這個州。在格蘭特回到開羅之後，他發現弗里蒙特對自己的行為非常憤怒，責罵他與立法機構之間的通信，警告他下次不能這樣做。

此時，格蘭特可以去攻打哥倫布，並且也有這樣的想法。但是弗里蒙特讓他在開羅足足待了兩個月。到了 11 月的時候，波爾克已經在哥倫布站穩了腳跟，有足夠的軍事能力去對抗政府軍的包圍，與此同時，波爾克還給在密蘇里州的叛軍提供軍事幫助，在厄爾·范·多恩 (Earl Van Dorn) 與斯特林·普萊斯將軍負責指揮的地方製造了許多麻煩。除此之外，弗里蒙特命令格蘭特指揮隸屬於迪克·奧格爾斯比的三千名士兵去圍剿在密蘇里州的游擊隊，保護奧格爾斯比的大後方。

為了讓波爾克無法分身，格蘭特率領士兵在 11 月 7 日乘船沿著密西西比河往下游前進。他們偵查到在哥倫布相反的位置有一個小型的木棚屋，上面寫著「貝爾蒙特」這樣一個自命不凡的名字。波爾克安排了兩千五百名士兵在這裡守衛。這些士兵在城牆的掩護下休息，準備著接下來要快速行軍。格蘭特並非只是簡單地進行偵查任務，他猜到了波爾克接下來要採取的軍事行動，於是就讓士兵們上岸，對敵人發起攻擊，占領了這個軍營 —— 這是格蘭特在內戰中第一次真正意義上的戰鬥。

他要求戰敗的敵軍投降，迫使敵軍撤退。他的任務完成了。要不是他指揮的軍隊缺乏正規的軍事訓練，那麼他們肯定能夠獲得更大的勝利。因為這些士兵覺得他們取得了一場重要的勝利，一下子變成了興奮的「暴徒」，洗劫了這個軍營，將很多東西據為己有。他們大聲地說話、歡笑、唱歌，根本不受控制。直到具有天才般常識的格蘭特過來了，局面才得到控制。

格蘭特命令禁止放火燒掉這些帳篷，因為從這裡冒出來的火焰會讓敵軍看到，讓敵軍有機會重整旗鼓。之後，格蘭特的軍隊被敵軍包圍與攻擊，要不是格蘭特指揮得當，手下的士兵可能已經投降了。格蘭特堅定地說，敵人無法切斷他們的後路，他們需要朝著船隻停放的地方突圍。穿著下士軍服的格蘭特不顧子彈從馬背上呼嘯而過，最後一個登上船，差一點就被落下了。

麥克倫南德可以說是一位精通政治的軍人，他當時就與格蘭特在一起。在回到開羅的路上，他發表了一場自負的演說。但格蘭特一句話都沒說，只是在第二天寫給父親的信裡這樣說：「考慮到這是一場遠征，我們取得的勝利可以說是圓滿的。這讓我對手下的軍官以及士兵充滿了信心，也讓我在日後指揮他們作戰的時候無所畏懼。」伊利諾州的報紙接下來都在報導麥克倫南德是如何拯救這個州的。格蘭特默默地讓麥克倫南德享受這樣的讚美，他不願意處在大家關注的焦點當中。這只不過是一場小規模的作戰而已，在這個州之外的人沒有誰會知道。有關貝爾蒙特的消息也沒有讓東部的人民感到興奮。

第八章　帕迪尤卡與貝爾蒙特

北方的人們都以憂愁的目光等待著波托馬克河與詹姆斯那邊戰鬥的戰況，等待著布林溪戰役勝利的消息。麥克萊倫指揮的軍隊漸漸失去了耐心，且戰且退。貝爾蒙特一戰因為傷亡太慘重，多年來一直被人們所指責，說這是一場本來就不該打的戰役。事實上，進行這場戰役的目的不是為了擊敗敵人，而是將領為了展現自身的能力。多年後，格蘭特說：「要是貝爾蒙特戰役沒有開打的話，奧格爾斯比上校可能會成為俘虜，他手下的三千名士兵會被殺死。而我將會成為罪人。」

假使真的沒有貝爾蒙特一戰，我們就會錯過這個獨特且有趣的插曲，也無法了解當時北方人民內心的真實感受。

第九章　多納爾森

接下來十三週的等待並沒有完全被浪費掉，因為格蘭特利用這段時間在開羅操練士兵，教導軍官們作戰的方法。

在格蘭特麾下的士兵中，並沒有多少正規軍。南方叛軍讓很多畢業於西點軍校的學生進入軍官隊伍，因此他們那邊的志願兵能夠接受訓練有素的軍官教導。北方軍隊中很多接受過正規軍事教育的軍官，依然保持著之前的軍銜，直到戰爭爆發幾個月之後才得到擢升。在波托馬克駐紮的軍隊裡，只有一個「正規旅」，這個旅裡面的每一名軍官，從將軍到少尉都接受過正規的軍事訓練。在其他地方，還有不少師的士兵都是沒有接受過什麼軍事訓練的。格蘭特就面臨著這樣的狀況。當他還在開羅的時候，除了參謀官之外，正規軍都應該解散，讓每一名軍官負責指揮訓練民兵。只有這樣，才能隨著戰事的深入不斷提升士兵們的戰鬥力。

與弗里蒙特產生矛盾的人並不只有格蘭特，林肯同樣對弗里蒙特的一些做法感到頭痛。弗里蒙特越是展現自己的無能，那麼林肯就越是難以控制他。弗里蒙特曾在公開場合表達自己反對蓄奴的情感，這讓不少人都將他視為一名堅定的廢奴主義者。若是聯邦政府想要得到支持的話，那麼那些權力在弗里蒙特之上的人就不得不認同弗里蒙特的說法。

8 月 30 日，林肯對弗里蒙特的忍耐終於到達了極限。當林肯閱讀了那天早上的報紙，驚訝地看到弗里蒙特發布了一個所謂的宣言，表示要沒收密蘇里州所有與政府為敵的人的財產，並且宣布要釋放所有的奴隸——他的這一聲明得到北方的一致認同，卻讓政府感到非常為難。林肯知道，如果在這個時候就做出這樣的宣言，那麼肯塔基州以及鄰近邊境的幾個州肯定不會支持聯邦政府，因為他們覺得聯邦政府會讓奴隸主釋放奴隸。

在林肯看來，弗里蒙特發表的宣言意味著違反了命令，是對行政權力的一種僭越。但林肯還是極有耐心地要求弗里蒙特糾正。最後，弗里蒙特不得不按照要求修改宣言，因為聯邦政府威脅他，若是不這樣做的話，就要面臨彈劾。「有一些人想讓弗里蒙特成為獨裁者。」詹姆斯·拉賽爾·洛威爾（James Russell Lowell）說，「難道我們為了獲得肯塔基州的支持，就要失去我們的尊嚴嗎？」他的話語代表著很多人的一種想法。林肯在戰爭爆發的前幾個月裡，就面臨著這樣的指責。鑒於政治因素會對戰爭產生重要的影響，這位頑固的弗里蒙特最終在貝爾蒙特戰役發生後的兩天被撤職了，哈勒克取代了他的位置。

對格蘭特來說，頂頭軍官人選的更換並沒有給他帶來任何好處。哈勒克是一位接受過西點軍校訓練的士兵，他學識淵博，是戰術方面的大師。許多人稱他為「老大腦」。在過去幾年裡，他一直在舊金山擔任律師，之後到墨西哥服役。他之前擔任過志願軍的少將，人們對他抱著很大的期望。

事實上，哈勒克的確是一位博學之人，卻不是一位鬥士。他的大腦裡填充著許多軍事策略，卻不懂得如何靈活運用。在面對如此緊急的戰爭局勢時，他根本沒有能力去加以處理。他從來都不明白當一個世紀前的吉本在說「偉大戰役的勝利可以透過戰役的研究來獲得，就像劃時代的詩歌可以使用華麗的辭藻寫成的一樣」這句話的真正意思。在哈勒克看來，格蘭特只是一個頭腦相對簡單、有著實用計畫的人，因此並沒有多麼看重他。除此之外，他依稀還記得，當年格蘭特在加州服役期間選擇退伍的事情。

格蘭特在開羅過著單調沉悶的生活，他對這樣按兵不動的做法感到厭煩，最後他找到了哈勒克，並提出一個計畫，就是打通前往南方的道路，將第一道防線向前推。格蘭特在西點軍校時的老師史密斯對此表示同意。格蘭特的計畫讓他感到很滿意，他認為這個計畫應該上報給上級軍官。當格蘭特好不容易獲得了與哈勒克見面的機會時，哈勒克卻沒有好臉色給他看。「我沒有得到禮貌的對待。也許是我在闡述作戰計畫的時候說得夠清楚了。在我還沒有完全將計畫說完的時候，我就被打斷多次。哈勒克說我的計畫是荒謬的，於是我垂頭喪氣地返回了開羅。」

格蘭特這個「荒謬」的計畫是這樣的：負責阿利根尼山脈西部軍隊的將領阿爾貝特·西德尼·約翰斯頓已經在肯塔基州南部建立了叛軍的外部防線，這條防線從密西西比河流域的哥倫布一直延伸到田納西州東部的坎伯蘭岬口。在這條防線上，敵軍分別在田納西州與坎伯蘭建立起了亨利堡壘與多納爾森堡壘，而他們可以藉由河流進入田納西州，開始與肯塔基州以及俄亥俄州處於平行狀態。這兩個堡壘相隔只有十二哩，另一個堡壘位於鮑靈格林，這裡距離多納爾森的東北部有九十哩。而另一個堡壘則在密爾斯普林斯，這是在東邊更遠的一百哩之外的地方，守衛著通往坎伯蘭高山的道路。

布克納是駐紮在鮑靈格林地區的南方邦聯指揮官，而佐利克福爾則駐紮在密爾斯普林斯。湯瑪斯偵查到密爾斯普林斯的軍隊在政府軍的左翼，而布埃爾在路易斯維爾則可以偵查鮑靈格林，這是在政府軍的中路。格蘭特則負責政府軍的右翼，波爾克當時在哥倫布，基地恩·皮洛則在多納爾森。在墨西哥戰爭期間，格蘭特就認識皮洛了，當時的皮洛在春田市是一個喜歡奉承別人的人。格蘭特曾用鄙夷的口氣說道：「他會發現，在第一次射擊的時候給敵人造成傷害是必要的，他不會成為一個可怕的對手。」

南方叛軍防線薄弱的地方就在多納爾森與亨利堡壘這裡，但就是這兩個堡壘讓聯邦海軍無法藉由水路前往坎伯蘭與田納西，更無法到達納什維爾與薩凡納地區。在帕迪尤卡戰役裡，查理斯·史密斯將軍在格蘭特的指揮下，控制了這兩條河的一個小地方。在與史密斯以及福特商量之後，他想以出其不意的方式乘船到達上游，占領亨利堡壘，迫使南方的軍事防線後退 —— 讓政府軍的前線繼續向南推進到阿拉巴馬州。薛曼與布埃爾都認真思考過這個問題，並且與哈勒克談論。當時在華盛頓負責軍務的麥克萊倫認為這只是紙上談兵，他習慣性的優柔寡斷讓他覺得首先應該占領田納西州的東部。

「至於到底是誰首先提出要讓軍隊去占領田納西河作戰計畫的問題，我們已經有了諸多討論，」威廉·普勒斯頓·約翰斯頓上校在他父親的自傳裡這樣寫道，「是格蘭特首先提出的，這也成就了格蘭特。」格蘭特在一個月後寫了一封信給沃什伯恩，他在信上這樣說：「我看到了透過田納西州與坎伯蘭的方向去攻擊敵人的諸多好處。對於任何一名稍有常識的將領來說，他們都會想到進行這樣的作戰。整個秋季與冬季，我們的炮艦都在往田納西與坎伯蘭河流的上游進發，眼睜睜地看著敵軍在這些流域不斷搶占城池。哈勒克將軍顯然在很久之前就想到了這條作戰路線，我可以肯定。」

但事實上，哈勒克認為自己需要六萬士兵，才能實現自己心中所想的那個遲緩的作戰計畫，這是格蘭特所需軍隊的三倍之多。如果當時哈勒克手上有那麼多軍隊的話，那麼他可能就不會讓格蘭特繼續留在那個職位上了。

西元 1862 年 1 月中旬，湯瑪斯占領了密爾斯普林斯。在戰爭初期，這是一場為數不多的勝利，讓北方軍隊充滿了信心。為了能夠取得真正意義上的軍事勝利，格蘭特急切地想要執行自己的軍事計畫。他發電報給哈勒克，表示福特也會給予自己支援，聲稱如果得到「允許」的話，他就會率軍占領亨利堡壘。2 月 1 日，格蘭特得到批准，他在第二天就率軍出發。6 日的早上，亨利堡壘的守軍投降了，大部分撤退的叛軍丟下許多槍炮，他們都撤退到了多納爾森。

「亨利堡壘現在是我們的了！」格蘭特在發給哈勒克的電報裡這樣說。「在敵人尚未站穩腳跟之前，我們的炮艦就攻克了敵軍的堡壘。」接著，哈勒克沒有下達任何命令或是任何批示給格蘭特，因為他覺得格蘭特會留在亨利堡壘，穩固這裡的防守，因此從未向格蘭特提及與多納爾森相關的事情。格蘭特立即率軍前往坎伯蘭，同時發電報給哈勒克：「我要在 8 日攻克多納爾森堡壘，接著返回亨利堡壘。」這一天，格蘭特認為自己手下的一萬五千名士兵必須要馬上發動進攻，否則等到敵人在多納爾森站穩了腳跟，即便是四萬多士兵都很難攻下這裡。

約翰·佛洛德是布坎南執政時期的戰爭部長，他在內戰期間背叛了聯邦政府。在前一年的冬季，他將北方軍隊軍火庫的武器全部運到了南方，用來增強叛軍堡壘的防守。此時，佛洛德派了約翰斯頓去指揮多納爾森的防守，而皮洛則在約翰斯頓手下負責作戰工作。格蘭特認識這兩個人，他對他們沒有任何的恐懼心理。這是 2 月裡殘酷的一週，白天的天氣很暖和，到了半夜卻經常會下雪與冰雹，溫度計時常會指向零度。聯邦軍隊沒有任何帳篷，也沒有足夠的禦寒衣物。

但是，格蘭特趁著夜晚率領軍隊去攻擊多納爾森堡壘，當時堡壘的守軍已經入睡了。在 15 號的時候，佛洛德與皮洛才率領士兵出來迎戰。這是一場慘烈的戰鬥，政府軍一度處於劣勢，直到格蘭特在與福特商量計畫後，讓炮艦上更多的士兵上岸作戰。不過一些士兵回來後顯得非常沮喪，對格蘭特說敵人帶了許多乾糧袋以及背包，表明敵人準備在這裡進行多天的戰鬥。

第九章　多納爾森

但此時的格蘭特依然非常冷靜。他認真查看了乾糧袋，發現裡面只裝有三天的口糧以及逃跑的裝備。他立即意識到敵軍正在絕望中負隅頑抗，敵軍為了避免投降，現在已經切斷後路了。「他們根本不想留在這裡繼續與我們作戰。」格蘭特說，「現在無論我們從哪一側發動進攻，都會取得勝利。」格蘭特深信這一點。他命令士兵繼續對堡壘發動進攻，史密斯、沃拉斯以及麥克倫南德也勇敢地投入戰鬥中。

史密斯率軍進攻山脊，占領了敵軍的射擊掩體。敵軍被迫撤退到堡壘。夜幕下，敵軍狼狽而逃的畫面非常有趣。皮洛、佛洛德與布克納在城堡內商議如何加強堡壘的防守。他們在一次軍事會議上決定，他們的軍隊必須投降。佛洛德之前因為貪汙公款而受到聯邦政府的指控，擔心一旦政府軍捉到他之後，他就會因為叛國罪被判處絞刑。他們懇求布克納——這位南方叛軍中最勇敢的一位士兵——負責這裡的軍事指揮。在夜幕的掩護下，皮洛與佛洛德沿著坎伯蘭逃到了納什維爾，讓布克納盡最大的能力去抵抗政府軍的進攻。

布克納並沒有選擇抵抗，而是豎起了停戰的旗幟，要求與政府軍就投降進行談判，並要求達成停戰協議。格蘭特發給布克納的電報讓整個北方都為之振奮「除了接受無條件投降以及立即投降之外，沒有任何可談的。否則我立即對堡壘發動進攻。」布克納迅速給予了回應「我所指揮的軍隊，因為之前的指揮官臨時遇到了一些問題才把我推到這個位置上。南方軍隊在過去取得了輝煌的戰績，現在準備接受你們這個嚴苛且缺乏寬容的投降條款。」

八年前，當格蘭特在紐約身無分文的時候，是布克納幫了他的忙。這是他們八年來第一次見面。「布克納對我說，如果他是指揮官的話，不會讓我這麼輕易地占領多納爾森堡壘的。我對他說，如果他是真正意義上的指揮官，我也不會接受你們的投降。」格蘭特並沒有談到兩個人的其他事情。布克納則用更有趣的口吻說：「格蘭特讓自己手下的軍官離開，用謙和的方式與我見面。在昏暗的角落裡，他從口袋裡拿出了錢包……他謙和的性格讓他不願意讓別人知道他做出的慷慨舉動，也不想讓世人知道他做出的善意行為。」

在格蘭特的回憶錄裡有這樣一個段落，使我們可以從中看到人性之美。「薛曼將軍被派到位於坎伯蘭河河口的史密斯蘭德增援我。那時，他在軍銜上比我高，按照軍事制度來看，下級軍官是不能命令上級軍官這樣做的。但薛曼將軍還是率領眾多船隻送來補給品與士兵，他的做法讓我們倍受鼓舞。他還說，只要他能幫上什麼忙，都可以找他，並且表示只要能夠對前線作戰有幫助，我同樣可以命令他，他願意放棄目前的軍銜。」

在多納爾森作戰的士兵人數要比之前發生在美國土地上的戰爭更多。在經歷了九個月的拖延與失敗之後，政府軍取得了第一次實質性的勝利。就在一週前，在格蘭特所管轄的地方之外，沒有幾個人認識他。但在西元1862 年 2 月 17 日，勝利讓他成為人民心目中的軍事天才。在他所提出的「無條件投降」的有力話語當中，人們終於找到了內心的共鳴。但是，人們可能根本不知道，格蘭特打通了坎伯蘭與田納西的通道，其中真正具有的重要軍事意義。

第十章　陷入陰影當中

隨著格蘭特控制了多納爾森堡壘與亨利堡壘，南方叛軍從阿帕拉契山脈到密西西比河流域的防線瞬間崩潰了。政府軍的部隊推進到了納什維爾，此時的約翰斯頓已經放棄了鮑靈格林，因此他只能撤退。波爾克則從哥倫布撤退到下游一百哩外的第十號島嶼，密爾斯普林斯也失守了。南方叛軍不得不退到第二道防線，從孟菲斯向東經過柯林斯與查塔努加撤退，接著從東北方向沿著諾克斯維爾經過坎伯蘭高山，到達維吉尼亞州。

北方人看到南方叛軍占領的堡壘一個個淪陷，似乎像被施了法術一樣。他們在歡喜當中希望政府軍能夠迅速取得圓滿的勝利。但是，這些人在對待維克斯堡的問題上採取了一種盲目樂觀的態度，對其中涉及到的軍事問題也過分樂觀。他們對敵人在那裡的部署知之甚少。

當時的人們都在讚揚哈勒克，而哈勒克也在讚揚每個人，格蘭特除外。在多納爾森戰役三天後，他發電報給斯坦頓說：「史密斯憑藉著他多納爾森戰役當中表現出來的冷靜與勇敢，扭轉了戰局，最後占領了敵人的堡壘。擢升他為少將吧！你無法找到比他更優秀的將領了。你們要好好地表揚他取得的這次勝利，整個國家都會為他的成功歡呼的。」他沒有在電報中提到格蘭特。哈勒克發給福特祝賀的電報，表揚他在戰艦方面所做的成績，還對只是從堪薩斯州及時趕過來救援的亨特給予表揚。

之後，當他感受到了北方人們的想法之後，他發電報說：「擢升布埃爾、格蘭特與蒲柏為民兵少將。」在 26 號，他發電報給麥克萊倫說：「我必須要指揮西部集團軍。猶豫不決與延遲行動正在讓我們失去黃金的作戰機會……請盡速回答。」其實，在多納爾森戰役中，雖然布埃爾與蒲柏都是優秀的士兵，但他們並沒有參與，而哈勒克更是由此至終都沒有參與這場戰鬥。

事實就擺在眼前。林肯總統知道了事實之後，單獨將委任格蘭特為少將的命令發出去，日期是 2 月 16 日。顯然，格蘭特得到擢升的原因是再明顯不過的了。五個星期之後，麥克倫南德、史密斯、沃拉斯、布埃爾以及蒲柏才被擢升為少將。在這之後，要不是因為斯坦頓對湯瑪斯因為個人成見而不信任他，他早就應該得到擢升了。現在，格蘭特必須要克服頂頭上司的阻力，努力往上爬。

此時，格蘭特的人生出現了讓人痛苦的一段插曲。哈勒克似乎根本沒有能力讓格蘭特乖乖聽命。當格蘭特還在多納爾森前線的時候，他就奉命指揮田納西州西部的一支新組建的軍隊，並且他的許可權也沒有「得到清晰的界定」。因此，格蘭特管控的範圍可能與布埃爾管控的範圍有重疊。

2 月 28 日，格蘭特發電報給哈勒克，沒有得到任何與他應該前往納什維爾相左的命令之後，他就前去納什維爾與布埃爾商討，當時的納什維爾正是軍事作戰的中心。第二天，格蘭特回到了多納爾森。3 月 3 日，他奉命率領軍隊返回亨利堡壘，準備遠征田納西州，想要占領柯林斯——這個南方叛軍防線上最重要的據點，從而讓孟菲斯與維克斯堡能夠得到保護，這是格蘭特數週以來一直想做的事情。

第二天，讓格蘭特感到驚訝的是，哈勒克發來電報說：「你讓史密斯少將指揮軍隊負責遠征，你繼續留在亨利堡壘。為什麼你不聽從我的命令，彙報你的軍隊人數和位置呢？」格蘭特並沒有不聽從命令，每天都彙報部隊的情況以及所在地。但在 6 號的時候，哈勒克發來了電報說：「你一直以來都沒有彙報部隊的軍力以及所在的位置，這讓我感到非常不滿，嚴重影響到了我們的軍事計畫。你在沒有授權的情況下前往納什維爾，而你的存在對你指揮的軍隊來說是極為重要的。現在華盛頓那邊都在抱怨這個問題，很多人都建議在你回來之後要逮捕你。」

格蘭特看到電報之後一臉茫然，在回覆的電報中這樣說：「我每天都有彙報自己指揮部隊的情況。每天，我採取的行動都有向你的參謀官彙報，他肯定是沒有以恰當的方式對你彙報。我已經盡力遵守命令，執行了最符合部隊利益的行動。要是我讓那些人感到不滿，請立即撤掉我。我不想以任何方式阻礙我們的軍隊取得勝利……我前往納什維爾，完全是為了部隊的考量，並不是為了滿足個人的私欲。請你相信一點，那就是你與我之間肯定存在著一些敵人，這些敵人想要抹黑我的功勞。我謹此希望暫停自己的職務。」

之後，格蘭特與哈勒克之間的日常通信頻繁起來。格蘭特要求哈勒克撤掉自己的職務，哈勒克的立場也漸漸軟化。最後，當林肯總統要求哈勒克提交一份完整的報告時，哈勒克很不情願地做出了讓步，表示會恢復格蘭特的指揮權。「雖然他前往納什維爾的出發點是好的，但按照軍法不應該這樣做，他不該離開自己所在的部隊。」哈勒克在 3 月 13 日發給副官的電報中說，「我希望這件事以後就不要再繼續追究了。」

哈勒克在給格蘭特的電報裡談到，他決定將軍事指揮失敗的責任放在麥克萊倫的頭上，格蘭特對哈勒克為自己平反的行為表示感謝。內戰結束後，麥克萊倫還原了哈勒克一開始做出的抱怨[03]。

「我與格蘭特將軍有一個星期都沒有通信往來。」哈勒克在 3 月 2 日發了電報給麥克萊倫。「他在沒有我的授權下就擅自離開軍隊，前往了納什維爾。他的軍隊在多納爾森戰役勝利之後似乎有點士氣低落，彷彿他們在波托馬克戰役中失利了一樣。當一名將軍取得戰役勝利之後，我們很難

---

03 出自《麥克萊倫的故事》一書第 216 頁。

立即去指責他，但我覺得格蘭特的確應該受到指責。我一直都沒有收到他那邊發來的電報以及有關任何戰鬥方面的情況。戰役的勝利讓他陶醉其中，不去考慮未來的戰鬥。我對格蘭特這種擅作主張以及低效的軍事指揮能力感到厭煩。在這個時候，C.F. 史密斯是唯一一位能夠取代格蘭特的軍官。」

在收到哈勒克的電報之後，麥克萊倫是這樣回答的：「我們要想在這場戰爭中取得勝利，就必須要讓類似格蘭特這樣的行為得到控制。無論是將軍還是下士，他們都應該遵守嚴明的軍法。若是你認為逮捕格蘭特是有助於提升軍隊士氣，請不要有任何猶豫，然後讓史密斯將軍取代格蘭特的位置。如果你認為這對你有幫助的話，你完全可以自由裁斷，將之視為一個具有積極意義的命令。」

在回覆麥克萊倫的電報時，哈勒克也許道出了他不喜歡格蘭特的真正原因：「有傳言說，自從占領了多納爾森堡壘之後，格蘭特以前的不良習慣就故態復萌了。若真是這樣，那麼這應該是他之前一直忽視我下達的命令的原因。我認為現在逮捕格蘭特是不明智的，但我會讓史密斯將軍成為遠征軍的指揮官，前往田納西州負責指揮。我相信史密斯將軍會重新恢復部隊的軍紀。」

後來，格蘭特才知道自己發給哈勒克的報告一直停留在開羅，不過這樣的失誤也無法為他在俘虜了叛軍之後，對他們進行即刻處決的行為找尋任到何藉口。

在格蘭特後來所寫的回憶錄裡，他對這件事的闡述進行了一定的改正，表明了自己當時沒有什麼錯的想法。他這樣寫道：「毋庸置疑，哈勒克將軍認為史密斯將軍是一位比我更加適合指揮這支部隊的人，才會將部隊的指揮權交給他。哈勒克將軍肯定會認為史密斯將軍要比我以及其他師團的師長能更快地得到擢升。當時人們的一種普遍觀點就是，史密斯在軍隊裡服役了很長時間，他勇敢的作戰紀錄讓他成為最合適的指揮人選。事實上，我當時也是認同這個想法的，願意像史密斯將軍之前在我麾下那樣忠誠地接受他的指揮。但這並不能為哈勒克發去華盛頓的那封電報，以及他之後故意向我隱瞞這個事實，並且試圖向我上級軍官解釋的行為正名。」

格蘭特在亨利堡壘的作戰中遭到批評，他祝賀史密斯成為了這支部隊的指揮官，並且寫了一封信給他，信上說：「倘若你需要幫助，只需要傳訊息給我，要是在我許可權範圍之內的話，我都會給予幫忙。」格蘭特與史密斯兩人之間並不存在什麼嫉妒的情感，他對這位之前自己的指揮官充滿了敬畏。

當史密斯剛開始成為他麾下的軍官時，他發現自己很難下達命令給他。現在，史密斯終於成為指揮自己的人，這讓格蘭特免去了諸多的尷尬。格蘭特曾委婉地說：「現在，我是你的部下，我知道一名軍人的職責。我希望你在處理我們的全新關係時不會感到尷尬。」幾個星期後，史密斯就在多納爾森堡壘去世了。當時的史密斯已經身患重病，其實根本無力在夏洛伊指揮作戰。薛曼曾經說：「要是史密斯沒有死的話，人們將不會聽到格蘭特這個人。」後來，薛曼收回了這句話，可是在那個時候，估計格蘭特也會對他這句話表示同意。

第十一章　夏洛伊戰役

「我之前與現在的觀點都是，在攻克多納爾森堡壘之後，政府軍必須有一條通往西南方向的道路，並且一路上不會遭遇什麼猛烈的抵抗。假使當時有任何一位將軍勇於承擔責任，率領駐紮在阿里格尼山脈西部的軍隊，那麼他就能率軍攻克查塔努加、柯林斯、孟菲斯以及維克斯堡。當時北方招募到的民兵數量越來越多，能夠對他們在附近發現的任何敵人展開猛烈地攻擊……但是，天不遂人意。延誤戰機讓敵人有足夠的時間整合軍隊，加固據點的防守。」格蘭特後來在回憶錄裡這樣寫道。要是當年格蘭特或是史密斯單獨負責的話，這可能就會變成現實，但在哈勒克的指揮下，這不可能實現。

在多納爾森摧毀了南方叛軍的防線之後，西線的軍隊將目標轉向了柯林斯，這是密西西比北部的一個具有重要戰略意義的小鎮，因為這裡是兩條鐵路的樞紐，連接著密西西比的孟菲斯與海灣處的莫比爾，間接影響到了查爾斯頓以及大西洋沿岸的一些南方州。一旦叛軍控制了柯林斯，他們就占據了一個反攻據點，讓密西西比河下游都處於敵軍的控制，從而讓政府軍無法繼續進攻。

叛軍將軍博勒加德（Pierre Gustave Toutant-Beauregard）之前因為作戰勇猛，從維吉尼亞州調過來參與指揮，其他的將軍也趕過來指揮——這些將領都在阿爾貝特·西德尼·約翰斯頓的指揮下作戰。雖然約翰斯頓之前在多納爾森遭遇了失利，不得不撤退，但是里奇蒙政府依然相信他的能力。當田納西州的軍隊要求更換另一名將軍的時候，戴維斯說：「要是西德尼·約翰斯頓不是正確人選的話，那麼南方邦聯就沒有適合的人選了。」

第十一章　夏洛伊戰役

約翰斯頓在柯林斯集結了將近五萬名士兵。

哈勒克此時制定了一項大膽的作戰計畫。他指揮西部的所有軍隊，並且親自指揮駐紮在田納西州與俄亥俄州的軍隊，格蘭特與布埃爾在他的手下接受指揮。若是華盛頓方面同意的話，他想讓查理斯·史密斯取代格蘭特的位置。但史密斯當時在田納西州的薩凡納臥床不起，在多納爾森戰役中身受重傷，沒過多久就去世了。

約翰斯頓的軍隊在前往柯林斯途中受到哈勒克指揮的軍隊攻擊，不過戰況的發展，讓戰鬥在格蘭特與哈勒克都想不到的地方進行。雖然格蘭特在哈勒克的手下沒有得到重用，但史密斯選擇匹茲堡登陸點的懸崖作為政府軍集結的地點，這裡距離田納西河西岸東北方向的柯林斯二十哩。史密斯寧願選擇這裡作為集結地點，也沒有選擇哈勒克一開始決定好的距離柯林斯北面九哩之外的薩凡納。格蘭特同樣也是出於這樣的考量，才選擇了這個集結地點。

按照之前攻擊與摧毀敵人的計畫，河流的西面是對敵人發動進攻的最佳地點。政府軍絕對不能讓南方軍隊占領懸崖。格蘭特想要等待布埃爾軍隊的到來，然後他們聯軍一起朝著柯林斯進發。此時，格蘭特的軍隊已經在登陸點，可他還是在薩凡納搭建起臨時的駐紮點，雖然布埃爾可能一個小時之後就到來了。

但博勒加德與約翰斯頓並沒有等待著政府軍攻擊他們防守堅固的柯林斯，而是沿著田納西河來到了西面的河岸，準備趕在布埃爾與格蘭特會合之前消滅格蘭特的軍隊。西元 1862 年 4 月 6 日大霧的星期六早上，約翰斯頓率領四萬軍隊在森林與昏暗的夜幕掩護下，悄悄地逼近政府軍的前線，發動了一場內戰期間最慘烈的戰鬥。

麥克倫南德、薛曼、赫爾巴特、普倫蒂斯以及當時暫時指揮史密斯師團的威廉·沃拉斯都在匹茲堡登陸點附近駐紮。其他的將領也在附近不遠處駐紮 —— 其中洛·華萊士就駐紮在河流下游五哩處的克倫普登陸點，布埃爾手下的納爾遜將軍在前一天就抵達了，在河流東岸的薩凡納附近駐紮。因此，當布埃爾率領更多軍隊趕過來之前，格蘭特最多可以指揮的軍隊人數為三萬。麥克倫南德與洛·華萊士當時都是少將，其餘的將領都是准將。

在之前的兩天，格蘭特因為摔了一跤，一直都拄著枴杖。此時他正在薩凡納等待著布埃爾率軍會合。在吃早餐的時候，格蘭特聽到前線出現槍聲，於是立即乘船來到匹茲堡登陸點，發現戰鬥已經開始了。聯邦軍隊駐紮下來的軍隊還沒有站穩腳跟，西部方面的軍隊也尚未適應這裡的地形，而格蘭特比任何人都相信一點，那就是約翰斯頓的大部隊會駐守在柯林斯，因此認為他的一些士兵在挖戰壕等方面，並不如他們在操練與自律方面的表現。南方叛軍蜂擁趕來，在距離匹茲堡三哩處一個名叫夏洛伊的木屋房子裡作戰。這裡正是薛曼駐紮營房的地方，因此這裡的戰鬥非常激烈，這場戰役也被稱為夏洛伊戰役。

這是薛曼的部隊第一次參加真正意義上的戰鬥，許多士兵都不知所措，並與麥克倫南德的部隊混在一起了。這些士兵都在不加辨別地聽從這兩位指揮官的命令。這場戰鬥簡直可以說是完全不按戰爭的規則來。最後，戰鬥在戰場的每一個角落進行。當格蘭特來到戰場時，他就發現了這點。

在一片混亂的戰鬥場景中，格蘭特依然像在多納爾森戰役中那樣保持著冷靜。「我只能回想起兩個人，」賀拉斯·波爾特後來寫道，「在滑膛槍發出槍聲的情況下，還始終坐在馬背上，身體的肌肉沒有動一下，也沒有眨一下眼睛。其中一個人是吹軍號的人，另一個就是格蘭特將軍了。」

第十一章　夏洛伊戰役

格蘭特騎著馬冒著炮火從一個地方趕到另一個地方，不顧危險指揮著士兵們戰鬥。他用低沉、顫動卻又具有穿透力的聲音發布著命令，他的命令是那麼地讓人信服，卻又顯得那麼低調。

他沒有瘋狂地走來走去，也沒有怒吼著要立即採取行動。格蘭特可能會被打敗，但他不會對此感到煩躁不安。戰場上的運氣都跑到了南方叛軍那一邊。洛·華萊士以及他手下的七千名士兵走錯了路，並沒有在這天下午趕到戰場。最後，疲倦不堪的政府軍終於等到了夜幕降臨。在「馬蜂窩」的殊死戰鬥中，普倫蒂斯以及他臨時組建的旅都成了俘虜，納爾遜並沒有跨過河流。從那以後，到底誰應該為這場戰鬥失利負責，一直存在著爭議。

夜幕降臨的時候，南方叛軍占據了戰場的主動權。他們占據了昨晚薛曼軍隊睡覺的營地。政府軍遭到了無情的打擊，不得不退守到河流沿岸。在沿岸邊，還有數千名驚慌掉隊的士兵正在趕過來。

沒有哪一場著名戰役像這一場戰役這樣缺乏計畫的。格蘭特無法協調他所指揮的部隊，無法將他們指引到一個有利的地方。他必須要在那樣的情形下做到最好，薛曼、麥克倫南德、以及在「馬蜂窩」戰鬥中的普倫蒂斯都是如此。他們必須要重組部隊、重新部署作戰計畫，接著一個旅一個旅地鼓舞士氣，讓他們擁有戰無不勝的意志。

敵人在人數上占優勢，在戰鬥能力上也不落下風。要不是在下午作戰的時候約翰斯頓被子彈射殺了，誰也不知道接下來會發生什麼事。南方人後來說，約翰斯頓之死改變了整個戰局。傑弗遜·戴維斯多年後這樣寫道：「這個國家的命運取決於一個當年在夏洛伊戰役中犧牲的人。」至於最終的結果是否如此，誰也不知道。

傍晚時分，博勒加德發布命令，第二天早上繼續發動進攻。布拉克斯頓·布拉格（Braxton Bragg）則表示願意冒一切風險在晚上發動大規模進攻。他對傳遞這一消息的參謀官說，要是這個命令沒有傳遞給其他將領的話，那麼他不會遵守的。他接著用不滿的口氣說：「這場戰鬥失敗了。」但博勒加德一直認為自己是正確的。直到今天，人們一般都認為博勒加德的做法是正確的。

布拉格想要繼續發動進攻的理由是，趁敵軍現在疲憊不堪的時候，哪一方首先重振旗鼓繼續發動全新的進攻，那麼這一方必然能夠取得勝利。格蘭特在第二天早上就充分驗證了這個道理，他想要將這裡變成第二個多納爾森戰場，這就是格蘭特的基本指揮策略。但是這樣做必須要有一個大前提，那就是敵軍的堅持能力不能勝於己方，而夏洛伊戰役並沒有這樣的前提。

第二天早上，政府軍必須在他們所在的每一寸土地上戰鬥，雖然他們之前從來沒想到敵軍會發動如此猛烈的進攻，打得他們一個措手不及。洛·華萊士終於率領他那七千名毫髮無傷的士兵抵達了戰場。納爾遜在河岸的對面，布埃爾的軍隊已經登陸了，而博勒加德此時已沒有了任何援軍。他在「馬蜂窩」這個地方遭到了普倫蒂斯與威廉·華萊士長達兩個小時的阻擊，之後華萊士中彈身亡，而普倫蒂斯則成為俘虜，將近兩千名政府軍士兵也成為了俘虜。

當夜幕降臨時，他想要透過發動攻擊占領政府軍陣地，切斷格蘭特與援軍之間聯絡的時機已經消失了。當布拉格說這場戰鬥已經失敗的時候，他是對的。但他認為對政府軍發動最後致命一擊就能反敗為勝的想法，顯然也是錯誤的。

格蘭特這個人天生就不知道什麼是失敗，也從未懷疑過自己能夠取得最終的勝利。因為敵軍搶占了他們的營地，他的部隊晚上只能臨時露營，用手臂當枕頭睡覺時，格蘭特就已經開始想辦法重振旗鼓，指揮部隊擊退敵人。

對布埃爾來說，在週六下午他率領部隊提前趕到了匹茲堡登陸點，看到了數千名掉隊的士兵擠在河岸邊，失敗看上去在所難免了。「你有什麼撤退計畫呢？」他問格蘭特。「我還沒有絕望到要抽他們幾鞭子。」格蘭特說。「當然！但是如果你真的抽他們鞭子，你又要以什麼方式將這些士兵運過河呢？這些船隻能夠將一萬名士兵運到河對岸。」「倘若我必須撤退，那麼我不會帶一萬名士兵過河的。」

格蘭特似乎對士兵的生命有一種野蠻的漠視。當政府軍失利的消息—— 一萬兩千名士兵死傷—— 北方的媒體開始將格蘭特稱為「屠夫格蘭特」。但在那天晚上，格蘭特拖著疼痛的雙腿，無法忍受看到士兵們的慘狀，聽到他們發出的呻吟聲。許多受傷的士兵都被帶到了一間小木屋。格蘭特走到泥濘的土地上，在天空下著雨的情況靠著一棵樹睡覺。格蘭特曾經說過，鬥牛的場景讓他「感到噁心」。他不願意看到士兵們流血，不願意看到他們忍受傷痛。

在夏洛伊戰鬥的第二天，他就說明了其中的原因。他不會繼續追趕敵人，因為他不想讓已經疲憊不堪的士兵繼續作戰。當約翰·菲斯克（John Fiske）詢問薛曼為什麼不去追趕敵軍的時候，薛曼心血潮來地說：「我親愛的朋友，我向你保證一點，我們已經連續被敵軍追趕了兩天，只要能夠擺脫敵軍的追趕，我們就感到非常高興了[04]。」布埃爾也苦澀地說：「當我說在格蘭特將軍指揮的軍隊裡，即便是軍銜最低的下士到格蘭特將軍本人都在英勇作戰，他們在重整軍營的時候，是有足夠能力去追趕敵人的。我這樣說絕不是為自己開脫，也不是指責別人。在那天，很多人對此表達了

04　《內戰的密西西比山谷》一書第九十九頁。

反對意見，讓繼續追趕敵人變得不現實。」

毋庸置疑，南方叛軍在第二天遭受到了重大打擊。博勒加德在重新投入戰場的時候，肯定已經知道自己失敗了，因為他知道自己那些疲憊的士兵，肯定無法與得到華萊士援軍幫助的部隊相抗衡，而且布埃爾那邊的援軍每個小時都在趕到戰場。在下午四點左右，博勒加德的參與部隊遭受了重創，不得不撤退到柯林斯。博勒加德方面，失蹤、死亡與受傷的士兵人數超過一萬兩千人。政府軍的傷亡也差不多與此相等，當然博勒加德還俘虜了普倫蒂斯以及他的軍隊。但格蘭特與布埃爾在作戰人數方面占有優勢。

「第二天，我發現在我們所占領的一片開闊的土地，」格蘭特後來這樣寫道，「南方叛軍前一天在這裡發動了數次攻擊，上面堆滿了戰死士兵的屍體。無論你從哪一個方向往那一塊空地走過去，都必須要踏過屍體才能過去。在這個過程中，你的雙腳幾乎不會觸碰到地面……在一邊……灌木叢長得很高，其中一些樹木有八到十英尺，每一棵樹上都被子彈擊中過。」

這個場景充分展現了當時無比慘烈的戰鬥情景。博勒加德在柯林斯寫給格蘭特的一封信裡，談到允許他搬走戰死士兵的屍體時，用炫耀的筆調說：「在昨天那場戰鬥結束的時候，我的部隊在與你的部隊作戰中已經筋疲力盡了……我覺得自己有責任讓部隊立即從戰鬥中撤離。」

此時，在聖路易斯的哈勒克才勉強支撐起笨重的身子從扶手椅上站起來，在夏洛伊戰役結束四天之後才開始直接指揮。他發現自己麾下集結了超過十萬人的部隊，蒲柏在占領第十號島之後，已經打開了從密西西比河通往孟菲斯的道路，接著與格蘭特以及布埃爾的軍隊匯合。哈勒克在經過長時間的準備之後，率領著這支龐大的軍隊悄悄地逼近柯林斯。此時的博

第十一章　夏洛伊戰役

勒加德有五萬名士兵駐守在此處。他們占領這裡已經有一個月的時間了，每天都在加固防守，讓士兵們用斧頭、鶴嘴鋤以及鐵鏟工作，努力讓麾下的將軍不要主動出擊，想著迎接最後的勝利。

但博勒加德占領的只是一座空城，他從未想過要真正守衛這座城，早就想要從這裡撤退了。於是。他們做了許多木槍對準那些毫無用處的土方工程，用來欺騙政府軍的將領。博勒加德和每個人都知道，當他的部隊在夏洛伊戰敗之後，柯林斯其實已經被政府軍奪走了。

「看來，你在匹茲堡登陸點打了一場柯林斯戰役啊！」哈勒克最後對格蘭特承認。

第十二章　深感恥辱

當哈勒克優柔寡斷的時候，格蘭特卻正在忍受著一場關於忠誠與耐心的痛苦煎熬。在夏洛伊一戰之後，一場指責格蘭特的猛烈風暴颳了起來。要是格蘭特被證明他背叛了國家，那麼他的聲譽就會遭受更大的損壞。假使格蘭特真的因為自己的失誤而導致失敗，那麼目前所處的境遇就是他為此付出的痛苦代價。

有關夏洛伊戰役的第一份報告傳到北方各州的時候，引發了大多數人猛烈地抨擊，當然其中有一部分是那些嫉妒格蘭特的政敵所發起的。布埃爾手下的人立即回應說，正是他們及時趕到戰場才挽救了格蘭特的軍隊，因此第二天的勝利要歸功於他們。在多納爾森與貝爾蒙特戰役之後，麥克倫南德在寫信回家時吹噓自己應該得到所有的功勞。麥克倫南德這位在週日本應去作戰卻躲在河岸邊的人，說其他人都在逃跑。他對每個容易受騙上當的人說自己才是這場勝利的英雄。

此時，北方的媒體也在不斷地誹謗格蘭特，他們指責格蘭特在這場戰役開始之前已經喝得酩酊大醉，之後就若無其事地離開，讓其他的將領去作戰。在戰鬥開始的時候，普倫蒂斯以及他的部下正在帳篷裡睡大覺，幾乎所有士兵的槍支都放在他們的床邊。他們指責格蘭特說，在這場戰鬥中有數千名北方士兵隨意地殺害叛軍俘虜，這都應該追究格蘭特的責任。

西部一些州也對媒體這樣的報導有所耳聞，在這次戰鬥中，他們的部隊受到最嚴重的損失。當哈勒克到來時，他們都感到非常高興。現在，他們可以重整部隊，集合之後的部隊人數超過十萬，編為三個師，布埃爾、湯瑪斯以及蒲柏分別擔任這三個師的師長 —— 格蘭特則身為「副指揮官」，除了手下的一些隨從之外，並沒有任何指揮權。也就是在這個時候，哈勒克率軍悄悄逼近了柯林斯，格蘭特建議說：「為什麼不趁現在維克斯堡還沒有加強防守之前發動進攻呢？」哈勒克對此嗤之以鼻地說：「當我需要你的建議時，我自然會問。」在哈勒克看來，戰爭的目標就是不斷地攻城掠地，柯林斯就是一個應該攻占的地方。

而格蘭特在夏洛伊一戰中明白了一個教訓，那就是除非南方叛軍的力量遭到徹底的挫敗，消耗其所有的戰爭資源，否則他們是不會投降的。而迅速占領維克斯堡則能夠讓政府軍立即控制密西西比河流域，切斷南方叛軍從西南與墨西哥方面的補給線，從而迫使南方叛軍不斷收縮防線，使其不斷失去轉移的空間，最後給予其致命一擊。在格蘭特看來，一旦政府軍占領了維克斯堡，那麼整個戰爭形勢也就明朗了，柯林斯只是一個鐵路運輸的中轉站而已，除此之外，沒有更大的戰略意義。

雖然格蘭特有這樣的戰略思考，但他現在唯一能做的就是靜靜地休息，靜觀事態的發展。要是繼續向柯林斯發動進攻，就會給叛軍足夠的時間在維克斯堡站穩腳跟，讓他們可以藉此加固防守，到時候就需要耗費大量的人力物力才有可能去攻克。但是，哈勒克卻始終堅持應該向柯林斯推進，放任維克斯堡那邊的叛軍有足夠的時間等待增援部隊前來加強防守。

因此，要是此時哈勒克聽從格蘭特的建議，迅速向維克斯堡發動進攻，那麼在夏洛伊一戰之後的一個月時間裡，就有可能攻克維克斯堡，而不需要像後來那樣需要與敵軍進行長達一年的拉鋸戰。「我認為敵軍會繼續後撤，這就是我想要的。」當博勒加德不斷向南面撤退的時候，哈勒克這樣說。因此，哈勒克沒有想到敵軍在重振旗鼓之後會迅速發動進攻。

當哈勒克優柔寡斷，批評者對格蘭特大聲斥責的時候，格蘭特沒有感到生氣或是心懷怨恨，他只是在自己的軍營裡無奈地等待著。當然，他的內心肯定會覺得很受傷，為部隊錯失了這樣一個戰爭良機而感到無奈，不過更讓他感到無奈的是，倘若他能指揮軍隊的話，這場戰鬥幾乎可以說必然會有勝利的結果。格蘭特的許多下屬在沒有經過格蘭特同意的情況下，將有關夏洛伊戰役的一些報告發送到華盛頓，並且表示哈勒克想要擢升薛曼軍銜的想法，但沒有談到這是格蘭特的想法。

「總統現在想知道，」斯坦頓在電報中這樣說道，「格蘭特將軍是否存在著什麼不當或是錯誤的行為，還是說其他的軍官也同樣存在著這樣一種失誤，導致我們在週日的戰鬥中失利呢？」哈勒克在回覆這封電報的時候，鄭重其事地說：「這場戰鬥之所以會造成如此嚴重的傷亡，部分原因是因為某些將領完全不適合他們所擔任的職位……我不想就某一位具體將領的行為表達自己的看法，只有在收到各位師長的報告之後，事情的真相才會逐漸浮現出來。」顯然，哈勒克是在影射格蘭特的行為不當。

格蘭特請求恢復自己之前的指揮權，明確自己所指揮的部隊。對此，哈勒克回覆說：「你現在所處的位置與你的軍銜完全相符……在過去三個月裡，我一直在努力幫你抵擋所有對你的攻擊。」薛曼從哈勒克那邊聽到格蘭特想要離開部隊的說法——在夏洛伊戰役之前，薛曼都沒什麼名氣，只是有不少人聽說他這個人作戰很瘋狂，因為在戰爭一開始的時候，一些媒體引用了他所說的要占領肯塔基州需要二十萬名士兵。

薛曼漸漸欣賞起天性沉默的格蘭特，雖然格蘭特的性格與他的相距甚遠。薛曼立刻騎馬趕到了格蘭特部隊的總部，詢問他為什麼要離開部隊。「薛曼，你知道的。」格蘭特說，「我明白我現在擋著別人的去路。我已經在這個位置待了夠長的時間了。」「那你想去哪裡呢？」「聖路易斯。」「你在那裡有什麼生意嗎？」「沒有。」此時，薛曼對此表示反對，說如果格蘭特就此離開，這場戰爭會繼續下去，他就會成為被遺忘的人，要是他留下來的話，他就有機會讓自己處在正確的位置上。

格蘭特同意薛曼的觀點，決定留下來，但他發現這樣的生活實在是太枯燥了。軍營裡那些諂媚者總是忽視他的存在，北方的媒體依舊在攻擊他，國會也在討論著格蘭特失職的問題。只有約翰·舍曼（John Sherman）一人敢在國會上為格蘭特進行辯護，這引起了愛荷華州議員哈蘭的憤怒抗議，說舍曼這樣是想要「挽救格蘭特的名聲」。

哈蘭接著說：「愛荷華的軍隊對格蘭特的能力沒有任何信心，認為他根本不適合現在所處的位置。他們將格蘭特視為屠殺了數千名俘虜的冷血動物。格蘭特之前的履歷中，沒有任何內容可以證明他有很強的軍事能力。在貝爾蒙特戰役裡，他犯下了一個臭名昭著、無法原諒的軍事失誤……在多納爾森戰役裡，他指揮的右翼軍隊被擊敗，不得不撤退。這場戰鬥最後要不是史密斯將軍及時趕到，必然會遭遇一場慘敗。在夏洛伊戰役裡，格蘭特的軍隊完全被敵軍打了個措手不及。後來只是因為援軍及時趕到，才讓他的整個部隊免於遭受徹底毀滅的結果。後來反敗為勝的指揮，是由布埃爾將軍以及其他將軍完成的，這與格蘭特沒有什麼關係。既然格蘭特指揮作戰的結果如此之差，在我看來，那些繼續支持格蘭特指揮部隊的人，對不起那些數千名被屠殺的士兵。」

媒體與國會製造的各種輿論傳到了戰爭部與白宮。在面對多數人強烈要求解除格蘭特軍職的呼聲下，林肯總統說了一句斬釘截鐵的話：「我不能撤掉他，他是個勇於戰鬥的人！」

兩個月後，哈勒克讓格蘭特獨立指揮一支部隊。格蘭特專心攻打孟菲斯，在成功占領了第十號島嶼和柯林斯之後，終於也占領了孟菲斯。格蘭特在這裡設立了戰鬥總部，就一直駐紮在此處，再也不需要受到哈勒克麾下軍隊將領的輕視了。接著，出現了戰爭開始以來最戲劇性的變化。

維吉尼亞州的戰況變得很糟糕 —— 麥克萊倫的部隊在李將軍的攻擊下，不得不撤退到詹姆斯這個地方，這一戰的失敗，讓林肯總統對麥克萊倫失去了信心，他之前還對麥克萊倫的軍事指揮能力抱有一定的信心。於是，林肯總統命令哈勒克立即從西面趕回華盛頓，在 7 月 11 日任命哈勒克為美國聯邦軍隊總司令，因為在林肯看來，雖然哈勒克只是名義上指揮著西方軍，但在他指揮期間，西方軍獲得了唯一的一次勝利。

「在我離開目前這個職位時，」哈勒克在發給斯坦頓的電報裡說道，「我是否應該將目前的職位讓給下一級軍官，還是總統要專門指派某個人來接替呢？」斯坦頓在電報中回覆說，他應該將這個職位讓給下一級的軍官 —— 於是，哈勒克就命令格蘭特回到柯林斯。

「我可以帶上我的隨從嗎？」格蘭特問道。「你帶上什麼都可以。」哈勒克在電報中回覆說。「柯林斯現在就是你的總部。」

於是，格蘭特就在柯林斯駐紮下來了，麾下有五萬名士兵控制著柯林斯與開羅之間的地帶。哈勒克指揮的大部隊在接下來的夏天受到了重創，但格蘭特依然保住了職位。要不是哈勒克在夏洛伊戰役的爭議中，得到一些政客以及中西部州一些媒體的支持，僅憑他那微不足道的戰爭功勞，必然早已經被世人所遺忘了。

此時的格蘭特受到了嚴重的質疑，但他沉默地忍耐著。而他麾下的薛曼漸漸贏得了他的信任，負責孟菲斯那邊的指揮。沃什伯恩是他在華盛頓那邊的朋友，他覺得自己應該對他解釋一番。而父親在寫給格蘭特的信件當中，則表達了自己對其他人反對格蘭特的憤怒之情，說自己在家鄉與老朋友說話時，都會因為替兒子辯護而與對方爭吵得面紅耳赤。

5 月初時，格蘭特在寫給沃什伯恩的一封信裡說道：「倘若我為自己所受的這些攻擊進行辯護，那我肯定會遭到別人恥笑。但一些報告中對我行為的指責完全是虛構的……當然，要說我完全沒有受到影響，這是不真實的。因為我有父親、母親、妻子與孩子，他們都會受到這些報導與指責的影響，他們會因此受到極大的困擾。我有必要與他們說明這一切。至於所有人對我指揮能力的指責，這是有人想要弱化大眾對我的信任，想要剝奪我有效指揮部隊的權力……若是我現在無法獲得足夠的權力去消滅叛軍，我就無法證明給別人看了。當我回顧之前的人生時，我發現沒有比現在這件事更加重要的了。」

在給父親的信件裡，格蘭特這樣寫道：「我不期望也不想辛辛那提州的媒體能夠站在我這邊。從戰爭一開始到現在，他們就非常支持我。因此，我很擔心大眾會誤解我的愛國之心。我可以肯定一點，那就是在這場戰爭裡，我只有一個想法，就是消滅叛軍。我對這場戰爭是否會讓黑奴處於自由或是繼續束縛他們的問題沒有任何考慮……我甚至根本不能相信軍隊下達的一些命令是否具有合法性。現在大敵當前，我們應該將精力專注於敵人。在消滅敵人之後，我們可以坐下來慢慢解決這些私人問題。」

在九月分動身前往柯林斯之前，他在寫給父親的一封信裡表露了自己煩躁不安的情緒。「我……除了取得戰爭最後的勝利，沒有關於自己的任何情感或是想法。我在給你的信件中談到了許多具體問題，但你有時候不是很謹慎，因此我不能說得太具體。還是讓我談談現在很多人討論的這個問題吧！這個世界上的任何敵人給我造成的傷害，都比不上你為我辯護要給我帶來更大的傷害。我希望你不要再為我辯護，讓我繼續保持沉默吧！我從多方消息中得知，其中包括一些剛剛返回部隊的士兵口中得知，除了我家鄉的人對我保持著一貫以來的友好態度之外，其他地方的人都對我抱持著懷疑的態度。你總是在外面不停地指責其他將領，別人很容易會認為你這是受到我的唆使而這樣做的。你以後不需要為我做任何的辯護，未來發生的事情自然會為我正名的。」

格蘭特在信件裡幾乎直言不諱地批評了父親的做法。性情沉默的格蘭特會說出這樣的話，說明這樣的想法在他的內心已經壓抑了許久。不過，格蘭特這樣的情感表達相比於薛曼的激情來說則顯得比較溫和了。薛曼用他那雙受傷的手寫信給家人時說：「那些懦弱的報紙只會發表一些玷汙戰死沙場士兵的文章，這實在是令人髮指。」薛曼對媒體的胡亂報導非常憤怒，想要與那些代表媒體勢力的人爭辯，並且警告說：「當我有權力之後，那些人就等死吧！」查理斯·伊里亞德·諾頓與柯帝士談到薛曼時說：「薛曼的憤怒之情是多麼地強烈，他所寫的文字就像他作戰時那樣具有殺傷力。」

第十三章　密西西比戰役

格蘭特在前往維克斯堡的路上，終於感覺到自己得到了長久以來想要的機會。當時分散的政府軍各自為戰以及使用糟糕的戰略帶來了不良的後果，讓敵人有足夠的時間建立起更加堅固的防守，但格蘭特並沒有感到灰心。他接下來的戰略就是要沿著密西西比河沿岸作戰，逐個逼迫敵人撤退，透過控制密西西比河進而為聯軍的戰艦打開水路，直通開羅。

此時，聯軍已經攻占了帕迪尤卡、多納爾森以及夏洛伊，這讓聯軍逼近到了田納西州南面的納什維爾以及柯林斯等地，同時，聯軍還控制了哥倫布、孟菲斯、皮洛堡以及第十號島嶼，雖然此時第十號島嶼在夏洛伊戰役開始時已經被聯軍所占。但要是格蘭特能夠多等幾天的話，那麼第十號島嶼自然會落入聯軍手中。

在夏洛伊戰役三週後，弗拉古特占領了新奧爾良，布特勒將軍贏得了「野獸」的綽號。弗拉古特的戰艦沿著河流一直到達了防守堅固的哈德遜堡，而聯軍的補給線可以藉由河流一直傳送到最南的維克斯堡。因此，叛軍現在控制的兩個重要據點必須要攻下。攻下這兩個據點，不僅可以切斷叛軍的海軍，而且還能控制叛軍通往糧倉的通道。因為阿肯色州、德克薩斯州與路易斯安那州的土壤非常肥沃，是著名的大糧倉，這足以為叛軍招募的十萬士兵提供口糧。

紅河流經德克薩斯州與路易斯安那州，在維克斯堡下游與哈德遜上游之間流向密西西比河。只要封閉了密西西比河通向開羅的入河口，就能切斷叛軍的糧食補給線。格蘭特並不是第一個有這樣戰略眼光的將領，但很多將領並沒有看到立即發動進攻搶占的重要性。

此時的格蘭特正走在通向成功的道路上，他不願意等待。在哈勒克優柔寡斷，想著要奪回之前被敵軍占領的土地時，敵軍已經在維克斯堡建起了堅固的防禦工事。盧卡與柯林斯這兩個地方在遭受斯特林·普萊斯與厄爾·范·多恩的進攻之後差點淪陷，幸好奧德與羅斯克蘭斯（William Starke Rosecrans）率軍及時趕到才解圍。在 4 月的時候，叛軍在維克斯堡的防守還比較薄弱，但之後的每一天都在加強防禦工事，直到現在變得堅不可摧。

維克斯堡有很好的天然屏障，其背面是沼澤地、河口以及淺水湖，政府軍很難從北面發動進攻，而西面則是兩百多英尺高的陡峭懸崖，要想藉由海軍在水路發動進攻，這也是不切實際的，而南面則是哈德遜港口的海角，敵軍此時已經在這裡建立起穩固的防守。唯一的進攻方向只能從西面開展，叛軍也肯定會在這裡加強防守。

范·多恩為他在柯林斯的失利承擔責任 —— 雖然他並不是對失利責任最大的人 —— 他的位置讓給了出生在賓夕法尼亞州的彭伯頓，後者在西點軍校接受過訓練，因為與南方同盟的總統是朋友，因此戴維斯直接擢升彭伯頓為總司令，雖然彭伯頓的戰功與表現根本不配這樣的職位。

格蘭特一開始制定的計畫是將部隊駐紮在密西西比河沿岸，但不向對岸的敵軍發動進攻，正如他攻克帕迪尤卡與匹茲堡等地那樣，透過圍困的方式逼迫敵軍撤退。他之前就是沿著田納西州搶占了有利的地形，逼迫敵軍從這幾個據點撤退。格蘭特先前之所以放棄柯林斯，是因為沒有必要固守在那裡。現在，柯林斯的鐵路樞紐都在他的控制範圍內，因此必須要圍困死守在維克斯堡裡的敵軍。

格蘭特一直堅守著古老的作戰紀律，那就是在與敵軍作戰時應該建立一個營地，以便在需要的時候能夠撤退。他將哥倫布作為作戰總部，放棄了柯林斯，率軍沿著密西西比中央鐵路經過中轉站，到達格瑞那達。而以孟菲斯作為營地的薛曼部隊，則乘坐鐵路前往維克斯堡背面的懸崖附近，準備與格蘭特的軍隊會合。格蘭特希望在拖住敵軍的時候，薛曼能夠對維克斯堡發動進攻。

當他出發後，就在牛津這個地方與薛曼談論了這個計畫，後來決定讓部隊前往密西西比州的首府傑克遜，利用孟菲斯作為據點。但是，連接傑克遜與孟菲斯之間的中央鐵路已被毀壞，要是等待修好鐵路再出發，必然會耗費太多寶貴的作戰時間，而之前沒有及時發動進攻，已經浪費了許多時間。在此期間，格蘭特總是收到從華盛頓那邊傳來的神祕資訊，之所以說神祕，是因為這些資訊總是在格蘭特部署行動結束後才傳遞過來的。

此時，弗雷斯特率領騎兵在默弗里斯伯勒阻擋了羅斯克蘭斯的進攻，並且迅速奔赴田納西州，想要毀掉六十哩長的鐵路與搗毀電報傳送系統，以便切斷格蘭特與哥倫布之間的通訊聯絡，讓格蘭特處於訊息封閉的狀態，甚至讓薛曼也無法將自己面臨的困境告知格蘭特。弗雷斯特知道，搗毀鐵路的舉動，會讓格蘭特的部隊在撤退的時候，不得不步行八十哩路。

在霍利斯普林斯，許多商店都已經在儲存食物，以應付緊急情況。那時，霍利斯普林斯被范·多恩占領，他很快就從後面發現有一個懦夫在指揮著軍隊。三週之後，格蘭特在 1 月 8 日再次來到孟菲斯，得知薛曼在十天前在維克斯堡附近發動進攻時被擊退了，而麥克倫南德則負責密西西比河流域的遠征軍，在林肯總統的命令下，不得不去支援薛曼的部隊。

此時已是隆冬時節，從年初到現在，除了收獲一些人生經驗之外，什麼都沒有得到。但格蘭特的進攻至少讓弗雷斯特的騎兵部隊無法與布拉格的部隊會合，而布拉格只能率兵去支援彭伯頓，分散了自身的兵力，這無疑是羅斯克蘭斯在 1 月 1 日發生的石河戰爭中獲勝的重要原因。這場戰鬥的勝利打通了傳教士山脈與查塔努加，控制了諾克斯維爾與亞特蘭大，讓薛曼的部隊可以由此借道喬治亞州。

第十四章　麥克倫南德

麥克倫南德的計畫與野心，乃至他對格蘭特的敵意與嫉妒，形成了有趣的一章。這也許說明了在格蘭特的人生當中，一切冥冥中自有天意。要是格蘭特沒有堅定的意志以及不容置疑的忠誠，那麼他便很難克服當時所面臨的各種困難，特別是在內戰爆發的初期階段，他的名聲尚未完全鞏固之前，他受到的攻擊是最多的。

自從林肯任命來自伊利諾州的格蘭特擔任准將之後，格蘭特就要面對很多複雜的事情。雖然格蘭特當時的軍銜在很多將領之上，但是這些將領都將自己視為格蘭特的上級。為什麼會這樣呢？因為格蘭特當時剛服役，就在四個月前，他還在格利納賣皮革呢！而他們則是在軍隊裡服役了很長時間，並且有一定的名聲。

在戰爭初期，一個部隊就像是一個民兵會議。某些人要是在政治方面有一定的靠山，就能獲得一定的指揮權。當來自密蘇里州的普倫蒂斯發現自己竟然要服從格蘭特的指揮時，他憤怒地表示要辭掉軍職，不滿地說：「我絕對不會聽從一個酒鬼的指揮！」但在這之後，他還是在格蘭特麾下參與了多納爾森與夏洛伊戰役，並在其他戰役中表現勇敢。赫爾伯特也曾對格蘭特指揮他的事感到不滿，為此經常發牢騷。

麥克倫南德當時在國會代表著伊利諾州，屬於道格拉斯的民主黨。在內戰爆發的時候，他與洛根表示支持聯邦政府的決定是很重要的，而林肯也是一位有政治頭腦的人，馬上表示要給予他們一些褒獎。要不是麥克倫南德的虛榮心太強的話，他完全可以在歷史上留下與洛根齊名的聲譽，但他的野心最終卻斷送了自己的前程。

他總是想辦法將軍功攬在自己身上，聲稱自己在貝爾蒙特、多納爾森以及夏洛伊等戰役中戰功顯赫，讓當地的報紙稱頌他作戰勇敢，指揮鎮定。與此同時，麥克倫南德還故意揭發格蘭特的一些不良行為。他仗著自己與林肯都是來自伊利諾州的，就直接向林肯發去這樣的報告，表示自己想要獨立指揮一支部隊。當聯軍準備攻打維克斯堡的時候，他向華盛頓方面提出了一個自我誇耀的專橫計畫。他想要組織一支獨立的遠征軍消滅從密西西比到新奧爾良的叛軍，沿途順路攻下維克斯堡。為此，林肯還授權他在印第安那、愛荷華以及伊利諾等州徵兵。

當然，在愛國熱情方面，的確是沒有人能比他更高。他很快就招募到了四萬名志願軍。此時，格蘭特與薛曼正準備率軍向南發動反攻。「我現在有了比格蘭特與薛曼更好的將軍了。」林肯曾這樣對波爾特說。不過，林肯在下達命令給麥克倫南德的時候，還是謹慎地沒給麥克倫南德太多的權利，並表示：「當格蘭特將軍指揮的軍隊人數不夠時，才能繼續招募士兵。遠征軍接受麥克倫南德將軍的指揮，前往攻打維克斯堡，消滅駐守在密西西比河沿岸的敵軍，打開通往新奧爾良的河道。」

林肯的這一道命令，讓格蘭特收到了哈勒克那邊發來的讓他感到不安的消息。麥克倫南德認為林肯的這道命令，給了他與格蘭特一樣的地位。在取代薛曼之後，他在阿肯色州建立據點，準備率領三萬多名士兵去消滅這個州的叛軍，這讓他犯下了一個很大的錯誤，但他卻始終沒有察覺到。格蘭特立即將他找回來，對他分散這麼多兵力的做法表達不滿。格蘭特發電報給哈勒克表示，麥克倫南德的做法是徒勞無功的行為。

雖然麥克倫南德滿臉怒容地表示接受，卻暗地裡寫給林肯一封信。他在信裡說：「我在這裡取得的成功遭到了一群來自西點軍校派系的怨恨與打壓，這些人已經迫害我好幾個月了。」薛曼在半年前就已經全力支持格蘭特，他在寫信給弟弟約翰時表示：「林肯總統讓麥克倫南德取代我的位置，這是對我的一種侮辱。我真想沉默地將自己所有的行李都打包好，然後回到聖路易斯。不過我們現在面對的情形，需要我們即便在忍受侮辱與不滿的時候，也要繼續堅持下去。」在這三名將軍裡，格蘭特是始終保持冷靜的那位。

麥克倫南德的做法最後造成了讓他感到尷尬的結果。格蘭特最終親自指揮攻克維克斯堡的戰役，而不是薛曼。要是沒有格蘭特的親自指點，薛曼可能會選擇成為攻克維克斯堡的指揮官。但是，除非薛曼能夠改變自己的本性，否則麥克倫南德就不應該指揮這場戰役，因為這會讓他與上級之間造成衝突。

只要麥克倫南德需要繼續聽從格蘭特的命令，他就會對格蘭特的命令表現出不屑一顧的態度。當格蘭特要求他前進的時候，他卻停滯不前；當格蘭特要求他立即參加戰鬥的時候，他卻在一旁袖手旁觀；當格蘭特命令他將輜重放在一邊，他卻依然帶著許多輜重前進，影響作戰時間；當格蘭特命令他要節約子彈，他卻繼續讓士兵開炮。麥克倫南德對傳遞格蘭特命令的軍官威爾遜破口大罵：「要是我還聽從格蘭特的命令的話，我就是孬種。我厭倦了聽從他的命令。」

最後，麥克倫南德擅作主張對他的部隊發布命令，祝賀他們在進攻維克斯堡戰鬥中的英勇表現，雖然他們的戰鬥並沒有取得成功，但他們卻將失敗的責任歸結為其他部隊沒有配合他們。他在沒有事先通知格蘭特的情況下，擅自將這個消息告訴伊利諾州的媒體。他的這種越權行為讓薛曼、麥克皮爾森以及他們的部下都感到無比憤怒。格蘭特要求麥克倫南德立即從前線回到春田市，解除他的指揮權。

三個月後，麥克倫南德在春田市向華盛頓方面寄去了一封惡意攻擊格蘭特的信件，要求就此進行審判。「格蘭特將軍現在還能在那個位置上待那麼久，難道不應該感謝他的部下對他的驚人克制力嗎？」他接著寫道，「除非格蘭特願意與我面對面對質，否則我不會接受這樣的結果。沒有人比我更加了解他的為人了，每個人在他面前都必須保持驚人的克制力。我還要說，格蘭特在之前取得一系列戰役的成功，都要歸功於他部下的良好行為，而不是因為格蘭特本人身為指揮官的能力。」

當麥克倫南德這樣的指控送到了華盛頓，已經無法給格蘭特造成任何傷害了。林肯總統是無論如何都不會同意這樣的對質的，他表示：「現在要是讓那麼多軍官從前線回來，這會對我們即將要取得的成功造成無法修復的傷害，因為這些軍官對於我們取得戰爭的成功是無比重要的。」

「是麥克倫南德把自己玩出局的。」薛曼在攻克維克斯堡幾天後，在寫給家裡的信件裡這樣說，「幾乎每一名士兵都因為他遭到解職而感到高興。他這個人是那麼自私，那麼地想要追求名聲，他無法讓自己的心智跨越視野的局限。因此，雖然他在其他方面都比較優秀，可是這個特質還是讓他無法繼續前進。我為人處世的方式與他剛好相反。我對發生在我眼前的一些事情會看不清楚，卻對未來可能會發生的事情有著比較好的認知。格蘭特則擁有著一種介乎麥克倫南德與我之間的特質。正因為如此，我非常欣賞他。在對事物的認知方面，我比格蘭特的能力更強，但他能夠很好地平衡當下與未來發生的事情，尋求最自然的解決方法。」

第十五章　維克斯堡

薛曼在維克斯堡附近的戰鬥中失利的消息，又激起了北方媒體批評的風暴，繼而引發了他們對格蘭特的全新攻擊，當然攻擊的目標還包括聯軍在東線與西線的其他將領。發生在維吉尼亞州的戰役之所以失利，就是因為行軍拖沓所造成的，而聯軍在密西西比州勝利的曙光似乎也消失了。此時，麥克倫南德的支持者也在報紙上大聲為他疾呼。但對於身在前線的格蘭特來說，這一切都不重要。

因為冬季河水的暴漲，讓溪流與河口的水位變高，使他無法率軍繼續前進，只能讓部隊駐紮在河流西岸的米利肯本德進行休整，靜靜地等待春天的到來。那個時候，他有足夠的戰艦與補給，能讓軍隊包圍維克斯堡，繼而在河流下游作戰，封鎖河流，改變河流的水道，炸毀防洪堤，將各個湖都連接起來，然後找尋必要的河道。

除此之外，格蘭特還要負責處理各種有關軍隊管理的繁瑣事情。來自北方的一些不誠實與不忠於聯邦政府的商人，他們在部隊裡有很多代言人，他們都是受到了棉花投機的誘惑而來。格蘭特最後迫於無奈命令將這些「猶太階級」全部趕走 —— 他的這一極端做法立即引發國會與媒體的抗議，最後林肯不得不宣布取消格蘭特的命令。

林肯知道格蘭特在戰爭時期對這些商人採取的做法是對的，他有一位來自春田市的老朋友萊昂納德．斯威特，之前就曾被命令要離開開羅，因為他想要格蘭特幫他完成一樁不合法的乾草生意。當斯威特到白宮找林肯抗議的時候，林肯說：「斯威特，如果我是你的話，我會盡量遠離尤利西斯．格蘭特管制的範圍，因為就我所知，若是格蘭特在開羅捉到你，他會兌現之前跟你說過的懲罰。」

就是在這樣一片質疑聲中，格蘭特開始了他包圍維克斯堡的勇敢計畫。當時的他正被華盛頓裡許多人所討論著。不滿的情緒傳遍了整個北方地區，很多人都對長達數個月的等待感到不滿。這是聯軍作戰以來的一段黑暗時光。斯坦頓想盡一切辦法催促聯軍將領勇敢前進，並且發電報給格蘭特、羅斯克蘭斯與胡克等人，承諾誰要是贏得了第一場重要戰役的勝利，就能被擢升為少將。當時，羅斯克蘭斯正負責指揮在田納西州坎伯蘭地區的軍隊，他在回覆的電報中表達了自己的抱怨。胡克則是迅速率領波托馬克地區的軍隊進攻敵人，卻在塞勒維爾吃了敗仗。格蘭特並沒有理會斯坦頓發來的電報。他不想任何外界的事情催促或是影響他制訂的計畫。

西元 1863 年 4 月 16 日晚上，當一切都準備就緒的時候，波爾特勇敢地率領一部分戰艦向維克斯堡的據點發起進攻，之後其他的戰艦也發動了進攻。他們在整個過程中沒有一艘戰艦受到損害，雖然薛曼與格蘭特麾下的其他將領都認為這樣做實在是太冒險了。陸軍則採取迂迴前進的方式到達河流的西岸，並在路易斯安那的迦太基地區紮下軍營，準備乘戰艦渡過密西西比河。4 月 30 日，他們在維克斯堡南面的布魯因斯堡東邊登陸了。

接下來的戰鬥持續了兩個月，最終以彭伯頓率領的叛軍投降宣告結束。「當那次登陸完成之後，」格蘭特說，「我大大地鬆了一口氣。沒錯，當時的維克斯堡是還沒有被攻下，當時的守軍也沒有因為我們之前的任何進攻而士氣低落。但是，我們現在在敵軍的領地上，並且靠著一條寬闊的河流，而維克斯堡就在我與我的補給線中間。我們的軍隊是在河流乾燥的一邊作戰。冬季以來所有的戰鬥、準備以及艱苦的情形我們都熬過來了，現在是我們取得勝利的時候了。」

格蘭特迅速率軍占領了吉布森港口，接著在沒有通知哈勒克，以及薛曼的質疑下，決定只帶三天的乾糧，率軍從營地出發，進攻維克斯堡。格蘭特在各條戰線上來回往返，指揮戰鬥。之後，當哈勒克知道格蘭特的做法後，命令他立即撤軍幫助在哈德遜港口的班克斯，但格蘭特並沒有理會。在這段時間裡，格蘭特率軍在傑克遜俘虜了喬·約翰斯頓，將約翰斯頓的軍隊與彭伯頓的軍隊分割開來，占領了密西西比州的首府與鐵路中心，切斷了維克斯堡與外界的糧食補給線。

在十八天的時間裡，格蘭特率軍行進了兩百哩，取得了五場重要戰役的勝利，俘虜了八千名叛軍士兵，繳獲八門大炮，迫使更多數量的敵軍不得不撤退，最終將敵人圍困在維克斯堡。單憑這樣簡單的陳述就知道，這可以寫入戰爭史冊了。5 月 18 日，當薛曼與格蘭特一起出去騎馬，來到五個月前他被叛軍擊潰的懸崖時，感慨地說：「在此刻之前，我從不認為你的部署是正確的。但現在我知道你的部署必然會帶來勝利，即便我們現在還沒有占領維克斯堡。」

不過，這個時候他們卻遭遇了一場失利。5 月 22 日，在得到了約翰斯頓的軍隊正在集合，準備發起突圍的消息時，格蘭特冒險發動了進攻，可是因為麥克倫南德當時沒有貫徹格蘭特的計畫，認為自己的首要任務是進攻維克斯堡，於是就下令發動第二次進攻，最終遭遇了失敗。但格蘭特很快就重新發動了圍攻，新招募的七萬名士兵大大增強了他的兵力。7 月 4 日的早上，隨著聯軍在葛底斯堡戰役勝利，格蘭特攻陷了維克斯堡，彭伯頓很不情願地率領三萬名士兵以及一百七十二門火炮投降。「格蘭特……」達納在發給斯坦頓的電報裡這樣說，「彭伯頓顯然不願意向格蘭特投降……但格蘭特像一名哲學家那樣接受了這一切。」

在維克斯堡戰役後，格蘭特將薛曼先前寫給他的那封建議不要實施這個計畫的信件還給了薛曼。格蘭特當時就說，在這場戰役結束前，誰也不准說這件事。當然，格蘭特也說：「薛曼也有足夠的能力與精力去取得這場戰役的勝利，要是他親自負責指揮這場戰役的話，同樣也會取得成功。」

「維克斯堡的這場戰役，」薛曼後來寫道，「從構思到執行，完全是屬於格蘭特將軍一個人的功勞。這不僅體現在格蘭特對大型戰爭計畫的部署上，更在於他在每一個細節上的重視。我還保留著他之前寫給我的許多信件與便條，這都是他本人寫的，其中的內容包括每個分隊的行軍部署，甚至連所帶食物以及作戰槍枝等具體的事情都要一一指明。很多人都認為這應該歸功於格蘭特的副官羅林斯，但這是錯誤的。因為歷史上沒有哪一位將領會像他關注這麼多細節，或是親手寫那麼多部署指示、報告以及信件[05]。」

即便格蘭特的事業在此時終結，他的名聲也是沒人可以玷汙的，因為接下來的失敗也無法抹殺他在戰場上取得的輝煌成就。無論在維克斯堡戰役之前或之後發生過什麼事情，他現在終於對自己的前程充滿了信心。他感覺自己就是那個最後結束戰爭的人。自從帕迪尤卡戰役以來，他就一直在思考著要攻下維克斯堡，他最終也實現了這個目標。在戰爭早期許多獲得更大名聲的將領當中，格蘭特是少數幾個沒有自我膨脹的人。在面對那麼多人身攻擊的時候，一般人肯定會打退堂鼓的。

「每個人都有自己所迷信的一樣東西，」多年後，格蘭特在談到自己忍受批評時保持沉默的原因時寫道，「我個人的一個迷信就是，身負重任的人應該履行好自己的職責，盡到最大的能力去將自己本該做好的事情做好。我從未想過要依靠別人的關係或是自身的影響力去改變這點。」

「在開羅時，我非常認真地檢閱波托馬克軍隊的操練，將他們視為日

05 《W.T. 薛曼的回憶錄》（Memoirs of General W. T. Sherman）第三百六十二頁。

後戰場上的主力軍。當時我絕對不會想到自己日後能夠有那麼大的指揮權。我也從未想過自己的能力配得上那樣的職位。但我說過，若是讓我在波托馬克指揮一支騎兵旅，我也會盡自己最大的能力，我相信自己能夠做得比較好。希利爾上校曾建議我說，我應該提出申請，調到那裡擔任騎兵的指揮。我當時就對他說，要是那樣的話，我寧願立即砍掉自己的右手。」

此時，格蘭特不僅贏得了林肯的信任，還讓哈勒克放下了對他的成見。「計畫果敢，執行迅速，戰果豐碩。」哈勒克在電報中這樣寫道，「這些部署堪比拿破崙在烏爾姆戰役的表現。」多年後，薛曼在回憶錄裡寫到，在這場戰役裡，格蘭特的表現可以與拿破崙西元 1796 年在義大利時的表現相比，並且指出格蘭特在維克斯堡面對的戰況，要比拿破崙在塞巴斯托波爾面對的情況更加艱難。

「倘若由我指揮，我肯定不會冒險經過維克斯堡的防線，然後在大海灣與傑克遜等地部署兵力，從而完成對維克斯堡關鍵點的包圍。」薛曼在這場圍困戰結束之後說，「但我會從格瑞那達到達相同的關鍵點。我與格蘭特的目標都是一樣的，雖然我們都對當時的實際地形不是很了解。士兵們最終實現了我們事先的部署，這讓我感到驚訝。去年 12 月，當我們還在牛津的時候，我們看到了未來所能實現的目標，就是現在所能實現的目標。格蘭特就像是一位建築師，能在腦海裡規劃出對未來的願景。我們的軍事部署能夠一一實現，這給我們帶來了極大的滿足感。我要感謝上帝，幸好林肯總統沒有干預我們的作戰計畫，而那些短視的公眾人物也沒有給我們帶來多大的干擾，從而讓這個作戰計畫最終能夠圓滿實現。」

不過，薛曼一直認為，若是格蘭特在占領了霍利斯普林斯之後繼續留在牛津，他就能騰出六個月的時間前往布魯因斯堡，實現相同的戰略目標。要是當時格蘭特指揮的軍隊有後來的部隊那麼訓練有素的話，他可能早已經這樣做了。

不過，沒有比林肯總統在維克斯堡戰役勝利後的一週寫給格蘭特的信件內容，更加適合本章的結語了。

「我不記得我們是否見過面。我寫這封信給你，是為了表達我對你為這個國家做出的難以估量貢獻的感激之情。我還想說一句話，當你第一次到達維克斯堡附近的時候，我認為你應該做自己最該做的事情 —— 利用戰艦將部隊運到下游，然後發動進攻。我當時沒有任何的想法，只是認為你身為將領肯定要比我懂得更多，希望亞祖河的遠征軍與你都能夠取得勝利。當你到達下游之後占領了吉布森港口、大港灣以及附近等地時，我以為你會繼續沿著下游出發，與班克斯將軍會合。當你突然率軍向北進發，到達了大布萊克時，我擔心你可能會犯錯。現在，我要親自向你表達一點，那就是你是對的，我是錯的。」

林肯隨即任命格蘭特為聯軍少將。格蘭特並不需要斯坦頓的「賄賂」。

第十六章　羅林斯與達納

「一個簡單的事實就是，在格蘭特這個偉大的名字進入歷史的時候，其實在這個過程中，羅林斯的功勞不亞於格蘭特。但前者成為國家的英雄，流芳百世；至於後者，除了當年認識他的人，以及那些曾在聯邦軍隊服役過的士兵之外，幾乎沒有人聽說過他的名字。」這段文字是格蘭特身邊的參謀與親密的朋友所寫的[06]。有人甚至說，羅林斯甚至知道格蘭特想要說的話，能從格蘭特的眼神中知道他在想些什麼。這樣的說法雖然有點誇張，但是當我們說羅林斯代表著格蘭特的良知時，這是沒有絲毫誇張成分的，即便他在格蘭特取得自身成功的一些特質上無法與之相比。

在格蘭特被擢升為准將的時候，羅林斯成為了他的副官，這的確是格蘭特非常幸運的地方。當時的羅林斯還是一位缺乏經驗的年輕律師，之前一直在木炭坑裡工作。格蘭特是在格利納舉行的第一次軍事會議上見到羅林斯的，當時羅林斯在面對志願兵發表演說時所表現出來的激情讓他印象深刻。除了羅林斯之外，他一開始選擇的那幾位副官都是為了取悅家人，但這幾位副官卻成為格蘭特日後軍事生涯的累贅，在他不斷承擔更大的職位之後，就選擇了放棄他們。

之後，格蘭特選擇了威爾遜、波爾特、康斯托克、巴多、利特以及巴布科克等人，這幾個人都有各自擅長的能力。羅林斯與博爾思之後一直都追隨著格蘭特，直到他們去世。但是，羅林斯對格蘭特來說是不可或缺的。現在，我們除了知道羅林斯身為副官給予格蘭特忠誠無私的服務之外，沒有為格蘭特在軍事方面的成功做出任何貢獻的證據。

---

06 詹姆斯 · H · 威爾遜將軍所著的《查理斯 ·A. 達納的一生》（The Life of Charles A. Dana）第 241 頁。

羅林斯之前對軍事了解的並不多，也沒有接受過什麼軍事訓練，但他在軍營裡從格蘭特身上學到了許多。羅林斯是一位精力充沛、誠實的人，行為比較粗魯，喜歡跟人說話，有時在憤怒的時候甚至會說一些髒話，但他的內心深處卻是一位清教徒。他無數次地給予格蘭特各種保護，當外界說格蘭特這個人頭腦簡單的時候，他就會站出來反駁。當格蘭特行為不正的時候，他就會在直接指出來，幫助格蘭特加以改正。

也許，羅林斯為格蘭特提供的最重要幫助，就是讓他遠離了酒，因為他認為酒才是格蘭特最大的敵人。他經常告誡格蘭特必須將酒戒掉，否則他將無法給自己帶來名聲，也會給聯邦政府帶來巨大的損害。當然，喝酒是當時格蘭特的一種生活習慣，有一段時間格蘭特可以說是經常酗酒，羅林斯總是苦口婆心地告誡格蘭特。當然，如果格蘭特沒有取得那麼大的成功，他喝不喝酒都沒有人會理會。誰會在乎聯邦軍隊的一位將軍是否戒酒呢？但是，真正能夠戒酒的只有少數將領。對這些人來說，這是他們獲得名聲的唯一途徑。林肯曾經對有關節制的問題發表過有趣的看法，他說：「在這場艱難的鬥爭裡，唯一讓我感到欣慰的是，別人無法像我這樣節制。」

查理斯 · A · 達納（Charles A. Dana）當時受斯坦頓指派前去了解西部集團軍的情況，探知這些軍隊將領是否發生衝突，特別是要多了解格蘭特的行為，並且要專門彙報格蘭特的情況。維克斯堡戰役之後，達納在一次彙報中特別提到了羅林斯：「羅林斯中校除了咒罵與指責別人之外，可以說從未失態，也從未有什麼不良的習慣……他與格蘭特是同鄉，對格蘭特的影響很大，特別是他每天都會監督格蘭特的行為。每當格蘭特想要喝酒的時候，羅林斯就會提醒格蘭特，在戰爭爆發初期他已經保證過，在戰爭結束前，他都不能喝酒。格蘭特認為羅林斯是一位非常優秀的副官。不過，羅林斯的行動比較遲緩，要是不經過深思熟慮就無法寫出符合語法的英文。不過，文化程度不高，這的確是格蘭特手下人員的一個普遍情況。可以說，在格蘭特麾下的其他將領以及軍團的指揮官都有這個毛病。」

三十年後，當達納反思那一場戰爭時，他給出了自己的結論，那就是羅林斯是當時整個聯邦軍隊裡最有能力的人。「他的心思智慧很強、思維清晰、身體強壯，不會動不動就讓自己處於歇斯底里的狀態。他經常會在格蘭特的總部裡指揮著事情。他對其他人不是很友好，說話的時候粗聲粗氣的。我曾經聽他罵過格蘭特，因為按照他的想法，格蘭特做了一些他認為最好不要去做的事情。不過，羅林斯完全忠於自己的職責，對事情有著最為冷靜的判斷，並且在危難時表現得無所畏懼。假使沒有他的幫助，格蘭特就不會有那麼大的成就。歸根究柢，羅林斯是一個好人，雖然他是我認識的人當中最喜歡說粗口的。但是，他這個人很誠實，為人正直，是我見過的最為誠實的人[07]。」

達納本人雖然沒有擔任過什麼軍職，卻是讓格蘭特獲得巨大聲望的一個重要因素。在維克斯堡戰役的過程中，林肯與斯坦頓的資訊都是從達納那裡發過來的，因為格蘭特在回覆戰況的電報中總是寫得比較謹慎，經常只是發去非常簡短的電報，沒有談及任何關於作戰計畫的內容，只是悄悄地部署軍隊作戰，最終實現自己的目標，完全不回應任何外界的誹謗話語。

因此，達納需要有聰明的頭腦、敏銳的雙眼以及良好的寫作能力，才能消除華盛頓那群人對格蘭特的疑慮。在圍困維克斯堡戰役的過程中，正是達納的彙報讓林肯總統堅持續用格蘭特，雖然當時林肯也面臨著很多人要求撤換格蘭特的呼聲。林肯說：「我寧願用格蘭特這個人，我認為我們

07《內戰回憶錄》第 62 頁。

應該給他更多的時間去證明自己。」

正是達納的彙報，讓斯坦頓認清楚麥克倫南德的真實面目，對整個事情有了更加清晰的認知。達納將麥克倫南德在格蘭特面前的行為舉止、格蘭特需要克服的各種困難，還有格蘭特在西部作戰計畫的大體內容都進行了通報。

格蘭特相信達納。在圍困維克斯堡的過程中，達納一直住在總部裡，每天都與斯坦頓透過電報交流，將自己的精力專注於更加重要的事情上。達納、羅林斯與威爾遜在這段時間都與格蘭特在一起。他發現，格蘭特從來都不召開軍事會議，而是將自己的想法放在心裡，只向部下下達命令——「他會在總部裡不停地下達命令。於是，我就想要了解格蘭特將軍到底有什麼作戰計畫。不過，只有當格蘭特腦海裡所想的計畫成熟之後，他才會告訴別人。在這之前，誰也不知道他究竟在想些什麼。」

「格蘭特是一個不簡單的人物。」達納這樣寫道，「他是一位極為謙虛、極度無私與誠實的人，他的性情非常溫和，任何事情都無法將他激怒，他的判斷是那麼準確，充滿了智慧。在其他方面，他可能不是一位偉大的人物，但在道德方面，他是一位偉人；他可能不是一位具有創造力或是傑出能力的人，但他卻是一位真誠、心思縝密與深沉的人，具有誰也無法比擬的勇氣。當需要面對風險的時候，他會懷著一顆單純的心，不受外界的任何影響，不會想著自己要成為英雄，而是直接勇往直前，直到取得最終的勝利。他也是一位喜歡社交的人，特別喜歡與人開玩笑，經常願意在帳篷裡迎著冷風與別人通宵聊天。他不是一個多愁善感的人，在交友方面也相當低調，但他總是會幫助自己的朋友，即便是那些他所憎恨的人，也是如此。」

維克斯堡戰役之後，達納在發給斯坦頓的電報裡，建議擢升格蘭特為西部集團軍的指揮官。

第十七章 查塔努加與傳教士山脈

要是華盛頓方面沒有下達暫停進攻的命令，格蘭特絕對會抓緊時機將密西西比州的叛軍全部消滅。在麾下的部隊士氣正旺的時候，他原本可以很輕易地占領莫比爾，並以此作為大本營，指揮軍隊攻擊布拉格的後方，使其無法往田納西州的南部撤離，因為那裡也正遭受著羅斯克蘭斯指揮的軍隊攻擊。但是，華盛頓方面有其他的作戰計畫，正如在柯林斯戰役之後，他們將格蘭特的軍隊派往了密蘇里州的斯科菲爾德，將班克斯的軍隊派往了路易斯安那州，將伯恩賽德的軍隊派往了田納西州東部。

林肯想要派兵攻打德克薩斯州，從而威脅墨西哥的馬克斯米利安，讓在田納西州東部居住的山地人不會與政府軍作對。格蘭特的軍隊就這樣被分散了，華盛頓方面下達的停止進攻的命令，給了喬·約翰斯頓撤離、重整部隊的機會。華盛頓方面的「大度」，讓他的軍隊可以從維克斯堡中逃脫並恢復了元氣。9月19日到20日，羅斯克蘭斯的部隊在奇克莫加溪附近遭遇失利，不得不撤退到查塔努加，與麥克庫克以及克里滕登的部隊會合。此時湯瑪斯（George Henry Thomas）率領的軍隊正在單獨與叛軍作戰，拖住了敵人繼續進攻的時機，避免了全軍覆沒的慘敗。這一仗也為他贏得了「奇克莫加河岩石」的綽號。

那些駐紮在坎伯蘭的軍隊，要是他們的指揮官聽從格蘭特的建議與哈勒克的命令，就能避免遭受這次打擊。在聯軍圍困維克斯堡的時候，將部隊轉移去進攻布拉格，那麼約翰斯頓就不得不馳援被圍困的彭伯頓。但是，羅斯克蘭斯拒絕了這樣的建議與命令，原因是他說自己的行為符合這樣一句軍事格言，那就是「絕對不要在同一時間打兩場關鍵性的戰役」，如果這句軍事格言是正確的話。可是，格蘭特卻不這樣認為。「在同一天遭遇兩場關鍵性的失利，這是非常糟糕的，不過能同時贏得兩場戰役，不也是很好的事情嗎？」——羅斯克蘭斯與格蘭特對那句軍事格言的看法，直接體現出了兩人軍事思想的差異。

羅斯克蘭斯接受過傳統意義上的軍事訓練，是一位學院派的軍事將領，喜歡討好上級，作決斷時不夠果敢，不願意主動出擊。雖然他受到麾下士兵的愛戴，卻經常為自己想要實現的軍事目標受到阻撓而感到沮喪。格蘭特認為羅斯克蘭斯為人既真誠又虛偽，而羅斯克蘭斯同樣認為格蘭特是一個傻瓜，只是碰上了好運氣而已。

在這段時間，不少人都在談論格蘭特要被調到東部指揮軍隊，因為西部其他的一些將領之前已經到東部去了。麥克萊倫、蒲柏、伯恩賽德與胡克都相繼被派到東部作戰。而之前在葛底斯堡戰役裡取得勝利的米德（George Gordon Meade）在波托馬克戰役裡讓李將軍輕易撤退，沒有發動後續進攻，這讓林肯失去了對他的信任。但格蘭特卻對這樣的說法不以為然。「他們都是非常有能力的軍官，他們能夠成為高級將領，必然有其自身的能力，他們知道怎樣做才是對軍隊最有利的。雖然我不會故意違抗命令，但我強烈反對別人對此說三道四，只有當事人才能對此解釋。對我來說，指揮軍隊作戰，並且取得勝利，這是我唯一需要考慮的事情。我沒有時間去跟別人解釋。我相信麾下的每一名將領都有很強的軍事指揮能力。」

但是，一個更好的機會就在眼前。在奇克莫加大敗後，達納尚未知道湯瑪斯堅持作戰的消息前，就發電報給斯坦頓說：「我今天的電報是極其重要的。奇克莫加這個名字在我國的歷史中與馬納沙斯之役一樣重要。」

華盛頓方面籠罩在一片陰雲當中，坎伯蘭地區的部隊一再失利的消息讓華盛頓方面憂心忡忡 —— 羅斯克蘭斯的部隊困守在防禦堅固的查塔努加，但卻被布拉格的部隊切斷了補給線，而且他的軍隊已經占領了城鎮上方的山丘。羅斯克蘭斯要堅持到薛曼與胡克的部隊前來救援，不過他現在所剩的食物與燃料已經越來越少，他們的馬匹正在挨餓，而且冬天就要到來了。羅斯克蘭斯的軍隊現在士氣很低落，而他似乎也不知道該怎麼辦。雖然他的部下很尊敬他，可是為了避免日後更大的災難，他必須要被解除軍職。

斯坦頓想讓湯瑪斯去接替羅斯克蘭斯的職位，但湯瑪斯在半年前接替布埃爾的職位時就一直非常忠誠地履行著職責，不願意去。湯瑪斯表示他自己不願意接替這個職位，他歡迎其他人去。他不會就任何人談到的有關陰謀論的說法做出任何的回答與解釋。

斯坦頓迅速行動，創建了一個全新的師團，這個師團活動的範圍在阿利根尼山脈與密西西比州之間，不過這不包括班克斯在新奧爾良指揮的軍隊。他想讓格蘭特負責指揮，於是就命令格蘭特前往路易斯維爾，而他則乘坐火車前往西部。在前往路易斯維爾的火車上，他第一次見到了格蘭特，跟他說了心中的計畫。達納所說的羅斯克蘭斯準備撤退的消息傳到了路易斯維爾 —— 這是災難性的做法，會讓叛軍完全控制戰爭中的三個主要據點之一。格蘭特迅速回應斯坦頓的強烈催促，立即發電報給湯瑪斯，任命他為坎伯蘭地區軍隊的指揮官，告訴他必須「不惜一切代價守住查塔努加」。湯瑪斯在電報裡回覆說：「我們會堅持到餓死為止。」

當天晚上，格蘭特前往劇院，這讓羅林斯感到非常不安，因為他認為格蘭特是去贖罪或是祈禱。第二天一大早，格蘭特乘坐火車，再搭乘馬車經過崎嶇的道路前往查塔努加，於10月23日抵達。正如達納在發給斯坦頓的電報裡所說的「一路上很多水坑，但平安抵達。」達納還在電報上說，格蘭特依然拄著枴杖，因為他的腿還沒有康復，忍受著劇烈的疼痛。

那些與湯瑪斯一起出席格蘭特戰爭會議的將領們都同意一點，那就是湯瑪斯在對待格蘭特的時候缺乏應有的禮節，完全忘記了自己是「客人」，並且忘記了格蘭特是在場所有將領中軍銜最高的。至於湯瑪斯為什麼會有這樣的舉動，誰也不知道。但可以肯定的是，在戰爭期間，這兩人對各自的看法都有很大的保留，因為兩人都從未試過真正去了解對方。湯瑪斯表現出來的無禮行為讓謝里登與薛曼感到非常驚訝。當然，誰也沒有看出湯瑪斯對格蘭特有什麼嫉妒的意思，但他的冷靜狀態很快就引發了一場激烈的爭論，因為他對坎伯蘭地區的軍隊顯得過於忠誠了。

格蘭特到來之後，情況迅速發生了改變。據當時第一次看到格蘭特的賀拉斯·波爾特描述，在沉默地聆聽了其他將領們的發言以及他們對軍隊的部署計畫之後，格蘭特在椅子上挺直了腰，開始對他那些新部下提出了許多問題，他的話語透露出果敢與對作戰計畫的熟悉，說明了他不僅知道要立即打通補給線，而且知道必須要迅速向敵人發動進攻。他總是想著不斷對敵人發動進攻。

接著，他的目光轉向眼前的桌子，連續寫了一個小時的急件內容——第一封急件是給哈勒克的，他在信件上寫道：「剛剛抵達，我明天會繼續給你報告。請批准我任命薛曼為田納西集團軍的司令，總部就設在戰場。」第二天，他與湯瑪斯以及「禿頭」史密斯一起查看了聯軍的防線，命令史密斯立即開展打通補給線的任務。

那天晚上，格蘭特又親手寫了許多封急件。「他在做這些工作的時候是那麼地迅速，沒有絲毫停頓，似乎他根本不用怎麼想似的。」波爾特這樣寫道，「他的想法就像是他手中的筆墨那樣流淌出來。他在表達自己的想法時是那麼自然從容，很少會插入一個單詞或是修正。他微微躬著身子，靠著桌子。當他思考的時候……他會迅速環視一下房間，但整個過程沒有挺直身子，接著繼續在桌子前用相同的身體姿勢寫急件……當我看到格蘭特所寫的急件，我知道他命令薛曼率軍從柯林斯進入到能夠支持其他軍隊的範圍，並且告知哈勒克一些軍隊部署，說明這樣做是為了打通補給線。除此之外，格蘭特還在急件中寫道，為了幫被困在田納西州東部的伯恩賽德解困，必須要嘗試任何一種方法……在格蘭特的全新指揮下，每個部隊的作戰方向與部署都得到了明確的指引……我無法過分沉浸於格蘭特給我留下的深刻印象當中……他展現出來的心靈能量以及罕見的軍事天才實在是……我從未見過任何一位將領能夠像他這樣迅速抓住戰場的主要問題，那麼果敢地做出決定。在他成為這支龐大部隊的指揮官之後，他在解決複雜問題時展現出來的領導能力，讓我印象深刻[08]。」

當格蘭特來到查塔努加的時候，這座城市陷入了與敵軍在維克斯堡被圍困時一樣的絕境。布拉格率領優勢兵力駐紮在距離查塔努加三哩之外的路考特山與傳教士山脈，能夠將被困的飢餓守軍的情況看得一清二楚。伯恩賽德率領的兩萬五千名士兵在諾克斯維爾同樣遭到圍困，處境極其狼狽，不斷地請求援軍，但援軍遲遲未到。接下來的五天裡，在格蘭特的不斷催促下，「禿頭」史密斯與其他將領迅速大膽地行動起來，終於打通了補給線，守軍終於不再有飢餓、投降或是撤退的危險了，格蘭特與湯瑪斯的看法就是 ——— 必須在整個冬天都守住城市或是等待援軍的到來。沒過多久，薛曼與胡克就分別率軍從密西西比州與東部趕過來支援了。

接下來就是格蘭特軍事生涯中最輝煌的片段了。他從未想過就這樣

---

08 《與格蘭特一起作戰》第七頁。

直接居高臨下地對敵軍發動進攻，他想要等待麾下的其他部隊都集合起來，集中優勢兵力才發動攻擊。早在 10 月 28 日，格蘭特就發電報給哈勒克說：「補給的問題現在解決了。如果叛軍再給我們一星期的時間，那麼我認為我們失去已經占領土地的危險就會消失，我們也可以積極準備反攻了。」薛曼率軍穿過了三百多哩崎嶇不平的鄉間小道，在 11 月 15 日趕到了查塔努加。一個星期之後，也就是 11 月 23 日，格蘭特發動了攻勢，這場戰役的發展完全按照他的預期，最終取得的戰功是完美的，可以說在戰爭歷史中都堪稱經典。

格蘭特做了周密的作戰部署，當他與湯瑪斯登上諾克部山峰時，看到壯麗的風景出現在眼前，看見士兵們正在勇敢殺敵，並邁向不可阻擋的勝利。他看到了胡克率領軍隊穿過「雲霄」的高山上與敵人戰鬥，謝里登與伍德勇敢地指揮著兩萬名士兵在傳教士山脊上與敵人開展肉搏戰，像割草一樣消滅敵人。布拉格的部隊如驚弓之鳥一樣逃竄。格蘭特率領的聯軍取得了輝煌的勝利。格蘭特從山上下來的時候，與士兵們一起歡慶勝利的那個場面真是太美好了。

這三天的戰鬥被稱為「查塔努加戰役」，而第三天的戰鬥則被稱為「傳教士山脊戰役」。很多人將這場完勝稱為「人類軍事歷史上最偉大的奇蹟」。達納當時與格蘭特以及湯瑪斯在一起，見證了他們是如何指揮部隊的。他在第二天這樣寫道：「任何一個人要是登上這麼高的山峰，都絕對不會想到上面竟然有一萬八千名士兵在那裡等著，隨時準備對敵軍發動進攻。能夠看到這麼壯觀的場景真的是三生有幸，這一切似乎都是天意。格蘭特與湯瑪斯都沒有想到會出現這樣的情況。他們只是命令士兵們要沿著山脊的射擊掩體設防，然後占領敵軍的陣地。但在這一步完成之後，聯軍的士氣變得非常高昂，他們勇敢地登上看似不可能攀登上去的山峰，在那裡架設了三十門大炮，對著每一個岩溝進行縱向射擊。發動潮水般進攻的命令似乎是謝里登與伍德這兩位將軍下達的，因為他們的士兵絕對不准後退半步。」

這是內戰期間唯一有四名聯軍將領同時指揮的戰役，格蘭特、湯瑪斯、薛曼與謝里登都一起參與了這場戰役。查塔努加戰役之後，諾克斯維爾的困局被解除了，正如在夏洛伊戰役之後，柯林斯的困局被解除了一樣。伯恩賽德終於從被圍困的狀態中掙脫出來了，田納西州東部的敵軍也被消滅了。12 月 8 日，林肯總統發去這樣一封電報給格蘭特：「我知道你的部隊在查塔努加與諾克斯維爾都很安全，我希望表達對你的由衷感謝。這都是你指揮有方的功勞。我要向你致以最崇高的敬意，感謝你與士兵們表現出軍事才華、勇敢以及堅韌不拔的鬥志。你們克服了重重困難，最終實現了這一重要的戰略目標。願上帝保佑你們！」

格蘭特從帕迪尤卡戰役開始，就一直在不斷地前進，雖然一開始前進的步伐比較慢，不過在前進的過程中卻漸漸地累積能量，不斷將叛軍逼向他們的「首都」里奇蒙。此時，北方的人民都感覺聯軍必然會取得最終的勝利。即便是國外的人，也有這樣的同感。「感謝上帝！我們終於找到了屬於我們的『英雄』，這位英雄終於出現了。」莫特利在維也納這樣說，「⋯⋯尤利西斯·格蘭特將軍至少能與世界上任何一位偉大的將軍相媲美。到目前為止，他是南北雙方將領當中最為傑出的[09]。」一位德國作家在談到查塔努加戰役時這樣說：「這場戰役是科學調度與勇敢執行的典範，這場戰役可以堪比從腓特烈大帝到現在的任何一場偉大戰役。」

在 11 月最後的一個星期四，北方人民聽到了傳教士山脊戰役勝利的消息 —— 這一天正是感恩節 —— 正如上次維克斯堡戰役的消息傳來是 7

09　《約翰 ·J· 莫特利的通信錄》第二卷第 146 頁。

月 14 日一樣，當時正是林肯在葛底斯堡發表演說一個星期後的事情。在短短的十四天時間裡，國會通過了一個法案，重新恢復中將軍銜 —— 只有華盛頓當年才獲得過這個軍銜。在冬天結束前，國會以絕大多數票數通過了這個法案，林肯總統立即授予格蘭特中將軍銜 —— 這讓格蘭特成為了聯軍的最高司令官。

第十八章　升任中將

沃什伯恩是格蘭特早期在政壇上最有影響力的朋友，在某段時間裡，他是格蘭特唯一的維護者。在傳教士山脊戰役之後，沃什伯恩在國會議員還沒有集合在一起的時候，就已經提出了要擢升格蘭特為中將的提案。當格蘭特知道了沃什伯恩的舉動後，他在查塔努加立即寫了一封信給沃什伯恩。

「你一直以來這麼照顧我，這實在讓我感到非常感動與愧疚。但是，我已經得到了政府如此高的優待與榮譽，我並不尋求更高的職位，也不覺得自己應該處在這麼高的位置上。戰勝敵人，迫使敵人投降，這是我目前最應該做的事情。我希望能對麾下的士兵產生正面的影響，做出正確的軍事指揮，讓聯軍取得最終的勝利。」

當時，林肯也擔心「坐在馬背上的那個人」可能會馬上回到華盛頓，仗著他手中的軍隊搶走權力。因為在那時，格蘭特取得的輝煌戰績讓他成為了人民的英雄，而林肯因為其他將領的糟糕表現導致名聲很差，再加上大選馬上就要來了，因此這一切都存在著許多變數。但林肯的擔心並沒有持續很久。「我不會競選任何公職的，」格蘭特在寫給父親的信件裡這樣說，「我想要的只是繼續留在部隊裡，率軍取得戰爭的勝利。」

對於某位人士寫信跟格蘭特說，他有機會成為下任總統的時候，格蘭特回覆道：「在這個世界上，成為總統是我最不願意做的事情。我將自己競選總統的事情，視為對自己以及國家的一種不幸。我能夠有現在的地位，這已經是上天的恩賜了。如果我能繼續留在這個職位上，我只想在軍隊裡服役，這便讓我感到非常滿足了。」當格蘭特從納什維爾來到聖路易斯的時候，他就將此處變成部隊度過冬天的總部。他與他之前那些低調的朋友柏格斯夫婦在一起，與他們一起乘坐有軌電車前往戲院看戲。

林肯一直都想要競選連任，這不僅是基於他自己的想法，更是因為他感覺到現在若是總統的人選發生了變化，這會對聯軍取得最終的勝利造成災難性的後果。因此，當他聽到格蘭特無意與他競爭總統的消息，他感到很高興。許多媒體的報導打消了他內心的不安。

格蘭特想著將部隊從查塔努加調到莫比爾，繼續沿著傳教士山脊去追擊敵人，消滅藏匿在喬治亞州的叛軍，切斷叛軍撤回南方的道路，占領叛軍進行補給的航線，不斷給李將軍造成更大的軍事壓力。可是，華盛頓方面沒有同意格蘭特這樣的想法，因此格蘭特就讓士兵在納什維爾度過一個冬天，讓士兵好好休整，準備在來年春季繼續發動攻勢。此時，他並不知道自己已經被擢升為中將，需要到華盛頓去接受任命。當時，格蘭特還準備親自指揮維吉尼亞州的軍隊，然後讓麾下的其他將領去與李將軍作戰。但在他動身前往華盛頓之前，他做了一件非常大度的事情。他寫了一封信給薛曼，這封信的內容讓薛曼終生難忘。

信上是這樣說的：

「雖然我在這場戰爭裡取得了一些勝利，至少贏得了民眾的信任。但是，我覺得這些功勞是屬於每一位在我麾下的將領，他們具有充沛的能力、才華，知道如何發揮自身的軍事才華，要是沒有他們，也就沒有我。大部分將領的建議在某種程度上都是很有道理的，這與他們的能力是相關的。但是我想要對你和麥克弗森（James Birdseye McPherson）表達個人的感謝。我覺得自己取得的成功要感謝你們的幫助。你們的建議與幫助對我來說是極為重要的，這點你們都應該知道。你們在執行我下達的任何命令時是那麼地果斷，這足以讓你們獲得與我現在一樣的軍銜。」

第十八章　升任中將

人們也不會忘記薛曼在回信中所說的話：

「你這樣說實在是太抬舉我和麥克弗森了。在貝爾蒙特戰役裡，你就展現出了你的軍事能力，我和麥克弗森都望塵莫及。在多納爾森戰役裡，你將個人的品格充分地展現出來。我當時根本不在你身旁，而麥克弗森那時的軍銜太低，也無法給你帶來什麼積極的影響……我認為你是一位勇敢的愛國者，是一位像華盛頓那樣的偉大人物，是一位無私、善良且誠實的人。但你最主要的性格特點，就是懷著自己必然會取得成功的簡單信念，這是你一貫以來展現出來的性格特質，就像是基督徒相信救世主遲早會到來一樣。這樣的信念幫助你在夏洛伊戰役與維克斯堡戰役裡取得勝利。當你完成了你所設想的軍事準備之後，就會毫不猶豫地投入戰鬥中，正如在查塔努加戰役裡一樣——你毫無保留，顯得無比堅定——我要對你說，正是因為你的行動與話語讓我們的士兵充滿了鬥志。我知道無論我在哪裡作戰，你都會掛念著我。如果我深陷敵人包圍的圈子裡，只要你還活著，就肯定會率領援軍過來幫我解困的。我對你的唯一疑慮，就是你對宏大戰略的了解以及對科學與歷史等方面的知識比較缺乏。可是我必須要向你坦白一點，你展現出來的常識能力足以彌補這些缺陷。」

「千萬不要留在華盛頓。」薛曼大聲說，「率軍前往西部作戰，占領整個密西西比河流域，確保獲得最終的勝利……這裡能夠誕生一個全新的國家！當我們在西部完成了這些作戰任務之後，就能向查爾斯頓與里奇蒙進發了，最終將那些在大西洋沿岸負隅頑抗的敵人全部消滅掉。」

但薛曼的請求並沒有得到批准。格蘭特更想與自己一手組織的老部隊在一起。在他來到華盛頓之後，很快就知道必須要直接與李將軍決戰。格蘭特在戰爭過程中不斷自學，已經知道該如何運用戰略去戰勝李將軍了。

格蘭特來到了他之前從未到過的華盛頓——幾乎沒有幾個人認識

他，因為他實在是太低調與普通了。在酒店登記入住的時候，一位店員問他是做什麼的，格蘭特沒有說，因此店員只是為他安排了一間很一般的房間。而當他知道了格蘭特的名字之後，才曉得原來眼前這個人就是中將格蘭特。格蘭特與卡梅倫在沒有事先通報的情況下來到白宮，發現林肯當時正在舉辦招待會。要不是斯沃德拉住格蘭特，格蘭特可能早就離開了這裡。當他在第二天接受林肯的任命，在林肯講話之後發表了一篇很短的演說時，說話的聲音很小，像個男孩那樣不斷抖動著手中的文稿。顯然，格蘭特沒有注意到林肯在向他暗示，必須要講一些迎合他的話，從而平息東方軍的一些怒火。

這個時候，很多見到格蘭特的人，都對格蘭特產生了屬於自己的印象，雖然他們對格蘭特的印象是有所差異的。理查．亨利．達納（Richard Henry Dana Jr.）是當時波士頓一位研究婆羅門階層的學者，他當時碰巧在維拉德大廳遇到格蘭特。他後來這樣寫道：「格蘭特是一個身材不高，肩膀很寬的人，他穿著一身失去了光澤的少將軍服……沒有任何架子，也沒有展現任何與他地位相稱的形象，舉止比較隨和。他留著一點鬍鬚，有一雙藍色的眼睛，但從另一方面去看的話，他穿得比較寒磣。當時有一大群人圍在他身邊，大家都看著他，似乎他們都在認真審視著這位將軍，接著另外兩位將軍被介紹給其他人。當時，我還不知道他就是格蘭特。不過，眼前的這個人不是胡克將軍，那他是誰呢？我詢問了當時的記帳員，記帳員說：『那位就是格蘭特將軍。』我就與其他圍在格蘭特身邊的人一樣看著他。我看到的是一個相貌普通，面容有點粗獷的男人，眼神顯得有點無精打采，似乎他現在剛剛失業，每天只能賺到非常微薄的薪水，勉強度日。他在維拉德大廳上走來走去，嘴上叼著雪茄。他的那雙藍色眼睛非常清澈，臉上透露出果敢的神色，似乎他根本不願意去計較一些無聊的小事情，也對身邊的這些人不是很在乎。他有著挺直的鼻子，在那個時候看到這位聯軍總司令在抽著雪茄，而正是這個人現在把控著整個聯邦政府的命運……他有點尷尬地離開了人群。他並沒有像軍人那樣正步走開，也沒有慢慢地走開，而是緩慢地走著，好像他的下一步會讓他撞到鼻子一樣。但是他的臉色是那麼淡定，顯得那麼果敢。當然，對他來說，他的這些行為肯定是自然的，完全沒有任何一絲自我意識的流露。」

除此之外，我們還能從賀拉斯·波爾特與亞當·巴多的描述中得到有關格蘭特的形象。巴多是後來才成為格蘭特的副官。波爾特將格蘭特描述成一個有點駝背的人，身高大約五尺八英寸，體重大約一百三十五磅，他的舉止比較隨和，臉龐不是很對稱，他的左眼要稍微比右眼低一些，眉毛較高，顯得很寬廣，但他的額頭上有一道皺紋，表明他這段時間都在思考事情，雖然這並沒有顯現出他活潑的性情。「他的聲音有點像音樂，非常清晰。他的聲音是我聽過的最清晰的話語了。他的聲音有一種很強的穿透力，他用平常口氣所說的話語，能夠讓身邊的人都聽得非常清楚，這實在是讓人感到意外。」他走路的步伐並不像職業軍人，走路的時候幾乎從來都沒有挺直腰板，也似乎根本不享受樂隊的演奏，他的舉動顯得比較緩慢。「但是，當他進入工作狀態之後，他的每一個動作都顯得那麼迅速，與之前的沉悶狀態形成非常鮮明的對比。」

巴多後來描述說，格蘭特的確有一雙非常清澈的眼睛，但眼神並沒有什麼穿透力，他的下巴看上去很有力，嘴巴則比較小，「他所說的話較有隨和感，卻又充滿了力量。有時，他說出來的話就像是命運一樣，讓人覺得是無法更改的。」他臉上習慣性的表情是那麼祥和，讓別人根本猜不透他到底在想些什麼。他的舉止隨和，甚至可以說是溫順。「在一些重要時刻，他同樣會表現出這樣溫和的性格。」他說話的時候語速比較慢，有時甚至會顯得尷尬，對自己所說的話是否表達了自己的真實想法有所保留。

「他這個人是這麼簡樸，卻又具有強大的特質，這一切都在他看似隨和的行為之上。他在談論一些大家都熟悉的話題時顯得比較有興趣，說話的語調一直都偏平和，幾乎沒有任何聲調的變化。但是，他下的每一個決定，都會決定我們的軍隊，他個人的名聲或是整個共和國的命運……」但讓人意想不到的是，他會用最為隨意以及最簡單的詞語表達自己的想法。「他的一些判斷顯然是當場作出來的，他一直以來都是這樣做的 —— 他會用最簡單的話語，就一些最為重要的話題發表自己的觀點，似乎在他看來，大事與小事都是一樣的。對他來說，無論是率軍打仗還是與眾人聊天，都是同樣重要的，沒有說哪一件事更加重要。可是，一旦上了戰場，格蘭特就像是被喚醒的「獅身人面像」……他的話語會更加迅速，他的思維會更加敏捷，他的判斷會更加清晰，他的話語會更加威嚴。他的整個人似乎立即處於一種白熱化的狀態。

從上面這些人的描述，我們對這位指揮著五十萬軍隊的聯軍總司令的個人形象有了大概的了解。他率領軍隊摧毀叛軍的陣地，正準備結束這場曠日持久的內戰。他離開華盛頓的時候，林肯在送別他時這樣說：

「我想要對你目前所做的工作表達完全的滿意。你的具體作戰計畫，我不知道，也不想知道。你是一位勇敢與獨立的將軍，我為你感到高興。我希望自己不會給你的作戰指揮帶來任何的限制或是束縛。雖然我對聯軍的任何失利或是我方的任何士兵被俘虜的情況都感到非常焦慮，因為這些情況在很多時候都是可以避免的。但我知道，你肯定也知道這些情況的存在，因此我不需要刻意地說明。要是你還需要什麼，只要我能夠給予幫助的話，請儘管開口，千萬不要有任何拘束。希望你率領著這支勇敢的軍隊，為正義的事業取得最終的勝利！願上帝保佑你！」

第十八章　升任中將

「我真誠地希望，你與整個國家都不會感到失望。」格蘭特回答說，「……要是我沒有取得你對我預想中的成功，我要說這肯定是我個人的錯誤，與你無關。」

在林肯與格蘭特第一次會面時，林肯就已經對格蘭特說，他想要找尋的將領必須要是一位勇於承擔責任與勇敢行動的人，並且要在有需要的時候找他尋求幫助。「格蘭特表示他會盡自己最大的努力，利用好現在已有的資源，不願打擾總統或是戰爭部門。」

整個內戰期間，格蘭特從來沒有向林肯抱怨過什麼，也沒有向華盛頓方面提出過什麼要求。甚至在多納爾森戰役與夏洛伊戰役之後，哈勒克都經常會給其他將領寫信，表示格蘭特要求其他人讓他獨立指揮軍隊，不要過分干預他。麥克萊倫、布埃爾與胡克都曾抱怨過，但林肯都用溫和的話語對他們告誡了一番。不過格蘭特卻從來沒有向林肯抱怨過什麼。

林肯對布埃爾說，他不明白：「為什麼我們的軍隊不能像敵軍那樣前進，像敵軍那樣在艱苦的環境下生存，像敵軍那樣去作戰，難道我們不得不承認自己的軍隊以及將領要比敵人的差嗎？」林肯的這句話讓胡克在成為波特馬克集團軍司令的樂趣，一下子就消失了。林肯還指責他不應該解除伯恩賽德的軍職，跟他說：「你在某些方面的工作，我的確不是太滿意。」當麥克萊倫發電報說，自己軍隊裡的馬匹都處於疲憊不堪的狀態時，林肯回覆說：「我想問一下，自從安蒂特姆河戰役之後，你的戰馬到底都打了什麼仗呢？」

這是林肯用溫和的口氣指責將領的一個例子。但是，我們從來沒有看到林肯向格蘭特發去這樣的電報。

第十九章
與李將軍之間的作戰

在格蘭特成為聯軍總司令的時候，叛軍正在重振旗鼓，伺機反撲。雖然格蘭特率軍在西面取得了成功以及海軍的勇敢作戰收復了一些失地，但現在有十個州參加了叛亂 —— 超過九百萬人生活在超過八千里長的土地上 —— 叛軍所占有的土地很遼闊，人口眾多，這塊土地上有著豐富的資源。當時的歐洲仍然認為南方最終會戰勝北方，而當時的南方人也認為他們能夠取得最終的勝利，依然認為南方的軍隊是不可戰勝的。在經過三年的戰爭之後，他們只是覺得除了在阿利根尼山脈與沿海的一些地方之外，北方軍隊並不存在什麼軍事方面的優勢。

北方聯軍占領了密西西比州，從聖路易斯到其入河口都布置有強大的防線。聖路易斯以西的土地到阿肯色州，除了新奧爾良、路易斯安那州的一些地方已經靠近格蘭德河的德克薩斯州的一個小據點之外，其他的地方都被叛軍所占領。西面的軍隊已經掃蕩了田納西州、肯塔基州以及密蘇里州等邊境州的叛軍，重新占領了從孟菲斯往東經過查塔努加一直到田納西州的鐵路，並且可以沿著霍爾斯頓河前往阿利根尼山脈。

維吉尼亞州西部已經歸順政府，北方聯軍占領了維吉尼亞州東部的一個狹小地段，將北部邊境的包圍範圍擴大到拉皮丹河。聯軍在諾爾福克與門羅設立了軍事據點，他們在這裡控制著前往詹姆斯的通道。沿海的幾個點都有聯軍設置的軍事據點。聯軍使用的一些木製船隻依然能夠很好地封鎖住河流運輸線路 —— 這足以遏制南方將棉花運送出去，從而讓蘭開夏地區的磨坊工廠與勞工處於失業的狀態。

雖然南方這幾年飽經戰亂，但南方人依然充滿了鬥志。南方人都非常相信他們的媒體所報導的事情，將格蘭特在西部取得戰功歸結為北方軍隊取得一些零星勝利。在他們看來，東面戰場才是整個戰場的主戰場，他們在東面戰場看到的是南方軍隊取得了輝煌的勝利。他們占領了馬納薩斯、弗雷德里克斯堡、塞勒維爾，這些都是他們炫耀的戰績 —— 當然，他們的確是取得了這些勝利，這點誰也無法否認 —— 在他們看來，葛底斯堡戰役與安蒂特姆河戰役的失利只是偶然的失利，目的只是為了保護里奇蒙，防止北方軍隊繼續向南方進軍。

他們認為，在葛底斯堡戰役裡，他們的軍隊只是被打退了，並沒有失敗。而在安蒂特姆河戰役裡，則是一場平手，因為聯軍將領米德與麥克萊倫都安於當時取得的戰功，讓駐紮在波托馬克的部隊享受勝利的喜悅，沒有進一步去消滅李將軍率領的軍隊，也沒有把李將軍的部隊趕到他的總部去。南方人將這兩場戰鬥稱為平手，他們依然認為李將軍是不可戰勝的。

在南方人一直抵抗北方的時候，北方卻出現了一些同情叛軍的聲音，一些人做出了不忠誠於政府的行為，想辦法組織起來對抗政府，反對林肯總統處理戰爭的方式。許多見風使舵的政客以及挑剔成性的作家，都在報紙上發表一些不負責任的言論，表示現在政府的做法是不夠民主的。當格蘭特前往東部之後，他根本沒有時間去理會這些東西。

他立即任命薛曼擔任密西西比軍團的司令。3 月 17 日，他宣布作戰總部將設在鄉村的田野上，而當時波托馬克地區的軍隊是由米德指揮。米德很大度地表示，自己願意將自己在葛底斯堡戰役之後一直占領的土地交由格蘭特控制，因為他認為格蘭特需要的是像薛曼這樣的朋友，並且表示無論格蘭特下達什麼命令給他，他都會無條件地遵守，任何人都不該以個人情感或是願望去干預格蘭特任命正確的人選。格蘭特並沒有要求米德做出什麼犧牲。他說：「這件事讓我對米德有了較好的印象，這要比他在去年7月分拿下葛底斯堡時給我留下的印象更好。只有在那些等待著被任命，而不是時刻尋求著任命的將領當中，我們才能找到最適合的將領。」

因此，米德留在他一直駐守的地方。但是，無論誰想要成為這裡的駐軍司令，這都不會是一件容易的事情。米德在過去幾個月一直獨立地指揮著軍隊，在葛底斯堡戰役裡擊敗了李將軍的軍隊，想要尋求自己應得的榮耀，但現在卻被人們所遺忘。無論他的作戰計畫多麼好，即便他的部下都知道，米德現在也不過是別人的部下。

至於格蘭特，他發現自己現在接觸的這支部隊是這麼陌生，不少軍官與士兵在過去多年的戰鬥裡，已經習慣了聽命於他們原先的將領。格蘭特發布的命令都是較為籠統的，在經過米德的傳達之後，肯定會失去格蘭特想要表達的真正意思。有時在比較緊急的情況下，格蘭特必須要向這些將領直接下達命令，這讓米德大為不滿。米德與格蘭特都是獨立思考的人，但兩人並沒有什麼共同點。

格蘭特說：「塞奇威克與米德都是非常敬業的軍人，要是我要求他們辭掉軍職，重新當一名下士的話，他們也會毫無怨言地聽從指揮。」當然，格蘭特與湯瑪斯也會這樣做，但要讓薛曼做到這點，則是比較困難的。薛曼最終肯定也會聽從這樣的命令，不過肯定會發很多牢騷。

米德是一位很有頭腦與敏感的人，平時都保持著高昂的鬥志，他只對妻子說出讓自己感到失望的事情。米德在寫給妻子的信件裡說道：「妳可以看到波托馬克軍隊將勝利的功勞讓給了其他部隊。」當格蘭特最後任命謝里登而不是他擔任中將的時候，米德在給妻子的信件裡寫道：「我們必須從這樣的想法裡找到一些安慰，即這是最殘酷與最卑鄙的一種不公行為。」但在大眾看來，服役期間的米德總是隱藏著自己所受到的傷害，格蘭特也證明這一點，即米德會聽從上級所提出的計畫，即便他並不同意這個計畫，但他都會像這個計畫就是他自己想出來的那樣，充滿熱情地去執行。

可是，米德卻不願意承擔最高指揮官的職位。一旦他成為了最高指揮官，他在決策的時候就會顯得猶豫不決。在葛底斯堡戰役之後，當林肯寫信給米德說，如果他能夠在戰場上勇敢地進攻李將軍的部隊，並取得戰鬥的勝利，那麼戰功就是屬於他的，要是他失利了，責任則由林肯本人來負。米德在回信裡說，讓他擔任最高指揮官，這是不可想像的。但格蘭特則會這樣回覆：「徹底地擊敗敵人，這是我一直以來的目標。倘若我在戰場找到敵人的身影，而我們的兵力比敵人少的時候，我們會延遲進攻，這樣做只是為了精確地找到敵人的落腳點，做好後勤補給的工作，然後全力對敵人發動最猛烈的進攻。」

在內戰最後一年的進程裡，米德的其他特質還是展現出來了。他易怒的本性讓他的部下都感到很不滿，甚至達到了讓部下不信任他指揮的程度。達納在信件中寫道，無論米德做什麼事或是部署什麼行動，每一個接觸他的人都必然會被他臭罵一頓。他的參謀都不敢主動提出建議，都要等他說完話之後再說。在戰場上，每一名將領都處於高度緊張的狀態，擔心一旦戰鬥失利，就要面對米德近乎瘋狂的憤怒。

有人說，對北方軍隊而言，真正的戰鬥是從葛底斯堡與維克斯堡這兩場戰役開始的。直到這個時候，雙方都有足夠的時間去訓練將領與軍隊，從而選擇最適合的人選去指揮各自的軍隊。在這之前，雙方的戰鬥可以說是零星的，打一個夏天的仗，休息一個冬天，雙方在勝利或是失敗之後，都有足夠的時間重整旗鼓。因此，在這段時間裡，雙方都沒有一個全面的作戰計畫，也沒有固定或是確定的作戰目標。

格蘭特表示，波托馬克的軍隊在作戰時從未想過要作戰到底，再加上華盛頓方面總是不斷地干預，導致戰果並不明顯。當然，格蘭特的說法也同樣適用於駐紮在其他地方的聯軍部隊。即便他指揮軍隊在查塔努加與維克斯堡等戰役的時候，都會受到外在的一些干預，但他的內心始終有一個明確的作戰目標：那就是如果不徹底摧毀叛軍的軍事力量，那就永遠都沒有和平的那一天。在內戰的最後一年裡，他在報告裡闡述了在他成為聯軍總司令之後所面臨的一些問題：

「在這場內戰爆發的早期，」格蘭特在報告裡寫道，「我一直認為，只有持續在戰場上給予叛軍強大的攻勢壓力，無論什麼季節或是什麼天氣都應該主動出擊，只有這樣才能迅速結束這場戰爭。敵軍所控制的資源，他們的軍隊人數在那個時候相比於我們是占有優勢的，可是我們這一方擁有廣闊的土地，而且很多人都是支持政府的，我們有河流與鐵路作為運送物資的工具，這讓我們能夠持續提供糧草與武器給作戰部隊。

「東面與西面的軍隊都在各自為戰，缺乏協調與合作，各自就像一支倔強的部隊 —— 這兩個集團軍一直都沒有合作 —— 這樣的情況讓敵人能夠在內部防線上占有很大的優勢，因為他們能將部隊從東面運送到西面，加強他們的防禦工事，讓許多士兵得到休整的時間。當我們的軍隊沒有主動進攻的時候，叛軍士兵就會回家從事生產工作，為他們的部隊提供充足的糧草與武器。我們在士兵人數與資源方面是否占有優勢這個問題，其實並不是很重要，重要的是，我們在行動戰略上出現了問題，讓敵軍處在一個有利的作戰形勢。」

因此，格蘭特決定：「首先，要集中優勢兵力去對抗敵軍，防止敵軍在不同的形勢下以相同人數的部隊與我方作戰，然後逐個擊破敵軍。在勝利之後，利用休整的時間去補給，為下一次的戰鬥準備；第二，要持續對敵軍發動進攻，消耗敵軍的人數與資源，透過不斷地消耗敵軍，讓敵軍最終不得不選擇投降，選擇忠誠於聯邦政府與聯邦法律。」

格蘭特為自己制定的目標就是摧毀李將軍指揮的軍隊。要是完成了這個目標，那麼其餘的叛軍也會投降。要是李將軍投降了，那麼南方邦聯也自然會投降。之後，聯軍就不會遇到真正可怕的對手，有的只是一些偶爾存在的游擊隊而已。占領里奇蒙是極其重要的，因為這是李將軍的總部。占領南方邦聯的首都，這具有很重要的象徵意義，但在格蘭特心中，這還是次要的戰略目標，而不是主要的目標。

在格蘭特到達之後，北方的輿論都在大聲疾呼：「進軍里奇蒙！」格蘭特的目標是不斷追著李將軍的部隊發動進攻。「李將軍的部隊將會成為你的首要進攻目標。」格蘭特這樣命令米德，「無論李將軍的部隊到哪裡，你的部隊就要到哪裡去消滅他們。」一旦李將軍的部隊投降了，那麼里奇蒙自然就會投降。因為李將軍的部隊是整個南方邦聯得以存在的真正核心。

布特勒將軍在門羅堡率領詹姆斯地區的軍隊控制著里奇蒙通向大西洋的主要通道。格蘭特向他吩咐了詳細的作戰計畫 —— 占領南方邦聯首都，切斷李將軍的補給線。與布特勒作戰的是博勒加德。聯軍將一萬兩千名士兵布置在波托馬克沿岸，保護華盛頓，防止南方軍隊對北方進攻。西格爾負責指揮這支軍隊，與他作戰的敵軍將領是布雷克里奇。薛曼指揮格蘭特之前指揮的那支軍隊，而湯瑪斯、斯科菲爾德、胡克、霍華德與斯洛克姆等將領都要聽命於他。薛曼準備在查塔努加迎戰當時駐軍在達爾頓的約翰斯頓，當時的約翰斯頓正穿過喬治亞州的防線，有十萬軍隊守衛著距離亞特蘭大一百哩外的鐵路樞紐。班克斯控制著新奧爾良，指揮海灣附近的軍隊。剩下的聯軍則分布在各個軍營裡。

總而言之，格蘭特的戰略目標就是摧毀李將軍與約翰斯頓的軍隊，繼而摧毀所謂的南方邦聯，這需要他們占領里奇蒙以及亞特蘭大，封鎖沿岸的幾個港口 —— 莫比爾、薩凡納、查爾斯頓與威靈頓，這些地方都是由福特·費希爾把守。格蘭特在給薛曼的命令中指出：「要進攻約翰斯頓的軍隊，將其軍隊分割開來，然後盡可能深入敵軍的領地，盡可能給敵軍的戰爭資源造成更多的破壞。」班克斯的任務是要占領莫比爾，但班克斯當時卻因為受到華盛頓方面的指示，遠征阿肯色州與路易斯安那州，從而錯過了這次進攻的良機。

格蘭特要求薛曼在攻打約翰斯頓的軍隊後，分割喬治亞州與亞特蘭大，然後與班克斯在莫比爾的軍隊會合，不過這一計畫後來因為形勢的變化以及薛曼的軍事天才而沒有執行。薛曼率軍勢不可擋地占領了薩凡納，接著向北經過卡羅萊納州，這讓他可以從南面向李將軍的部隊發動進攻，而格蘭特則可以率軍從其他方向對李將軍的部隊發動進攻。格蘭特在寫給薛曼的信件裡說道：「我並沒有告訴你具體的作戰計畫，只是告訴你應該達到什麼樣的戰略目的，你完全可以按照自己的想法去執行。」

從薩姆特剛開始成為北方所有軍隊的總指揮到現在的戰局，北方軍隊已經做好了一切準備，等待著格蘭特一聲令下與敵軍作戰。格蘭特將部隊駐紮在卡爾佩珀，命令麾下所有的將領在 5 月 4 日發動進攻，具體的進攻部署如下：米德指揮軍隊與李將軍的部隊作戰，希爾曼指揮軍隊與約翰斯頓的部隊作戰，布特勒揮師里奇蒙，西格爾沿著謝南多厄河掃蕩敵軍。

從這個時候開始到戰爭結束，格蘭特始終都牢牢控制著聯軍的指揮權。在他不斷對李將軍的部隊以及里奇蒙發動進攻的時候，他每天都會發命令給麾下的每一名將領。在這場戰爭爆發後，還沒有哪一位將領像他這樣，即便在戰場上親自指揮軍隊，也要同時給分布在如此廣闊戰線上的其他部隊發布命令，要求這些將領為了同一個戰略目標而奮鬥。當時的李將軍只需要為自己指揮的軍隊負責。戴維斯則負責里奇蒙方面的軍隊。戴維斯也是西點軍校的畢業生，之前參加過墨西哥戰爭，他負責調動在戰場上其他的軍隊。

現在真正到了毅力比拼的時候了，這樣的情況在之前的戰鬥中從未出現過。格蘭特麾下的部隊已經身經百戰，不僅部隊人數眾多，而且他們有足夠的戰鬥能力去應對任何的緊急情況 —— 無論是補給、武器裝備以及各種軍需品，這些問題都得到了很好的解決。現在，格蘭特身邊的軍需官是魯弗斯·英戈爾斯，他將部隊的後勤工作做得非常好。

格蘭特從最近幾場戰鬥的研究中得到了許多戰爭經驗，再加上他對地形學有著本能的了解，他的這種第六感有時甚至堪比天才。格蘭特麾下的每一名將領幾乎都認同一點，那就是格蘭特稍微看一眼陌生的地圖，就能迅速知道地形圖上的核心問題，知道應該將軍隊部署在哪個位置上。雖然格蘭特有這麼強大的軍事預見性，但卻沒有料到李將軍同樣是一位具有傑出軍事天才的人。正是李將軍勇敢地指揮士兵作戰，才打退了格蘭特發動的第一次進攻。

5 月 4 日，格蘭特迅速率軍渡過了拉皮丹河，他想要一雪之前在塞勒維爾戰役中的前恥。在格蘭特對敵軍發動進攻之前，曾在這片荒原上以劣勢兵力戰勝胡克軍隊的李將軍，抓住了有利的地形與格蘭特的優勢兵力進行作戰，充分表明了勝利並不一定是屬於兵力多的一方。

兩天的荒原之戰造成了雙方重大傷亡。5 月 5 日，格蘭特才明白自己面對的這位對手是多麼可怕。在某個時刻，格蘭特的軍隊似乎就要失敗了，全軍覆沒的災難性後果，從未像那個時刻那麼接近地降臨到他頭上。

可是，格蘭特沒有選擇放棄。

羅林斯與波瓦斯都表示，當關於戰況的第一條消息傳到他們的耳朵，得知聯軍的進攻被打退，許多軍官都在戰鬥中犧牲了，他們意識到格蘭特正面臨著他人生中最大的一場危機，但是格蘭特依然冷靜地下達命令，從未表現出任何一絲緊張的情緒。當他採取了所有恰當的進攻手段之後，除了等待沒有其他好的辦法時，格蘭特「走進了自己的軍營，倒向那張簡易床，釋放出內心所有的情感」，而他始終都沒有說一句話。格蘭特的靈魂深處受到了觸動。直到敵軍沒有繼續發動後續進攻，他才完全恢復平常的鎮定。

接著，我們能了解格蘭特人生中一個富有戲劇性的畫面。李將軍率領他那身經百戰的軍隊第三次駐紮在拉皮丹河岸，坐靠著南面與格蘭特將軍對峙。李將軍之前已經與波托馬克的軍隊交手過兩次，第一次是與蒲柏指揮的軍隊，第二次則是與胡克指揮的軍隊，但他都打退了這兩位將軍的進攻，粉碎了他們想要進軍里奇蒙的企圖。不過，李將軍現在面對的這位敵人，卻是不願意再等到明年春天才繼續發動進攻的人。格蘭特在維吉尼亞戰役的第一場作戰的結果雖是慘敗，卻讓軍隊保持進攻的狀態。他損失的士兵人數將近一萬八千人，考慮到李將軍當時指揮的軍隊人數本來就占劣勢，因此他的損失要更大一些。

第二天晚上，格蘭特就率軍向南發動進攻，朝著里奇蒙進發。據說，在黃昏時分，當格蘭特騎著馬經過那些狼狽不堪的士兵時，看到的是滿臉疲憊與受傷的士兵，而他們眼中看到的格蘭特則是一臉堅毅，便紛紛在地上歡呼起來。格蘭特就是用這種沉默的方式命令立即進軍，不再像之前那樣拖沓與一味地後退。格蘭特的這種做法激起了士兵們對他的信任，讓他們知道取得最終勝利的信念是絕對不能動搖的。至於格蘭特，這是展現出他靈魂的時刻。這位緘默、害羞與心善的人，這位不願意看到其他人受傷呻吟、不願意看到別人流血的人，勇敢地率領著士兵們走上了一條充滿殺戮血腥的道路。他覺得，除了戰爭，沒有其他方式能夠讓南方邦聯投降。因此，戰爭才是最終實現仁慈的途徑。

「我絕對不會後退一步。」格蘭特在寫給哈勒克的信件裡這樣寫道。在接下來的三十天裡，格蘭特一直對李將軍的部隊發動猛攻，並命令士兵不斷猛攻李將軍防線薄弱的地方，每天都有小規模的進攻，完全無視以往戰爭的規律與法則，率領主力部隊對敵人堅固的防線正面進攻，這讓雙方都傷亡慘重。之前，人們從未見過這樣的進攻方式。李將軍不得不一步步地朝著里奇蒙的方向撤退。格蘭特一邊持續地進攻，李將軍則邊撤退邊還擊。從荒原到斯波特瑟爾維尼亞法院的路上都堆滿了屍體，這五天的戰鬥就是五天「血腥的屠殺」。格蘭特率軍渡過北安娜河，來到了冷港，此時里奇蒙的城牆差不多已經能夠在遠方看到了，他們終於來到了敵人最終的堡壘。

在這個過程中，雖然格蘭特要求發動正面進攻造成了雙方重大的損失，他後來也承認不應該下達那樣的命令。但是，格蘭特的命令就像是一座燈塔，展現出北方軍隊的勇敢，正如在葛底斯堡戰役裡，皮克特在李將軍的命令下絕望地與聯軍作戰，雖然最終失敗，卻也充分展現了南方軍隊的勇敢。波特爾回憶起當時的情況說，在進攻發起的前一天晚上，當他在軍營裡散步的時候，看到不少士兵都在寬鬆的上衣上繫上一張紙片，並在紙片上寫著自己的名字與家庭住址，好讓他們在第二天的作戰犧牲後，別人能夠知道他們是誰。

「即便這場戰役要耗上整個夏天，我都堅持要繼續打下去。」格蘭特在斯波特瑟爾維尼亞寫信給哈勒克時說。在冷港戰役裡，格蘭特麾下勇敢的軍隊得到了補充。在荒原之戰後，李將軍不得不在開闊地帶與聯軍作戰，但他已經建構好了堅固的防禦工事來抵抗格蘭特軍隊的進攻。對李將軍來說，與格蘭特作戰是一次全新與陌生的體會。李將軍是一位有深厚軍事素養的將領，精通兵法，而他的對手是一位不懂得什麼戰術，卻始終堅持進攻並且極具耐力的將領。無論他的指揮多麼得當，無論他所制訂的戰略多麼完美，格蘭特總會像命中的宿敵那樣出現在他前面。

最後，李將軍與格蘭特的部隊都面臨著極其嚴重的傷亡，他們不得不改變作戰的方式。在冷港戰役之後，他們從未正面作戰。格蘭特沒有像預期的那樣擊敗李將軍的軍隊，進入里奇蒙，但占領里奇蒙只不過是他作戰計畫中的一環，而不是全部。接下來，他派軍隊到詹姆斯的南面，占領彼得斯堡，繼而控制通向里奇蒙二十哩之外的地方，將李將軍的部隊圍困在里奇蒙，或是在他撤退的時候，繼續沿著南方追擊。

因此，在 6 月 5 日，當冷港戰役的死傷士兵仍然躺在戰場的時候，格蘭特在寫給哈勒克的信件裡表示，他會盡快率軍來到詹姆斯，切斷叛軍所有的補給線，從另一個方向去壓迫敵軍。格蘭特不動聲色地迅速將兵力調到了距離李將軍部隊側翼東南方向五十哩處的地方，這完全出乎李將軍的意料。6 月 15 日，當李將軍還在猜測敵軍到底部署在哪裡的時候，格蘭特發電報給華盛頓方面說，波托馬克的軍隊將會在第二天通過浮橋來到詹姆斯，搶在李將軍率軍趕到之前，占領彼得斯堡。林肯在電報中回覆說：「我明白你的意圖了，你必定能夠取得成功。願上帝保佑你！」

第二十章
從冷港戰役到彼得斯堡戰役

從荒原之戰到冷港之戰，格蘭特不停地對李將軍的部隊發動進攻，迫使李將軍撤退了七十哩，但格蘭特方面有四萬多名士兵傷亡，其中有一萬名士兵在戰鬥中犧牲。在雙方每次的交戰中，格蘭特的損失與李將軍的損失都大抵相當，除了在冷港之戰，格蘭特軍隊的傷亡人數比李將軍的部隊要少。波托馬克的軍隊在戰鬥中同樣遭受重創，但李將軍的軍隊也遭受了重創。現在，李將軍手頭上可用的士兵人數已經越來越少了。

但是，這幾場戰役卻讓格蘭特在華盛頓那邊倍受質疑。在斯波特瑟爾維尼亞戰役還在進行的時候，林肯就對一大群質疑格蘭特的人說：「我知道格蘭特將軍絕對不會打沒有必要的戰役，他已經將自己的戰略目標說得很清楚了。今天，他正在前線按照自己預定的計畫對敵軍進攻。」林肯對弗蘭克．卡朋特說：「格蘭特有著公牛般的毅力。一旦他下定決心做好某件事，任何事情都無法動搖他。」兩週之後，林肯表示認同格蘭特發布的這條聲明「我們在當前的戰局中占有明顯的優勢。」冷港戰役後，林肯在寫給格蘭特的信件裡寫道：「我開始明白了，你一定能夠取得成功。」

不過，其他人並沒有像林肯那樣對格蘭特充滿信任。「整個聯邦政府的存亡都繫於格蘭特一人身上。」查斯這樣寫道，「到目前為止，他所取得的戰功非常小，可他為此付出的傷亡代價卻太高了。」來自愛荷華州的格萊姆基這樣寫道：「在格蘭特的指揮下，損失了那麼多士兵，他必須放棄從北面占領里奇蒙的計畫，然後想辦法穿過詹姆斯河。我們想要提出的問題是，為什麼他沒有立即指揮軍隊前往詹姆斯河南面，從而拯救七萬五千名士兵的生命呢？」

格萊姆基並沒有想到格蘭特的作戰計畫的重要性。而那些批評格蘭特的人說，麥克萊倫在沒有遇到多少戰鬥與多大傷亡的情況下，就接近了里奇蒙，但這些人並不知道，麥克萊倫的戰略目標就是要牽制敵軍的首都，而格蘭特的首要目標則是追擊李將軍的部隊，並非占領里奇蒙。當格蘭特不斷前進的時候，麥克萊倫卻放棄了已經占領的地區。麥克萊倫在沒有遇到敵人多大抵抗的情況下，差點要實現戰略目標時卻選擇了後退，格蘭特卻是艱難地向前推進，不斷重創李將軍的防線。

要是格蘭特首先率軍渡過詹姆斯河，進軍里奇蒙的話，那麼等待他的將是李將軍在里奇蒙布置的銅牆鐵壁防線，這讓李將軍有足夠的時間占領有利地形，抵抗聯軍進攻，而其他叛軍則能夠自由地從北方各州發動進攻，甚至可能威脅到華盛頓。包圍的計畫進行了數個月，期間不斷發生一些戰鬥。那些看上去比較輕鬆的方法到最後其實是最難的[10]。

在格蘭特率軍渡河後，要不是詹姆斯地區的軍隊戰況失利，格蘭特就能在彼得斯堡等待著布特勒歡迎他到來的軍隊，從而結束長達十個月圍困里奇蒙的作戰，而李將軍以及里奇蒙也會迅速被攻破。因為彼得斯堡在里奇蒙東南二十哩的地方，這裡是阿波馬托克斯的鐵路中心，也是控制里奇

10 我記得我詢問格蘭特將軍為什麼不直接進軍里奇蒙，因為他當時已經占領了維克斯堡，可以直接切斷李將軍的補給線，讓他的軍隊挨餓。格蘭特將軍回答說：「這樣的話，我的軍隊將要渡過拉皮丹河進入林奇堡。在發動荒原之戰前，我對這個計畫進行了縝密的思考。我認為，將波托馬克的軍隊集合起來，給每一名士兵十二天的口糧，切斷李將軍的補給線。如果我成功地做到這點——如果我像之前對付彭伯頓與喬 · 約翰斯頓那樣幸運地做到了這點——那麼這場戰爭一年前就已經結束了。我不知道這樣做是否是最好的方法，但這卻是我更願意選擇的作戰計畫。不過，假若我失敗了，這將會對國家造成嚴重的傷害，我不敢輕易冒這樣的風險……若是在這樣的戰鬥發生了半年後，當我的手上有足夠的軍隊、了解士兵們的戰鬥能力、知道軍官們的指揮能力，那麼我會命令薛曼與謝里登去執行這樣的計畫。我不會有片刻的猶豫。」（出自《楊格》第二卷第 307 頁。）

蒙的重要戰略點。在 5 月的第一個星期裡，格蘭特已經派布特勒前往詹姆斯，按照作戰計畫，他應該迅速占領彼得斯堡，然後對里奇蒙發動進攻，而格蘭特則繼續追擊李將軍的部隊，或是迫使李將軍的部隊無法與格蘭特的正面部隊作戰。可是，布特勒沒有先去占領彼得斯堡，而是想在里奇蒙守軍的眼皮底下占領德魯里懸崖，卻被敵軍打退，損失慘重，最後不得不撤退到詹姆斯地區，這就是所謂的百慕達韓垂戰事。之後，布特勒就一直待在這裡，再也不敢發動進攻，但他的指揮對格蘭特的部署已經毫無價值了。

布特勒原本可以輕易地占領彼得斯堡，等待著格蘭特率軍趕來，因為這個地方當時的守軍兵力非常薄弱。不過，布特勒將這個任務交給了「禿頭」史密斯，史密斯在 6 月 15 日發動進攻，在敵人撤退後卻沒有繼續進攻，至於其中的原因則始終都沒有透露。當他在第二天想要再次進攻時，博勒加德已經在彼得斯堡布防了強大的守軍。

當格蘭特來到彼得斯堡的時候，發現這裡的防守已經非常牢固了。要是布特勒之前完成了自己的作戰任務，那麼這座城市就應該是歡迎他的到來了。格蘭特連續發動了三天的進攻都被打退，損失了一萬名士兵。格蘭特的軍隊士氣有點低落，因為他們無法按照預期在十五號攻占這座城市。在冷港戰役與渡過詹姆斯河之後，他們認為自己應該有一段休息的時間，但是他們發現自己必須立即投入到這場絕望的戰鬥當中。此時的李將軍終於知道格蘭特到底在哪裡，於是就率軍前往彼得斯堡。6 月 18 日，格蘭特下令停止進攻。

從這一天開始直到 1865 年的春天，米德的軍隊就駐守在彼得斯堡外面，將彼得斯堡團團圍住，同時派遠征軍支援其他部隊，讓遭受重創的部隊能夠休息，加大招兵力度，當然很多人都是受到金錢的誘惑前來的。這樣做的目的就是將李將軍的部隊團團圍住。格蘭特在希特波因特設立了總部，這裡是阿伯托馬克與詹姆斯之間的中心地帶。

接下來的兩個月對北方軍隊來說是不妙的。他們將這段時間稱為內戰期間最黑暗的日子。總統大選即將到來，林肯在 6 月 6 日重新獲得總統提名，安德魯 · 詹森（Andrew Johnson）是他的競選搭檔，弗里蒙特則獲得一小部分激進的共和黨人提名，因為這些人認為林肯的作戰行動太緩慢了。而麥克萊倫則獲得民主黨人的提名。在這段時間，聯軍在各條戰線上似乎都受到遏制。而在 7 月初的時候，李將軍派厄爾利迅速經過馬里蘭州，進攻靠近華盛頓的地方，這讓整個首都的人民都陷入了恐慌當中。直到收到斯坦頓請求迅速救援的電報之後，格蘭特才知道李將軍的意圖。

當時格蘭特正在彼得斯堡作戰，西線的薛曼正在一步步迫使約翰斯頓的軍隊退到亞特蘭大，使其逐個放棄原先固守的堡壘。在約翰斯頓像李將軍面對格蘭特那樣有條不紊地撤退時，戴維斯愚蠢地用胡德換掉了約翰斯頓，因為他認為約翰斯頓無法有效地遏制敵軍的進攻。薛曼接著持續猛攻胡德的軍隊，在 7 月的最後一個月摧毀了他的軍隊，然後在亞特蘭大駐紮了一個月。

在國會的要求下，林肯公布了恥辱與祈禱日的日期。但在 7 月 18 日，林肯總統發布了招募五十萬士兵的公告，證明了他必須要取得最終勝利的信念，這一數目要比格蘭特提出的數目多出二十萬人。8 月 17 日，在面對大家要求用麥克萊倫替換格蘭特的呼聲時，林肯總統發電報給格蘭特，表示他不願意違背自己的諾言：「我不願意違背自己的諾言，我希望你也能繼續像鬥牛犬那樣堅持住，盡可能地消滅遏制敵人。」

8 月 23 日，林肯總統簽署了一份內閣所有成員簽署的備忘錄，這份備忘錄在 11 月 11 日才公布。

第二十章　從冷港戰役到彼得斯堡戰役

「今天早上，回想起過去幾天發生的事情，看來本屆政府可能不會獲得連任。因此，我有責任與當選的總統合作，在選舉結束到新總統就職期間確保聯邦政府的安全。我本人將會確保大選的順利舉行，就像希望聯邦政府能夠得到拯救一樣。」

在這段黑暗的日子裡，格蘭特也有自己的煩惱。他麾下的多名少將經常發生爭執。米德不受其他將領的喜歡，他經常責備沃倫，指責威爾遜，因為里奇蒙的一份報紙指責他的部隊在搶劫黑奴、馬匹與銀器。許多人都在討論是否要解除米德的職位。但最讓人感到苦惱的爭論，發生在駐紮於詹姆斯地區的軍隊。史密斯一直都與吉爾摩爾發生爭執，而布特勒則與這兩個人不和。吉爾摩爾很快就被解除軍職，但是史密斯與布特勒經常會發生口角。

史密斯是西點軍校的畢業生，有著輝煌的戰績，在過往的戰場上已經充分證明了自己的軍事才華，也許他過分沉湎於使用作戰計謀，為人容易動怒，喜歡吹毛求疵而且固執己見，才會在彼得斯堡戰役裡犯下大錯。布特勒則是一個穿著軍服、愛爭論的政客，強烈反對西點軍校出來的將領，總是為自己所制定的作戰計畫洋洋得意，經常陷入爭議的漩渦裡，戰爭期間經常罵人，而一旦他指揮部隊的時候卻又常犯錯。因為史密斯與布特勒兩人都不聽格蘭特的指揮，他們兩人也無法合作，因此其中一人必須被解職。格蘭特選擇解除布特勒的職位。但在布特勒拜訪了格蘭特的總部之後，格蘭特在第二天就撤回了自己的命令。布特勒留任，史密斯被解除軍職。這就是為什麼這件事之後會引發強烈爭議的原因。

史密斯在給林肯的信件當中指責布特勒，說布特勒看到格蘭特又喝酒了，藉此來要脅他。史密斯給出的這個理由在歷史上一直存在著爭議。不過，格蘭特之前在面對類似的指責時都是不加爭辯的，因為他那個時候的朋友本來就不多，但格蘭特現在根本不需要擔心這樣的指責。我們不能將格蘭特最後做出的決定歸結為布特勒的要脅，除非我們像某些人所假定的那樣，認為這些過去一直在討論的爭論是虛偽的，認為格蘭特本身就是一個聲名狼藉的人，甚至有些人會認為，布特勒成了格蘭特的朋友，還在自己所寫的書裡以友善的姿態講述格蘭特的事情。

事實上，格蘭特絕對不是一個心胸狹隘的人。史密斯所受到的懲罰可以從其他原因來解釋。要是布特勒留下來的話，他的脾氣會讓他遭到放逐。除此之外，他曾經在格蘭特面前批評米德錯誤的軍事指揮，說他需要為冷港戰役的失敗負責。不過史密斯肯定知道，需要為此負責的就是格蘭特本人。

更有可能的一種情況是，布特勒是被林肯所挽留的。因為當時臨近大選，林肯需要做出一系列平衡的舉措，他擔心讓這樣一位有著輝煌戰績的道格拉斯派民主黨人離職的話，會讓很多北方人對他失去信心，讓反對派有攻擊他的理由。之後，布特勒被派到紐約，鎮壓選舉期間發生的暴亂。在費歇爾堡戰役慘敗之後，他被遣散回老家羅威爾「說這樣有助於大局」。格蘭特在西元 1865 年 1 月 4 日寫給斯坦頓的信件裡就說：「我對布特勒將軍的指揮能力缺乏信心，他的部下對他的能力也持懷疑的態度，這讓他不適合擔任一支龐大軍隊的指揮官。他對一般性事務的處理方式也同樣讓人反感。」

第二十一章 謝里登、薛曼與湯瑪斯

在林肯於 8 月 23 日簽下讓人感到沮喪的備忘錄之後，北方聯軍所面對的戰局已經越來越明朗了。弗拉古特在莫比爾的戰鬥進行了數週，終於取得了勝利，雖然這個消息當時還沒有傳到北方。9 月 2 日，當民主黨人在芝加哥召開黨大會，討論林肯總統指揮下的戰爭已經失敗的時候，薛曼正率軍進入亞特蘭大，就在前一天，他已迫使胡德的軍隊撤退。薛曼的軍隊幾乎在沒有什麼傷亡的情況下，攻下了叛軍的據點。四個月前，他就是率軍從查塔努加出發，對敵軍持續地發動進攻，現在已經攻占了南方邦聯主要的工業製造中心以及糧草補給倉庫。9 月 3 日，林肯總統發布公告，號召所有北方人都向上帝表達感謝，因為聯軍在亞特蘭大與莫比爾取得了戰役的勝利。

此時，格蘭特率軍來到了東面戰線。當時在聯軍中，騎兵部隊受到波托馬克部隊指揮官的輕視，認為這些騎兵部隊只能做一些警戒任務或是其他非戰鬥性任務。「有誰見過一名戰死的騎兵呢？」這句玩笑話當時在部隊裡廣為流傳。不過，格蘭特任命謝里登將米德之前統領的騎兵部隊，改編成一支具有戰鬥力的部隊。當時的謝里登除了有參加傳教士山脊戰役之外，可以說還是駐紮在阿利根尼山脈部隊中一名不起眼的軍官。

當他對米德說，應該將這些騎兵部隊集合起來，對抗叛軍的騎兵，而不是讓騎兵為步兵部隊擔任警戒任務的時候，米德大吃一驚。當米德問他到時候誰來保護運輸物資的火車，誰來掩護步兵方陣以及如何確保步兵兩翼免遭敵人的突襲時，米德從這位好戰的愛爾蘭後裔口中，得到了讓他震驚的回答。

雖然謝里登當時只有三十三歲，身高大約五英尺五寸，體重不會超過一百一十五磅 —— 但他說，當他集合了一萬名騎兵之後，那麼叛軍的騎兵部隊就不會攻擊波托馬克的兩翼或是後方，因此也就不需要進行什麼防守。除此之外，謝里登還表示，行進中的步兵方陣應該憑藉自身的力量去警戒與防禦。謝里登希望在一場大戰中擊敗敵軍，然後按照自己的想法去與敵人作戰，摧毀李將軍與總部之間的通信，以及摧毀李將軍的戰爭資源。

後來，米德與謝里登就此發生了一場激烈的爭論。謝里登對米德說，他能夠打敗叛軍的騎兵指揮官 J.E .B. 斯圖亞特，前提是米德允許他這樣做。當米德將這件事上報給格蘭特時，格蘭特只是回覆說：「他真的這麼說嗎？既然這樣，就讓他放手去做吧！」於是，謝里登就率軍出發了。5 月 11 日，謝里登率軍來到了黃色客站，這裡距離里奇蒙只有六哩。謝里登的騎兵部隊在這裡大敗斯圖亞特的騎兵部隊，並且殺死了斯圖亞特，給叛軍的騎兵部隊帶來最嚴重的慘敗。接著，謝里登獨立發動了一場進攻，摧毀了李將軍與里奇蒙之間的鐵路，讓南方邦聯的首都處於極度危險當中。他不斷地對里奇蒙的周邊防線發動進攻，雖然這樣做並不是他主要的戰略目標。

厄爾利在對馬里蘭州發動進攻之後，又返回來控制溫徹斯特，這個地方是謝南多厄河流域肥沃的山谷地帶，秋天的時候，叛軍想從這裡收獲糧食。格蘭特就命令謝里登進攻厄爾利，雖然斯坦頓反對讓謝里登指揮這次戰鬥，因為他覺得謝里登還是太年輕了。

「我看過你是如何面對困難問題的，」林肯在電報中這樣對格蘭特說，

第二十一章　謝里登、薛曼與湯瑪斯

「你選擇了謝里登指揮軍隊去打這場仗。」「我希望讓謝里登負責這次戰役的所有軍隊，我告訴他要徹底消滅敵人，將每一個敵人都消滅乾淨。」格蘭特在發給斯坦頓的電報裡這樣寫道，「無論敵人逃到哪裡，我們的軍隊就要去到哪裡消滅他們。」林肯在看到格蘭特發來的這封電報後回覆說：「我認為這就是我們的軍隊應該採取的作戰方法，但是請認真看一下你從華盛頓方面收到的每一封電報，我建議你不要使用『徹底消滅』與『消滅乾淨』等字眼。我再次向你重申，我們的部隊不應該這樣做，除非你每時每刻都關注著整個戰場的動態與發展。」

格蘭特要比華盛頓那群人更加了解謝里登。8月5日，格蘭特要求謝里登率軍前往謝南多厄河山谷，表示不能給敵人留下任何能夠被他們帶走的東西。「將所有的糧草、牲畜以及其他東西都帶走，那些無法帶走的東西全都要毀掉。」在9月的時候，格蘭特讓謝里登擔任一個全新師團的指揮官，並且去檢閱他的軍隊部署，他下達了「前進」的命令給謝里登，要求他必須立即前往溫徹斯特。

與此同時，謝里登發電報給格蘭特表示：「厄爾利的部隊已經來到了山谷，並在這裡盤桓。」一個月後，謝里登的部隊來到錫達河，最終將措手不及的敵人打得慘敗，贏得了輝煌的勝利。就是在這個夏天，謝里登，這位不起眼的騎兵指揮官所建立的戰功足以寫入歷史，成為人類戰爭史上最偉大的將領之一，並且徹底改變了之後戰爭中人們對騎兵部隊的看法。

「身為一名士兵，一位指揮官，無論給他多少軍隊，他都有能力去做到最好。」多年後，格蘭特這樣說，「沒有比謝里登更加偉大的將領了。他屬於最優秀的士兵行列，他不僅是我們國家最優秀的將領，也是全世界最優秀的將領。我認為謝里登可以與拿破崙、腓特烈大帝或是歷史上任何偉大將領相媲美。沒有哪一位將領能像謝里登這樣具有如此強大的作戰能力，這麼懂得如何了解敵人。謝里登不僅知道如何指揮軍隊，而且知道敵人的下一步動向。他具有鼓舞士兵的強大力量，這樣的能力是我一直渴盼的 —— 這是身為將領的一種罕見能力。」

薛曼很快就來到了亞特蘭大，這要比他原先預期的時間短許多。格蘭特建議薛曼將喬治亞州與海灣地區分割開來，但薛曼卻想著要朝海灣地區進軍。「如果你能夠打敗李將軍的軍隊，」格蘭特這樣寫道，「我也會向亞特蘭大進軍的。我認為林肯總統會給我們放二十天假去看看那些年輕的士兵。」胡德當時的軍事活動非常活躍，薛曼已經派了湯瑪斯前往納什維爾去守衛田納西州。薛曼想讓湯瑪斯防守田納西州，他則率軍摧毀駐守在亞特蘭大的叛軍，接著率軍攻打查爾斯頓或是薩凡納。

「我能率軍前往那裡，並讓整個喬治亞州人民都咆哮起來。」薛曼這樣寫道。他認為胡德的軍隊無論如何也只能追隨自己的軍隊。「我將會主動發起進攻，而不是猜測胡德下一步會有什麼行動。相反，胡德才需要猜測我的作戰計畫到底是什麼。」林肯與斯坦頓都熱切地等待著薛曼傳來好消息，在給薛曼的電報裡寫道：「要是薛曼將軍出現任何一個失誤，都可能給他的軍隊帶來致命的打擊。」

雖然格蘭特一開始質疑薛曼的作戰計畫，但他最後還是同意了這個計畫。湯瑪斯對薛曼的作戰計畫表示反對，薛曼就與其爭論。薛曼知道自己必須取得戰役的勝利，因為如果他失敗了，「這次戰役將會被後人說成是一個瘋狂的傻瓜進行的愚蠢冒險」。薛曼想透過戰鬥讓世人知道南方軍隊現在所處的無助境地，讓南方人民深刻地明白一點，那就是戰爭與個人的毀滅其實是同義詞。

胡德率軍渡河進入了田納西州，格蘭特認為胡德的軍隊在行軍開始之前就能被摧毀，薛曼則認為應該採取計畫，將胡德的軍隊誘出喬治亞州。

第二十一章　謝里登、薛曼與湯瑪斯

格蘭特說：「就按照你的計畫去做吧！」薛曼深信湯瑪斯能夠打敗胡德的軍隊，並且還派了斯科菲爾德的軍隊前來馳援，摧毀了亞特蘭大地區的工廠與糧食供應倉庫。從 11 月 12 日開始，他就切斷與北方之間的聯繫，在接下來的一個月裡，薛曼率領六萬名士兵進入了南方的領地。

胡德不得不在追擊薛曼軍隊或是進攻田納西州之間做出選擇，於是他率領超過四萬的軍隊前往納什維爾，發現斯科菲爾德率領三萬部隊正在等著他。雙方開展了一場慘烈的戰鬥，胡德的進攻被擊退了，並且傷亡慘重。胡德只能隨著斯科菲爾德的軍隊進入納什維爾，在進城之前駐紮下來。此時，胡德的士兵人數銳減為兩萬六千人，而湯瑪斯的守軍人數將近是他的兩倍。

湯瑪斯之前對薛曼說過，不要擔心胡德的軍隊。「如果胡德沒有選擇追擊你的部隊，那麼我會調動手上所有的部隊與之作戰。我相信我有足夠的士兵與之作戰，除非他迅速離開這裡。」湯瑪斯利用胡德沒有發動進攻的這段時間進行組織協調，等待著威爾遜與他的騎兵將武器裝備運過來。湯瑪斯的這個舉動讓格蘭特與林肯都備受煎熬。在他們看來，既然湯瑪斯的軍隊人數在敵人之上，為什麼不趁現在發起進攻呢？「這看上去像麥克萊倫與羅斯克蘭斯使用的策略，什麼都不做，就是等待著敵人來進攻。」斯坦頓在發給格蘭特的電報裡這樣說，「總統希望你能夠重新考慮這個問題。」

格蘭特一直以來都不是很看重湯瑪斯的能力，他知道要是自己處在胡德的位置，他會立即率軍進攻北方，躲避湯瑪斯的軍隊，進入俄亥俄州。要是胡德這樣做，那麼這對北方軍隊將是一次沉重的打擊。到時候，所有人都會指責格蘭特不應該讓薛曼消失這麼長的時間。要是現在從維吉尼亞州調來軍隊，這就意味著在數個月內，將無法與李將軍的部隊進行作戰。

格蘭特的想法後來得到了證明。胡德本人表示，在那個時候，他有想過要進攻，擊敗湯瑪斯的守軍，占領納什維爾作為據點，接著進攻肯塔基州，進而威脅辛辛那提州，率領勝利之師穿過坎伯蘭高山的細縫，與李將軍的部隊會合，然後就相繼攻打格蘭特與薛曼的部隊，最後將南方軍隊全部集合起來，攻打華盛頓。

此時，命運之神似乎將胡德送到了湯瑪斯的手上，可是湯瑪斯似乎也在玩弄著命運。格蘭特在 12 月 2 日發急件給湯瑪斯，要求他立即進攻胡德的軍隊。湯瑪斯回覆說，他還需要兩三天的時間才能準備完畢。四天過去了，格蘭特發去了一份強制性的命令給湯瑪斯：「立即攻擊胡德的部隊，不要等你的騎兵部隊了！要是繼續等待的話，就會存在諸多風險，最終會讓戰場轉移到俄亥俄河。」湯瑪斯回覆說他會遵命，雖然「我認為以我現在較少的兵力發動進攻會比較危險。」

結果，湯瑪斯什麼事都沒做，格蘭特終於徹底失去了耐心。格蘭特似乎失去了往日的淡定與沉穩。「若是湯瑪斯還沒發動進攻，」他在 12 月 8 日發給哈勒克的電報裡說，「他應該立即將指揮權交給斯科菲爾德。事實上，沒有比湯瑪斯更加適合這場戰鬥的人選了，但我擔心他在指揮的時候過於謹慎。」第二天，格蘭特就命令哈勒克解除湯瑪斯的軍職，讓斯科菲爾德負責指揮。湯瑪斯努力隱藏自己的不滿情緒，充滿自尊地回覆說：「很遺憾，格蘭特將軍對我延遲進攻敵人的行為感到不滿。我認為自己做了能力範圍內所能做到的一切，因為我們的軍隊現在還沒有做好作戰的準備，當然我會毫無怨言地接受這個決定。前幾天，下了一場猛烈的暴風雨，讓整個地面都變得非常泥濘，所以要在第二天天明之前發動進攻是不可能的事。」

格蘭特知道後暫停了那個命令，但在兩天的等待之後，期間雙方緊密地透過電報進行交流，格蘭特最終命令洛根前往納什維爾接替湯瑪斯的位置，負責指揮坎伯蘭地區的軍隊。深感不安的格蘭特動身前往西線。12月15日，當他還在前往華盛頓的路上，他收到消息說湯瑪斯發動了進攻，胡德的軍隊大敗，湯瑪斯則率軍緊追不捨。這場發生在12月15日與16日的納什維爾戰役，是聯軍在內戰期間取得的一場最完美的勝利，即便是在戰爭專家的眼中，這也是一場完美的勝利。

胡德的部隊遭受重創，倉皇逃竄期間不得不將武器輜重丟棄在田納西州南部。此時，胡德的部隊人數還不到一萬五千人，除了少部分士兵與約翰斯頓在北卡羅萊納州的部隊會合之外，其他的都解散了。格蘭特為湯瑪斯的成功感到高興，他提議將湯瑪斯擢升為少將，並且向他表示祝賀。格蘭特在報告中寫道，胡德的軍隊遭遇了一場慘敗，這充分說明了指揮官湯瑪斯的指揮有方。

12月10日，也就是薛曼在亞特蘭大切斷與北方的聯繫三十天之後，他率軍到達了薩凡納。此時，他已經率軍在敵軍領地上穿行了三百六十哩，這段旅程可以稱得上是一段假期。21日，他占領了薩凡納，將這個消息作為獻給林肯以及北方人民的一份聖誕禮物。自從格蘭特前往東線以來，他完成了一半的任務。阿利根尼山脈有組織的叛軍已經被摧毀了。整個西南面都被聯軍打通，只要時機合適，聯軍就能將其占領。

那段時間，薛曼在受歡迎的程度上要遠遠超過格蘭特。他所取得的輝煌軍事成就讓世人矚目。林肯在發給他的祝賀信裡表示：「你所取得的成功完全要歸功於你，我相信每個人都會認同這點。」有一些人表示要將薛曼的軍銜擢升為中將，讓他取代格蘭特的位置。當時格蘭特所率的軍隊駐紮在西特波因特，而他的部將卻取得了輝煌的戰績。「相比於任何其他人，我更願意成為你的部下。」薛曼在給格蘭特的信件裡說，「你是一位公平、誠實的人，總是想辦法去實現心底的目標。我會嚴正拒絕會讓你我之間處於對抗狀態的任命。」格蘭特收信後回答說：「沒有誰比我更為你所取得的成功感到高興的了。如果你處在我的位置上，我成為你的部將，這絲毫不會改變你跟我之間的關係。我會盡自己最大的努力去支持你，就像你一直以來支持我一樣。我會盡全力去完成我們共同的事業。」

第二十二章　和平

在一段時間裡，格蘭特的光芒似乎暗淡下來了，但他正等待著屬於自己的時刻。戰局的走向符合他事先制定好的策略，他知道最終的結果必定會證明自己的策略是正確的。他的戰線正在不斷地壓縮南方邦聯的生存空間。薛曼正率軍朝北占領薩凡納，經過與敵軍不斷激戰，終於穿過了卡羅萊納州，使用雪橇在冰面上穿行，經過了沼澤、溼地以及崎嶇不平的道路，行進了四百哩路，這與聯軍之前在喬治亞州的「嬉戲」行為形成了鮮明的對比。

1 月上旬，經過多次激烈戰鬥之後，特里終於率軍占領了費歇爾堡，南方邦聯唯一剩下的威明頓市也最終落入了聯軍手中。至此，里奇蒙南面與西面的所有防禦堡壘都被聯軍攻克了。李將軍的軍隊再也不能與西南方面的軍隊取得聯繫，也無法利用謝南多厄河山谷地區的糧草。隨著格蘭特率軍不斷壓縮叛軍的空間，留給叛軍的餘地已經不多了，李將軍的軍隊要麼因為缺乏糧草而挨餓，要麼就要率領軍隊突破聯軍在西南方面布置的防線。

此時，南方邦聯已無法招募到更多的士兵，完全處於被包圍的狀態，再也無力與聯軍作戰。當聯軍在圍困彼得斯堡與里奇蒙的幾個月裡，已經招募了許多新兵入伍。在李將軍失去所有的補給時，格蘭特的後方有許多農場與工廠提供戰爭資源。此時的戴維斯已接近眾叛親離的地步，林肯則還有充足的資源支撐下去。

不過，戴維斯並不認為自己所堅持的事業就這樣完蛋了。他努力激勵手下疲憊的士兵繼續戰鬥，即便最後不得不從里奇蒙撤退，他也寧願到別的地方另外建立一個臨時首都，讓叛軍在阿利根尼山脈與敵軍作戰。戴維斯自私的愛國想法，讓他覺得手下的每一名士兵都應該與他一起為這個事業做出犧牲。

格蘭特的駐軍總部西特波因特此時彷彿成了聯邦政府的第二首都。林肯與西沃德以及其他內閣成員來到這裡，還有一些議員也前來這裡參觀，許多北方的民眾也前來這裡觀看。在1月底的時候，里奇蒙方面派來的「和平使團」成員史蒂文斯、坎貝爾以及亨特前來與格蘭特談判，但格蘭特在這些方面並沒有什麼權利，就請求林肯與西沃德等人過來與他們談判。

史蒂文斯當時是第一次見到格蘭特，他表示格蘭特的形象讓他大感震驚。「他穿著樸素，坐在一張椅子上，在煤油燈下忙著寫文件。他的個人形象或是周圍的擺設，都沒有展現出他的任何軍銜。他的身邊也沒有警衛或是助手。當巴布科克上校過來敲門的時候，他只是說：『進來吧！』」史蒂文斯自言自語地說：「他的行為是簡樸、自然的，沒有任何矯揉造作的成分；他的話語是那麼坦誠與簡潔；他的思想是那麼具有洞察力；他的行動是那麼迅速，那麼專注於自己的目標，那麼地果敢。」

「和平使團」的成員在漢普頓港的一艘船上與林肯見面。這些成員所談論的和平計畫並不包括要解散南方邦聯，這當然是林肯需要著重考慮的問題。但是，林肯告知他們，憲法第十三條修正案關於廢除奴隸制的法案已經被國會通過了，恢復聯邦政府的統治是實現和平的第一個條件。與此同時，林肯還對他們表示，實現和平的條件包括「南方邦聯必須要解散軍隊，允許聯邦政府在南方正式履行政府功能。」

這場會議展現出了林肯當時的想法。林肯說：「史蒂文斯，如果我在喬治亞，並且認同這些想法的話，我會立即回家，讓州長召集立法機構的成員，解散所有戰爭爆發以來招募的士兵，選舉議員與眾議員，批准聯邦憲法修正案，使其正式成為法律 —— 即便這在五年之內實現也是可以的。在我看來，這樣的修正案會正式成為憲法的一部分……奴隸制已經徹底結束了，再也無法維繫下去。在我看來，像你們這些公眾人物應該立即執行法律的要求，立即釋放所有的奴隸，否則就要遭受法律的制裁。」

林肯表示，他願意讓聯邦政府向那些奴隸主支付一筆補償費。他知道一些人表示這需要四億美元的經費才能解決這個問題。這時已經是 2 月 3 日了，在兩天後的華盛頓，林肯對內閣成員發出了這樣一個消息，表示他將向國會提案，建議參眾兩院授權總統向南方十六個州給予四億美元的補償，以占有百分之六的國債去補償南方奴隸主的損失，當然前提是「南方邦聯各州必須要在 4 月 1 日全部放棄抵抗。」

內閣成員都對林肯的這一個建議表示強烈反對，林肯對他們做出如此強烈的反對似乎感到非常驚訝。「這場戰爭還要持續多久呢？」林肯問。在場沒有人回答。林肯接著說：「一百天？我們現在每天的戰爭經費高達三百萬美元，要是戰爭真的能夠在一百天結束的話，也就剛好是這筆補償費，況且還能讓那麼多士兵免於傷亡。」最後，林肯嘆口氣說：「既然你們都反對這項建議，我不會向國會提出這個議案。」

在 3 月的最後一週，薛曼率軍來到北卡羅來納州的戈爾茲伯勒，發現了斯科菲爾德的軍隊正在那裡等著他，而約翰斯頓則率領殘餘部隊駐紮在五十哩之外的羅利地區。

格蘭特一直等待著按照計畫發動春季攻勢，從而徹底結束戰爭，因此他允許薛曼與威爾遜率軍對敵軍發動零星的進攻，這兩位將領率領騎兵切斷了李將軍與其他叛軍的聯繫，不斷襲擊李將軍的營地，不時地消滅零星的叛軍，擾亂里奇蒙守軍的防守。聯軍在各條戰線發動全面總攻的時刻終於到來了，李將軍也意識到了這點，他想著透過率軍突破聯軍在彼得斯堡的防線，躲避格蘭特的主力部隊，與約翰斯頓的部隊在卡羅萊納州會合，並作為最後的據點。這是一場絕望的拼殺，但最後被聯軍挫敗了。

3 月 22 日，格蘭特率軍離開了西特波因特，林肯發給他的電報上說「願上帝保佑你」的話語依然在他的耳畔迴盪。據記載，當他的妻子在大門口對他道別時，格蘭特緊緊抱著妻子，與她多次親吻道別。從這一天開始到戰爭結束，格蘭特始終率軍在前線戰鬥，與士兵們同甘共苦。

接下來，謝里登發動了最後一次強而有力的攻勢。4 月 1 日，他率軍在五岔口戰役裡猛烈攻擊敵軍的防線，冒著敵軍的槍林彈雨不斷衝殺，命令騎兵部隊奮勇作戰。個子矮小的謝里登揮舞著軍旗，一邊祈禱一邊大聲咒罵敵軍，從戰場的一個角落騎馬飛奔到另一個角落進行指揮，直到梅里特率軍攻破了敵軍最後一個防禦工事，發出了一陣歡呼聲。

沒有哪一場戰役像這場戰役那樣開展的，在亞特蘭大戰場上，誰也沒有見過任何將領能像謝里登這樣勇於執行這麼大膽的策略。波爾特說：「在我看來，在這麼重要的戰役裡，你今天所使用的戰略是之前從未見過的。」謝里登回答說：「每次當我率軍作戰時，除非能夠取得勝利，否則我從未想過自己能否活著回來。」

格蘭特在得知謝里登作戰勝利的消息之後，下令對彼得斯堡發動進攻。4 月 2 日早晨，李將軍在知道五岔口戰役失利後，他們便不能繼續守在里奇蒙了。那天晚上，在夜色的掩護下，李將軍率軍撤離彼得斯堡，在第二天拂曉時分，格蘭特就率軍進入了。林肯趕過來，抓住格蘭特的手，不斷用感謝的口吻說：「我一直有一種預感，那就是你會做出像今天這樣的軍事行動。」林肯接著說，「前不久，我還以為你會讓薛曼的軍隊前來馳援，從而與你一起作戰。」格蘭特在回答的時候，也展現出了圓滑的一面，說：「我認為，最好還是讓李將軍過去最大的敵人給他的軍隊最後一擊，完成最後的工作。西方軍在過去的作戰都取得了輝煌的戰功，這是因為東方軍讓他們憑藉自身的力量獨立解決這些問題。」

在同一天，戴維斯從里奇蒙逃了出來，尤厄爾的軍隊也紛紛逃竄，聯軍終於進入了里奇蒙。林肯從彼得斯堡進入里奇蒙，但格蘭特並沒有這麼做，因為他當時正專注於李將軍的殘餘部隊，命令奧德、米德與謝里登追擊李將軍的部隊。李將軍此時的部隊武器裝備不足、士兵都飢腸轆轆，正在努力想辦法與約翰斯頓的部隊會合。

最終，在傑特斯維爾這個地方，謝里登的軍隊找到了李將軍的部隊，當然李將軍的部隊已經殘缺不全了。而米德之前一直有想要占領里奇蒙的想法，忘記了格蘭特一開始給他的指示，竟然率軍往里奇蒙方向前進，在聯軍防線上留出一個突圍路線，讓李將軍的部隊能夠逃竄。謝里登對此大為驚慌，但他沒有權利去改變米德的計畫，於是祕密發電報給格蘭特，告訴他這件事，並且表示：「希望你能來這裡。」

格蘭特收到電報後立即動身前往謝里登的所在地。當他來到凡斯維爾的時候，與李將軍的戰鬥還在繼續。此時傳來了尤厄爾表示叛軍已經失敗的消息。4 月 7 日下午五點，格蘭特認為這樣下去，讓更多人流血是一件邪惡的事情，繼續戰鬥已經沒有太大的意義，就寫信給李將軍，要求他的部隊立即投降。此時需要的是外交手腕。李將軍在回信中並不承認自己的部隊已經沒有希望了，要求就投降的條件進行談判。

格蘭特巧妙地回覆說：「和平一直是我的心願。但我必須要堅持一個條件，那就是所有投降的士兵都必須要放下武器，不能再對抗聯邦政府，直到所有的條件都落實之後，我可以親自與你見面，或是我們指派手下官員在任何你認為合適的地方見面，詳細討論北維吉尼亞州軍隊投降的事宜。」李將軍對此並不認同，他依然認為現在還不是放棄自己所堅持的事業的時候。「因此，我不能就北維吉尼亞州的軍隊投降事宜與你談判。但是，你的提議可能會影響在我指揮下的同盟軍，並有可能實現和平，我願意在明天上午十點與你見面，地點在兩軍警戒線附近的那間老驛站。」

收到李將軍的回信後，格蘭特忍受著極度的痛苦，晚上無法入睡，在房間裡來回踱步，雙手摸著快要炸裂的頭。他一開始對李將軍的回信感到非常沮喪，但他第二天早上回覆說：「因為我在和平事宜的談判上沒有權力，今天上午十點鐘的會談也不會談出什麼結果來。可是，李將軍，我必須要指明一點，我同樣急切希望與你的軍隊實現和平，北方的人民都有著跟我一樣的感受。實現和平的條件都是非常好理解的。當南方軍隊都放下武器的時候，就是做了一件大家都認同的事情，這將拯救數千人的生命，讓上億美元的財產不會遭受槍炮的毀滅。」

在李將軍得到這封信之前，他就與手下的軍官召開會議，手下的軍官一直堅持要發動新的攻勢，希望能夠突破聯軍的防線。戈登按照李將軍的指示突圍，卻遭受了重創。這次失利加上格蘭特來信中展現出來的寬宏大量，讓李將軍身上背負著是否讓更多人失去生命的責任，最後他決定立即接受格蘭特的建議。「現在，我要求立刻舉行會談，就按照你昨天在信件裡所談到的條件進行。」李將軍在回信中這樣寫道。

當格蘭特收到信件後，他所感受到的痛苦旋即消失了。「我將會來到前線與你見面。」格蘭特回信說。接著，他率領幾個副官以及謝里登與奧德等人騎馬來到前線，在中午時分來到了阿波馬托克斯法院大樓，這裡的聯軍與南方軍隊都要放下武器。格蘭特走進一棟磚砌的建築，裡面的裝修顯得庸俗豔麗。李將軍與歷史性的時刻正在等待著他。

這個故事被後人說過很多次，但美國人始終對此津津樂道。李將軍穿著一身威嚴的灰色軍裝，凸顯出他身為軍人的儀表與偉岸的身材，而格蘭特則像我們之前所描述的那樣，軍服因為騎馬而皺褶，只有軍服上的肩章讓士兵們知道他的軍銜。李將軍佩戴著一把軍刀，格蘭特則沒有。

「我不知道李將軍當時內心的想法。」格蘭特後來寫道，「我無法從他的表情中，知道他內心是什麼想法。但我從一開始收到他的信件時的激動心情，變成了有點悲傷與壓抑。我只是為這樣一位長時間英勇作戰並且為一個目標遭受巨大損失的敵人的失敗而感到可惜，雖然我認為他所擁護的目標是人類最不應該擁護的，而這樣所謂的目標，也不應該成為我們為此作戰的藉口。」

格蘭特聊了一下平常的事情，沒有談到讓他們兩人來到這裡的重要主題，而是讓李將軍先談論這個話題。在過去從軍的歲月裡，當他在墨西哥服役的時候，他是副官，李將軍則是史考特將軍的參謀長——直到李將軍提醒他今天需要討論的一些正事，說他想要知道投降的具體條件。格蘭特跟他說了，他們繼續就此交談，最後李將軍建議將這些討論的內容寫下來。接著，他們來到了一張桌子前，格蘭特按照心中的想法寫了下來，他書寫的速度很快，幾乎沒有做任何修改。

當他一開始拿起筆時不知道該寫些什麼，但他知道自己心中想要表達的內容，並且能夠正確無誤地寫出來。格蘭特說：「當我在寫的時候，我想到了南方軍隊裡的許多私人馬匹對於他們是非常重要的，可是對我們卻沒有什麼價值。還有一點就是，讓他們交出武器，這對他們是一種毫無必要的羞辱。」當李將軍讀到了我所寫的內容時，「我想他說話的時候帶上了一種情感，這些條件肯定會讓他的部隊願意接受。」

格蘭特所寫的內容如下：

R.E. 李將軍

南方邦聯最高司令官：

按照我在 8 號給你的信件裡所提到的內容，我建議北維吉尼亞州的軍隊在下面的條件下宣布投降：

所有軍官與士兵的名冊都要做兩份，一份留給我指定的軍官，另一份則留給你所指定的任何一名軍官。這些軍官需要向各自的部下發布命令，不准對抗聯邦政府的軍隊，直到這些條件滿足之後。每一個連隊或是軍團的指揮官都要簽名。

南方軍隊的武器、大炮以及公共財產都要打包封存起來，交給由我指派的軍官來接收。但是，這並不包括軍官們隨身攜帶的武器、私人馬匹或是私人包裹。完成了這一步之後，每一名軍官與士兵都允許回到自己的家鄉，只要他們遵守他們簽名的檔案，遵守他們所在地方的法律，那麼聯邦政府就不能干擾他們的生活。

尊敬您的

U.S. 格蘭特

中將

接著，李將軍表示手下有不少騎兵，其中大多數人都擁有自己的馬匹，問格蘭特是否允許這些士兵擁有自己的馬匹。這些內容沒有寫在檔案中，但格蘭特表示他希望再也不要出現任何戰鬥了。「我認為李將軍的部隊裡，絕大多數士兵都是普通的農民，整個國家都因為內戰爆發而遭受嚴重的損失。要是沒有了他們現在所騎的馬匹，他們很難讓家人度過冬天，明年的春耕也很難繼續了。」於是，格蘭特表示，任何擁有馬匹或是驢子的士兵，都可以將馬匹和驢子帶回家。李將軍表示這將會帶來很好的效果，於是直接簽名接受格蘭特所寫的建議。事情就這樣結束了。

當李將軍準備動身離開的時候，再次談到了手下的部隊，說他們現在非常缺乏食物，在過去幾天裡，他們每天都是吃烤玉米度日，因此懇求格蘭特能夠提供口糧給他的士兵。格蘭特表示會讓軍需處從阿波馬托克斯車站運糧食過來，讓李將軍的軍隊能夠從謝里登切斷的鐵路獲得糧食。

李將軍動身離開的時候，他身邊的助手都莊重地站了起來。李將軍似乎沒有注意到他們的存在，只是望著遠處綠色的山谷，那裡正是他那些投降軍隊的所在地。他心不在焉地捶打著雙手，直到他騎上了馬。他用手拉住韁繩。格蘭特走過來，拿起帽子向他道別，而李將軍則沉默地敬禮，接著騎馬回到他的部隊去了。

那天下午，格蘭特用三條不同的線路發電報給斯坦頓，告訴他李將軍投降的消息。當格蘭特手下的士兵知道李將軍投降的消息時，便開始慶祝勝利。但格蘭特在聽到士兵們同時發射子彈慶祝的聲音後，立即制止了他們。他不希望士兵們的慶祝聲音，給被擊敗的南方士兵帶來不安。因此，他禁止在多納爾森與維克斯堡的部隊慶祝勝利。

維吉尼亞州阿波馬托克斯法院總部

西元 1865 年 4 月 9 日，下午 4 點半。

尊敬的戰爭部長 E.M. 斯坦頓

華盛頓

今天下午，按照我所制定的條件，李將軍宣布他的北維吉尼亞州軍隊投降。接下來的通信將會詳細講述這件事情。

U.S. 格蘭特中將

第二天早上，格蘭特騎馬來到聯軍的前線，朝著李將軍的總部前進。李將軍知道來者是格蘭特之後，也騎馬出去迎接他。他們再次交談，談論的還是實現和平的問題。李將軍希望接下來不要再有造成生命損失的戰爭，但他也不能保證接下來會發生什麼，他說南方是幅員遼闊的地方，要想戰爭完全結束可能還需要一段時間，這個他真的不能預測。格蘭特對他說，李將軍對南方的影響力比所有人都大，要是李將軍能夠勸其餘南方軍隊投降，那麼他的話語肯定能夠收到良好的效果。

不過，李將軍表示他必須在詢問戴維斯的意見之後才能決定是否這樣做。格蘭特知道，強迫李將軍去做他認為不正確的事情是沒用的。於是，李將軍再次與其他人回到了軍營，一回到軍營，就脫去了軍服。戴維斯當時正在逃往德克薩斯州的路上，希望叛軍能夠重整旗鼓，可他卻在喬治亞被捉住了。

格蘭特立刻動身前往華盛頓。華盛頓方面要給予格蘭特許多嘉獎，但他對此並不在意。他與林肯進行交談，拒絕了前往福特劇院的邀請，匆忙趕到紐澤西州的伯靈頓，因為他的孩子在那裡上學，他想過去看看。在費城的時候，他聽到了林肯總統被謀殺的消息，於是迅速回到了被悲傷籠罩的華盛頓，穩定住了人心。

幾天後，還在華盛頓的格蘭特收到了薛曼那邊傳來的消息，說約翰斯頓投降了，並且得知薛曼擅作主張設定的投降條件，突破了聯邦政府所能接受的底線，薛曼給予的這些條件，會直接影響當前的政治結構與接下來的重建工作。當斯坦頓將薛曼制定的這份投降條件公布之後，北方民眾表示強烈反對。於是斯坦頓發布公告，說薛曼已經被暫時停職，並且暗示這位戰爭英雄在喬治亞的時候，並沒有禁止士兵在里奇蒙搶劫銀行。這一下子讓薛曼成為了大眾出氣的對象。

格蘭特立即前往羅利，取消了薛曼制定的條件，宣布重新恢復之前的法制。格蘭特並沒有撤掉薛曼的職位，沒有在敗軍面前羞辱他，而是非常圓滑地允許他親自改變之前的做法，按照格蘭特給予李將軍投降的條件那樣給予約翰斯頓的軍隊。接著，格蘭特迅速離開了羅利，不讓除了薛曼之外的其他人知道他來過這裡。

就這樣，內戰結束了。南北軍隊的士兵們之間彌漫著一股友善的氣氛，這主要是因為格蘭特將軍所採取的寬仁措施。在慶祝勝利的大閱兵時，格蘭特接受了全軍的致敬，這表達了整個國家對他所取得的功勞的感激之情。

第二十三章　沒有軍隊的將軍

在格蘭特名聲最為鼎盛的時候，他發現自己在華盛頓成為了有名無實的人，雖然他擁有很高的軍銜，卻沒有任何實際的權力。他從阿波馬托克斯回到華盛頓的那一天，馬上就取消了許多軍需品以及物資的訂單，從而減少戰爭開支。他還立即著手解散軍隊，因此沒過多久，彷彿在昨天還指揮著五十萬軍隊的他，現在指揮的軍隊與戰爭爆發前史考特指揮的軍隊人數相差無幾了。

西元 1866 年，國會恢復了格蘭特的中將軍銜，卻沒有給他任何可以直接指揮的軍團或是戰鬥旅。對他而言，除了繼續剷除南方少數一些不願意放下武器的叛軍之外，他其實也沒有什麼事情好做。他就像是華盛頓這裡的一位陌生人，他認識的公眾人物也相當有限。

格蘭特帶著幾位副官來到了華盛頓，但格蘭特只認識不到六名國會議員，而且在這些人當中，他還只是聽說過他們的名字而已。在內閣成員裡，斯坦頓與西沃德是兩位與他接觸比較緊密的人。格蘭特並不信任西沃德這個人，因為他認為西沃德做人太過圓滑，做任何事都不會採取直接的方式，總是採用迂迴的方式。

格蘭特發自內心不喜歡斯坦頓這個人，特別是在薛曼那件事之後，他對斯坦頓的反感程度加深了。斯坦頓是一位狂熱的猶太教信徒，經常在說話的時候引用《聖經》裡的語句，這個人擁有著兩種反差非常大的性格。一方面，他經常表現出盛氣凌人、迷信、懦弱、缺乏寬容心等性格特點，缺乏對同事的忠誠，但是他又非常忠誠於聯邦政府，始終堅持著對這個國家狂熱的愛國之情，始終堅持不使用任何圓滑的做事方式。

第二十三章　沒有軍隊的將軍

在工作層面上，格蘭特必須要與斯坦頓保持友好的關係。同樣，格蘭特也必須要與新任總統詹森保持友好的關係，雖然他知道詹森是一個軟弱與猶豫不決的人，他表面上做出好戰的姿態，但在繼任總統之後，面臨著許多全新且繁重的任務時，除了說一些歌頌自己過去功績的話，就沒有說過一句恰當的話。詹森經常會在結語的時候這樣說：「這些使命都是我需要去實現的，而出現的任何結果只有上帝才能決定。」

現在，格蘭特必須要面對周圍到處都是他不認識的政客的陌生環境，處理一些全新的問題。在他對李將軍做出的大度表態之後，南方人民對格蘭特充滿了好感，這樣的好感在格蘭特反對詹森要以叛國罪審判李將軍的過程中得到了進一步的加強。諾爾福克有一位大法官，準備審判一些之前參加過叛軍的人。當李將軍聽到自己也會遭到審判的消息之後，旋即寫信給格蘭特，告訴格蘭特說自己當初在簽訂投降協定時，已經得到了赦免與原諒的保證。

其實，格蘭特根本不需要李將軍這樣的提醒。他立即透過戰爭部長寄信件給詹森，請求赦免所有的叛軍，誠懇地建議予以批准，並將李將軍的信件呈給戰爭部長，還在上面附上自己同意李將軍信件內容的話語：

「在我看來，在阿波馬托克斯法院大樓簽訂投降協定之後，所有叛軍的將領與士兵都會得到與李將軍一樣的待遇，那就是他們不能以叛國罪遭受審判。這就是我的理解。真正的信念與真正的政策，要求我們必須遵守當時的約定……諾爾福克的安德伍德法官的舉動，已經產生了嚴重的不良影響，我要求命令他立即撤銷對所有叛軍的戰爭行為所進行的指控，而且以後也不要對這些人進行任何指控。」

格蘭特並不滿足於只是寫出這樣一些文字。他親自前往白宮後，才知道自己所說的話引發了爭議。「將軍就是要負責指揮軍隊的。」格蘭特說，「那麼他在戰場上就有至高無上的權力……當時，我與李將軍達成了一些協定，這是最好的協定。如果我當時對他說，他與他的軍隊在投降之後，可能無法獲得自由，將會遭到逮捕、審判或是以叛國罪遭到處決的話，李將軍以及他的軍隊是絕對不會投降的，那麼我們就要犧牲許多士兵的性命才能消滅他們……只要李將軍那群人以後都遵守法律，那麼我寧願辭掉現在的軍職，也不願意參與逮捕他們的行為。」

詹森總統不願意面臨這樣危急的情形。他不敢試圖用自己的影響力去對抗當時聲望極高的格蘭特。最後，法院的指控被撤銷了，雖然詹森一直拒絕赦免李將軍[11]。

在德克薩斯州，卡比 · 史密斯仍然在負隅頑抗，不願意放下武器投降。格蘭特命令謝里登率軍去平叛，這一命令讓謝里登深感不滿，因為他想要率領在大閱兵時的那群軍隊。但格蘭特做出這樣的決定，並不是單純為了要鎮壓卡比 · 史密斯的叛亂。他一直認為馬克斯米安的軍隊與叛軍的活動存在著緊密的連繫，因為他們的活動一直受到南方邦聯頭目的慫恿，再加上歐洲戰場上的煽動。當時林肯總統對此無能為力，華盛頓方面也無法進行有效的抗議。格蘭特認為法國入侵墨西哥的行為是對美國宣戰，認為他們應該在任何方便的時候對此進行反擊。在西特波因特的時候，格蘭特經常和林肯談到這件事，要求在戰爭結束後，立即率軍穿越邊境，趕走侵略墨西哥的法軍。

格蘭特認為，要是讓之前還處在敵對狀態下的南方軍隊與北方軍隊聯

---

11 （西元 1865 年 11 月，格蘭特寄了一封信給他在西點軍校時就是好朋友的隆史崔特，格蘭特在信中懇求總統赦免隆史崔特。隆史崔特拿到這封信後，就前去找詹森。「總統看到信件之後有點緊張，顯得很不安，甚至表現出有點怨恨的神色……最後，他在我倆見面結束的時候說：『在南方邦聯裡，有三個人是絕對不能被赦免的——他們製造了太多的麻煩，他們分別是傑弗遜 · 戴維斯、羅伯特 · E · 李與詹姆斯 · 隆史崔特。』隆史崔特將軍回答說：『總統先生，那些能夠真正給予寬容的人，才能得到更多的愛戴。』對此，詹森回答說：『將軍，你的地位可以讓你說出這句話，但你不能得到赦免。』」）

合起來，對抗法軍這一共同的敵人，那麼這對癒合整個國家的傷口是有幫助的。不過，格蘭特並沒有從林肯總統那裡得到明確的答覆，他認為林肯總統在這方面認同自己的想法。格蘭特一直很反感拿破崙三世這個人，非常希望看到他的軍隊被打得狼狽而逃。格蘭特還將拿破崙三世視為美國與自由的最大敵人。

雖然林肯當時無力處理法軍的問題，但詹森現在卻有這樣做的能力。在格蘭特看來，謝里登是最適合的人選，急切地想讓他去負責征戰。6 月中旬，格蘭特在寫給詹森的一封信裡這樣提到：「我們必須公開反對馬克斯米安在墨西哥建立的政府。」，他認為如果這樣的政府建立之後，那麼：「我們面對的只能是一場曠日持久且無比昂貴的血腥戰爭……馬克斯米安政權的任何行為都將與美國為敵……我鄭重提出一個建議，反對墨西哥在外在軍事力量干預的情況下，建立這樣君主制的政權。這樣的情況一旦成為現實，最後必然會引發武裝衝突。任何一個對此有所研究的人都比我更清楚這點。」

可是，詹森對格蘭特的提議並不是很感興趣。他在國內有自己需要急切處理的事情，因此先將墨西哥的事情晾在一邊。特別是詹森當時幾乎對西沃德言聽計從，而西沃德又是一個不願意使用武力去解決問題的人，他希望透過外交途徑解決任何事情。

讓謝里登感到不滿的是，他的騎兵部隊只是在格蘭德河流域打了一場規模很小的戰役。而格蘭特則度過了一段沒有任何實權的日子 —— 這段日子還沒有結束，接下來就是對格蘭特來說不是那麼愉悅的重建時期。

第二十四章　重建

在美國歷史上，沒有比內戰之後的這段時間更加損害國家的自豪感，也沒有比在更需要政治家時卻更顯出政治家的無能了。現在，我們只能猜想若是林肯當初沒有被刺殺，重建階段會是什麼樣的情形。雖然我們知道林肯一定會想盡一切辦法去癒合這個國家的傷口。林肯總統的第二次就職演說裡充滿了仁慈的色彩，這就是一份寶貴的遺產，他希望在重建南方的時候所採用的大致政策，這也是他在漢普頓會面時對當時南方邦聯的使者所說的話。在戰爭還在持續的時候，林肯總統在聖路易斯安那州所做的一系列行為讓我們可以猜測一下，林肯總統在戰爭結束之後會採取什麼樣的措施。

毋庸置疑，林肯總統會在一段時間裡找到支持自己的人，利用自己在共和黨內的威信就重建工作進行合作，而不會像詹森這樣那麼狂熱地堅持自己的觀點。當然，最後的結果也許會更好一些，但這必然會對他的名聲造成一定的損失。在和平時期，如果林肯總統與不配合的國會進行合作，無論最後的結果如何，我們對林肯總統的評價，肯定要比現在差異許多。

西元 1863 年 12 月，林肯總統就重建政策發表過演說，他的政策是在總統的授權下，在路易斯安那州與阿肯色州建立軍事管制。但林肯的這一提議並沒有得到國會的批准。西元 1864 年，國會通過了一個法案，批准南方邦聯的一些州任命臨時州長負責管理，直到政府機構能夠得到國會的批准。只有當任何州政府不會出現與聯邦政府相對抗的情況，而且人民遵守聯邦憲法與法律的時候，國會才會同意這些州正式成立。這一法案規定，總統在沒有國會批准的情況下，不能擅自批准某幾個州正式成立，同時這一法案要求解放黑奴。

林肯總統並沒有簽署這一法案。在國會休會期間，他在一份特別聲明裡給出了自己這樣做的原因。他並沒有放棄在路易斯安那州與阿肯色州採取的自由州憲法與政府，宣布國會可以在憲法層面上廢除這些州的奴隸制度。

林肯總統沒有想著一下子解決所有的問題，而是想著逐一解決。他允許那些忠於軍事管制的州長的公民組成一個州政府，並且允許他們採用聯邦憲法。路易斯安那州在西元 1864 年初就已經這樣做了。在路易斯安那州實施的憲法規定永久廢除奴隸制，同時將選舉權局限在白人男性手中，接著讓立法機構按照林肯總統的規劃，逐步讓黑人擁有選舉權。在需要重建的州裡，選舉權應該給予那些「具有智慧」的黑人以及那些「在內戰期間勇敢作戰勇敢的黑人」。

西元 1865 年 2 月，參議院就這個問題進行了激烈的討論，最後達成一份聯合聲明，認同現有的路易斯安那州政府為合法政府。這一聲明得到了參議院所有共和黨人的支援，當然以索姆奈為首的五名激進派共和黨人除外。要不是索姆奈慷慨陳詞地說出「我認為這個法案的通過，將會給整個國家帶來災難」這樣的言論，讓投票日子在 3 月 4 日國會重啟的時候進行的話，那麼這個法案肯定已經通過了。

薩迪厄斯 · 史蒂文斯（Thaddeus Stevens）根本不同意林肯總統提出的方案。在他看來，內戰結束後，南方應該被視為是被聯邦政府征服的一塊土地。

索姆奈認為，林肯總統不能透過軍事管制的方式去開展重建工作，即便這樣做，也應該得到國會通過。他希望國會能夠給予那些叛亂州的所有黑奴選舉權，甚至要求這必須要在重建工作之前。林肯總統認為，各州都面臨著相當大的道德壓力，需要給那些「有資格」的黑人選民選舉權。

讓人驚訝的是，林肯生前最後一次公開演說就是關於這個話題的。4月11日星期四的晚上，距離他被刺殺的三天前，他在面對白宮的人群時，就叛亂州是否還屬於聯邦政府的憲法問題發表自己的評論。在接下來的三年裡，這個問題一直是行政機構與立法機構爭論的焦點，雖然很多時候這個問題的嚴重性很大程度上被誇大了。

「在我看來，這個問題並不是一個實質性的問題，任何關於這樣的討論都是毫無意義的，都只會對我們的國家造成不良的影響，造成彼此之間的分裂。無論我們對此有怎樣的看法，這場爭議的基礎都是對整個國家不好的，可以說有百害而無一利 —— 這只是很多人臆想出來的一種有害的空想。我們都會認同一點，那就是那些所謂的叛亂州，目前與聯邦政府並沒有處於某種恰當的關係中。聯邦政府的唯一目標，無論是使用軍事還是民治手段，都必須要讓這些叛亂州與聯邦政府之間的關係恢復到一種正常的狀態。我認為，這不僅是可以做到的，而且是很容易做到的。在這個過程中，我們並不需要去判斷那些州是否應該脫離聯邦政府。我們應該將這些州納入聯邦政府管制的範圍，無論這些州之前是否願意接受聯邦政府的管制，這都不是我們應該考慮的問題。」

若是從歷史的角度去看的話，林肯總統的這些話看上去是很合理的。但是，索姆奈在寫給朋友利爾波爾博士的一封信裡這樣說：「總統的言論以及其他措施都預示著未來的混亂與不確定，必然會引發強烈的爭議。哎！」在今天的我們看來，這的確是很奇怪的一件事，但在當時那個勝利即將到來與充滿善意的階段，索姆奈並不是唯一一個有這樣看法的人。

沒過多久，林肯總統就遭到槍殺去世了。安德魯·詹森在這一場悲劇中迅速繼任為美國總統。正是命運的捉弄，讓詹森這樣一位與做事方式柔和、睿智並且充滿耐心的林肯總統完全不一樣性格的人成為了總統，讓他承擔起這麼沉重的責任。在整個國家都陷入悲傷的時候，許多誠實的人都認為，也許是上天讓詹森成為他們的總統，從而指引這個國家不斷前進。

眾議院的重量級人物，來自印第安那州的喬治·W·朱利安講述了在林肯總統去世的那一天，他整個下午都在舉行政治會議，考慮是否有必要組建一個新內閣，推行比林肯總統在世時更加強硬的政策。「雖然每個人對林肯遭到暗殺的事實感到無比震驚，但很多人還是覺得，詹森的繼任是上天賜給這個國家的一份天大的禮物。至於林肯總統生前對叛軍的仁慈對待，讓很多叛軍士兵都受益。但在一些激進的共和黨人看來，林肯總統在重建議題上的立場，則是讓他們憎恨的。」

第二天，韋德、錢德勒、朱利安以及其他極為激進的共和黨人前去拜會新總統。韋德說：「詹森總統，我們相信你。感謝上天，我們在政府運轉方面不會再遇到什麼問題了。」詹森對他表示感謝，用他經常說的一些話回答：「我認為搶劫是一種犯罪，強姦是一種犯罪，叛國是一種犯罪，而所有的犯罪都是需要受到懲罰的。叛國者應該臭名遠揚與遭受懲罰，所有叛國者都應該被剝奪一切。」

繼任沒多久，詹森就強烈鼓動推行一些政策，其激進程度甚至要求重新恢復那些叛亂州的領導繼續留任，這要比林肯時期的柔和方法激烈許多。很多之前讚美詹森是救世主的激進主義者，現在都紛紛譴責詹森背叛了自己的立場。幾個月後，約翰·海伊在一次短途公務之後回到華盛頓，記錄下了自己的老朋友哈利·維斯說的第一句話就是：「所有事情都發生了改變，你會發現我們都是同情南方的北方人。」而當時的戰地記者U.H. 帕因特 —— 林肯與斯坦頓的知己與密友 —— 就這樣說：「你會發現原先的美德之家（指白宮）已經變成了罪惡之家。」

在這樣充滿陰謀與激情的政治環境下，再加上這樣一位無知、頑固與多嘴的總統，整個內閣的成員都是各懷鬼胎，彼此不合，而國會則在不斷的傾軋中艱難前進。內心誠實、受人尊敬與思維簡單的格蘭特，在經過四十年的默默無聞與四年的軍營生涯之後，終於學到了自己在政治方面的第一次教訓。

詹森認同林肯的「聯邦是不容分割的」這一主張，但他為此所採用的方法與林肯是截然不同的。西元 1865 年 5 月 29 日，在他繼任總統不到一個月的時間裡，他發布了赦免令，赦免所有宣布遵守聯邦法律與解放黑奴宣言的南方叛軍士兵，但在赦免令當中，有十四類人除外。其中特別指出，那些在南方邦聯裡擔任過政府或是軍事職位的人不能獲得赦免，那些財產估計在兩萬美元以上的人不能獲得赦免。因此，詹森的赦免令在有意無意當中就消除了很多知識分子、地主以及權貴階層。

詹森在這個問題上，堅持到了自己政治生命的終點。他想要創造出一個全新的統治階層，這個階層的人主要來自那些貧窮的白人，這些白人在內戰爆發前就非常憎恨黑奴。當這兩個階層融合的時候，黑奴就是因為過去被奴役的事實，反而能夠與貴族有更加緊密的連繫，歧視那些貧窮的自由民。

詹森是這麼地頑固，目光是這麼地狹隘，這麼地迷信與愛好爭辯，可以說具備一個貧窮白人所具有的一切偏見。來自南方的詹森有著南方人非邏輯性的堅持，他完全按照憲法嚴格規定的意思去對此進行解讀。他認為，民主黨人或是黨派的規定，讓他們很難與北方這邊比如索姆奈、錢德勒、史蒂文斯以及布特勒等人合作，這些人都是極為激進的，根本不願意與他們提出的任何議案進行合作。

在詹森繼任總統之前，他所去過的北方從未到過梅森與迪克森防線。

第二十四章　重建

他對北方人或是北方人民情感的了解，也局限於他在華盛頓這段時間的經歷，他與聯邦政府官員的接觸，也僅僅限於田納西州的軍管州長。詹森對大城市的情況並不了解，也沒有關於工業發展的第一手資料，更是對北方賴以發展壯大的根本原因一無所知。

當然，北方人民反過來也不知道他身上究竟有什麼優點，只知道他堅定地支持聯邦政府，而南方其他許多具有文化知識與道德責任的人，則被他認為是不忠誠的。詹森還記得，當他成為副總統的時候，他發表的那篇演說過於冗長，流露出情感脆弱的一面。但在幾天之後，他就以這樣意外的方式成為了總統，承擔起林肯總統應該承擔起的責任。

有智慧的人在面對如此沉重的責任時，都會顯得比較謙卑，懷著祈禱之心，想盡一切辦法去贏得國會那些重量級人物的支持，因為他必須要依靠這些人的合作。不過，詹森在命運鬼使神差的幫助下成為了總統，卻一心想要按照自己的想法去做事，甚至根本沒有想過要與國會合作，不去找尋雙方都能夠支持的共識，就想著按照自己的意願去解決這麼龐大的問題。事實上，無論在任何情況下，他都不可能與史蒂文斯以及索姆奈有什麼合作。即便林肯此時還活著，他可能也很難與這兩人在任何事情上達成共識，但林肯至少會嘗試去這樣做。

成為總統之後，詹森第一個想結交的朋友就是格蘭特。林肯遇刺身亡後，他意識到格蘭特在北方具有強大的影響力，自從阿波馬托克斯戰役之後到戰勝南方邦聯期間，他的個人聲望達到了頂點，因此，精明的詹森想將格蘭特拉到自己這邊，充分利用他的影響力。詹森知道自己缺乏北方民眾的真正支持，因此希望利用格蘭特的影響力提升自己的聲望。他幾乎每天都會送字條給格蘭特，形成了有事無事到格蘭特的家裡或是辦公室看一下的習慣。他還經常參加格蘭特夫人舉辦的宴會，想要抓住一切機會，讓格蘭特與他出現在公共場合下。

在這個過程中，詹森充分展現出了自身的精明，這與斯坦頓缺乏圓滑的行為形成了鮮明的對比。在格蘭特來到華盛頓之後，斯坦頓為自己能夠使喚格蘭特而感到高興，經常要求格蘭特無論在任何天氣情況下，都要前來他的辦公室商量事情，雖然格蘭特當時不得不經常穿過賓夕法尼亞泥濘的大路，吃力地走上戰爭部的樓梯。在那個沒有柏油路、電話與電梯的時代，軍隊總部的辦公室與戰爭部的辦公室還是有一段距離的。

在詹森成為總統的前幾個月裡，格蘭特公正地做好手頭上的每件事，沒有發表任何出格的言論，也沒有對總統的政策發表任何議論。事實上，從詹森政府在 5 月 20 號發布赦免令，到國會在 12 月 5 日開會的時候，這一段時間發生的很多事情都是值得議論的。

詹森雖然堅持選舉權的問題應該由各州自行決定，但他還是傾向於認為應該給予黑奴選舉權，雖然在那個時候，黑奴只在緬因州、新罕布夏州、佛蒙特州、麻薩諸塞州、羅德島以及紐約州等六個州具有選舉權，而在紐約州，黑奴需要具有一定的財產才能獲得選舉權，白人則不需要。在這樣的情況下，詹森在西元 1865 年 8 月 15 日給密西西比州州長夏基的電報裡談到憲法會議的問題時，就展現出了自己看問題的視野以及狡猾的手段：

「如果你將選舉權擴大到每一個財產不低於兩百五十美元，並且有納稅紀錄的黑人，那麼你就能平息政治對手的攻擊，為其他州立下榜樣。你這樣做是非常安全的，你可以讓南方那些州的自由民有著相同的選舉權。我希望與相信你們舉辦的會議能夠做到這點。」

倘若詹森擁有林肯那樣圓滑的技能，或是利用林肯當時在人民心中的名望，誰能說詹森無法讓國會與他在這個問題上達成一致，從而避免了立即給予所有黑奴選舉權這個問題所帶來的各種悲劇呢？但是，國會顯然在重建的過程中扮演重要的角色，特別是參議院議長索姆奈與眾議院議長史蒂文斯，這兩位重量級的理想主義者與激進的共和黨人，他們決心讓剛剛獲得解放的黑奴全部獲得選舉權。

「將重建的問題交給國會去處理。」索姆奈在 8 月的時候就大聲疾呼，「總統有什麼權力去重新組織這些州呢？」—— 這是一個完全符合邏輯與無法反駁的立場，但這與索姆奈早在 4 月分認同的觀點 —— 即只要能夠透過行政命令的方式給予黑奴選舉權的話，那麼行政命令的方法就是可行的 —— 形成了鮮明的對比。相比於擔心行政權力的進一步擴張，索姆奈更加擔心是否給予所有黑奴選舉權的這個問題。

正是在這段時間裡，行政權力達到了頂峰，有 8 個州透過行政命令重建了起來，接著等待眾議院與參議院的批准。此時，詹森派格蘭特前往南方各州考察，讓他向國會報告南方叛亂各州現在的情況。西元 1865 年 11 月 29 日，格蘭特離開了華盛頓，前往羅利、查爾斯頓、薩凡納、奧古斯塔與亞特蘭大等地。他的考察時間很短暫，但每到一處，「他都與這些州的人民進行自由地討論，還與當地駐軍的將領進行交流。」

在 12 月 18 日所撰寫的一份官方報告裡，格蘭特這樣寫道：「絕大多數南方人都懷著善意接受現狀，我對此感到滿意。」

「這次考察讓我得出了一個結論，那就是南方各州的人民都想盡快在聯邦政府內實現自治。在重建過程中，他們想要得到聯邦政府的保護。他們都想急切地去做聯邦政府要求他們做的事情。當然，這並不是為了羞辱這些公民。假使聯邦政府要求他們怎麼做，他們都會懷著善意去做。遺憾的是，在這個時候，南北雙方不能進行更大的融合，特別是那些手中握著立法權力的人沒有很好地做到這點。」

格蘭特表示，「在南方各州，無論是那些之前在政府擔任過職位或是普通民眾，他們都不認為現在從南方撤走軍隊是明智的做法。」「白人與黑人都需要聯邦政府的保護。」格蘭特對此給出的理由是：「在過去四年的戰爭裡，在叛亂各州唯一的法律就是槍，因此現在若是撤走軍隊，那麼這裡的人不大可能像已經習慣了遵守法律的北方民眾那樣樂於遵守法律。」

詹姆斯．H．威爾遜將軍當時指揮駐紮在喬治亞州梅肯地區的軍隊，他之前曾是格蘭特的部下。他就談到了格蘭特在這次考察過程中讓他前往亞特蘭大，與他徹夜討論戰爭以及重建的問題。在交流過程中，格蘭特「立即表達了他對安德魯．詹森總統的判斷力的質疑，也沒有隱藏他對斯坦頓一些武斷做法的反感。他並不信任與斯坦頓交往密切的參議員集團，並且表示自己的立場不僅是完全的保守派，而且還對南方叛軍的將軍以及政客都是持寬容的態度」。

此時，南方民眾等待著聯邦政府的嚴厲懲罰，特別是詹森不斷地重複表態要讓那些犯下叛國罪的人受到嚴懲，讓他們傾家蕩產。要是聯邦政府沒收他們的財產，將這些財產分配給那些獲得解放的黑奴，他們也不會感到意外。他們只能無可奈何地接受這樣的懲罰，認為這樣的懲罰是重新恢復他們在聯邦政府地位所需要付出的慘痛代價。

倘若在這個階段，索姆奈、史蒂文斯與韋德等人願意與詹森合作，不要那麼激進地堅持讓所有黑奴獲得選舉權的話，那麼重建過程可能會出現另外不同的結果。我們就有可能避免國會與總統之間出現無謂的爭鬥，甚至鬧到了彈劾的階段。

費森登與亨利．威爾遜（Henry Wilson）等人都要比索姆奈的立場更加寬容與更有遠見，他們傾向於認為總統除了在選舉權的問題之外，其他方面的做法都是正確的。威爾遜這樣寫道：「我們的總統雖然沒有在正確的道路上走得太遠，但他既然已經是我們的總統，而且我們又不能改變他的想法，那麼我們最好還是支持這一屆政府，讓其繼續走在正確的道路上。」

駐守在南方的將領當中，最為睿智的一名將領就是約翰．M．斯科菲爾德（John McAllister Schofield），多年之後，在謝里登將軍去世後，他被擢升為中將。他的身上擁有政治家的特質，要是在解決重建過程中許多難以解決的問題時，多聽從他的意見，那麼情況也許會好許多。查斯、索姆奈與其他激進的共和黨人的提案認為，黑奴應該立即得到選舉權，但斯科菲爾德認為這一做法是不符合憲法規定的。他在西元 1886 年 5 月 10 日這樣寫道：

「……我反對這一提案的第二個原因就是，黑奴這個階層根本不適合擁有這樣的權利。他們既不認識字，也不會寫字。他們對法律或是政府治理等問題一概不懂。他們甚至不知道給予他們的自由是什麼含義。當他們被告知自由意味著他們從此不需要為奴隸主工作，能夠得到政府的供養之後……他們都感到非常震驚。在北卡羅來納州，我甚至見到一個白人認為，應該立即給予黑奴與白人完全一樣平等的權利。這些人幾乎都認同永久地廢除奴隸制。其中大部分的人為完成了這樣的壯舉感到高興。但在他們看來，在當前的情況下，一下子讓黑奴擁有與白人一樣的政治權利，這其實是在奴役他們（指白人公民）。如果這些白人沒有對此進行反抗，這是因為反抗根本沒有勝利的可能性。這樣的政府是絕對不會成為受民眾愛戴的政府。」

如果重建的過程讓諸如格蘭特或是斯科菲爾德等這些在南方作戰過的軍人來主導，情況可能會比這些政客們之間的鬥爭傾軋來的更好一些，因為他們熟悉南方的情況，受到他們的尊敬。

若說在美國歷史上哪一個階段更加需要軍事管制的話，這個階段就是最適合的了。任何軍人來管理，都不會比這些黨派的政客在重建過程中鬧出更大的亂子。可以說，當時聯軍中每一名將領都能做得比他們更好。在軍事管制下，整個國家就不會出現像華盛頓方面整天出現的鬥爭，也不會出現詹森妄圖直接將一些政策只用單一辦法就執行到南方各州等笨拙的舉動，因為這些舉措是絕對不會得到南方各州人民擁護的。而國會中一些激進的共和黨人，則要求在南方各州給予所有黑奴選舉權，任命臨時的文職州長，放縱那些給人民帶來巨大傷害的投資分子，同時禁止南方那些優秀的人才進入到政府的管理職位，從而讓那些有選舉權的人只能將票投給投機分子，同時還讓黑奴在政治與司法等方面擁有與白人一樣的權利。

但是，假設格蘭特、薛曼、湯瑪斯或是斯科菲爾德等人，真的擁有最高權力之後可能會出現的結局，這一切都是徒然的。這些軍事將領在內戰中獲得了很高的聲望，可是他們必須要無條件地聽從總統的命令，雖然總統要比他們缺乏對南方的認知。而即便總統在絕大多數情況下，對南方人民的情感一無所知，卻還是認為應該要實現個人的一些想法。其中最大的一個幻覺就是認為，黑奴絕對不應該處在獲得選舉權，或是遭受奴役地位之間的任何中間地位，他認為要是不給予黑奴選舉權，這樣的自由就是毫無意義的。

第二十五章 從政治陰謀中得到的教訓

若是格蘭特能夠遠離華盛頓，他的處境會好許多，但是他沒有別的選擇。內戰期間，他是聯軍的最高指揮官，不過他現在卻沒有一個可以真正指揮的軍團。當然，格蘭特在這個過程中，也學會了一些有關政治方面的經驗，為他接下來應對各種緊急的政治形勢做好了準備。可是，他所學到的政治經驗讓他付出了沉重的代價。「千萬不要留在華盛頓。」當格蘭特被擢升為中將的時候，薛曼在給格蘭特的信件裡曾這樣委婉地勸誡他。「在面對政治陰謀與政策等方面，哈勒克要比你更有能力……看在上帝與這個國家的份上，離開華盛頓吧！」

四年後，當格蘭特與詹森總統的關係惡化之後，薛曼在給詹森總統的信件裡也談到了同樣的話題，只不過這一次，薛曼並不是站在預言者的角度，而是年代記錄者的角度。

「我與格蘭特將軍曾經在戰場上出生入死，不懼死亡與殺戮—— 在夏洛伊戰役之後，北方民眾對他極度不滿的消息傳到他耳邊時；在攻克維克斯堡之前，很多關於要撤換他的流言蜚語滿天飛時；在查塔努加，當士兵們偷竊飢餓的驢子所吃的玉米來充飢時；在納什維爾，當格蘭特奉命去指揮經常被打敗的波托馬克軍隊時—— 但在我看來，他在華盛頓遇到的麻煩，要比戰場上遇到的所有問題都更加嚴重，他不得不根據四名內閣成員的報告，將自己說成『鬼鬼祟祟的欺騙者』，你顯然是知道這點的。」

薛曼寫這些信件的時候，正是發生很多事情的階段。格蘭特以勝利者的姿態結束了戰爭，林肯總統的去世，讓他感覺一個巨人不得不屈從於許多矮子，這樣的形象讓民眾對他的看法變得越來越高大。但是，格蘭特被迫聽命於那位缺乏教養、因為偶然事件而成為總統的人，還要聽命於那位盛氣凌人的戰爭部長的指揮，最後卻發現自己陷入了這兩個人鬥爭的漩渦當中，而且這兩人都對他的誠實提出了質疑。

倘若在戰爭結束，當時機適合南北雙方實現真正融合的時候，格蘭特能夠處在最高的權力位置，那麼重建的過程肯定能夠取得圓滿的結果。即便是對詹森來說，雖然他有著好戰與本能的偏見，依然在某個階段能夠贏得民眾的支持。詹森一開始的做法就是錯誤的，他言詞激烈地譴責南方邦聯的領導者，讓南北之間的關係變得疏遠；與此同時，他也以同樣激烈的言詞要求國會批准他制定的政策，要是他能夠對國會曉之以理，動之以情，那麼這樣的政策其實也是可以通過的。格蘭特對詹森也不會產生任何敵意，只會對詹森的政策產生一種善意。

但是，身為軍隊將領必須要聽命於總統與軍隊紀律，他無法利用自己的影響力去改變事情的走向，只能靜靜地觀察事情的發展。格蘭特在黑奴問題上的看法也漸漸發生了變化。在內戰前，他從來都不是一名廢奴主義者，也不是一位反對奴隸制的人，但他現在明白了必須要永久地廢除奴隸制。

二十年後，格蘭特在回憶錄裡這樣寫道：「我認為，在那個時候，絕大多數北方人都不會認同給予黑奴選舉權的。他們認為給予黑奴選舉權的舉動，應該在給予黑奴自由之後慢慢商量，他們認為在黑奴獲得自由之後，要讓他們漸漸培養公民的意識，待時機成熟後，再給他們與白人一樣的選舉權。但是詹森總統的想法則與此完全相反，他似乎不僅認為南方各州之前的做法是在壓迫黑奴，而且認為一切公民，包括黑奴，都該得到他們所享有的一切權利。詹森的想法與做法突破了當時許多北方民眾的心理預期，因此他們在這個問題的看法變得越來越激進。」

格蘭特在回憶錄裡接著寫道：「要是林肯總統沒有遭到槍殺，我認為絕大多數北方人以及聯軍士兵都會一致同意一點，那就是在不羞辱內戰期間南方叛亂各州人民的前提下，以最快的速度進行重建。我深信，他們與我一樣都同意一點，這樣的做法不僅是最為柔和的，也是最為明智的。那些之前反叛的人民必須要重新回到聯邦政府的懷抱，成為整個國家不可分割的一部分……若是他們總感覺自己的脖子上被人套上一個項圈，那麼他們是很難成為真正意義上的公民。」

在重建開始的階段，格蘭特對南方就是懷著這樣的態度，這是一種本能的騎士精神，對任何激進的人或是措施都沒有任何憐憫之心。不過，後來發生的很多事情讓他無可奈何，其中就包括詹森總統缺乏圓滑的做事方法，整個重建時機被浪費，讓他最後只能與那些宣揚給予南方黑奴平等選舉權的人站在一起，並且在必要的時候採用軍事手段鎮壓任何反對這一做法的人。

第二十六章 詹森與國會的決裂

詹森的計畫在西元 1865 年 12 月才遇到了有組織的抵抗。從 3 月 4 日之後，休假了 9 個月的新一屆國會議員聚集了起來。事實上，北方人民對詹森的計畫似乎是持贊成態度的。從 8 月分開始，南方各州都開始按照總統的行政命令執行，建立議會，廢除脫離聯邦的法律，廢除奴隸制，絕大多數州也廢除了在戰爭期間所欠下的債務。密西西比州、南卡羅來納州、喬治亞州、阿拉巴馬州、北卡羅萊納州都按照總統的行政命令去做了，但他們反對總統在關於給予黑奴選舉權的問題上的立場。

在全新法令的要求下，成為憲法會議與立法機構成員的人都是具有高尚品格的人，他們願意接受總統的命令。「誤入歧途的姐妹」這種精神在催促著南方各州準備著加入聯邦政府。按照當時的形勢，這個聯合的國家似乎都在支援著詹森總統。在北方各州舉行的共和黨大會與民主黨大會，都在爭先恐後地表示支持詹森總統的政策，宣布對他的支持。只有史蒂文斯主導下的賓夕法尼亞州與索姆奈主導下的麻薩諸塞州表示反對。

安德魯與莫爾頓這兩位當時最好的戰時州長，都要求史蒂文斯和索姆奈與總統合作，以表達對南方的憐憫之情，並反對給予黑人無條件的選舉權。在西元 1866 年 5 月的時候，即便是斯坦頓也表達了對詹森總統提出的政策的支持，但這樣的支持只持續到國會重新開會之前。他與詹森之間政見不同是漸漸產生的。直到國會在西元 1866 年 7 月休會之後，他與詹森總統的矛盾才公開化。

第二十六章　詹森與國會的決裂

隨著國會參眾議員聚集起來，史蒂文斯擔任眾議長的眾議院與索姆奈擔任參議長的參議院開始聯手反對詹森總統的提案。直到這個時候，國會與總統之間的分歧還是可以透過商量來調解，因為在接下來的三個月裡，都沒有發生什麼大矛盾。其實只要雙方能夠就此作出一些讓步，情況會好許多。要是詹森傾向於和絕大多數議員商量，尋求妥協與共識，那麼索姆奈與史蒂文斯提出的激進議案是很難通過的。因為索姆奈與史蒂文斯的提案要比北方民眾的想法更加激進與超前。雖然他們兩人討厭詹森，但他們在現實情況下也發生爭吵，經常對對方發動言語上的攻擊。雖然史蒂文斯是一位黨派性很強的狂熱主義者，卻也很務實；而索姆奈則是一位非常浮誇的幻想主義者，即便他的目標非常高尚，卻從來都不願意真正去接觸事實。

假使詹森聰明的話，就會懂得利用這兩人的性格特點，當然要是林肯總統在世，他肯定會這樣做。若是詹森總統不是那麼固執地堅持自己的想法，那麼他就能讓國會支持自己所堅持的核心內容，也避免了自己接下來任期出現的各種「狂風暴雨」。如果真是這樣，重建過程將會讓南北雙方處於友好和諧的狀態，南方各州在聯邦政府的治理下，可以迅速恢復到戰前的情況，並且在時機成熟的時候，逐漸給予黑人和白人一樣的選舉權。

在當時，幾乎沒有多少北方民眾真的認為應該立即給予黑人選舉權。他們認為這樣做需要時間，但至於是什麼時候，他們也不是很清楚。總體來說，他們支持詹森的計畫，即接納南方各州的參議員進入國會，只要之前的黑人奴隸能夠得到自然權利，那麼是否給予黑人選舉權的問題就交由各州來決定。在這一年秋天的國會選舉當中，康乃狄克州、威斯康辛州與明尼蘇達州人民都用選票清楚地表明，他們反對馬上給黑人選舉權。從某種程度上來看，這次選舉似乎是對詹森政府的一種支持。當時的人民並不是很關心行政或是國會所具有的特權，他們所關心的只有結果，而詹森總統在這方面似乎做得很不錯。

在內戰爆發之前，整個國家都沒有多少讓人印象深刻的廢奴主義者，在內戰結束的時候，也沒有增加多少憐憫黑奴的人。大多數民眾都要比索姆奈、加里森或是菲力浦斯更加了解南方的問題。沒有多少人像格蘭特在西元 1865 年 4 月前往查爾斯頓考察時，受到一萬兩千名獲得解放的黑奴表達感謝時流露出那麼純樸的看法。格蘭特對著那些獲得解放的黑奴大聲說：「我的朋友，你們終於獲得自由了。讓我們為自由歡呼三聲吧！」讓他感到驚訝的是，在場的黑奴並沒有任何反響。這些獲得自由的黑奴根本不知道如何歡呼。他們的表情就像孩子一樣，將給予他們的解放視為一份耶誕節禮物。

但是，索姆奈卻想要立刻給予這些黑奴選舉權。12 月的時候，在一次與吉迪恩·韋爾斯的愉快交談中，格蘭特談到了他讀過所有從柏拉圖到過去法國大革命等有關共和政體的文章，他將詹森總統的政策視為一個國家所能犯下的最嚴重與最邪惡的罪行，並且鄭重表示，來自喬治亞州的一名軍官在一週前跟他說，喬治亞州的黑奴要比白人更加適合建立與統治這個共和國。那些自稱高尚的人是多麼容易輕信別人的話啊！

國會議員是在一年前的總統大選時期當選的，他們之前從未認為這是一個很嚴重的問題。相反，絕大多數議員感興趣的只有保持國會對行政權力的特權。在這方面，他們與史蒂文斯有著相同的立場。在一開始，他們拒絕通過詹森總統的提案，不允許南方各州的參議員與眾議院進入國會，這讓詹森大為惱火。在詹森總統看來，南方 11 個州的議員在國會都沒有任何代表性，這樣的國會根本不具有憲法所賦予的權力。

總統一開始發出的咨文是喬治·班克羅夫特（George Bancroft）所撰寫

的，咨文中的內容比較節制，語氣也較為平和，受到了民眾的普遍歡迎，只是讓國會裡那些激進派感到不滿。在國會議員聚集起來開會的三天前，索姆奈與詹森在白宮聊了兩個半小時。索姆奈後來說，在他看來，詹森總統「並不了解真正的事實，他所說的話都充滿了偏見、無知與對事實的歪曲」。之後，索姆奈就沒有和詹森總統建立任何的私人關係。另一方面，約翰·舍曼在寫給他弟弟的信件裡說：「詹森總統在面對任何重大的責任時，都顯得那麼友善與耐心。」可見，這取決於人們看問題的角度。

萊曼·特蘭伯爾（Lyman Trumbull）之前是一位民主黨人，一直都不是激進的共和黨人，他當時的職務是參議院司法委員會主席。在國會休假結束後，他在給國會的報告中提到了一個要擴大自由民局（被解放黑人事務管理局）權力的法案，從而確保自由民的民事權利以及「他們在法律面前平等與公正的權利」。這個法案在參眾兩院都以超過三分之二的票數通過了。但在 2 月 19 日，詹森總統否決了這項法案。之後，參眾兩院再次以三分之二的票數通過法案，使之成為法律，這在國會的歷史上是第一次出現。第二天，也就是 2 月 20 日，參眾兩院同時通過了由史蒂文斯提出的重建委員會法案，法案規定來自南方各州的參議員與眾議員在獲得國會的授權之前，是不能進入國會的。

此時，詹森似乎得到了整個國家的支援。所有的內閣成員，包括斯坦頓都對他的行為表達了默許。不過，詹森接下來犯了一個致命的錯誤，他使用的激烈言詞讓他前功盡棄。2 月 22 日，一群他的支持者從劇院來到白宮支持他，詹森在白宮會見了他們。許多內閣成員都要求他不要發表演說，詹森表示會聽從他們的建議。但是，詹森最後的激情讓他失去了對自己的控制。他發表了言詞極為激烈的演說，在人群的慫恿下，他這樣大聲說：

「我將國會的行為視為對本屆政府堅持的基本原則的一種反對，我必須要努力地摧毀他們：賓夕法尼亞州的撒迪厄斯 · 史蒂文斯，麻薩諸塞州的查爾斯 · 索姆奈與溫德爾 · 菲力浦斯（Wendell Phillips）……就是想要摧毀我們政府，改變這個國家品格的人。難道他們對那麼多人做出了犧牲還不感到滿意嗎？……難道他們沒有足夠的尊嚴與勇氣，去消除阻礙總統所面臨的障礙，只能透過刺客的手段去做嗎？我從來都不害怕刺客！」

在詹森短短十分鐘的演說裡，他就將自己在國民心目中的形象破壞到無法修復的地步，讓國會獲得了主動權。倘若不是詹森的這次演說，國會將會變得非常被動。從這一刻開始，詹森總統就失敗了。之後，國會通過了民權法案。詹森否決了這一法案，而此時國會已經形成了慣例，他們再次表決通過議案，駁回了總統的否決。6 月，在民權法案基礎上展開的憲法第十四條修正案也得到了國會的批准。7 月，一份全新的自由民局法案在詹森的反對下得到了國會的通過。此時，詹森總統的否決已經變得十分廉價了，無法贏得議員們的關注。

因此，國會開始為重建制定各種措施，當然這些措施都是比較溫和與合理的。詹森發現自己在重建過程中已經沒有了任何用處。直到西元 1866 年 6 月，斯坦頓讓大眾知道了他反對總統否決民權法案的行為。

若是撇開對政府的厭惡情緒，我們很難對詹森提出的計畫進行真正意義上的反對。詹森在沒有等國會集合起來就開展重建南方各州的計畫，並且無法堅持給予黑人與白人一樣的選舉權，這讓他的反對者有了足夠的把握。詹森發表的那些毫無節制的譴責言論，就完成了對他最後致命的一擊。

出於同樣的原因，在國會開會期間，國會通過的計畫是非常具體的，我們很難想像詹森會反對這樣的法案。總體來說，國會通過的法案符合人民的預期，在不貶低南方的基礎下，為南方各州重新回到聯邦政府的懷抱打下了基礎。憲法第十四條修正案並沒有給予各州黑奴選舉權，但讓各州自行決定這個問題，只是要求縮減選舉權給予人數的範圍。自由民局法案與民權法案在形式上也沒有增加任何不良的影響。南方叛亂各州可以自行解決本州發生的事情。

若是詹森能夠展現出讓步妥協的精神，那麼南方重建的問題就可以在西元 1866 年 7 月國會第一次休會的時候得到解決。在詹森的要求下，南方各州無疑會敬畏地遵循他的計畫。但是，只要詹森一直與國會鬧矛盾，繼續攻擊所有反對自己計畫的人，那麼那些遭到詹森攻擊的人，要是不通過他們認為滿意的法案，就是超人了。原先行動緩慢的國會在詹森愚蠢行為的鼓動下，通過了一些讓人遺憾的法案，這為後來持續多年的群體紛爭埋下了禍根。

在國會第一次休假期間的秋季，新一屆的國會選舉開始了。對詹森來說，這次國會選舉對他沒有任何幫助。此時的他已經深陷爭議當中，只能利用一些機會去強迫北方民眾與他保持相同的想法。八月下旬，他開展了一次「巡視之旅」，帶上了格蘭特、弗拉古特以及幾位內閣乘坐火車出行。

格蘭特並不想去。在過去幾個月裡，他一直想辦法疏遠詹森。但在詹森看來，格蘭特對實現他的目標來說是必不可少的。在總統與國會陷入矛盾的時候，南北的民眾都認為，格蘭特是同情詹森的。當格蘭特隨著詹森離開了華盛頓，每天都與他出現在同一個講臺上時，人們這樣的想法就不斷強化了。但這只不過是詹森精明計畫的一部分。據說，這個計畫是西沃德想出來的。

詹森在華盛頓與芝加哥之間沿途的每個重要城市，都發表言詞激烈的演說。在克里夫蘭，詹森甚至一邊喝酒一邊演說。詹森在沒有真正開始這段旅程之前，整個國家的人就已經知道他失敗了。即便是最值得人們稱頌的事業，也無法承受擁有像詹森這樣的領導人所帶來的後果。格蘭特很早就抓住機會請了病假，離開詹森那群人，回到了華盛頓。格蘭特看到詹森身上最糟糕的一面，詹森再也無法得到他的尊重了。

此時，詹森與斯坦頓之間的關係也已經非常緊張。斯坦頓不願意執行詹森要求干預南方地方指揮官的命令，而詹森很快就想著，要找尋一位聽命於自己的合適人選來替代斯坦頓。

此時，南方似乎有可能再次出現暴亂。7 月 28 日，也就是國會休會兩天後，新奧爾良就爆發了暴亂，格蘭特便著手解決這個問題。10 月 22 日，格蘭特寫了一封密信給謝里登，當時的謝里登已經離開德克薩斯州，在新奧爾良指揮軍隊。格蘭特在信中說：「遺憾的是，自從總統與國會產生了不可調和的矛盾之後，總統在面對任何反對聲音時，都變得非常暴躁。在內戰期間那些忠於政府的將領當中，幾乎沒有誰能夠對他施加影響了。除非這些將領願意站在總統那邊，反對國會以及宣稱國會通過的法案是不合法的。事實上，我很擔心詹森總統會宣稱整個國會違憲與反叛，要是那樣的話，這樣的日子就不遠了。南方各州的指揮官必須要認真對待，確保不會出現任何反抗聯邦政府的武裝叛亂。」

國會選舉的結果加深了人們對詹森的不信任態度。在 9 月分進行議員選舉的緬因州與佛蒙特州，10 月進行議員選舉的賓夕法尼亞州、俄亥俄州、印第安那州與愛荷華州以及 11 月其他北方州的議員選舉，都讓國會成為了反對總統的最大阻力，只有馬里蘭州、德拉瓦州與肯塔基州選出的議員是民主黨人。共和黨人在參眾兩院都占據了絕大多數席位，超過了駁回總統關於任何重建法案的否決票數。

第二十六章　詹森與國會的決裂

任何人要是處在詹森所處的位置，都會接受這樣的選舉結果，默認這樣的結果對政府在重建過程中所起到的作用正在不斷減小，因為剛剛透過選舉選出來的議員任期要超過詹森剩餘的總統任期。只有那些真正自大或是極度無知的人，才會在這樣的情況下繼續與國會作對。面對這樣的情況，只有對道德準則的追求才能為詹森找藉口。但是，詹森竟然還愚蠢地認為自己能夠挫敗國會的意志，他最後收穫的，必然是自己以及他想要實現的目標的雙重失敗。

要不是在詹森的影響下，南方各州的領袖都不願意遵守憲法第十四條修正案。但在詹森的慫恿下，南方 11 個州在西元 1866 年 8 月到西元 1867 年 2 月這段時間，拒絕承認國會通過的憲法修正案。為了解決這個現實問題，國會不得不採取更為激進的手段，強迫那些不遵守命令的人服從。南方各州在內戰爆發之前，在國會只占有奴隸人數五分之三的選舉權，可是在投降與失敗，重新回到國會之後，要是根據南方黑人白人的總人口去計算，而且只有白人具有選舉權的話，那麼北方在做出了那麼多犧牲，付出了那麼多財富之後，竟然還讓南方在國會與總統選舉團中占有更大的比例，這讓國會難以忍受。若是南方各州的領袖不鬧事的話，那麼這可能就會變成現實，但詹森不允許這樣的情況發生。

第二十七章　與詹森不和

此時，格蘭特完全失去了對詹森的認同，雖然身為軍人，他必須要聽從總統的命令，可他已經不願意與詹森在公開場合有任何連繫。西元 1866 年秋天，他的頂頭上司斯坦頓已投入國會激進派的行列當中，在長達幾個月的時間裡，他一直與那些激進派的共和黨議員通信，這讓格蘭特處在一個備受煎熬的位置。我們已經知道格蘭特在寫給謝里登的信件裡透露自己內心的煩惱，不過他在表面上依然保持著沉默，詹森以及他的內閣成員都在猜想格蘭特的真實感受。西元 1867 年 7 月 18 日，格蘭特在接受參議員司法委員會的質詢時，面對總統與國會之間日益嚴重的矛盾，格蘭特是這樣為自己的行為辯解的：

「我始終專注於自己的職責，盡量不去干預別人的事情。我時刻準備著就軍隊方面的事情進行改革，但我始終沒有想過要參與聯邦政府管理方面的事宜。當別人諮詢我在一些方面的意見時，我很樂意給予回答。我不會為聯邦政府的管理提出任何建議，也不會在這些方面擅作主張。只有當政府執行了這些政策之後，我才會給予一些建議。我只是表達了自己對某些應該受到控制，但卻無法得到控制的事情的擔憂。在戰爭結束後，南方依然沒有建立起合法的州政府，我希望這個過程能夠加速。當然，我不會假裝說自己知道該怎麼做，或是該以什麼樣的形式建立起這樣的州政府。」

西元1866年11月的國會選舉期間，巴爾的摩發生了暴亂。在此期間，警監之間發生了爭議，其中一名警監是民主黨州長斯旺任命的，另一名警監則宣稱自己擁有獨立的權力。詹森希望派軍隊到巴爾的摩幫助州長恢復他的任命。內閣成員都支持詹森的這項提議，斯坦頓除外。格蘭特也強烈反對詹森的提議。當他發現詹森總統堅持這一做法的時候，他寫了一封正式的信件給當時的戰爭部長斯坦頓，希望他能明白在什麼情況下才能調動軍隊去這樣做，並且說明只有在戰爭的情況下，聯邦政府的軍隊才能去干預州政府的事務。

最後，聯邦軍隊並沒有被調派出去，格蘭特透過與巴爾的摩地區人士的斡旋，說服了兩個黨派的成員，將這件事交由法庭裁決。如果詹森在這件事情上占據上風的話，那麼聯邦軍隊就會用於鎮壓那些原本對聯邦政府忠誠的民主黨人，反過來代表了之前南方邦聯的利益。格蘭特從這件事情看到了詹森不良的企圖。但是不管詹森有著什麼樣的目的，他最終都挽救了這個可怕的局面。

馬克斯米利安依然占據著墨西哥。拿破崙三世最後屈服於持續的壓力，終於明白了自己的軍事入侵計畫是不可行的，於是下令法國軍隊撤出墨西哥。兩年前，格蘭特就派斯科菲爾德前往德克薩斯州，下達了祕密命令給他，若有必要，就組建起一支美國志願軍，驅趕在墨西哥的入侵者。格蘭特認為西沃德故意模糊這件事的重要性，如果他是有心偏袒的話，那麼這會讓美國取得成功。

格蘭特始終堅持門羅主義，並讓法國駐華盛頓大使明白他的感受。拿破崙三世知道格蘭特在未來幾個月之後肯定能當選總統，只不過現在還缺乏他應得的權力而已。最後，西沃德派斯科菲爾德前往巴黎，告誡他：「要了解拿破崙三世的想法，告訴他必須從墨西哥撤軍。」最後，法軍撤退了，但馬克斯米利安堂吉訶德式的騎兵部隊依然留在墨西哥，不過他建立起來的脆弱帝國已經崩潰了，我們承認的共和國正在形成。格蘭特與其他軍事將領都沒有要前往墨西哥的特別原因，但在 10 月中旬的時候，當格蘭特對詹森的政策極度不滿時，詹森找了一個藉口將他派到那裡。

坎貝爾很久之前就被任命為部長，不過他在這段重建時間裡一直在混日子。最後，他終於得到了安排，詹森命令格蘭特陪同坎貝爾：「執行國務卿的意向，給予坎貝爾一些建議。」與此同時，之前一直表示支持詹森政府各項政策的薛曼被召回了華盛頓，此舉就是讓薛曼承擔格蘭特之前負責的軍事職務。

讓詹森與西沃德感到震驚的是，格蘭特拒絕前往。格蘭特對這次任命的目的表示質疑。過了一兩天之後，詹森再次下達格蘭特動身前往墨西哥的命令，格蘭特再次拒絕，這一次格蘭特用書面文字的方式拒絕。當國務卿向格蘭特宣讀此次使命的詳細任務時表情很自然，似乎沒有發生什麼不愉快的事情。格蘭特對此不置可否，他對詹森總統以及內閣成員表示，他不想前往墨西哥。

詹森找來司法部長說：「司法部長，格蘭特將軍有什麼理由不遵守我的命令嗎？難道他現在還適合擔任目前這個職位嗎？」「總統先生，我可以回答你這個問題。」格蘭特說，「不需要司法部長來回答。我是一名美國公民，適合擔任其他美國人擔任的任何職位。我是一名軍隊將領，必須要遵守你在軍事方面下達給我的命令。但是，你這次下達的命令是屬於給予文官下達的命令範疇，你交給我的只是一個外交意義上的使命。我不能接受這樣的任命。」在場沒有人回答，格蘭特走出了房間。

即便在這樣的情況下，詹森還是堅持自己的看法。詹森要求斯坦頓命令格蘭特動身前往墨西哥，而格蘭特再次寫了一封信，表示拒絕前往墨西哥。

當薛曼來到華盛頓的時候，他立即向格蘭特彙報情況，講述了詹森總統的想法。根據薛曼在回憶錄的說法，接下來的故事能讓我們對格蘭特與

第二十七章　與詹森不和

詹森這兩人的性格特點有所了解。詹森總統曲解了格蘭特在這件事情上所流露出來的態度，更是加深了他們兩人在一年後所引發的爭議，讓個人誠實的問題成為一個尖銳的話題。

「格蘭特將軍，」薛曼這樣寫道，「拒絕了詹森總統命令他去進行外交斡旋的工作，因為這樣的使命並不符合自己的職責。格蘭特認為這件事就這樣過去了，表示自己不遵守總統的命令，也願意承擔一切後果。格蘭特對這件事展現出了許多個人情感，表示這是解除他職務的陰謀的一部分。接著，我前去找詹森總統……他說格蘭特將軍前往墨西哥是有重要的事情要處理，同時他表示，希望我能在格蘭特將軍前往墨西哥的這段時間，頂替格蘭特將軍的位置。當時，我就對詹森總統表示，格蘭特將軍是不會動身前往墨西哥的，詹森總統似乎對我這樣說感到吃驚，他說……坎貝爾已經前往墨西哥的華雷斯城了……事實上，有格蘭特這樣崇高威望的將領一同陪伴的話，這會大大加強美國的尊嚴。我只是簡單地表示格蘭特將軍不會動身前往墨西哥，而詹森總統在那個時候無法承受與格蘭特發生爭執的結果。」

薛曼表示，如果詹森總統這次安排的真正目的，是讓坎貝爾與華雷斯城那邊建立起官方的連繫，那麼讓漢科克或是謝里登等人去做會更妥當一些，而詹森也沒有必要專門找格蘭特去做這件事，因為格蘭特正在按照西元 1866 年 7 月 28 日國會通過的法案，進行重整軍隊的繁重工作。「當然了。」詹森總統回答說，「倘若你肯去的話，那麼問題就解決了。」

於是，薛曼就與坎貝爾一起前往墨西哥。在從紐約港乘坐薩斯奎哈納號汽船前往墨西哥的路上，他對身邊的上校說：「我的使命已經完成了。我讓自己代替格蘭特將軍去完成這次任務，避免了總統與格蘭特將軍之間的嚴重矛盾。」正如大家所預測的那樣，薛曼在三個月後回來，這一趟旅程被證明簡直是浪費時間。

當第 39 屆國會在西元 1866 年 12 月 5 日第二次開會時，憲法修正案還沒有得到批准。國會通過法案，要求在沒有得到國會參眾兩院的批准前，南方叛亂的 11 州的參議員與眾議員，都不能被接納成為國會的一分子。這一法案是史蒂文斯提出來的，在距離國會休假前幾天由重建委員會提出來，為南方叛亂各州重新進入國會提供了憲法基礎，但這個提案並沒有成為法律。

國會立即轉向重建時期的各種法律制定上。史蒂文斯提出了一個議案，為南方那些依然沒有進行重建的州提供一個合法的州政府，不過前提是要給予黑奴選舉權，同時剝奪一部分白人的選舉權。史蒂文斯之所以提出這樣的議案，是出於對南方各州立法機構的拒不服從，以及詹森總統的頑固的一種報復。

就在半年前，所有人都還是持一種溫和的立場，現在激進派的共和黨議員都想利用期中選舉的勝利，去推行盡可能激進的議案。這一個後來被稱為重建法的法案，否定了之前聯邦政府透過行政命令建立起來運行了幾個月的脆弱州政府，將南方各州劃分為五塊軍事地區，每個地區由軍銜至少在准將以上的將領擔任指揮官，而這些將領的任命則由軍隊的最高指揮官負責。

這一議案讓史蒂文斯黨內的少數派感到不滿，因為他們認為這一議案並沒有提供明確的軍事管制方法，因此在進入眾議院討論的時候，引發了許多嘲諷與爭議。當這個議案被擱置在參議院時，格蘭特不動聲色地表示，他希望將任命地區指揮官的權力還給總統，而不是交給軍隊的最高指揮官 —— 在這樣的情況下，參眾兩院很快就以超過三分之二的票數通過了法案，讓詹森總統的否決變得無效。

第二十七章　與詹森不和

這一法案最終還是通過了，規定南方叛亂各州的眾議員與參議員都可以被接納進入國會，但是必須要在各州憲法裡規定，不能因為膚色的原因而歧視黑人，並給予所有符合資格的黑人男性選舉權，還要執行憲法第十四條修正案。至於每個地區召集人員舉行會議的事情，則由地區指揮官負責，為重建鋪平道路。

當詹森總統與國會之間的爭執還在持續時，詹森武斷地撤除了幾位共和黨公職人員，讓自己的親信擔任這些職務。為了應對詹森總統蠻橫的行為，國會在 3 月 22 日以超過三分之二的票數通過了官員任期法，將總統撤除官員的權力搶了回來。該法案規定，在沒有參議院的批准下，總統沒有權力撤除之前經過參議院批准任命的任何官員。詹森在斯坦頓這個例子裡，沒有理會這條法律，引發了一連串的事情，最終導致他遭到彈劾。讓人倍感驚訝的是，雖然斯坦頓本人與詹森的關係並不好，但他竟然與西沃德聯手幫助詹森總統否決國會通過的法案。

在內戰結束前半年選舉出來的第 39 屆國會，在林肯去世後九個月第一次集合起來開會，就不顧總統的否決，以超過三分之二的票數通過了激進的重建方案，要是林肯還活著，他肯定也會否決這樣的法案。關鍵是在國會一開始聚集起來開會時，即便是這樣激進的議案被提出來，也不會有太多人支持 —— 因為法案裡面提到的措施，會引發一段時間的種族與族群仇恨，引發各種暴力與流血事件，導致腐敗以及國家退化的結果，這在我們國家的歷史上是從來沒有過的，甚至在內戰期間那麼緊張的情況下，也沒有出現過。

格蘭特雖然是共和國的一等公民，不過若是他知道軍事將領那麼盲目地服從任何命令，再加上缺乏政治經驗會讓他對立法機構缺乏影響力的話，那麼他肯定不會競選總統的。他只能靜觀事態的發展。按照日後所有的紀錄顯示，格蘭特當時並不知道自己在成為總統之後，必須要面對哪怕是任何一位最精明、最睿智的政治家都難以解決的問題。格蘭特對詹森、史蒂文斯或是索姆奈等人的爭論沒有任何憐憫之心。他在成為總統後，也從未感激過他們給他留下來的這些爛攤子。

新一屆的國會在 3 月 4 日聚集起來開會，依照法律限制詹森總統的權力，並且剝奪了詹森在重建法當中的重要權力，這讓詹森大為光火。斯坦頓同意國會通過的這項全新法案。現在，我們有很多證據表明，斯坦頓也曾參與了起草這個法案的主要內容。此時，斯坦頓在內閣會議上已經公開表達對詹森總統以及其他內閣成員的不滿。他與詹森總統是完全決裂了。

在 7 月 20 到 11 月 3 日這段時間裡，國會休會。這段時間裡，詹森一直想辦法要撤掉斯坦頓，讓謝里登取代斯坦頓的位置。一年前，謝里登在鎮壓新奧爾良的暴亂時，撤掉了所有州政府與市政府的官員，引發了極大的爭議。按照他的說法，當時該州的州長 J. 麥迪森 · 威爾斯是：「一個政治騙子與不誠實的人……他為人老奸巨猾，就像蛇在地面上爬過之後留下來的痕跡。」

在採取具體行動之前，詹森告訴格蘭特他心中的想法，此時已經是 8 月 1 日了。格蘭特在那一天所寫的一封信裡，對詹森的做法表示了強烈的反對。

「在我們今天早上的會談裡，我感覺自己有必要私底下與你談論這個問題的嚴重性。我覺得，要是你真的這樣做，將會給整個國家帶來巨大的災難。」

「首先，在撤換戰爭部長這個問題上，假使沒有國會的同意，你是不能在違背斯坦頓的意願下將他撤除的。不用多久，國會就要重新開會了，為什麼不等到國會開會之後再進行呢？當然，立法機構在規定內閣成員去留的問題上，要比總統有著更大的權力。現在大家都知道，按照官員任期法，要想撤除戰爭部長的職位，這幾乎是不可能的，因為現在有許多國民都對斯坦頓充滿了信心。一些狡猾的律師可能會對法律有著曲解，但是具有常識以及忠誠的民眾的看法，會讓我們對法律有正確的認知。」

「在撤除第五軍事地區那位有能力的將領的問題上，我希望你再次考慮這對公眾所產生的影響。他是一位公認的有能力的將領，而且受到人民的愛戴，經受過內戰的考驗。現在，我們的那些敵人是那麼懼怕他……」

「總而言之，身為你熱愛和平與安靜的朋友，整個國家，包括南北之間的和平，在我看來，這並不單純是國民對政府的忠誠（我是指那些在內戰期間支持聯邦政府的人），更在於人們對那些被撤職的人所表現出來的信心。」

詹森總統在 8 月 5 日寫了這樣一封信給斯坦頓：

「先生 —— 基於公眾對官員必須要擁有高尚品格的要求，我接受你辭去戰爭部長一職。」

斯坦頓對此立即回覆說：

「我很榮幸地說，公眾要求官員具有高尚的品格，正是公眾這樣的要求，我才會繼續留在戰爭部長這個職位上，在國會下次開會之前，我是絕對不會辭去戰爭部長一職的。」

第二十八章　臨時戰爭部長

詹森要求斯坦頓辭職的企圖沒有得逞之後，他決定暫停斯坦頓的職務，讓格蘭特暫時代替斯坦頓成為戰爭部長。當時，誰也不知道格蘭特在這場爭議當中站在誰那邊。在當時群情洶湧的狀況下，這是一場難以玩下去的遊戲，但到目前為止，格蘭特依然沒有明顯擺出自己的立場。本·韋德是當時國會裡最為激進的一名議員，他曾說自己經常想要知道格蘭特到底是支持國會還是支持詹森，還是他另有支持的一方，卻始終無法知道格蘭特真正支持的對象。「一旦與他談論有關政策的問題時，他馬上就會與你談論馬匹的問題。」事實上，我們已經看到格蘭特此時完全支持國會所通過的法案，無論他認為國會這樣做是多麼讓人遺憾，這一切都是因為詹森一開始走在一條錯誤的道路所引發的。格蘭特認為最重要的一點就是遵守法律。」

西元 1867 年 8 月 12 日，詹森派人傳消息給斯坦頓，說要暫停他身為戰爭部長的職務，要求他將之前辦公室紀錄交給格蘭特將軍。格蘭特告知斯坦頓自己全新的職務，最後用非常禮貌的話語總結：

「在我告知你接受總統的任命之時，我必須要藉此機會表達我對你一直以來身為戰爭部長展現出來的熱情、愛國之情、勇敢與能力的敬意。」

斯坦頓同樣非常有禮貌地回應，但他在結束這次對話後，派人在同一天交給詹森一封信。在信中，斯坦頓拒絕承認總統暫停他職務的合法性，並在信中的最後這樣說：「雖然格蘭特將軍是臨時擔任戰爭部長這個職務，他也告知了我他接受你的任命，即便我對此表示抗議，也只能遵守總統的命令。」

第二十八章　臨時戰爭部長

吉迪恩·韋爾斯是一位編年史記錄者，雖然他在記錄的過程中帶有強烈的個人偏見。他在《日記》裡記錄了幾天後與格蘭特在戰爭部裡的對話。格蘭特在談話的時候明顯展現出他對國會的支持，雖然他給出的理由並不是很讓人信服。韋爾斯抄寫下來的對話是這樣的：「整體來說，在這次談話之後，我並沒有比之前更加看重格蘭特將軍。在政治領域，他顯得非常無知……顯然，他肯定已經得到了激進共和黨人的賄賂或是奉承，那些共和黨人千方百計想要利用他的名聲，去實現他們自私的黨派目的。」

格蘭特接受總統任命，取代斯坦頓的位置，這是一個錯誤的決定。在西元 1867 年 8 月到 1868 年 1 月期間，格蘭特擔任臨時戰爭部長，沒有比格蘭特離開這個職位的方式引發更多事情的了，雖然格蘭特在擔任臨時部長期間改革了許多弊端，減少了政府毫無必要的浪費，廢除了一些過時的合約，讓整個部門從戰時的狀態中走了出來。但是，人們並不知道格蘭特當時所持的態度，他們也沒有任何理由得知格蘭特當時的想法。

格蘭特在給詹森總統的信件裡，強烈反對撤除謝里登與斯坦頓職務的行為，這些信件在當時並沒有公開。北方人民並不曉得格蘭特那時真正的立場，還以為他屈服於詹森總統的淫威。他們對格蘭特都懷著一種抱怨的心態，為斯坦頓做出的犧牲感到憤怒，指責格蘭特這種默許的行為。

在格蘭特保持沉默的時候，除了內閣成員以及他的私人副官之外，其他人都不知道戰爭部與白宮之間持續產生的矛盾。格蘭特盡可能不去參加內閣會議，避免討論任何政治問題，在會議討論一般的議題結束之後就匆匆離開。他想要讓自己的生活與工作嚴格區分開來。身為臨時戰爭部長，他每天早上要以聯軍總司令的身分簽署一些檔案，接著走上一段路前往聯軍總部，他就是在這裡收到總部給他的款項，然後發下去加以執行。

格蘭特與詹森的公開決裂，發生在詹森決定解除謝里登的職務時。在這件事情上，格蘭特看到了詹森最醜陋的一面。詹森在下令解除謝里登職務，讓湯瑪斯接任這個職務時，請求格蘭特給予一些建議，格蘭特是這樣回覆的：

「我很高興能利用你徵詢建議的機會，發表一下自己的看法 —— 我以一名擁有強烈愛國之心的人的名義，強烈要求 —— 總統不要堅持這樣的任命。整個國家的人民都不希望看到謝里登將軍離開現在的職務。在我們這樣的共和國，人民的意願就是這片土地上的法律。我懇求您能聆聽一下人民發出來的聲音。」

在這封信以及其他類似的信件，格蘭特都沒有像平常那樣寫得那麼簡單與克制，詹森在回信中反駁了格蘭特提出的質疑：

「我並不認為讓謝里登將軍繼續擔任第五軍區指揮官的決定，應該由人民去決定……謝里登將軍在按照國會賦予他的權力基礎上所做的行為，實在讓人反感，他在未經法律允許的情況下，做出的其他行為更是讓人難以接受……因此，解除謝里登將軍的職位，並不是為了打擊國會通過的法律。」

在謝里登被解除職務之後，這些信件被公開了。南方人都在讚美詹森，說他挫敗了格蘭特的陰謀，而格蘭特也被北方人指責他對抗詹森的立場過於軟弱。也許，格蘭特能從這件事情中明白一點，那就是他更加適合指揮軍隊，而不適合處理這些爭議。

西元 1867 年 12 月 12 日，就在國會長時間休會後繼續開會的三週後，詹森派人知會國會，宣布斯坦頓已經被停職，在這份聲明當中，還包含著斯坦頓本人對國會通過的官員任期法的一些評論。比方說，裡面就有這樣一段內容：

第二十八章　臨時戰爭部長

「內閣裡的每位成員都說，國會通過的這項法律是不符合憲法的。他們都毫無保留地這樣表示，但斯坦頓對這項法律的譴責是最為詳細、態度也最為激烈的……我對斯坦頓在這個問題上的精通感到震驚……我要求他準備否決國會通過的這項官員任期法。但是，斯坦頓以身體不適為由拒絕……不過他願意為任何文字方面的工作付出自己的努力。」

試想一下，當國會收到這樣一份聲明之後，彈劾詹森的聲音就在國會大廈裡迴盪了。在接下來的冬天裡，激進的共和黨議員向國會提交了幾份彈劾總統的議案，國會對此進行討論，在第二年 2 月 15 日否決了這些議案。

一週之後，重建委員會與國會卻來了一個大反轉。西元 1868 年 2 月 22 日，就在詹森在白宮門前發表繼任第一次演說的兩週年的同一天，重建委員會一致投票通過了對總統的彈劾議案，兩天後，眾議院也以 128 票對 47 票通過了這一議案，投反對票的全是民主黨人。究竟是什麼導致國會做出反差如此之大的行為呢？

參議院對詹森暫停斯坦頓戰爭部長給出的原因進行了討論，最後認定這些理由並不充分。此時已經是西元 1868 年 1 月 13 日，參議院從 1 月 11 日開始討論這個問題。在 14 日早上，格蘭特前往戰爭部的辦公室，叫人鎖上辦公室外面的大門，然後將鑰匙交給副官。接著，他立即派人送一封正式的信件給總統，表示自己已經知道國會的決議，按照法律，他身為戰爭部長的職務也在此刻終止了，斯坦頓將再次成為戰爭部長。

詹森收信之後表現出一貫的無禮，他派人將消息傳到格蘭特的辦公室，要求「立刻見他」。倘若不是那個年代還沒有發明電路，否則詹森肯定會馬上按響警報器，因為這樣的情況在之後其他的部長與將軍身上都出現過。在斯坦頓四個月前被暫停戰爭部長一職的時候，格蘭特與薛曼都知道，斯坦頓的自負是讓人難以容忍的。格蘭特在那個時候曾經得出一個結論，那就是他或是斯坦頓兩人之間必須要有一個人辭職[12]。

12 「西元 1866 年、1867 年以及 1868 年，格蘭特將軍曾與我敞開心扉地談論，他與時任戰爭部長斯坦頓之間的矛盾。格蘭特在這方面最嚴厲的措辭，以及他採取的行動帶來的後果，都可以從斯坦頓在西元 1868 年 1 月重回戰爭部擔任部長的事情中得到體現。此時，斯坦頓對格蘭特做出了更富攻擊性的行為，這要比他在西元 1867 年 8 月被暫停戰爭部長一職時更加強烈，當時格蘭特與薛曼都試圖讓斯坦頓離開戰爭部。在格蘭特以皮博迪理事會成員的身分前往里奇蒙與維吉尼亞州的時候，他對我說，斯坦頓的行為讓人難以容忍。在徵詢了我的意見之後，他用嚴正的語氣說，他要麼解除斯坦頓的職務，要麼總統就要接受他的辭呈。但在這之後，格蘭特與詹森之間的矛盾迅速變得尖銳起來。詹森在西元 1868 年 2 月想要再次解除斯坦頓戰爭部長的職務，這導致了國會彈劾詹森，這件事帶來的影響完全掩蓋了格蘭特與斯坦頓之間的矛盾，無疑讓格蘭特在斯坦頓離職這件事情上不敢採取任何行動，雖然在他里奇蒙的時候曾表示自己會有所行動。」出自斯科菲爾德所著的《四十六年軍隊生涯》第 412 頁至 413 頁。

第二十九章　彈劾總統的程序

詹森對此極為憤怒。在這一天，更為殘酷與影響深遠的一次爭議開始了，這涉及到格蘭特的忠誠與誠實以及詹森忠誠度之間的問題。這次爭議將兩人的一切關係都徹底切斷了。詹森始終表示國會通過的官員任期法是違憲的，無論國會對此有怎樣的辯解，這項法律都不適用於斯坦頓或是林肯總統執政時期任命的任何官員。詹森想要讓最高法院去解決這個爭端，並且表示格蘭特曾經同意「及時填補因為暫停斯坦頓職務而留下來的空位，直到國會最終對是否暫停斯坦頓職務有了決定，或是在等待司法程序最終裁決之前，繼續擔任臨時戰爭部長。」

格蘭特否認自己做出過這樣的表述。他承認在擔任戰爭部長的職責之後某個時候，當總統詢問他對國會如果不同意暫停斯坦頓職務，並要求恢復職務這個問題的看法。格蘭特當時回答說，斯坦頓會透過向法院發起訴訟，要求恢復自己的職位。「我發現總統急切地想讓斯坦頓離開戰爭部長這個職位，無論最後是否暫停斯坦頓的職位，他都想這樣做。我表示自己還沒有詳細地閱讀官員任期法的內容，但是我當時表述了自己的一般性原則，那就是如果我在這個問題上的立場發生了改變，我會告訴他這個事實。之後，當我認真閱讀了官員任期法的內容，我發現當國會要求恢復斯坦頓戰爭部長職位的決議通過後，要是我不辭去臨時戰爭部長的職位，就是違反法律的行為，雖然總統當時應該命令我留任，但是他沒有這樣做。有鑑於此，以及發生在 11 號的事情，國會已經就總統暫停斯坦頓職務的問題進行了討論，我在與薛曼中將以及手下的一些副官商量後，法律讓我沒有別的選擇，只能讓斯坦頓重新恢復職位，我打算將自己的立場告訴總統，我前去找總統談話，只是想要告訴他這個決定，讓世人也知道我的立場。當我採取了這樣的行為，也就實現了我在這個問題上的承諾。」

詹森最大的問題就在於他不了解格蘭特。對於像格蘭特這樣一個從不發怒與咆哮的人來說，他不知道格蘭特最終目的是什麼，與其他很多頑固的人一樣，他過分高估了自己說服別人的能力。當格蘭特宣布辭去臨時戰爭部長的職位後，詹森表示自己想要再見一下格蘭特。對詹森來說，這意味著他需要花費更多的口舌說服格蘭特同意站在他這邊。對格蘭特來說，這意味著與總統已經沒有任何關係，他下定決心要與詹森決裂了。詹森在命令格蘭特前往墨西哥，而格蘭特對此表示拒絕的時候已經錯判了一次，他應該從那一次的經歷中得到教訓。

14 號是內閣開會的日子。詹森收到了康斯托克拿過來的格蘭特的書面文書。詹森當著康斯托克的面閱讀這份文書，並在閱讀的過程中根本無視文書中的內容。最後，他要求康斯托克傳話給格蘭特，想要在內閣會議上見到他。在這一封日期寫著西元 1868 年 1 月 28 日的爭議文書裡，格蘭特給詹森的信件內容是這樣寫的：

「會上，你們拆開我的信件讀到其中的內容，就說明我之前還是內閣的一位成員。在我給總統的一份報告裡，我就已經表明自己再也不是臨時戰爭部長了。總統在談話中也說明了這點。這份聲明還有之前與總統的談話內容都明白表示，在法院作出判決之前，我會繼續擔任臨時戰爭部長一職，之後我會宣布辭職，讓總統處在我接受這一職務之前的狀態。在聆聽了總統的表態後，我將在這封信裡公布我們之間的對話……我絕對沒有承認過總統之前那份聲明的正確性，雖然總統在聲明裡淡化了我所持的立場。我說（在我們第一次就這個議題上的談話）總統應該能夠理解我所說的話，也就是，如果我不能恢復職位的話，我承諾過辭職。但我從未作出過這樣的承諾。」

這就引發了誠信的問題。第二天早上，政府喉舌媒體《國家資訊報》發表了一篇社論，報導這次的會議，表示格蘭特承認自己所持的立場是模糊不清的，並且說格蘭特違背了忠誠的原則。格蘭特帶著薛曼一起前往白宮對此表示抗議。在第二天的一次會議上，詹森對內閣成員宣讀了這篇社論，並且得到了每位內閣成員對這篇報導真實性的肯定。之後，每位內閣成員發表書面聲明，證實詹森對此事的說法是準確的。

吉迪恩·威爾斯一直在《日記》裡記錄著格蘭特負面的內容，裡面是這樣描述這個場景的：

「總統顯得很冷靜與富於尊嚴，雖然他流露出失望與憤怒的神色。格蘭特將軍顯得很低調與猶豫，他顯然感覺到自己所持的立場是模糊不定的，這只會讓他失去大眾的信任。我認為，這也是當時所有人對格蘭特的印象（當然，這也給我留下了同樣的印象），那就是格蘭特將軍的行為是口是心非的 —— 並沒有忠誠於他所信任的人 —— 這一切都讓格蘭特處在輿論的風暴當中。格蘭特的舉止是那麼謙和，甚至可以說是可憐的。他在離開白宮的時候失去了尊嚴，我可以從內閣成員的表情上看到這點。總統雖然對格蘭特的表態感到不安，但並沒有將自己的憤怒發洩到身邊的人身上，他沒有說出任何難聽的話，也沒有做任何失去禮節的事情。可是，格蘭特卻認為那篇社論的內容給他帶來極大的傷害，他的表現讓總統感到無比震驚。」

格蘭特與詹森之間的通信逐漸脫離爭議的範疇，是始於 1 月 24 日格蘭特要求總統給他一份手寫的命令，這發生在詹森否決了斯坦頓身為戰爭部長的命令五天前。「我不得不要求總統以手寫的方式下達命令。」他在上文提到的 1 月 28 日的信件裡這樣說，「因為很多嚴重歪曲的內容，影響到了我的個人聲譽，在過去兩週裡不斷地在媒體間傳播，這些內容都是總統那邊傳出來的，談論的是總統在私人辦公室或是內閣會議上的內容。但是，手寫的命令則不會引發任何誤解。」

對格蘭特而言，格蘭特在 2 月 3 日回覆詹森在 1 月 31 日的信件，是兩人通信的終結。在美國之前或是之後的歷史當中，還從未發生過軍隊將領對總統誠信問題這麼嚴重的質疑。

巴多曾說，格蘭特一開始在回信裡的口氣是比較溫和的，表示詹森可能誤解他的立場。但是，羅林斯與格蘭特不一樣，他看到了這場爭議所產生的政治影響力。他對格蘭特說：「這樣回覆是不行的，反駁的力度還不夠。」之後，羅林斯幫格蘭特撰寫了一個直接反駁與否定總統言論的段落。這些反駁總統的言論可能是真實的，回信的內容也是極為明確的，徹底切斷了格蘭特與詹森之間的連繫。這讓格蘭特立即成為共和黨人的推崇的對象。

格蘭特在回信裡這樣談論詹森的言論：

「我覺得這封回信不過是重申自己之前的觀點，只是在內容上更加詳細一些，澄清了『很多人眼中的誤解』。我在上個月 28 日的信件所陳述的內容是為了修正大家的誤解。我在這裡再次重申在那封信裡所說內容的真實性。任何與這份回信內容相反的情況都是誤解。我必須要承認，內閣成員在談到那封信的時候，竟然對我有如此大的歪曲理解，這實在讓我感到無比震驚。」

「從我們的談話，以及我在西元 1867 年 8 月 1 日手寫的抗議撤去斯坦頓職務的信件裡可以看出，你們必須要知道，我在斯坦頓撤職或是停職這件事情上遇到的最大阻力，就是擔心繼任者會違背南方各州與聯邦政府之間恰當關係的法律，從而讓那些履行軍職的人員，特別是那些執法人員感到尷尬。正是為了防止出現這種讓人失望的局面，我同意成為臨時戰爭部長，這並不是為了實現總統要以違背法律的方式，去撤除斯坦頓職務的目的，我這樣做也不是屈服於總統的權力……我在之前的信件裡已經清楚地說明了這點……總統讓我擔任這個職務顯然是違背法律的，不過總統沒有就此下達任何命令。而我所選擇去做的事情，我相信總統也知道是完全符合法律規定的，並沒有違背上級下達的任何命令。」

「現在，總統先生，當我身為軍人的名聲以及身為一個人的誠實度，受到如此嚴重侵犯的時候，請允許我說幾句，我認為這件事從一開始到現在，就是一件讓我陷入違法境地的陰謀，而你卻不願意承擔下達命令的責任，你這樣做只會摧毀我在國民面前的形象。我在結語的時候可以確認一點，你最近命令我不遵守戰爭部下達的命令 —— 也就是我的上級以及你的下屬 —— 並且沒有撤銷發布命令的權力，我只能選擇不遵守。」

格蘭特在信件的最後總結說：「這只不過是為了維護我個人的榮譽與品格。」

從這一天開始，格蘭特就拒絕與詹森或是內閣其他成員往來。這些內閣成員站在詹森那邊，證實他在談話過程中的真實性，聯名攻擊格蘭特的忠誠度。

在國會與整個國家都在關注著詹森與格蘭特之間的爭議時，詹森還在想辦法撤除斯坦頓的職位。他拒絕承認斯坦頓是戰爭部長的事實。他命令格蘭特無視斯坦頓下達的命令。他想讓薛曼取代斯坦頓的位置，但薛曼表示堅決反對。詹森對斯坦頓的個人反感，只不過是他堅持要這樣做的一個因素而已。他總是沉迷於要在法庭上推翻國會通過的官員任期法，從而讓他在與國會那些敵人的較量中得到戰術上的優勢。2 月 21 日，他任命洛倫佐·湯瑪斯（Lorenzo Thomas）副官長擔任戰爭部長的職位，並且要求湯瑪斯給斯坦頓一封要求撤除斯坦頓職務的信件。斯坦頓對此表示強烈反對，將湯瑪斯趕了出去。一場更加猛烈的反抗開始了。

史蒂文斯提交了一份重建委員會裡所有共和黨人都簽名的彈劾安魯德·詹森犯有重罪以及行為不當的議案。兩天後，眾議院以 126 票對 47 票通過了議案，每一名共和黨議員都投了贊成票。參議院的投票也幾乎立即進行。詹森僅以一票之差逃過了彈劾。有趣的是，共和民主兩黨最早的一個共識就是，就撤除斯坦頓職務一事來看，詹森的行為完全是符合法律的。彈劾詹森的議案最終沒有通過，史蒂文斯指控詹森違反法律的行為，在幾週前也沒有通過。

參議院就彈劾議案的第一次投票是在 5 月 16 日開始的，接著是國會休會，直到 5 月 26 日重新開會，進行最後的投票。在休會期間，共和黨全國代表大會在芝加哥舉行，5 月 20 日，格蘭特獲得一致同意，成為共和黨的總統候選人，時任眾議院議長的史凱勒·科法斯（Schuyler Colfax）為副總統候選人。格蘭特在這之前只進行過一次投票，那時候是投給布坎南的。「因為我知道弗里蒙特。。如果他西元 1860 年在伊利諾州有投票權的話，肯定會投給道格拉斯。可是，格蘭特的祖輩都是共和黨人，他的父親也是追隨共和黨的，正因為如此，他產生了一種黨派的偏見，甚至讓他希望看到詹森被國會彈劾的議案獲得通過。

因此，格蘭特成為共和黨總統候選人也是順理成章的事情。對共和黨來說，能夠找到格蘭特這樣一位當時有著崇高聲望的人作為候選人，也是非常幸運的一件事。西元 1867 年秋季國會選舉的時候，民眾已經展現出了一種支持民主黨人的傾向。若是共和黨在西元 1868 年選擇格蘭特之外的其他候選人，那麼即便民主黨人在選擇候選人方面中規中矩，共和黨人也很難有勝利的可能性。

第二十九章　彈劾總統的程序

格蘭特在格里納接受了共和黨的總統提名。他接受總統提名的信件因為內容簡潔且品味高尚而受人讚揚。他在信件裡並沒有談及任何議題，只是保證他絕對不會為了提名他的政黨而不顧國家利益。據說，格蘭特在經過一番深思之後，在信件裡加入了「讓我們擁抱和平吧」這句話。這句話瞬間打動了人民，成為格蘭特的競選口號。

不過選舉的結果並非一面倒。民主黨提名的正副總統候選人是西摩與布雷爾，他們在選舉中拿下了紐約州、紐澤西州與奧勒岡等北方州，賓夕法尼亞州、俄亥俄州以及印第安那州以讓人意想不到的微弱優勢被共和黨拿下。格蘭特最終拿下了二十六個州，贏得了 214 張總統選舉人票，而西摩則拿下八個州，80 張總統選舉人票，但是他們在總得票數上要比這個資料的差距小很多。要不是南方的黑奴也有選舉權，而且還尚未成為堅定的民主黨人，那麼西摩肯定會擊敗格蘭特，當選為總統的。

從格蘭特當選到他前往華盛頓參加總統就職典禮的這段時間，他一直處於一種半隱居的狀態。雖然他還是在華盛頓待了很長一段時間，他所在的共和黨也只有少數幾個人見過他，但即便是在與這些人見面的時候，他說的話也不多。正如他之前在軍隊的時候一樣，幾乎從來不舉行戰爭會議。因此，他現在也沒有就內閣成員或是就職演說徵求其他人的意見。在他即將就任的這段時間裡，也沒有與國會裡的共和黨領袖，商量他想要制定的法律。

史蒂文斯在西元 1868 年的夏天就去世了，他在眾議院的衣缽傳給了喜歡吹牛的布特勒。布特勒決心要透過立法來進一步控制飽受戰爭之苦的南方，從而讓整個國會出現撕裂與各種紛爭的局面。為了確保共和黨的「投機分子」與「無賴」能夠在尚未得到重建的南方州那裡得到利益，他提出了一個議案，要求南方各州的地方指揮官，撤除所有不願意宣誓認同聯邦政府的文職官員，指派那些親近共和黨的人，並且附帶了一個條款，即那些之前被國會撤職過的官員現在可以重新成為官員。

這一議案在參眾兩院全票通過了，沒有引發任何爭議。在執行這一法案的時候，只有那些投機分子以及之前南方邦聯中成為共和黨人的「無賴」獲益。接著，布特勒領導的國會更進一步，要求恢復黑奴的選舉權，實施憲法第十五條修正案，要求「給予每一名合法的美國公民選舉權，不能因為任何人的膚色、種族或是之前處於被奴役的狀態而被剝奪選舉權。」

因此，當格蘭特成為美國總統——這是他嚴格意義上的第一份公職——他發現自己面臨的南方政治局勢，會讓那些有著一輩子政治經驗的人都無法處理，當然格蘭特對這樣的爛攤子不需要負什麼責任。與此同時，國內也出現了各種可能影響國家經濟的問題，和一系列影響著美國國際形象的外交問題。對於那些指責格蘭特執政期間表現糟糕，以及他錯誤選擇內閣成員的人，他們首先要明白一點，那就是即便是今天的政客在格蘭特當時的位置上，也無法透過選擇優秀的內閣成員去取得更好的結果。

第三十章　當選美國總統

在格蘭特成為總統之後，「友好的情感」似乎暫時又回來了。民主黨人與共和黨人都一致將格蘭特視為他們最佳的總統。他們只是對格蘭特就任總統一職時存在著一點不滿意的地方。那就是格蘭特拒絕與詹森一起從白宮乘坐馬車前往國會山莊參加就職典禮。因為他永遠也無法原諒詹森質疑他的忠誠。

格蘭特第一次就職演說的稿子完全是他自己寫的，在他發表演說之前，誰也不知道他到底要說些什麼。在 3 月 4 日之前，沒有人知道格蘭特究竟在想些什麼。格蘭特的妹夫 A.R. 科爾賓當時在華爾街謀生，正是他將格蘭特就職演說的稿子遞給了他。格蘭特在寫完就職演說稿子之後，沒有多看一眼，就將稿子遞給巴多，要求他將稿子鎖在抽屜裡，拿好鑰匙，在 3 月 4 日之前不要讓任何人看到。

格蘭特的就職演說非常簡短 —— 大約只有一千兩百個單詞 —— 雖然演說的內容不多，但裡面的一些話語卻已經成為了我們現在經常說的一些話。比如：「我毫無畏懼之心地接受現在這個職位。我並沒有刻意去追求這個職位，我將會盡全力履行好自己的職責。」、「所有的法律都要得到忠實地執行，無論執行者是否得到我的贊同。我會在每項政策上給予建議，可是誰也不能違背人民的意願。每個人都要遵守法律，無論是那些反對法律或是認同法律的人都是如此。我知道，只要法律能夠有效嚴格地執行，那就沒有廢除不公正法律的必要性。」

雖然格蘭特在演說裡一些看似自滿的段落遭受一些批評，但整個就職演說還是進行得非常順利。不過，當他宣布內閣成員的名單時，共和黨的其他大老卻感到難以理解。這些大老們只猜到了兩個人選，其他一些獲得提名的人，在被列入名單之前根本就是默默無聞的。來自伊利諾州的伊萊休 · B · 沃什伯恩被提名為國務卿，我們可以視為這是格蘭特回報這位一直以來給予自己幫助的人，但是格蘭特做出這樣的提名還是讓人感到非常意外。

在那個時候，人們認為格蘭特的這項提名，是為了表達個人對沃什伯恩的感激之情，而沃什伯恩在華盛頓這邊混了這麼久，也有足夠的資格擔任這個職務。但不管怎麼說，這項提名還是引發了普遍性的批評聲音。對於一些人表示擔任國務卿一職的人應該要能說一口流利的法語，格蘭特對此回應說：「他至少能夠流利地說一口自己的母語。」不過，沃什伯恩在普法戰爭期間以及內戰期間擔任駐法大使的履歷，最終還是讓他的提名獲得了通過。

A.T. 斯圖瓦特（Alexander Turney Stewart）被提名為財政部長。國會迅速通過了這項提名，直到某人提起一項被人們遺忘了很久的法律，這項法律是在十九世紀初制定的，該法律規定，財政部長一職不能被那些從事商業的人擔任。在華盛頓，誰也沒有意識到著名商人或是進口商不能擔任這個職務。格蘭特對這些技術性的障礙表現得毫不在乎，要求參議員立即廢除這項法令。後來，當約翰 · 舍曼成為財政部長時，這項法令終於被廢除了，但這也要歸功於索姆奈反對這樣做的行為沒有得逞。

相比於國會是否通過總統提名的內閣人選，格蘭特所提名的內閣成員反而沒有受到很多指責。因為，這些國會議員肯定要比格蘭特更懂美國的法律。索姆奈在後來攻擊格蘭特的時候表示，格蘭特試圖廢除一項「維持了許久的法律，並且在沒有足夠強大理由的情況下這樣做」。不過，索姆奈一開始在贊成斯圖瓦特的提名時，就沒有意識到這項所謂「維持了許久的法律」。喬治·S·鮑特韋爾（George Sewall Boutwell），這位來自麻薩諸塞州的眾議員，曾經做過商人，在內戰期間擔任過國稅局專員，最後被提名取代斯圖瓦特擔任財政部長——這的確是一個不錯的提名。

來自麻薩諸塞州的E.洛克伍德·霍爾（E. Rockwood Hoar）被提名為司法部長，他是一位學識淵博的律師，祖輩也是非常有成就的人，有著高尚的品格，曾經是眾議院的議員，也是索姆奈的朋友，一位對公共職務有著智慧與高尚理想的人。他遭受到一些共和黨議員的批評，因為他指責共和黨人對法官任命所提出的要求，他認為國會通過的地區法官人選，以及南方地區指揮官的人選都是有問題的。後來在斯坦頓去世後，格蘭特提名他填補最高法官的空缺，這些共和黨參議員在憎恨他的布特勒的慫恿下，否決了這項提名。格蘭特始終站在霍爾那邊，堅持聯邦最高法院法官的人選。最後，格蘭特不得不收回提名，這也是歷史上一段有趣的故事。

在斯坦頓退休之後，詹森曾讓斯科菲爾德將軍擔任戰爭部長。格蘭特上任後，要求斯科菲爾德繼續在這個職位上待一段時間，這也算是對斯科菲爾德的一種褒獎。幾個星期後，羅林斯取代了斯科菲爾德的位置，成為戰爭部長，因為格蘭特一步都離不開羅林斯的幫助。當然，誰也不會對格蘭特的這項任命有任何質疑。

阿道夫·E·伯里（Adolph E.Borie）被提名為海軍部長。伯里是費城的一位富有慈善家，在費城之外，沒有人聽說過他的名字。他是一位身障人士，在得知自己被提名前，根本沒想過自己有這個機會。得知被提名之後，他立即委婉地表示拒絕，最後被來自紐澤西州的喬治·M·羅伯森（George M. Robeson），一位有著驚人能力的年輕人所替代。當時很多人都認為，羅伯森有足夠的能力取代伯里成為海軍部長。

內政部長的提名人選是俄亥俄州州長雅各·D·科克斯（Jacob D.

Cox），他在內戰期間身為准將有著輝煌的戰績，特別是在佛蘭克林與安蒂特姆河等戰役戰功顯赫，而且他也是一位飽讀詩書、閱讀廣泛的人，不只是一位兼職作家，還具有共和黨保守傾向。當他在競選俄亥俄州州長的時候，就公開宣布反對給予黑奴選舉權。郵政署長的提名人選是來自馬里蘭州的約翰 · A ·J· 克雷斯維爾（John Andrew Jackson Creswell），他擔任過一段時間的眾議員與參議員，與格蘭特提名的其他內閣成員一樣，在他的州之外沒有多少人聽說過他的名字。

格蘭特擔任八年總統。他的兩屆政府無論是在內政或是外交方面都取得了輝煌的成就。事實上，他是各種流言蜚語與批評的靶心。在美國歷屆總統的名單之中，除了詹森之外，受到攻擊與非議最多的總統要數格蘭特，而格蘭特在很多方面的確存在著無能為力的地方。格蘭特本質上是一名軍人，在與人打交道的方面經驗不足，對政治的了解也是一知半解，對歷史、文學或是科學的政府管理也沒有很深的了解。威廉 · 特庫姆塞 · 薛曼在他於西元 1868 年夏天寫的一篇政治觀察文章裡這樣說：「依我個人的看法是，考慮到這個國家目前所處的狀況，格蘭特是最適合的總統人選。我們這個國家的政治能處於一種和諧、安靜與穩定的狀態，我覺得格蘭特要比其他政客更有機會做到這點。」

執政期間，格蘭特犯下了許多嚴重的錯誤，但這些錯誤無一例外都是與他對一些人所持天真般的信任分不開的。雖然這些人不太會嚴重影響到政府的公共政策。當我們回顧格蘭特執政期間所取得的輝煌成就 —— 通過華盛頓條約制定了國際仲裁原則，透過日內瓦法庭就阿拉巴馬州的權利問題進行了裁決，同時保持美國的尊嚴，在弗吉尼厄斯號事件上實現了美國的利益，很好地處理了古巴事件，重新恢復了美國在國際上的信譽，保持美國的尊嚴，制定了對待印第安人持續穩定的寬容政策，確認文職官員改革的原則，恢復了南方的基本秩序 —— 我們很容易將格蘭特的親信犯下的錯誤或是爆發出來的醜聞歸咎給格蘭特，雖然我們不能否認這些事實的存在，但也不能以偏概全。

在那個時候，整個美國都普遍存在著鋪張浪費的情況，投機的浪潮此起彼伏，整個國家的道德標準，因為之前幾年的戰爭都在不斷下降。因此，許多心術不正的人都擔任了公職職位，這也就不足為奇了。要是沒有出現這樣的情況，反而是一件奇怪的事情。

格蘭特在國務卿這個位置上的第一選擇，是來自愛荷華州的詹姆斯．F．威爾遜（James F. Wilson）。威爾遜的確是一個不錯的選擇，雖然外交事務並不是他最擅長的，但是他是一個有能力、勤奮且品格高尚的人。他欣然接受了格蘭特的提名，不過在格蘭特的要求下，沃什伯恩會暫時擔任國務卿這個職務一段時間，好讓沃什伯恩在前往法國擔任大使之前有更高的聲望。在格蘭特看來，沃什伯恩只是擔任名義上的國務卿，他不會發起任何一項政策或是做出任何任命，可是沃什伯恩這兩樣事情都做了。當威爾遜發現事情的走向之後，拒絕了格蘭特的提名。

後來，格蘭特找到了漢密爾頓．菲什（Hamilton Fish）替代威爾遜。在就職後的一兩天裡，他就派自己的軍事助手巴布科克將軍前往紐約，告訴菲什這件事。當時的菲什擁有財富、社會與家族地位。此時，他大約六十歲，之前擔任過州長，並且在立法機構擔任過一段時間的議員，還在聯邦眾議院擔任過眾議員，擔任過一屆的聯邦參議員，他與索姆奈在此期間成為了朋友。但是，菲什自從西元 1857 年離開參議院之後，就沒有繼續公職生涯，並且在他之前擔任過的職位上也沒有什麼突出的政績。格蘭特來到紐約的時候偶然遇見他，不過並不是很了解。

菲什並不在意國務卿這個職位。他是格蘭特的第二選擇，也沒有被考察很久，可是他占據國務卿這個位置的時間，卻比美國歷史上歷任國務卿都還要長，當然西沃德除外，並且最後在任職期間取得了輝煌成就。約翰·比奇洛（John Bigelow）曾經引述過西沃德的話，西沃德在獲得國務卿任命之後沒多久，就在奧伯恩與他見面，當時他就說格蘭特除了使用野蠻的軍事力量之外，對外交政策沒有一點看法。

接著，西沃德指出，在華盛頓只有三個人能夠擔任國務卿，他們分別是索姆奈、查理斯·法蘭西斯·亞當斯以及他自己。他表示，只有他本人才能在不到一年的時間內，對阿拉巴馬之間的通信進行詳細的分析，事實上他只花了四個月的時間就完成這項工作。「菲什會將所有事情都交給司法部長去做，他本人不會做任何事情，他沒有這個能力。索姆奈希望能夠獲得總統提名，成為內閣成員，雖然他本人不會接受這樣的提名。格蘭特忽視了索姆奈這樣的心思，這是對索姆奈的一種失禮，也是缺乏智慧的表現。」

西元 1869 年 3 月 16 日，比奇洛在給亨廷頓的信件裡這樣寫道：「這一屆內閣成員並不是很強大，卻是值得人們尊重的。內閣最後能夠堅持下去還是分崩離析，都取決於格蘭特選擇每位內閣成員的目的。如果他心底已經有了某些政策，只是需要這些人加以執行的話，那麼這就是一次值得讚揚的選擇。若是他想要選擇一些負責任的內閣成員，那麼他就沒有選擇正確的人。漢密爾頓·菲什是我在鄉村生活時的鄰居 —— 他是一位友善卻很有分量的人，在法庭上被視為溫和派的法官，但在我的印象裡，他的名字沒有一次出現在報紙上……提名沃什伯恩是格蘭特忠於自己朋友的另一個表現。與前幾任國務卿相比，沃什伯恩只有一個優勢，那就是他能從他們身上學到很多東西，而無法讓他們從他身上學到東西……格蘭特這樣的提名，讓他在這個國家漸漸失去了崇高的威望。」

第三十章　當選美國總統

三週後，比奇洛這樣寫道：「他（格蘭特）似乎對政治力量的屬性完全缺乏了解。他的內閣裡只有他的親信，他完全是出於感恩或是金錢方面的報答而做出這樣的選擇。他的親戚朋友都是得到官位的第一選擇……之前的任何一名總統都不會在就職之後這樣任人唯親。他祕密地選擇一些讓他的黨內或是其他黨派都不熟知的人擔任內閣成員，這給整個國會的尊嚴帶來無法癒合的傷害……」

卡爾·舒爾茨（Carl Schurz）在他的回憶錄裡講述了他在當時參議院衣帽間裡聽到的一件軼事。參議院裡最優秀的一名律師聽說，格蘭特總統準備撤去某個地區一位聯邦法官，這位可能被撤職的法官有著非常優秀的能力，非常適合這個職位。這位參議員對此提出抗議，格蘭特承認，就他所知，這位法官的確沒有什麼不當的行為，他接著說：「但是，這個州的州長寫信給我說，他根本無法與這名法官合作，表示希望能夠撤換掉這名法官。我認為州長有權力控制手下的員工。」在當時，類似於這樣的批評與諷刺實在是太多了！

第三十一章　個人的平衡

「我喜歡格蘭特這個人。」詹姆斯·拉賽爾·洛威爾在西元 1870 年前往華盛頓拜訪的時候這樣寫道，「但是格蘭特臉上露出的悲愴神色讓我震驚，那是一張茫然悲愴的臉，像是一個人在面對問題時，根本就不理解這個問題到底是什麼意思。」

當時，格蘭特就任總統一年了 —— 這一年裡有不少迫切的問題需要處理，其中一些問題還非常複雜，這些都是毋庸置疑的。不過在格蘭特本人看來，索姆奈、菲什以及莫特利等人的態度是一個始終存在的因素。如果在格蘭特就任總統的前幾週裡，索姆奈能像一位無私的朋友那樣，與他在多個方面有著分歧的人伸出友誼之手，那麼他與索姆奈這位參議院領袖之間的分歧，也不會演變成影響整個政府執政是否取得成功，以及危及全國人民生活狀況的爭執。即使格蘭特與索姆奈都有著相同的目標，但是他們在實現這一目標的方法上存在著很大的分歧。可是，他們誰也沒有向對方展示過友好的一面，也沒有想過要維持和諧的關係。

人們可能會認為，菲什在他當時所處的位置，以及他之前在參議院與索姆奈之間的友情，能夠讓他成為格蘭特與索姆奈之間的中間人，但是無論菲什有著怎樣的傾向，他都不是承擔這個任務的人。索姆奈雖然很高興有菲什這個朋友，卻從未以平等的眼光看待菲什，始終認為菲什在很多事情上是沒有能力的。雖然菲什一開始將索姆奈視為自己的導師，也漸漸地開始討厭他做出自以為高人一等的姿態，開始忠誠於自己的荷蘭祖先，並且將自己與格蘭特連繫在一起，從而加劇了格蘭特與索姆奈之間的矛盾。除此之外，菲什也開始制定一項合理與富於遠見的外交政策。

第三十一章　個人的平衡

索姆奈認為格蘭特並沒有什麼政治智慧。他從來都不認為格蘭特在戰爭期間的表現，可以讓他成為總統。雖然他沒有參加總統提名，不過最後在看到格蘭特必定能夠獲得共和黨總統提名的時候，也選擇了默認。索姆奈有這樣的想法一點也不奇怪。索姆奈質疑格蘭特在選擇內閣成員方面所展現出來的智慧，但是格蘭特也不是唯一一位讓他心存質疑的總統。他從來不認為林肯應該擔任總統，也從未理解過林肯。

卡爾·舒爾茨曾說：「對他來說，林肯始終是一個謎。索姆奈經常跟我講起林肯說過的一些非常深邃且有智慧的話，但是林肯所說的其他話語則是讓他難以理解，讓他覺得這似乎與當前要做的重要工作沒有任何關係。索姆奈是一個完全缺乏幽默感的人 —— 我幾乎每次都要這樣說 —— 因此他經常無法理解林肯在表達觀點時，所說的一些離奇有趣的軼事。很多時候，我看到索姆奈在他的辦公室裡來回踱步，高舉雙手大聲地說：『我祈禱總統延遲這樣做的決定是正確的。但是我擔心總統這樣做肯定是錯誤的。我相信他對聯邦政府的忠誠，可是我始終無法理解他的做法。」

至於格蘭特，他根本沒有能力與索姆奈這類人打交道。格蘭特與林肯在性格方面非常不同，林肯有時還會前往索姆奈的家做客，與他喝上一杯。林肯總統對索姆奈這樣的優待，讓索姆奈也曾感到特別自豪。林肯會與索姆奈聊一些家常話，增進他們之間的交流。在林肯的第二任總統期間，當索姆奈對他在路易斯安那州的政策表現出極大敵意的時候，林肯總統在給索姆奈的一封信裡這樣寫道：「親愛的索姆奈先生，除非你說一些與我相悖的話，否則我今晚就乘坐馬車到你家，帶你出席就職晚宴。」在晚宴上，林肯與索姆奈肩並肩地走在一起，讓索姆奈的虛榮心得到了極大的滿足。但是，格蘭特不會這樣做。

西元 1864 年，索姆奈認為林肯應該讓位給更強而有力的總統候選人，正如在西元 1868 年總統大選的時候，他認為共和黨應該提名一位比格蘭特更有政治經驗的人去應對當時的各種問題。也許，索姆奈的想法是對的，問題就在於去哪裡找這樣合適的人。

當格蘭特就任總統之後，索姆奈已經成為參議院無可爭辯的大老。在西沃德進入林肯政府內閣後，他就擔任參議院外交關係委員會主席。隨著查斯的退休，沒有人能與他在資歷或是名聲上相媲美。這一切都讓他獲得了極高的名聲，讓他想在國家事務中扮演更加重要角色的想法膨脹起來。索姆奈出生名門望族，接受過良好的教育，從孩提時代起就接受政治方面的教育。他閱讀了每一本關於政府管理的書籍，了解每個時代與國家最好的文章，並且在腦海裡儲存了驚人的知識。

他在參議院發表演說或是日常的談話，經常要花費很多時間去對文章或是言語進行潤色。在那個時代，他是為數不多與國內外的學者、作家以及公眾人物有書信往來的政治家。他在麻薩諸塞州的政壇上已經沒有對手了，他被其他地方的人視為英雄以及捍衛自由的鬥士，因為他身為宣揚人權永不妥協的鬥士的名聲，在西元 1848 年那個動亂的年代就已經很響亮了。

洛奇在他的《早年回憶錄》裡就描繪了有關索姆奈的有趣形象。洛奇談到了索姆奈學識淵博、博覽群書以及他過目不忘的能力。他說：「索姆奈本人是一位夢想家，喜歡沉思，喜歡閱讀書籍，而且還非常願意學習。在他所處的時代環境下，命運之手讓他只能投入到激烈衝突與抗爭的事業當中。他在這個過程中扮演著重要的角色，但他的本性始終都沒有改變。他依然是一位夢想家與喜歡閱讀書籍的人……從最廣泛的意義去看，他的確是一位政治家，雖然他並不是那些專注於制定法律的議員，也不屑於關注立法的細節……他對一般意義上的政治概念根本毫不在意……他是

第三十一章　個人的平衡

一為儀表堂堂的人，身材魁梧，體型健碩，有著一張威嚴的臉。每個見到他的人都會為他的儀表以及個人形象所震撼。在所有這些外在形象背後，是他那罕見的天才、富於磁性的聲音和說話語氣的抑揚頓挫，讓人們聽起來總是覺得很悅耳⋯⋯再加上他天生缺乏幽默感，這構成了他性格中非常有趣的特點⋯⋯他不是一個自負的人，卻有著很強的虛榮心⋯⋯而且這種虛榮心在他的行為中得到很明顯的展現⋯⋯不過他流露出來的虛榮心並不會冒犯別人，因為這種虛榮心實在是太自然、太明顯了，根本不會讓別人感到有任何冒犯，但這的確讓他容易成為別人利用的對象⋯⋯在日常生活中，沒有誰比他更加注重自身的行為，他的行為是友善、莊重與富於尊嚴的，他能以最為優雅的方式做出最有禮貌的行為。」

舒爾茨曾說，索姆奈感覺自己代表著整個共和國的尊嚴。舒爾茨曾用體育方面的語言這樣形容：「索姆奈用一雙鷹眼注視這個國家前進的方向，卻不知道該怎樣去追蹤國家前進的痕跡。」

與此形成鮮明對比的是，格蘭特身材矮小，不注重穿著以及外在形象，在公開場合下也是沉默寡言，為人低調，沒有流露出任何的虛榮心，閱讀的範圍比較狹窄，接受的最高教育不過是在西點軍校裡學到的文化知識。格蘭特對禮儀方面的舉止不是很重視，對社交活動中的優雅舉止也不是很了解，他的衣服總是散發出菸草的臭味。當他與那些有文化的人在一起交談的時候，總覺得很不自在，不過他的言語卻是簡單直接的，與人交往的方式也是比較坦誠的。

「他們兩人的心靈品質以及外在形象都存在著巨大的差異。」查理斯 · 法蘭西斯 · 亞當斯說，「雖然索姆奈在知識、道德和外形上都要比格蘭特更加出色，可以稱得上是人類的標本，可是格蘭特在某些領域卻有著一種平衡性的特質，這足以讓他成為一個可怕的對手。格蘭特有著無比堅定的意志，平時較為沉默寡言。索姆奈卻剛好與此相反，他也是一個意志堅定的人，卻是一個喜歡高談闊論的人，是一位修辭學者。在行動上，格蘭特的自我控制能力堪稱完美，在任何危難的關頭都能保持沉著冷靜，始終保持著低調，不會流露出任何一絲自我意識。在緊要關頭，他血管裡的血液似乎也不會加速流動，臉色依然像往常那樣淡定自若。可以說，格蘭特本人就是堅毅這種特質人格化的產物。而索姆奈則是一個容易在道德層面激動的人，他一時激動說出來的話語，他那深沉又帶有煽動性的言語以及他雙眼發出來的光亮，都無法讓別人深信不疑或是贏得別人的尊重。對那些不認同或是稍微認同索姆奈的聽眾來說，他們會產生這樣的疑問，那就是索姆奈到底有沒有平衡的心靈……但是，索姆奈對自己給別人留下的這種印象卻是一無所知，他總是自然而然地認為自己占據著道德與智慧的制高點，從沒有想過要與別人站在平等的地位去交流。在像格蘭特這樣的人看來，索姆奈身上的這些性格特點只能給他們留下頑固、憤怒或是輕蔑的印象。」

查爾斯·艾略特·諾頓（Charles Eliot Norton）就曾記錄下格蘭特極少流露出來的幽默情感。當別人提出索姆奈對《聖經》沒有忠誠信仰這個問題時，格蘭特回答說：「嗯，畢竟《聖經》不是他寫的。」

莫特利是索姆奈的私人朋友，也是同屬於波士頓地區文化與社交圈子的成員 —— 這個圈子包括朗費羅、羅威爾、艾默生、霍桑、阿加西、安德魯、達納、霍爾姆斯，這些成員都在美國歷史上取得過輝煌的成就，他們都擁有淵博的學識，有著自己的個人魅力以及對世界豐富的經驗，他們熟悉歐洲的著名大學以及那裡的圖書館。莫特利在林肯總統與詹森總統執政期間到奧地利大使館工作，因此有一定的外交經驗。

不過，西沃德在處理一份佚名批評者充滿侮辱性語言的信件時，顯得過分敏感，這讓莫特利的外交生涯終止了。索姆奈與他的其他朋友要求格蘭特讓莫特利擔任駐英國大使，作為對莫特利被傷害的尊嚴的一種補償。但在這一舉動背後，卻隱藏著索姆奈沒有表明的另一層想法，那就是透過他在參議院裡的地位，讓他在無知的總統以及缺乏經驗的國務卿執政期間，更好地制定美國的外交關係政策。

隨著美國人民對解決英國留下來的問題不滿的呼聲越來越高，索姆奈想在倫敦有一位自己能夠完全信任的朋友。從他的角度來看，莫特利是最佳的人選。

但無論從哪一個角度去看，這都不是最合適的人選。雖然莫特利有一定的個人魅力和社會名聲，他卻缺乏身為美國駐英國大使所應具備的圓滑與外交手腕。事實上，莫特利這個人天生就不適合從事外交工作，雖然當時也沒有更好的人選可以成為美國駐英國大使。因此，沒過多久，當格蘭特與菲什有必要與英國談判的時候，完全將莫特利排除在談判之外，這也不足為奇了[13]。

為了明白這一切以及格蘭特政府對古巴與聖多明哥的態度，我們首先要明白這些人物的性格特點。這些衝突從格蘭特政府一開始執政就出現了，其影響一直延續到索姆奈去世多年之後。

13　E.L. 葛德金（E. L. Godkin）在西元1869年4月從倫敦所寫的一封信裡這樣說：「從社會角度來看，任命莫特里為駐英國大使的決定是不錯的。但在我看來，除了上述這個層面之外，這在其他方面都是很糟糕的選擇。我並不認為莫特里有成為大使所需的必要心靈能力，讓他能夠透過談判解決英國與美國之間懸而未決的問題。莫特里在很多事情上都顯得過分熱情了。他在公開場合發表的演說實在是讓人感到失望，內容總是千篇一律，根本沒有任何實質的思想……」

第三十二章 與大英帝國的仲裁

格蘭特執政初期，英國在內戰時期支持南方邦聯的做法引發民眾越來越多的不滿，要求解決這個問題的呼聲也越來越高。雖然英國政府的行為讓整個北方民眾都極為痛恨，但這是一次完全合法的程序，因為英國的戰艦在內戰時期幫助叛軍在阿拉巴馬州、佛羅里達州以及謝南多厄河造成了嚴重的財產與生命損失，他們還幫助叛軍的海軍軍官專門掠奪北方的進出口商船。

查理斯·法蘭西斯·亞當斯當時是駐英國大使，他要求英國為南方叛軍提供的戰艦所造成的損失進行賠償，但英國在西元1865年底直截了當地表示拒絕我們的索賠申請。直到西元1868年，雷弗迪·詹森被詹森總統任命為駐英國大使，前往倫敦與英國就解決方案進行談判。這一次，英國的政治家們感覺到歐洲大陸有可能出現全新的混亂，因此他們對這次談判的態度有了明顯的轉變。他們很高興與美國就這些問題達成共識，從而讓之前發生的阿拉巴馬州事件，不能成為在美國港口發動襲擊美國商船的藉口。

詹森對英國當局態度的轉變感到非常高興，為自己的使者能夠獲得如此的待遇感到高興。他心情愉悅地參加了一次晚餐後的演說活動，滔滔不絕地談論著那些總是對南方邦聯持同情態度的人，並且在公開場合與賴爾德握手，此人之前吹噓建造了阿拉巴馬號商船，甚至想要努力在全新的職位上討好別人，其程度甚至讓國內的人都對他的忠誠度產生了懷疑。

第三十二章　與大英帝國的仲裁

1 月的時候，雷弗迪與英國外交大臣簽署了詹森 - 克拉倫登協議。詹森與西沃德驚訝地發現，這些條款要是在一年前達成的話，國會幾乎不會怎麼反對就會加以通過，可是現在國會以及人民，因為對美國所持的阿諛奉承的外交政策的反感程度日益加深，導致這個協議根本無法在國會裡通過。與此同時，美國人民對愛爾蘭人民爭取地方自治的鬥爭，抱著越來越強烈的同情心，而芬尼主義者在加拿大邊境對英軍發動進攻，這也成為了美國當局需要考慮的一個因素。

格蘭特政府向國會提交了這份議案，可以說該議案沒有得到一位議員的支援。西元 1869 年 4 月 13 日，國會最終的投票結果是 54 票比 1 票否決了這個議案。這場辯論的主要焦點就在於索姆奈發表的一篇演說，事實上，索姆奈根本沒有必要發表這次演說，或者說不發表這次演說會帶來更好的結果。但是，索姆奈始終都不是一個謹慎之人，他堅持要公開自己的態度。他在演說裡公開對英國進行攻擊，此時保密的規定已經在國會透過正式投票廢除了。不過，索姆奈的這次演說，還是對接下來發生的事件產生了極為惡劣的影響。

在國會否決了詹森 - 克拉倫登協議之後，索姆奈那篇言詞激烈的演說依然煽動著大眾的想像力。聖詹姆斯法庭任命莫特利接替詹森的職位，而查理斯 · 法蘭西斯 · 亞當斯則剛剛從英國回到美國，靜靜地觀察著事態的發展。他曾私下寫了一篇文章，評論索姆奈在國會的演說以及國會拒絕通過這一協議的現實影響。他寫道：「要是我們將對英國的索賠金額提得那麼高，這根本讓談判沒有任何迴旋的餘地，除非英國人民徹底失去了他們的精神與品格。」

索姆奈憑藉著自己「精通數學」的知識，計算出英國在掠奪阿拉巴馬號戰艦給美國造成的直接損失大約是一千五百萬美元，可是這一「低調」

的數字並沒有包括「英國切斷美國商船貿易所造成的巨額損失」。按照索姆奈的估計，後一項的損失大約在一億一千萬美金左右。他接著說：「當然，這只是我們要求總賠償金額的一部分。」

索姆奈將內戰持續了那麼長時間的原因，直接歸結為英國從中搗鬼。「南方叛軍之所以敢反抗聯邦政府，從一開始就是因為得到英國方面的支持與慫恿。」索姆奈大聲疾呼，「在英國給予海上支持之後，叛軍的軍事勢力一下子就得到了增強，英國源源不斷地給予叛軍武器補給……從英國海盜做出的每一份報告裡，我們可以知道他們每天燒毀了美國人民多少艘商船。無可爭辯的一點是，要是沒有英國政府的干預，南方叛軍必然很快就會向聯邦政府投降，不會讓戰爭持續數年之久，造成那麼嚴重的生命財產損失。」

索姆奈計算聯軍打敗叛軍所花費的費用大約在四十億美元左右。他認為，在英國的干預下，內戰持續的時間延長了一倍，他能夠輕易地計算出英國需要為一半的戰爭費用做出賠款，也就是需要賠償二十億美元，這讓整個協定的賠償金額高達二十一億兩千五百萬美元。這個數字聽上去非常龐大且容易引發戰爭。但是索姆奈似乎沒有意願要索取這麼多賠償，或是為了索取這麼多賠償而冒著與英國發生戰爭的危險。索姆奈心底的算盤並不是想索要英國這麼多的賠償款，而是為了在兼併英國殖民地的過程中，能夠更好地調整所有的矛盾，讓英國的勢力從北美地區撤出。

兼併加拿大，特別是在當時愛爾蘭人反抗英國的情緒感染下，以及不斷出現的芬尼人抗議英國統治的情況下，這並不是一個荒謬的提議，可是很多人就如何更好地實施這個計畫存在著分歧。錢德勒在參議院會議上表示，繼續保持和平是極為重要的：「我們不能讓敵人的軍事基地就設在我們的家門口。兼併英國的殖民地，這符合我們的國家利益。我希望可以進行這樣的談判，那麼兼併就會以和平的方式進行。如果和平的方式無法實現，並且英國堅持要與我們開戰的話，那麼這場戰爭也必須要速戰速決。」

有不少人都認為格蘭特政府絕對不會擔心面臨戰爭的後果。在這一年的某個時候，格蘭特認為謝里登能夠在三十天之內占領加拿大。除此之外，英國的政治家似乎並不像五十年前那麼看重他們在美洲的殖民地，他們可能以一種可信的方式將這些殖民地交出去。兼併加拿大的真正問題就在於加拿大本身，因為加拿大人當時並不願意與美國合併，而更想與英國在一起。

和索姆奈一樣，格蘭特也是一位擴張主義者。但是，格蘭特將向北擴張視為一個軍事問題，而不是一個情感問題。他的心思更多地專注於向南面擴張，比方說古巴、聖多明哥以及墨西哥，那裡有無窮無盡的自然資源，等待著美國人民去開發。在格蘭特眼中，這要比貧瘠寒冷的加拿大土地更加具有吸引力。這就是格蘭特與索姆奈之間出現嚴重分歧的地方，索姆奈在自己整個不安分的政治生涯裡，始終都在研究著政治走向，他已經習慣性地將北方與人類自由連繫在一起，而將南方與奴隸連繫在一起。

正是在格蘭特與索姆奈出現這種分歧的情況下，保守且缺乏想像力的菲什，在違背自身傾向的情況下成為了國務卿，找到了能讓自己發揮才華的機會。索姆奈認為自己身為參議院外交關係委員會主席以及參議院議長的身分，應該要參與制定美國外交政策。莫特利是他一輩子的朋友，也在不知不覺中受到了索姆奈的影響，在履行自己的全新使命時，將自己視為索姆奈的代言人，而不是總統與國務卿菲什的代言人。

莫特利在獲得任命之後的第一個舉措，就是準備一份交給菲什的備忘錄，並在備忘錄裡規劃好菲什交代給他的主要內容。事實上，這份備忘錄可能就是莫特利按照索姆奈的口述寫下來的，因為備忘錄裡的內容完全代表了索姆奈的觀點。備忘錄裡對是否有必要重新啟動與英國的談判提出了質疑，將英國女王在西元 1861 年 5 月就承認南方叛亂合法化發表的宣言問題擴大化，將之視為英國政府犯下的一個大錯，表示美國人民因此深受苦難 —— 備忘錄裡還表示，這些都是英國政府犯下的極端錯誤，還有捉獲美國俘虜以及燒毀美國商船等行為，都不是單純用金錢賠償就能夠解決的。

格蘭特傾向於讓莫特利繼續做下去，但是菲什已經感覺到肩上背負的全新責任，對此有不同的看法。首先，他決定應該抓住任何與英國重開談判的可能性，並且最終成功達成雙方都能接受的協定。第二，古巴局勢的發展也會影響到他們在與英國談判時的方式。菲什親自指導莫特利，對備忘錄進行修改。當這一切完成之後，遞交上去的備忘錄已經與莫特裡一開始提交的備忘錄，沒有什麼相似之處了。

菲什表示，雖然詹森 - 克拉倫登協議沒有獲得國會通過，但是美國政府並沒有放棄與英國政府「盡早達成雙方都能接受的解決爭端的方法」，並且表示格蘭特總統認為暫停談判會被英國政府認為「完全是符合雙方利益的，也有助於更好地解決這些爭端」。菲什的這些言論引發了公眾「廣泛的不滿」、「間接的索賠」、「造成難以估量的傷害」或是「不祥的徵兆」、「致命」的宣言，打開了通向永久悲傷的流血之門。

菲什始終認為，談判在華盛頓舉行，要比在倫敦舉行能夠取得更好的結果。在詹森 - 克拉倫登協議被國會否決一個星期之後，菲什在給朋友的一封信裡這樣寫道：「無論談判什麼時候重啟，華盛頓這邊的談判氛圍與環境，都要比英國那邊的晚宴桌或是公共宴會的形式更好一些。」此時，他還沒有機會「領略」到莫特利的外交能力，也沒有感受到莫特利那份修改後的備忘錄所帶來的美好感覺。

西元 1869 年 5 月，莫特利帶著那份修改後的備忘錄來到英國。此時，莫特利依然還是接受索姆奈那一套，英國給美國帶來了無法估量的傷害的理念。他竟然完全曲解了這次出訪的使命。在他與克拉倫登的第一次會面時，他著重強調了女王的宣言：「是給美國人民帶來巨大災難的基礎。」當他將這次會談的報告提交給上級的時候，莫特利身為外交官的生涯幾乎要終結了。

西元 1877 年，約翰 · 拉賽爾 · 楊恩（John Russell Young）在愛丁堡向格蘭特遞交報告稱：「莫特利必須要得到指示。他之前得到了非常明確的指示，菲什與我都在最後時刻對備忘錄進行了審閱，我甚至還寫了一個附件，要求他無論如何都要在處理阿拉巴馬號索賠事件上非常謹慎。但是，莫特裡並沒有遵循這樣的指示，反而聽從了索姆奈的建議，直接給之前的會談帶來嚴重的影響。當我聽到這件事之後，立即寫信給國務院彙報，要求菲什解除莫特利的職務。我當時真的非常生氣，我為當時沒有堅持自己的第一選擇而感到後悔。菲什表示要遲一段時間才能解除莫特利的職位，因為索姆奈在參議院的地位，以及他對整個協議的態度都是非常重要的。我們並不想在那個時候打草驚蛇。我們發布了一份措辭嚴厲的信件給莫特哩，要求他從即刻起不能參與此類的任何談判。」

莫特利之後一直在英國定居，無論他在個人與社交層面上多麼有魅力或是取得怎樣的成就，都無法改變他阻礙了英美兩國達成協議進程的事實。在日內瓦法庭的協調下，華盛頓協議與阿拉巴馬號事件的解決方案最終在華盛頓達成了，當然這個過程並沒有莫特利的參與。雖然他後來被要求辭職以及辭去所有官職的要求，在那個時代也引起了一陣波瀾，但是卻對後來的談判沒有多大實質性的影響。

正是在凱萊布·顧盛（Caleb Cushing）的協調下，才開始了重啟談判的第一步。顧盛身為聯合仲裁法庭的律師，曾在西元1863年的協議裡解決了哈德遜灣以及普吉特海灣公司的賠償方案。他認識時任英國政府代理人的約翰·羅斯（John Rose），羅斯在加拿大享有名聲，被人們稱為「具有高尚品格的出色外交家」。在羅斯不拘一格的建議下，顧盛在華盛頓安排了羅斯與菲什見面。7月8日，也就是在莫特裡與克拉倫登那次不愉快會面的四周之後，他們聚在了一起。此時的莫特利正在倫敦那邊沮喪地談論著「一條荊棘滿布的道路」以及「可怕且深重的誤解和殘酷的戰爭」。菲什與羅斯的會談為重啟談判打開了方便之門。

這些非正式的會談持續了整個夏天與秋天。索姆奈當時還沒有完全疏遠菲什，也默認了他們之間的談判。他甚至就此給出建議，但沒有表明自己的身分。因此，羅斯從倫敦那邊寫信問道：「在你的代表團裡，是不是有一位先生是最具有調和精神的呢？我認為，當你說談判在華盛頓舉辦能夠取得更好的結果時所要表達的意思，是因為你能直接與參議員的主要領袖進行密談，知道國會對會談的支持程度……但是，我想問的是，你的代表是不是也有這樣的想法呢？這樣的想法又是怎樣傳遞出去的？正如你所說的，是透過任命一個新的使者，還是透過桑頓先生呢？」

索姆奈忽視了這封信裡為莫特利辯護的成分，認為這是一種匿名的攻擊。而身為莫特利的傳記作家，奧利弗·溫德爾·霍爾姆斯（Oliver Wendell Holmes）在西元1879年——也就是莫特利去世兩年後——在談到這封沒有署名的信件時這樣寫道：「一個缺乏信仰的朋友，一個隱祕的敵人，一位密使，或者說一位不明智的杞人憂天者。」

在將莫特利派到倫敦等早期步驟完成之後，格蘭特立即給予菲什在與英國外交部的談判過程中極大的自由空間。但是，我們必須要明白一點，那就是如果菲什沒有格蘭特的全力支援，認同他在談判過程中所持的每一個立場，那麼他是不可能讓談判取得成功的。在這次成功的談判中，我們很難說到底是菲什的功勞大還是格蘭特的功勞大，不過這次談判成功或是失敗的責任最後必然要落在格蘭特身上。

西元 1869 年 12 月，當格蘭特在就職總統的首次年度國情咨文演說裡，就表示對否決詹森 - 克拉倫登協議的贊同。「內戰期間，英國對美國人民造成的傷害……是絕對不能單純透過金錢的賠償來滿足的。即便這個協議就一般的賠償條款進行了磋商，但是其在賠償的金額上還是與我們的預期有很大的落差。這樣的內容在整個協定裡都是沒有看到的，也沒有關於從中推論出來的結果。而美國人民在內戰期間所遭受的痛苦，顯然沒有為英國感同身受。」對詹森 - 克拉倫登協議的否決，「在其協定的範圍就出現了錯誤，在其規定的內容顯得不充分。」格蘭特認為應該從實現和平的角度去達成協議。「相比於讓雙方的條件都無法得到滿足的情形，意識到自身權力的理智人民，反而更容易滿足於一種完全不能彌補的錯誤當中。」

格蘭特表達了適時「開啟英美兩國的談判，充分照顧對方的權利、尊嚴以及榮耀，下定決心不僅要消除過去造成的誤解，而且還要為未來再次出現類似的爭議或是分歧，訂下一個牢固的解決基礎與原則，從而實現兩國之間永久的和平與友誼」。在最終的談判結果裡，格蘭特的這個願望得到了完全的滿足。

此時爆發的普法戰爭幫了格蘭特一個大忙。因為英國政府要專注於面對歐洲大陸所出現的問題，因此準備在西元 1870 年秋天與美國達成協議，以解決這次持久的爭端。在西元 1870 年 12 月 5 日進行的第二次國情咨文演說裡，格蘭特就抓住了這個機會，敦促英國外交部加快談判的進程。他用遺憾的口吻說：「在談判過程中，英國政府始終都不承認在美國內戰期間，英國所採取的一些錯誤政策。倫敦的內閣就目前他們所持的立場，並不願意承認女王陛下治理下的政府犯有任何過錯，因此美國人民有抱怨的合理理由。我們所持的信念完全與英國當局所持的想法是相反的。」

因此，格蘭特要求設立一個專門的委員會「搜集關於這些賠償的金額以及所有權」。美國政府獲得了解決這些爭端索要賠償的權力，透過政府幫助私人進行索賠，對英國施壓。格蘭特表示，無論任何時候，只要英國政府能夠「進行完全友好的政策調整」，那麼美國政府將會「在完全尊重兩國尊嚴與榮譽的前提下，與英國達成真正的協定」。

西元 1870 年 12 月 6 日的倫敦報紙，出現了格蘭特的這篇演說。五週之後，也就是西元 1871 年 1 月 9 日，羅斯從倫敦出發前往華盛頓，與菲什共進晚餐。晚餐結束之後，他們兩人達成了一個機密的備忘錄，這個備忘錄成為這次談判的基礎。從這一天開始，直到西元 1871 年 5 月 8 日簽署華盛頓協議為止，在國務卿菲什的指引下，整個談判都在取得穩步的進展。

在談判過程中，索姆奈與格蘭特在聖多明哥事件上完全決裂了，但他依然是「參議院第一委員會」的領袖，他認為這個位置是在「總統之下與其他政府部門權力一樣大的」。菲什當時專注於這次談判的成功，就安排了外交關係委員會的另一位成員派特森前去索姆奈的家做客。他在 1 月 15 日給了索姆奈一份他與羅斯之間達成的書面備忘錄。

兩天後，索姆奈在交還這份備忘錄的時候，還附上了一張紙條，上面表示約翰·羅斯爵士的提議是得體的，「英美兩國之間的所有問題以及爭議的原因都應該永久地消除。」以及「所有的分歧都應該得到妥善的解決。」並且這樣總結了自己的立場：「當前最大的麻煩，或者說持續讓我們感到不安的因素，就是來自芬尼地區的暴亂，這都是因為英國勢力駐紮在加拿大所引起的。因此，英國軍隊必須從加拿大撤出，這應該成為目前解決方案的一個前提。要想達成一個真正的協定，英國就得從北美洲全部撤軍，包括英國占有的其他地區以及島嶼。」

索姆奈的這個提議讓人感到無比震驚，並且這樣的話是出自參議員外交委員會主席之口，因為任何協議都要透過參議院的投票才能通過。索姆奈這樣的表態顯然無助於當時英美雙方進行的談判。但是，菲什與羅斯在獲得格蘭特堅定的支持後，沒有理會索姆奈做出的評論，在沒有討論索姆奈所提的那些不可能實現的要求的前提下，繼續進行談判。

英國大使提交了一份建議，要求組建一個聯合高級委員會，由英美兩國的政府派出代表組成，並在華盛頓舉行會議，認真討論解決不同問題的方式，其中就包括解決漁場問題，以及英國在北美地區殖民地會影響到英美之間關係的問題。在格蘭特的支持下，菲什堅持阿拉巴馬號事件應該要納入討論的範圍，並且要透過委員會解決。英國方面對此表示同意。

西元 1871 年 2 月 9 日，格蘭特提名了代表美方的人選：國務卿漢密爾頓 · 菲什、駐英國大使羅伯特 · C · 申克、最高法院助理法官薩繆爾 · 尼爾森、來自麻薩諸塞州的埃比尼澤 · R · 霍爾以及來自俄勒岡州的喬治 · H · 威廉姆斯。要不是因為索姆奈做出的一些缺乏理性的行為以及莫特利的搗亂，那位來自荷蘭共和國的歷史學家就可以成為委員會的成員之一，為他的事業增添閃亮的一筆。

英方的代表成員有：格拉斯通政府的內閣成員厄爾 · 德 · 格雷與里彭、議會保守黨領袖斯塔福德 · 諾斯科特爵士（Sir Stafford Northcote）、英國駐美大使愛德華 · 桑頓爵士（Sir Edward Thornton）、來自牛津大學的蒙塔古 · 伯納德教授以及當時的加拿大總理約翰 · A · 麥克唐納爵士（Sir John Alexander Macdonald）。

六週內，英美兩國組建的聯合高級委員會，就在華盛頓舉行密集的會議，並就達成協議進行了各種談判。5 月 10 日，當這份協議遞交到參議院的時候，索姆奈已經不是參議院外交事務委員會的主席了。他在 3 月分的時候被免職，雖然其遭到免職的原因，與英美兩國政府的談判沒有直接關係，但在今天看來，協定的簽訂對英美兩國實現友好交往是至關重要的，因此，參議院可能為了實現這個目的，採取了罷免索姆奈的外交事務委員會主席職位這種史無前例的手段。

索姆奈在失去參議院外交事務委員會主席這個職位之後，相當溫和地接受了這個協議。這個協議在西元 1871 年 5 月 24 日正式通過國會的批准。在解決國際爭端問題中，仲裁的方式取得了第一次勝利。英國任命的仲裁人選是首席法官亞歷山大 · 科克布恩，而美方任命的仲裁人選則是查理斯 · 法蘭西斯 · 亞當斯。義大利國王、瑞士聯邦總統以及巴西的國王則擔任中立的仲裁者。坦特登爵士是英國方面的代理人，朗德爾 · 帕爾馬爵士則是英方顧問。副國務卿 J.C. 班克羅福特 · 戴維斯則是美方的代理人，美方的顧問是威廉 · M · 艾瓦特斯、凱萊布 · 顧盛以及莫里森 · R · 韋特（Morrison Remick Waite）。

西元 1871 年 12 月 15 日，仲裁委員會在日內瓦舉行會議，並在第二年的 9 月達成協定。即便在協定最後要達成的關口，索姆奈發出的「人民對協議普遍不滿」以及「間接的賠償不合理」等言論，還是威脅著協定的最終達成，有可能讓之前的仲裁努力前功盡棄。要不是查理斯 · 法蘭西斯 · 亞當斯在談判過程中表現出來的堅定、圓滑以及極佳的外交手腕，那麼仲裁委員會是不可能就這些事情達成一致的。西元 1872 年 9 月 2 日，在仲裁委員會的第二十九次會議上，委員會成員以 4 票對 1 票通過了協議，判定英國用黃金償還美國一千五百五十萬美元，用於賠償英國政府在佛羅里達州與謝爾南多厄河所造成的損失。只有科克布恩一人對此表示反對。

因此，在解決國際爭端時運用仲裁原則的問題上，格蘭特是有很大功勞的，因為正是格蘭特在這個過程始終堅持這樣的原則，才最終取得了談判的勝利。若是格蘭特在談判過程中表現出一丁點的猶豫不決，最後都不可能取得這樣的結果。格蘭特是最早鼓吹要成立世界議會原則的人，之後海牙國際仲裁法庭就是格蘭特這個宣導的產物。當格蘭特後來來到伯明罕的仲裁聯盟之後，他說：「沒有比這樣的想法更加讓我感到高興了，那就是在未來的日子裡，地球上每個國家都將同意組建某種類型的世界議會，這個議會對一些棘手的國際爭端問題擁有審判權，這個機構的決定的權威性，就像我們的最高法院對我們國家的權威性一樣。我希望這樣的夢想最終能夠實現。」

第三十三章　聖多明哥的悲劇

在西半球的地圖上，海地與聖多明哥這兩個地方都是極不起眼的。即便是在拉丁美洲的許多國家裡，這兩個小國也是無足輕重的。但是，這兩個國家在美國的政治上卻扮演著與其地位不相符的重要性。這裡是歷史上為數不多由黑人自治的地方，沒有經歷過任何不愉快的事情。格蘭特在聖多明哥事件裡遭遇了人生中的一場悲劇 —— 這是他第一次遭遇嚴重的失敗。

雖然海地與聖多明哥名義上是統一的，但這座島的兩個部分在長達二十五年的時間裡，卻是相互獨立的兩個革命中心。海地之前是法國的殖民地，現在占領著島上三分之一的面積，擁有著島上五分之四的人口。聖多明哥之前是西班牙的殖民地，雖然其包括的小島比較分散，卻始終沒有向海地屈服。在過去幾年，這兩個地方的兩位領袖巴埃斯（Buenaventura Báez）與卡夫拉爾，輪流成為這座島的總統，有時是透過民眾支持再加上半暴力的手段成為總統，有時則是純粹透過暴力手段成為總統。

在那個時候，巴埃斯被稱為格蘭特的敵人，是一位雇傭軍的首領。安德魯·D·懷特（Andrew Dickson White）前往聖多明哥與他會談，將他描述成一個有影響力與能力的人，說他是一名黑白混血兒，與美國生活的那些混血兒完全不同。「他的行為展現出他的獨立自主性，他說話的口氣非常激昂，他的家人在這座島上有著顯赫的歷史，在首都那邊擁有許多不動產……他的舉止比較優雅，說話水準可以媲美世界上任何國家的政治家……我從未質疑過他向格蘭特將軍提交的議案是充滿愛國之心的。在他的記憶裡，他這個國家的歷史就是一連串造反與暴亂的歷史，摧毀了這個島上所有的財產以及人口。」

在詹森執政期間，巴埃斯曾一度失去權力。他前往華盛頓求助，希望華盛頓方面能夠對此進行干預。西元 1868 年，巴埃斯再次成為總統，而卡夫拉爾的勢力駐紮在海地邊境上，時刻準備著對他發動進攻。巴埃斯派一位密使前往華盛頓，詹森在西沃德的煽動之下，在他最後一年的國情咨文裡提出了兼併整個島的計畫。

在格蘭特政府成立之後，巴埃斯就不斷向華盛頓方面提出這樣的議案。一開始，除了格蘭特之外，其他人對他的提議漠不關心。不過，格蘭特認為聖多明哥不僅有著豐富的自然資源，而且還可以為南部各州的黑人提供一個庇護所。

在國務卿菲什以及其他內閣成員還沒有完全意識到之前，格蘭特的這個兼併計畫就已經萌發了。格蘭特曾在內閣會議上提出這個問題，然後靜靜地聆聽內閣成員的意見。內閣成員都一致認為，美國政府不應該進行干預。直到 5 月分的一天，格蘭特隨便地表示，海軍想要將沙門灣作為裝煤港，他認為應該派巴布科克將軍（Orville E. Babcock）到那裡研究情況，畢竟巴布科克將軍之前是一位工程師，了解那裡的具體情況。

在內戰後期，奧維爾 · E · 巴布科克是格蘭特的隨從之一，現在他奉命來到白宮，成為格蘭特私人助理祕書。巴布科克是一位有著個人魅力的年輕人，活力充沛、為人聰明，有足夠的軍事工程能力。但是他在做事方面的一些草率行為，以及他與一些有利益關係的人交往，這或多或少都讓格蘭特在之後陷入了許多困境。而且無論格蘭特提出的這個兼併計畫有多大價值，巴布科克在其中幾乎沒有起到任何作用，因為格蘭特始終會忠誠地對此負全部責任。巴布科克在西元 1869 年 7 月動身前往聖多明哥。在出發之前，國務院特別下達指令給他，要他對該島的人口和自然資源進行詳細地了解。接著，他便率領一艘海軍戰艦出發了。

9月4日，巴布科克與聖多明哥當局達成了一份協議草案，草案規定美國需要支付給聖多明哥共和國一百五十萬美元，用於消除該島的債務。在簽訂草案的過程中，巴布科克所用的是「美國總統尤利西斯 ·S· 格蘭特的副官」這個自我誇耀的頭銜，並且額外保證，說：「格蘭特總統會在私底下利用個人的影響力爭取國會議員的同意，從而讓聖多明哥共和國能夠成為美國的一部分。」

當菲什得知巴布科克帶回來的協議草案之後，他感到極為震驚。「你認為這件事該怎麼處理？」他這樣問雅各 ·D· 科克斯。「巴布科克回來了，並且帶回兼併聖多明哥的協議。但是我可以向你保證，巴布科克根本沒有這樣做的權力，他的權力就跟到那座小島遊玩的普通遊客一樣。」後來菲什對這件事沒有很在意，很快就忘記了。只是他做夢都沒想到，格蘭特竟然會表揚巴布科克這樣離奇的表現。

在下一次內閣會議上，格蘭特一開始就說：「你們都知道，巴布科克回來了，並且帶回兼併聖多明哥的協議。我認為這項協議還不是正式的，因為他沒有任何外交方面的權力。不過我們可以輕易解決這些問題。我們可以將協議送回去，讓領事人員佩里在上面簽字，因為佩里是國務院的官員，這一切就將合情合法了。」

內閣成員都陷入了一片死寂，最後科克斯終於打破了沉默，他說：「所以，總統先生，我們想要兼併聖多明哥的事件解決了嗎？」格蘭特的臉色一下子就變了，深深地抽了一口雪茄。菲什對此顯得很冷漠，雙眼始終盯著放在桌子前面的公事包。其他內閣成員都沒有說話。「當會議的沉默氣氛讓人感到痛苦的時候，」科克斯後來寫道，「格蘭特總統便轉移話題，沒有正面回答這個問題。在之後的內閣會議上，這個議題再也沒有被提起。」

此時的菲什處在一個極為尷尬的位置。他所負責的國務院聲譽不僅被巴布科克的大膽行為所損害，而且他的真誠也受到了質疑。因為菲什平常與索姆奈聊天的時候，都只是將兼併的事情當成一件八卦。菲什想要提出辭職，格蘭特懇求他繼續留任。格蘭特想要兼併聖多明哥，他需要菲什的幫忙，而菲什也想要與英國成功地進行談判，結束爭端。

最後，菲什在聖多明哥的問題上讓步，以便實現更加偉大的目標。巴布科克又被派到了聖多明哥，他與當地政府達成兩個協定，一個是兼併協定，另一個則是租借沙門灣的協議。與此同時，巴布科克以格蘭特總統的名義向聖多明哥保證，在這些協議獲得聖多明哥人民的同意之前，會保證任何外在勢力都無法對此進行干預。這一保證履行了數個月，我們的海軍在羅伯森海軍部長的指揮下執行這樣的命令。

美國海軍在海灣附近給予巴埃斯保護之後，巴布科克在 12 月回到了華盛頓，帶回他與巴埃斯之間的協議。當時國會正在休假，格蘭特就著手準備說服當時依然還留在華盛頓的索姆奈。

在 1 月第一個週六的晚上，格蘭特前往索姆奈的家，發現他正與兩位朋友吃晚飯，其中一位是波利 · 普爾，是當時華盛頓地區的記者，另一位則是參議院祕書約翰 · W · 福尼（John Weiss Forney）上校。這次會面在格蘭特政府接下來的執政有著極為重要的地位，也是格蘭特與索姆奈之間產生不可調和矛盾的開端。格蘭特始終表示，索姆奈曾經明確表示會支持這一協議，但索姆奈則堅決否認自己說過類似的話。而當時兩位見證者之一的福尼後來表示，格蘭特在見面後認為索姆奈會支持自己的想法是非常合理的，可是普爾則表示：「格蘭特總統與索姆奈參議員都誤解了對方的意思。」

根據普爾的說法，格蘭特當時並沒有隨身帶相關的協議或是備忘錄。格蘭特在談話的時候，特別提到了巴布科克將軍在聖多明哥的花費，並且表示這是特務資金的一部分，用來促進西印度群島間的交往，並且給索姆奈這樣一種印象，那就是他擔心這個議案，會因為其花費的問題而遭到國會反對。普爾在西元 1877 年這樣寫道：「就我所知，索姆奈認為總統應該將巴布科克所花費的資金清單列出來。我深信，總統當時所說的協議就是指兼併聖多明哥的協議。」（福尼上校與我都是這樣的想法。）

格蘭特答應讓巴布科克將軍帶上許多文件前去拜訪索姆奈。根據福尼的回憶，當索姆奈陪同格蘭特總統走到大門口時，索姆奈說：「總統先生，我是一名共和黨人，也是本屆政府的成員之一，我將會盡自己的所能讓你的這屆政府取得成功。我會認真思考這個問題，盡最大的能力給予你幫助。」

索姆奈在西元 1870 年 12 月 21 日的參議院演說裡是這樣說的：「我聽到有人說我向總統保證，我會在這個議題上支持這一屆政府。這是絕對沒有的事！總統可能自己產生了這樣的想法，但我從來沒有說過這樣的話。我也沒有想到，總統竟然沒有理解我那樣說所持的保留態度。我再次重申，我所說的話是精確的、深思熟慮的並且是有選擇的。『我是本屆政府的成員之一，無論你提出什麼議案，我都會給予最詳細與最真誠的考慮』。當我說這句話的時候，我的立場是正面的。我一直都是持這樣的立場，我知道自己的做法是正確的。」

這一關係不大的觀點分歧，卻決定了之後發生的事情。在對一句話不同理解的問題上，格蘭特也沒有辦法指責索姆奈違背了自己的忠誠。後來的歷史學家也很少提到一個引發這場爭議的重要因素。那就是索姆奈在之後的談話中表示，格蘭特那一天喝醉了。索姆奈這樣的批評顯然傳到了格蘭特的耳朵。普爾表示，「格蘭特在那一天，沒有顯現出任何受到酒精影響的症狀。」普爾認為，索姆奈可能是說，在聖多明哥議題需要進行考慮之前，總統的脾氣一直不穩定，「並且在那一晚前些時候，表達自己時使用更加激烈的口氣。」因此，索姆奈就做出了那樣的推論。

在討論俄亥俄州前眾議員阿什利的問題上，因為阿什利剛剛被罷免了蒙大拿州州長的職位，索姆奈希望阿什利能夠恢復職務。格蘭特對此表示反對，指責阿什利是造成混亂的罪魁禍首，是一個毫無用處的廢物。

巴布科克第二天就帶上協議的草案去拜訪索姆奈，索姆奈在看了協議之後，直接表示自己對其中的條款感到不滿。他認為，美國總統竟然還要想辦法遊說國會議員通過這樣的議案，這實在讓他感到氣憤，這也進一步加深了他反對這個兼併議案的決心。索姆奈認為，兼併聖多明哥這個黑人共和國，對於那些原本有機會實現自治的黑人來說，是一個嚴重的錯誤。1 月 18 日，這一協議被遞交到參議員外交關係委員會，絕大多數議員都表達反對這個協議。

格蘭特很快就得知了外交關係委員會的態度，但這只會讓他更加堅定自己的目標。他立即召集這些議員到白宮，他在總統辦公室逐個懇求議員們支持這一議案，最終卻仍是徒勞無功。這一議案在委員會一直擱置到 3 月 15 日這一天，因為國會對此進行了否決的投票。索姆奈、舒爾茨、派特森、卡梅倫以及卡瑟利都投了反對票，莫頓與哈倫則投了贊成票。

格蘭特在協議無法通過的情況下依然堅持己見。在委員會否決的報告出來兩天後，他親自前往參議院，要求十四名參議員與他見面。在國會依然在討論兼併協議的時候，格蘭特繼續著自己的遊說工作，但這一議案依然擱置了數個星期[14]。在國會投票的前一天，格蘭特還發布了一個簡短的

14 注譯：舒爾茨講述了格蘭特在一次招待會與他見面的情景。格蘭特讓他前往白宮，接著他立即談

訊息，敦促國會通過這個議案，並且表達了希望參議院不要讓這個協議自動過期的真誠意願。3 月 31 日，格蘭特發布另一個訊息，希望國會能夠延長兼併協議的討論時間，並且不斷地遊說議員支持這個議案。

「我感到非常不安。」他說，「因為在我看來，簽訂這個協定將有助於兩個國家未來的發展，對於人類文明的進步以及消除奴隸制都是非常有幫助的。門羅總統所提出的主義一直為各個政治黨派所遵守，我現在認為，美洲大陸上任何一塊土地，都不應該落入歐洲國家的控制範圍，這同樣是一條非常重要的原則。聖多明哥政府自願提出這樣的兼併協議，是因為他們的政府是一個勢力非常弱小的政府，總人口還不到十二萬，可他們卻擁有世界上最富饒的土地，那裡的物產能讓一千萬人過上奢侈的生活……兼併聖多明哥是對門羅主義的嚴格遵循，也是保衛我們國家自身安全的一種手段。我們這樣做，不過是宣示我們在控制從東到西的達連灣海峽的正當權利，這有助於我們的商船隊在這個區域自由往來，能為我們的市場、商店以及製造業開拓全新的市場，並讓奴隸制在古巴以及波多黎各土崩瓦解，最終促使巴西廢除奴隸制，這將有助於解決我們與古巴之間的不愉快，消除彼此之間的衝突。這還為我們以合理的方式消除債務，提供了很好的條件，讓我們的人民能夠以更低的價格獲得日常的生活必需品。兼併聖多明哥將會讓我們的國家在文化、工業以及創新等方面取得更大的進

論了他心底的想法。「我聽說你是參議院外交關係委員會的成員，正在對兼併聖多明哥協議進行討論。」格蘭特總統說，「我希望你能支援這個協議，你會這樣做嗎？」舒爾茨坦率地說他不能這樣做。並且詳細地給出了自己反對的理由。一開始，格蘭特總統認真地聆聽著我的理由，他看我的表情似乎在思考著我所提出的反對意見在他看來是非常新穎的，給他留下了深刻的印象。但過了一會，我注意到格蘭特總統的眼神在房間裡四處遊蕩，我開始懷疑總統是否真的在認真聆聽我說話。當我說完之後，總統坐在椅子上沉默了一兩分鐘。當然，我也沉默地坐著，等待著總統發話。最後，格蘭特似乎當之前的事情沒有發生過一樣，用非常冷靜的口氣說：「好吧，我希望你至少能夠透過我提名鐘斯為外交使者的任命吧。」舒爾茨之前從未聽說過鐘斯這個人。當鐘斯的名字幾天之後出現在外交關係委員會的時候，要被提名為駐比利時大使的時候，舒爾茨才知道其他的委員會成員一樣對此感到莫名其妙。鐘斯這個人對芝加哥的有軌電車線路比較感興趣，但是他的提名最後還是獲得了確認。

步，讓美國成為世界上更加強大的國家。」

不過，格蘭特一味地吹噓兼併計畫的重要性時，卻也招致了更加猛烈的反對聲音。6 月 30 日，兼併計畫在國會以相同的票數 28 對 28 被否決，格蘭特對這樣的結果感到無比憤怒，特別是他對索姆奈的憤怒之情更是怒不可遏。因為在格蘭特看來，索姆奈當初向他承諾會支持這一議案，現在卻又出爾反爾，這充分證明了索姆奈為人的虛偽。在國會討論的時候，索姆奈指責這次談判的方式，並且強烈攻擊格蘭特的私人特使巴布科克的所作所為。

一些好事之人旋即向格蘭特灌輸這樣的想法，即那些關於這個協議會帶來許多詐騙以及腐敗的傳聞，都是源於索姆奈口中，因此格蘭特的憤怒之情都集中在索姆奈身上。在協議被國會否決的第二天，在格蘭特的指示下，菲什要求莫特利馬上辭去所有的職務。這一舉動顯然是格蘭特對莫特利的朋友與支持者索姆奈進行的報復行為。

不過，格蘭特從未承認這樣做是為了報復，而莫特利在過去幾個月內一直與格蘭特政府的關係很差，部分原因是他早期在與英國進行談判時表現不力，另一部分原因則是他在與格蘭特總統打交道的時候，缺乏足夠的圓滑能力。在格蘭特親自要求莫特利任命尼古拉斯 · 菲什（Nicholas Fish）為他的私人祕書時，莫特利竟然表示拒絕。5 月 15 日，也就是國會就聖多明哥兼併議案投票前的六個星期，亞當 · 巴多就表示，格蘭特在白宮對他說想要免去莫特利的職務。

在國會否決這一議案之前，白宮方面就一直在討論著該派誰去取代莫特利的職位，這一點可以從索姆奈後來表達對格蘭特政府不滿的演說中得到展現。當時，菲什忠誠地支持格蘭特總統兼併聖多明哥的計畫，同時也依然與索姆奈保持著朋友的關係。在投票前的兩週，菲什在一天晚上前往索姆奈的家討論了三個小時。在談話的過程中，菲什徵求索姆奈的意見：「為什麼不去倫敦呢？我可以讓你擔任駐英國大使的職位，如果你想去，這個職位就是你的了。」索姆奈淡淡地回答說：「目前沒有比現在那位駐英大使更加適合的人選。」

索姆奈後來引述這個例子，表明格蘭特政府想要以不恰當的方式給他施壓。菲什表示，這樣的建議不過是出於對索姆奈的同情，因為索姆奈當時在談話時，說自己在國內事務中遇到了許多問題。不管這是否要進行陰謀論的解讀，但這顯然表明了一點，那就是在國會投反對票之前，莫特利的任期都將結束了。

接著，司法部長霍爾 —— 這位索姆奈在格蘭特政府中唯一一位親密的朋友 —— 也被要求辭職。因為麻薩諸塞州有兩人都在內閣擔任職務，霍爾之前就曾將辭呈遞給格蘭特總統，但是格蘭特對此不置可否。格蘭特非常欣賞霍爾的幽默性格以及他的友情，雖然他們兩人有著完全不同的性格。

西元 1869 年 12 月，格蘭特提名霍爾擔任最高法院法官。可是，來自南方各州的參議員認為，霍爾之前曾經拒絕認同南方聯邦法官的合法性，因此他們都聯合起來，反對格蘭特的提名。「當你得罪了七十名議員之後，你還能怎麼辦呢？」霍爾在面對週六俱樂部那些同情他的朋友時，這樣幽默地說。

6 月一天的下午，在國會對聖多明哥議案進行投票之前的幾天，霍爾突然被要求辭職。格蘭特坦白地對霍爾說，他之所以不得不這樣做，是為了獲得南方各州議員的支持，因為他們要求讓南方人擔任內閣職位。格蘭特當時心目中還沒有適合的人選，但後來選擇了來自喬治亞州的阿克曼。第二天，在霍爾的建議下，辭職的手續很快就完成了，避免了南方各州施壓所帶來的各種尷尬情景。

此時的莫特利依然留在倫敦。他的心靈變得敏感起來，精神感到空虛，等待著自己在 12 月徹底遭到解職。有關美國那邊的消息持續地傳到了倫敦。兼併聖多明哥的計畫沒有獲得國會支持，不過美國的海軍戰艦卻在聖多明哥附近的海峽巡弋。西元 1870 年 12 月 5 日，格蘭特在年度國情咨文裡再次提到了兼併聖多明哥的計畫。他要求獲得授權再次與聖多明哥方面進行談判，就如當年兼併德克薩斯州一樣。「我深信，兼併聖多明哥將會帶來巨大的好處，要是我們不這樣做，則會帶來巨大的災難。我相信這個議題在認真研究之後將會得到通過。」莫頓擔心國會在這個議案上的再次否決，會毀掉本屆政府，便向國會提出一個折中方案，要求組建一個調查委員會。

索姆奈對此火冒三丈。他的憤怒情感也是被一些搬弄是非之人所傳的謠言所燃起的。他的憤怒與不滿持續了整個夏天。當他與朋友們談到格蘭特總統的時候，就像「巴珊公牛」那樣吼叫。格蘭特同樣對索姆奈是怒火中燒。

直到此時，索姆奈都沒有在公開場合直接攻擊格蘭特總統。現在只要是富智慧的政客或是優秀的律師，都會選擇不去理會聖多明哥這件事，因為無論格蘭特怎麼努力，透過兼併計畫或是聯合聲明的方式來實現兼併都是行不通的。索姆奈本可以優雅地同意莫頓這一組建調查委員會的提議，那麼這件事最終也會不了了之。但是，索姆奈那種想要追求正確原則的性格，自從挫敗了詹森 - 克拉倫登協議之後就一直沒有改變過。

莫頓敦促索姆奈在不需要討論的情況讓這個提議通過，不過索姆奈斷然拒絕了，雖然莫頓當時就提醒過他，如果他攻擊本屆政府的任何提案，那麼總統的朋友也將不得不奮起反擊，最終必然導致兩人的決裂，可是索姆奈依然堅持己見。索姆奈的內心對這屆政府充滿了敵意，甚至表示自己的生命受到了來自白宮方面格蘭特與巴布科克等人的威脅。莫頓只能表示這完全是索姆奈的幻覺。

西元 1870 年 12 月 21 日，索姆奈在一次名為「拿伯的葡萄園」的演說裡攻擊格蘭特。他一開始就說：「這個議案會讓國會陷入血腥當中。」並且暗示格蘭特正在走向皮爾斯、布坎南以及安德魯 · 詹森等人的道路上。按照莫頓的說法，索姆奈在談到格蘭特總統的時候，口氣非常「激動與苛刻」，莫頓接著說：「索姆奈的行為讓他最好的朋友都感到非常遺憾，我是其中的一個。」錢德勒與康克林等議員對索姆奈進行了猛烈的個人攻擊。

莫頓的議案得到了國會參眾兩院的批准。格蘭特總統任命激進的共和黨人本傑明 · F · 韋德（Benjamin F. Wade）、沒有政治立場偏見的大學校長安德魯 · D · 懷特、廢奴主義者、索姆奈的私人朋友薩繆爾 · G · 賀維（Samuel G. Howe）組成調查委員會。委員會的成員帶著許多新聞記者以及其他觀察家一起前往聖多明哥，他們回來之後得出的結論是贊同兼併聖多明哥。

他們在向國會提交的報告裡，列舉了許多關於那個國家擁有物產資源的事實。「國會一看到是總統提出的議案就加以否決。」格蘭特在西元 1871 年 4 月 5 日的演說裡這樣說，「這表明了政府與國會之間存在著諸多分歧，但這樣的分歧並不會損害彼此的尊嚴。不過，當否決的原因是因為總統在兼併計畫中，存在著腐敗或是利益輸送等問題的指責時，情況就發生了變化。事實上，在這件事情上，整個國家的榮譽都是需要進行調查的。這個委員會做出的報告也清晰地說明了，那些代表美國參加這次談判的人的動機以及行為，都是沒有問題的……現在，我的任務已經完成，我在這個議題上所有的焦慮也將隨之消失。我完成了自己的職責，是時候輪到國會履行他們的職責了。我相信美國人民選出來的議員能夠做出正確的選擇。有關這個議案的事實將會在全國各地傳播開來。最後國會做出的任何決定都將是正確的，我也不會對此有任何的反駁。」

雖然格蘭特在多次演說裡，經常提到兼併聖多明哥的議題，可是國會並沒有就此做出任何動作。格蘭特表達了對國會不作為的遺憾。多年後，格蘭特在回憶錄裡重申自己的觀點。索姆奈當時的憤怒對最終的結果根本沒有起到任何作用。這個議案只是煽動起了一場爭執，最終像老天注定一樣，讓格蘭特以及他的政府無法在這個問題上取得成功。

安德魯·D·懷特就以開明的心態去參加這次調查，他曾在白宮與格蘭特進行會談，他的描述可以讓我們了解一下格蘭特的性格。「格蘭特並不像他的政敵所說的那樣，他之所以保持沉默是因為他對所有事情一無所知，從不關注軍事以外的其他事情，並且只關注個人的利益。我發現他是一位性情安靜、具有尊嚴的人，他能夠詳細地講述聖多明哥的歷史以及他對此的觀點，他表達觀點的方式是那麼宏大、細心與具有政治家風範……當我離開白宮的時候，他跟我說了一段我永遠不會忘記的話。他說：『……你顯然已經注意到了一些國會議員以及一些報紙對我的指控，說我在兼併聖多明哥這件事上存在著利益關係。身為你的同胞，我懇求你到達那個島之後，詳細認真地審查美國人在那邊的利益關係，你可以詳細地檢查那裡的地契以及合約。如果你發現任何與我或是我家人連繫在一起的證據，你可以向美國民眾曝光。』格蘭特總統在說這話的時候顯得非常莊重。」

雖然我們可能會批評格蘭特努力遊說國會通過聖多明哥協議的行為，但是歷史已經證明了他這樣做的本意。因為他意識到這個島應該成為美國的一部分。如果我們在當時有機會兼併聖多明哥的時候這樣做了，那麼我們就能免於多年後出現的各種不愉快的爭執以及各種醜聞了。這個時候進行兼併是最適合的，因為這個時候不會遇到任何的阻力或是需要付出多大的成本。

「擔任總統的任期裡，」格蘭特在他的第二次就職演說裡這樣說，「在我提出任何兼併的提議之前，這樣的議題都必須要得到人民的支持。但是，我這樣說的時候，並不能理解很多人所持的一種觀點，即認為擴張領土會讓我們的政府變得軟弱或是遭受破壞。在電報以及蒸汽船的幫助下，商業、教育和思想的傳播都改變了這一切。我更願意相信一點，那就是偉大的造物主想讓全世界都變成一個國家，說同一種語言，不需要建立任何陸軍與海軍。」

兼併聖多明哥議案最後無疾而終的結果所引發的後果開始顯現出來。莫特利在規定的辭職時間的幾個月後依然沒有辭職。西元 1871 年 12 月，他受到了直接解職的恥辱。來自俄亥俄州的羅伯特 · C · 申克（Robert C. Schenck）這樣一位與莫特利有著不同性格的人接替他的職位。弗利林海森與莫頓之前都拒絕接受這個職務的任命。

莫特利最後以官職身分所做的舉動，就是寫了一篇關於他這次有爭議使命的文章，遞交給國務院。他在文章裡為自己的操守以及上級提出的批評進行了辯護。他還提到了他之所以被解職，是因為索姆奈反對聖多明哥協議的傳言。菲什在回應的時候給出了一些內部證據，表明這樣的傳言是來自於華盛頓方面「那些對總統有著強烈敵意的人」。

當報紙刊登出這樣的內容時，索姆奈認為這是對他的巨大侮辱，氣得大發雷霆。「莫特利必須要知道 —— 如果他不知道事實的話，那就說明只有他一個人還對這件事毫無了解 —— 很多參議員都公開反對兼併聖多明哥協議。他所提到的那位議員依然贏得總統無限的信任以及友情。任何一個真正的人都會包容彼此之間不同的看法，他只會更加專注於大眾的利益，而不會過分關注自身的利益。這樣的人做事會更加坦誠。這樣的人對於別人背叛信任時會更加敏感，會輕蔑與鄙視那些利用言語與友情去掩蓋充滿敵意目標的人。」

1 月 9 日，這封信被送到了參議院。到這個時候，索姆奈雖然與格蘭特已經很疏遠了，但依然與菲什保持著友好的交情。在不到兩個星期的時間裡，他前往菲什的家吃晚飯。當他讀到這封信之後，想當然地認為這是在影射自己，他的憤怒之情就爆發出來了。他感覺自己被一位偽裝的朋友背叛了。從那時候開始，他就只與菲什保持著表面上的交情。1 月 15 日，也就是一週之後，菲什不得不透過他與索姆奈的一位共同朋友作為中間人，與索姆奈就約翰 · 羅斯的使命進行溝通。從那以後，索姆奈在外交事務上的看法完全被格蘭特政府所無視。格蘭特已經下定決心要擺脫索姆奈。

3 月 4 日，新一屆的國會選舉結果出來了。當參議院著手組織職責範圍內的委員會時，支持本屆政府的人發現，索姆奈已經從參議院外交事務委員會主席的職位上辭職。索姆奈在同僚中沒有什麼真正的朋友。他多年來的行事方式一直非常傲慢。亞當斯就曾說：「只有對索姆奈習慣性的順從，才能贏得他的善意。」那些之前有著不同性格的人，在過去可能會支持他，但現在都不管他了。

從那以後，索姆奈就毫不留情地批評格蘭特。他言詞激烈的批評，讓更多人也加入到嚴厲批評格蘭特的隊伍裡面。誰能說後來的歷史學家在敘述這段歷史的時候，沒有受到索姆奈的影響呢？但在多年後，格蘭特在馬德里對羅威爾這樣說：「索姆奈是唯一一個我不能用真實的自我去面對的人，也是唯一一個我想要用各種手段去與之和解的人。」

第三十四章 古巴問題與財政政策

在格蘭特就職總統的前兩年裡，他將精力專注於治理國家的經濟狀況。當然，在這段時間裡，他還要處理其他四個面向的重要事情。格蘭特表示一定要堅定地執行法律，「美國這片領土上每個人的財產、個人尊嚴、宗教自由，不因為任何人的偏見而發生改變。」格蘭特這樣的表態，是在向當時依然處於混亂狀態的南方各州，發出了明確無誤的信號。他宣稱，他會贊同任何有助於印第安人走向文明社會，並且最終成為美國公民的努力。這是美國歷史上首位做出這樣表態的總統。格蘭特還表達了希望國會批准憲法第十五條修正案的意願，給予獲得釋放的黑奴全面的選舉權利。這一願望在他執政一年之後實現了。

格蘭特在就職演說裡，用幾段充滿激情的話語闡述了他的外交政策，這段話所表達的立場，一直是他八年執政期間所堅守的。「我會在平等的法律前提下與世界上其他國家交流，就像人與人交往的時候也要在平等的基礎之上。我會盡全力保護那些守法的公民，無論他們是美國人或是外國人。假使我們不能保護他們的權益，那麼美國的國旗就無法立足於世界民族之林。我會尊重世界上所有國家的合法權益，同樣也希望世界各國能夠尊重美國的權益。如果其他國家在與我們往來的過程中違背了這個基本原則，那麼我們也會按照他們的做法與他們往來。」

格蘭特這段演說所透露出來的外交精神，在與英國以及加拿大在阿拉巴馬號賠償、漁業和邊界爭端問題的解決方式上得到展現。同樣地，這樣的精神也展現在美國與古巴以及處理弗吉尼厄斯號事件、與墨西哥以及中南美洲各國的交往上，都始終堅守著門羅主義的外交政策。

我們已經知道，英國與聖多明哥的問題存在著千絲萬縷的關係。古巴問題則是這一連串事情中的第三環。

當時，菲什在羅斯的幫助下，正在嘗試重新開啟與英國的談判。格蘭特將目光轉向了西印度群島，那裡的古巴以及聖多明哥暫時成為他的外交重心。事實上，美國與安地列斯群島各國的關係迅速升溫，這是美國在與英國談判過程中始終展現出來的小心謹慎是不能相比的。但是，菲什依然保持著對國際關係的大視野。就他個人而言，他並不是非常贊同格蘭特在聖多明哥事件上的立場，因此他認為自己有必要說服格蘭特不要過分干預古巴的事務。

只不過，菲什覺得只要他能夠在格蘭特的支持下解決一些更為重要的外交問題，那麼他也會支持格蘭特在這些方面的政策，不願意因為這些事情讓他們兩人的關係變得緊張起來。在北美，特別是在紐約的金融圈子裡還有古巴的那些革命者，他們都向美國政府尋求幫助，並且得到了當時戰爭部長羅林斯的支持。

格蘭特非常認同羅林斯的觀點。西元 1869 年 6 月 9 日，格蘭特就曾根據交戰權利對叛亂分子發布公告一事，向索姆奈徵求意見，以求對西班牙宣戰，就像西班牙在內戰期間對美國宣戰一樣，但是索姆奈對此表示反對。不過，格蘭特始終堅持這個想法，下令起草一份戰爭宣言的聲明。8 月 19 日，他在福爾河邊的一座小屋裡簽署這份聲明，然後讓助理國務卿班克羅福特 · 戴維斯（Bancroft Davis）送到華盛頓，指示菲什在簽名蓋章後發布這份聲明。菲什當時正想盡一切辦法重啟與英國的談判，因此深知英國在美國內戰期間也曾認可過南方邦聯的事情，認為這必然會給索姆奈留下口實，最終讓他與英國的談判無疾而終。

在給莫特利的指示中，菲什努力降低這與英國女王在西元 1861 年 5 月發布的聲明所帶來的影響，但是這份聲明依然是他前進道路上的一個嚴重障礙。他深知，要是我們敷衍地肯定我們對英國當時做法的不滿，同時又認可古巴游擊隊具有正當的交戰權利，那麼這就是表裡不一的做法。菲什後來寫道：「這些游擊隊沒有什麼軍隊……沒有組建法庭，沒有占領任何一座城市或是房子，更別說有什麼海港了。」在他看來，「英國或是法國同樣可以在黑鷹戰爭[15]中認可雙方交戰權利。」菲什認為這份聲明有必要拖延，於是他在簽署之後將這份聲明放在一個安全的地方，等待著格蘭特的下一步指示，但是格蘭特始終沒有做下一步的指示，最後也就不了了之。

9 月 6 日，羅林斯去世了。「黑色星期五」到來了。格蘭特思考著如何解決許多緊迫的問題。在需要處理的紛繁事務當中，菲什有很多自主權。在西元 1869 年 12 月 9 日的國情咨文演說裡，格蘭特否認美國正在任何地方進行軍事部署「意圖破壞與在美洲大陸上擁有許多殖民地的西班牙的關係」。但是，大眾輿論都強烈認可雙方的交戰權利。當國會重新開會的時候，就面臨要通過決議來滿足這個目的的壓力。當時，菲什在這方面能夠起到一種遏制的作用。要不是在他的努力下，格蘭特肯定會幫助那些尋求獲得交戰權利的游擊隊。

菲什就曾對向參議院提交這一議案的參議員約翰．舍曼（John Sherman）說：「若是通過這一議案，將會嚴重增加政府債務，增加軍費開支，以滿足陸軍與海軍的軍費開支。」。在國會投票日期臨近的時候，菲什不

15 西元 1767 ～ 1838 年，美國印第安人索克和福克斯部族領袖，在西元 1832 年曾領導反對美國的黑鷹戰爭。

斷向格蘭特灌輸這樣一種印象，那就是有必要發布訊息，強調美國暫時不認同古巴游擊隊的交戰權利。最後，格蘭特在 7 月 17 日寫了一封特殊的信件遞交給國會，詳細地談論了這件事的影響。

菲什在他的日記裡這樣寫道：「總統一開始也對此顯得猶豫不決，最後很不情願地在那封信上簽名。在這封信送去國會之後，他對我說有點擔心自己犯下了一個錯誤⋯⋯這封信在國會引發了激烈的爭論，引發了許多議員的強烈反對，但也讓很多原本支持古巴游擊隊的議員恢復了理智，表示要尊重國際法，必須要考慮本屆政府所面臨的狀況。這個問題在經過激烈的爭辯之後，最終沒有獲得通過。」

之後，最讓人印象深刻的影響，就是必須要專注解決政府信用的問題。「在維護聯邦政府持續統一的過程中，我們的政府欠下了許多債務。」格蘭特說，「這些債務的本金以及利息償還的方式、貨幣支付的方式，都不能損害債務人階層或是整個國家的經濟發展。為了保護國家的聲譽，政府所欠債務的每一分錢都要以黃金償還，除非其他債務之前以合約的方式規定。我們必須要明白一點，任何主張拒付國債論的人都沒有資格擔任公職，這將會讓我們無法成為一個有誠信的政府，無法在世界上立足。要做到這點，我們必須要以法律規定的透明方法去增加稅收，嚴格稽查政府所花的每一分稅款，在政府的每個部門進行大規模的行政經費削減。」

對格蘭特以及共和黨來說，做出這樣的表態需要很大的勇氣。因為，當時美國國內有一種強烈的輿論傾向，就是認為應該採用美鈔來償還，這就需要印刷許多美鈔來滿足這個需求。多數黨派都表示支持這樣的提議，特別是在內戰結束後，美國國內鈔票流動不斷縮減的情況下，這樣的呼聲更是越來越高。

在西元 1868 年之後的兩年裡，流動的美鈔面值從七億三千七百萬美元，減少為五億九千七百萬美元。詹森總統當時雖然有著名的經濟學家麥卡洛克擔任財政部長，但在西元1866年5月倫敦金融恐慌危機爆發之後，麥卡洛克就曾表示，政府應該拒絕給那些購買政府債券的人支付利息。當時，商業不景氣，財產不斷貶值，債務所具有的面值卻在不斷升值，這都是因為現金緊縮所造成的。而格蘭特政府在面對這一問題時，沒有表現出任何的猶豫不決。

提名格蘭特擔任總統的共和黨人，譴責任何形式的拒絕償付國債的行為，表示這樣的行為就是一種國家犯罪，並且宣稱整個國家的聲譽需要政府「以最為善意的信念，對待國內或是國外的每一位債主，在法律的基礎之上對公共債務進行支付」。

西元1869年3月4日，國會制定的第一條法律就是為了「增強政府信用」的法律。這一法案獲得了國會參眾兩院壓倒性的通過。格蘭特在3月18日簽署法令使之生效。這一法律明確規定了政府以黃金或是等價物償還債務的決心，只有那些合約明確規定「可以用除了金銀之外」其他支付方式的債務，才可以用其他等價物進行償還。美國的這項法律同時還莊嚴承諾「為那些早期想要贖回美國政府債券的人提供任何幫助」。

接下來就是歷史上著名的「黃金陰謀」，而「黑色星期五」則是這起陰謀的最高潮。這起事件不僅表明了格蘭特為人天真，也表明了當時的社會局勢。在格蘭特擔任總統之後，紐約金融界有兩位引人注目的投機分子，分別是傑伊．古爾德（jay gould）與詹姆斯．菲斯克（James Fisk, Jr.）——大家都稱他為「吉姆」．菲斯克。

古爾德是華爾街最精明、最冷酷無情的商人與投機者——在他所處的那個時代，他算得上是一個鐵路大亨，他在賺錢方面有著超乎常人的天賦。古爾德身材瘦長、平時沉默寡言，有著一張精明的臉，像是閃米特人種。菲斯克與古爾德是很多商業交易中的夥伴，也是當時一位著名的投機者，此人身材魁梧，面色紅潤，注重衣著與言行，是一位大膽的冒險者，平時過著奢侈的生活，在金融操控方面毫無道德原則可言，在平日工作以及夜生活都很不檢點。

這兩個人除了投機以及金融控制能力之外，沒有任何的共同點。但是，他們卻在西元 1868 年結成商業夥伴，共同控制了伊利湖鐵路公司。他們像玩弄玩具那樣擺弄權力，透過讓坦慕尼協會的核心成員特維德與彼得·斯威尼擔任該公司董事會成員，炫耀著自己手中的權力。

古爾德與菲斯克還擁有蒸汽船，這在那時候是非常罕見的，他們經常乘坐汽船在紐約與福爾河之間兜風，菲斯克喜歡將一艘汽船稱為「上將」號。他經常駕駛著這艘汽船從長島前往紐約，一路上讓樂隊演奏著歌曲，並在船上掛滿彩旗。古爾德有一個抬高黃金價格的想法，就是在小麥成熟之後，西部的農民會想辦法將小麥送給英語國家的市場用於製作麵包。在這段期間，糧食需要運送到海港，這就意味著需要伊利湖鐵路公司更多的運力來進行支撐。

在西元 1869 年初夏，黃金的價格為 1.34 一盎司，這個價格在過去好幾個月裡都沒有發生什麼大變化。為了操控市場，古爾德需要一個自行決定權，但是他必須要考慮美國財政部黃金儲備的狀況。當時的財政部長鮑特韋爾對於黃金價格的走向也有著自己的想法。自從鮑特韋爾就任財政部長以來，就一直在出售黃金，每個月出售的黃金價格為兩百五十萬美元，從而讓美鈔的購買力更加接近黃金的水平。

古爾德面臨的問題，就是要阻止財政部繼續出售黃金。為了達到這個目的，他發去電報，與鮑特韋爾的上級聯絡。艾貝爾·拉夫伯恩·科爾賓（Abel Rathbone Corbin）當時六十七歲，是一位已經退休的投機商人、遊說經紀人、編輯、律師，最近剛剛與格蘭特的姐姐結婚，現居住在紐約。古爾德利用他去認識格蘭特。西元 1869 年 6 月 5 日，格蘭特在前往波士頓參加大赦年活動的路上順道來到紐約。他在科爾賓的家裡待了幾天，古爾德就是在這裡與格蘭特見面。

古爾德與菲斯克邀請格蘭特乘坐他們在福爾河上的汽船前往波士頓。在晚宴的時候，他們兩人將話題轉移到金融方面。在「黑色星期五」的恐慌之後，古爾德在接受調查時這樣作證說：「有人說詢問格蘭特對此有什麼看法。」讓這些陰謀分子感到驚恐的是，格蘭特只是淡淡地回答說：「有一些人在杜撰一些虛構的事實，認為美國無法繼續繁榮下去，認為經濟會出現泡沫化。」

當時，美國財政部助理部長的職位出現了空缺，而紐約是存放美國最多黃金的地方。最後，助理部長的職位在 7 月 1 日被丹尼爾·布特菲爾德將軍接替。古爾德認為，他能夠信賴布特菲爾德給予的幫助。在農作物豐收季節到來之前，他都沒有試圖去操控黃金市場。但在 8 月下旬最後的十天裡，透過與其他兩位財力雄厚的投機者合作，他買了一千到一千五百萬美元的黃金，在這個過程中並沒有嚴重提升黃金的價格。

9 月 2 日，格蘭特依然不知道到底發生了什麼事，離開紐約前往薩拉托加，並在科爾賓的家裡坐了幾個小時，在此期間沒有見任何人。在與科爾賓交談的過程中，格蘭特認為古爾德對銷售農作物理論的可行性比較認同。在交談過程中，格蘭特停頓了一下，接著表達自己的觀點，並寫了一封信給財政部長鮑特韋爾。在他離開科爾賓的家之前，這封信主要內容肯定已經洩露了。古爾德隨後在格蘭特不知情的情況下拜訪了科爾賓。

在國會調查委員會上，鮑特韋爾之後作證說：「我認為是在 9 月 4 日晚上，我收到了總統從紐約寄過來的信件。我還記得⋯⋯在那封信上，總統表達了他不希望看到壓制黃金價格的做法。他談論了西部農民銷售農作物的重要性⋯⋯在收到總統的信件之後，我發電報給賈奇·理查森（當時在華盛頓擔任助理財政部長）說：『在收到我的指示之前，不要給布特菲爾德下達任何命令。』」

就這樣，古爾德在財政部長要改變黃金銷售的政策的前一天，就知道了格蘭特政府的政策。他沒有錯失利用這樣的機會。在離開科爾賓的家之後，科爾賓同意攜帶價值一百五十萬美元的黃金。正如科爾賓在之後的證詞裡表示：「古爾德說這是給我妻子的。」就在同一天的下午，古爾德的經紀人開始大規模地購買黃金。鮑特韋爾在西元 1869 年 9 月 4 日收到格蘭特總統的信件，此時黃金的價格已經從 32 升到 37。與此同時，空頭已經開始在賣空了。古爾德的合夥人之一開始拋棄他。整個黃金市場就崩潰了。科爾賓讓古爾德支付兩萬五千美元。最後，黃金的價格在 1.35 美元一盎司的價格持續了一個星期。接著，在古爾德的建議下，菲斯克開始買入。

古爾德將一百五十萬美元存入布特菲爾德的帳戶，另外五十萬存入格蘭特總統的私人祕書賀拉斯·波爾特的帳戶裡，因為波爾特的作用就是透過科爾賓向他們傳話。波爾特當時拒絕這樣的交易。布特菲爾德也沒有在意這樣的交易。在這場黃金風暴爆發之後，雖然他否認自己之前知道任何交易的內幕細節，但是這場醜聞實在是影響太大了，他不得不辭職。

9 月 10 日到 13 日之間，格蘭特再次回到紐約，古爾德在科爾賓的家裡見到了格蘭特。在那時，格蘭特已經開始懷疑這些投機者的動機，因為按照科爾賓的說法，格蘭特已經告訴隨從這是古爾德最後一次見他。「古爾德總是想從格蘭特身上套取一些有用的資訊。」讓人遺憾的是，格蘭特沒有早點將古爾德拒之門外。

第三十四章　古巴問題與財政政策

事實上，格蘭特並沒有就自己要執行的政策給予明確的答覆，因為當他在13號離開紐約，前往賓夕法尼亞州西部的高山小鎮上住幾天的時候，這些投機者都感到非常不滿，希望科爾賓能從格蘭特口中得到更多有用的資訊。此時，這些投機者已經購買了超過五千萬美元的黃金，雖然當時市場非常低迷，但黃金的價格已經衝破了一盎司1.4美元。他們不敢拋售手中的黃金，擔心市場會崩潰。因此，對他們來說，格蘭特總統不命令財政部長出售黃金是極為重要的。

科爾賓寫了一封信給格蘭特，建議格蘭特保持現在對黃金銷售的政策，在格蘭特返回白宮之前，菲斯克就派了一名特使將這封信送到了格蘭特手中。為了保證這封信能夠立即送到，信使還帶了一封介紹信給賀拉斯·波爾特。直到信使離開之後，格蘭特才發現這封不是很重要的信件，竟然還要如此緊急地送達。格蘭特開始起了疑心。在他的要求下，格蘭特夫人在當天晚上寫了一封信給科爾賓夫人，表示總統對科爾賓參與華爾街的投機活動深感不安，並且希望他能夠「馬上停止這樣的活動」。

科爾賓旋即回信給格蘭特說，自己並沒有參與黃金的投機。之後科爾賓就將格蘭特的這封回信拿給每天前來拜訪的古爾德看。科爾賓表示，為了讓他的妹夫能夠保持這樣的立場，古爾德應該立即給他十萬美元，並且將他的黃金帶走。此時已經購買了許多黃金的古爾德對此表示拒絕，但是同意給予科爾賓十萬美元，希望他絕對不要將那批價值一百五十萬美元的黃金拿到市場去出售。科爾賓對此表示拒絕，因為他意識到財政部隨時都有可能下令出售黃金。古爾德匆忙趕回華爾街。

當時，菲斯克依然認為格蘭特會按照科爾賓在信件中提到的建議去做，依然瘋狂地大舉買入黃金。此時，黃金的市場價格已經飆升到了一盎司一百六十二美元。賣空方都對這樣的經濟形勢感到無比震驚，只能任由華爾街的全新主宰去控制了 —— 很快，泡沫就破裂了。華爾街出現了之前歷史上從未出現過的興奮情緒。在幾分鐘之內，黃金的價格就降到了 135 美元一盎司。

財政部發電報表示立即出售黃金，這符合古爾德之前的預期，但菲斯克卻沒有想到這點。此時，古爾德已經出售了之前購買的所有黃金，他的經紀公司也有足夠的財力去履行合約，可是菲斯克就不一樣了，他遭受到嚴重的經濟損失。受害者就轉向他出氣，他只能從辦公室的後門逃走，軍警則負責控制那些想要衝開辦公室大門的破產投資者。在華爾街之前或是之後的歷史上，從未出現過這樣的情況。這是西元 1869 年 9 月 24 日，星期五，因此被稱為「黑色星期五」。

但是，這場經濟恐慌的始作俑者卻沒有得到應有的懲罰。菲斯克與古爾德繼續控制著伊利湖鐵路公司，雖然他們已經名譽掃地了。布特菲爾德被允許辭職。古爾德還可以繼續擁有他之前購買的黃金，並且還在政府債券上進行了投機。格蘭特的姐夫科爾賓發財的美夢破滅了，隱居在華盛頓，雖然大家也沒有完全拋棄他，可是他已經成為格蘭特一家不歡迎的人了。他在這場高風險的金融投機裡一無所獲，只留下了人們對他的惡言相向。

第三十五章　法定貨幣的決定

當國會在西元1869年12月開會的時候，動盪不安的經濟形勢依然沒有得到解決。格蘭特在他第一年的國情咨文演說裡，要求國會重視不能贖回的現金所帶來的弊端。在演說中，格蘭特不斷重複著這樣的話語：「這是政府的責任 —— 也是最高的責任 —— 就是為民眾確定一種固定且不變的價值媒介。這意味著我們要回到貨幣支付上，其他任何物件都不能加以替代。我們現在就應該這樣做，找到一個滿足債務人階層利益的實用解決方法。」

格蘭特強烈要求國會通過類似的立法，確保財政系統逐漸回到貨幣支付的軌道上來，並且立即阻止票面價值的波動，「這會讓每一位商人都在不知不覺中成為賭徒，因為未來的一切商品銷售，都會讓雙方對票面價值的投機採取觀望態度。」

在那時，美國的國債為二十四億五千三百萬美元，從3月1日以來，這個債務規模已經縮減了七千一百九十萬三千美元。這一部分的債務留出來投入到兩千萬美元的償債基金。這是根據西元1862年制定的法律去做的，也就是所有債務的百分之一每年都要分離出來，用於這個目標。雖然鮑特韋爾沒有很強的經濟管理能力，卻有著良好的經濟常識，奉行財政節約的政策，認為財政部的首要責任就是努力減少國家債務。他奉行的這一政策有助於減少美國在國內外的負債，還讓格蘭特的兩屆政府在八年後減少了十億美元的債務。

按照鮑特韋爾的計畫，財政部會以百分之六的利息購買520債券，然後以百分之四點五的利息賣給再融資計畫。他努力想要實現恢復貨幣支付。在他的第一份報告裡，他就尋求獲得授權，每個月將兩百萬美鈔的自由裁量權收回財政部。但是國會卻沒有授權他縮緊現金的做法，該做法從詹森政府的麥卡洛克開始就一直不受歡迎，因為當時的麥卡洛克已經收回了四千四百萬美鈔，最終國會在西元 1868 年 2 月暫停了這種緊縮現金的做法。

在整個國家處於經濟低迷的時候，從麥卡洛克收回現金的政策以及收回法定貨幣造成的複利利息所導致的現金緊縮，無疑是一種非常激進的做法。來自印第安那州的莫頓就將這樣的政策稱為：「讓一個國家不斷流血，直到奄奄一息的政策，在本該使用刺激經濟政策的時候卻使用這種以毒攻毒的做法。」

當格蘭特在西元 1869 年的國情咨文中談到經濟問題時，國民尚未充分意識到現金問題所帶來的嚴重影響。後來，美國最高法院在赫伯恩與格里斯沃爾德案子的裁決，才最終讓民眾對此有一定的了解。法定貨幣法案是在內戰開始的時候核定的，因此很多人認為這一法案是違憲的。

西元 1870 年 2 月 7 日，最高法院的首席大法官查斯對此給出了意見。他認為，法定貨幣法案損害了契約義務，並且與憲法所宣揚的精神是不相符的。這會讓國家在不符合法定程式的情況下，就剝奪民眾的合法財產，強迫債務人去接受比他們借出的財物更低的價值，這位違背了合約的精神，也違背了支付索賠方面的精神。

「我們只能得出這樣的結論，」查斯大法官說。「這一法案（這是查斯在擔任財政部長的時候制定的）只是承諾以美元為法定貨幣，用於支付之前的合約所規定的債務。這樣的做法是不合理的。國會應該廢除這項法律，因為這違背了憲法的精神，必須要被憲法所廢除。」

米勒大法官是最高法院歷史上最有能力的一位法學家，他向法院的少數派發表了自己的意願。在引述最高法院大法官馬歇爾的意見之後，他說：「在政府的信用消耗殆盡，稅收收入甚至不足以支付政府債務利息的時候，國會應該研究全新的方法以國家信譽去舉債。對每個有過深入思考且為政府籌措資金的人來說，雖然戰爭最終取得了勝利，但是這個國家的貨幣……卻不充裕，並不足以滿足當時軍隊購買物資的需求……現在看來，政府信譽的崩潰以及政府無法償還債務的結果是不可避免的了，人們對政府的信念以及能力也將會遭受損害，那些反叛分子有可能藉機重新搗亂，整個國家就會出現分裂，人民將會過著更加貧苦的日子。美國政府將會徹底消失，而支持我們這個國家賴以生存的憲法，也有可能面臨著嚴重的打擊。」

最高法院在這個問題上存在著嚴重的分歧。最後投票的結果是四票對三票：納爾森、柯利弗德與菲爾德站在查斯這邊，而斯韋恩與戴維斯則站在米勒這邊。在西元 1869 年 11 月 27 日進行投票的時候，格里恩當時是最高法院的法官之一，他表示自己支持這一法案所具有的憲法性，但這個決定在 2 月 7 日公布之前，他就已經宣布辭去最高法官大法官的職位。此時，格里恩已經相當年邁了，他在其他場合的表態，與他在法定貨幣法案的立場存在著明顯的衝突。當他知道自己這種表裡不一的表態後，卻又馬上扭轉了自己的立場。

在最高法院投票的那一天，最高法院出現了兩個空缺。斯韋恩此時已經去世了，而格里恩辭職了。格蘭特提名 E.R. 霍爾擔任最高法院法官，這一提名卻被國會在四天前否決。格蘭特提名愛德溫 · M · 斯坦頓填補另一個空缺，在 12 月 20 日就得到了確認。但是，他在獲得國會確認的四天之後也去世了。

在最高法院投票的那一天，格蘭特向參議院提名賓夕法尼亞州的威廉·斯特朗（William Strong）以及紐澤西州的約瑟夫·P·布蘭得利（Joseph P. Bradley）。隨後，另外兩個被稱為法定貨幣法案的案件，也進入了最高法院的審理階段。最高法院做出判決，確認法定貨幣法案符合憲法，推翻了在西元 1871 年 5 月 1 日達成並且宣布的最高法院的決定。

西元 1872 年 1 月 15 日，新上任的最高法院大法官斯特朗在宣讀最高法院的決定時這樣說：「我們認為國會通過的法案符合憲法，適用於這一法案通過之前或是之後所制定的合約。在認定國會的法案是符合憲法的同時，我們推翻了最高法院在赫伯恩與格里斯沃爾德案件中的判決，認為當時的判決是不符合憲法的，並不能適用於這一法案通過之前或是之後的任何合約。」

格蘭特最新任命的這兩位大法官迅速改變了最高法院之前對法定貨幣法案的態度，這難免讓很多人得出這樣的結論，那就是斯特朗與布蘭得利之所以獲得提名，就是出於這樣特殊的目的。當查斯大法官表示，最高法院的其他法官已經被收買了，從而扭轉了之前他們所持的立場時，這讓不少人都覺得這就是事實。多年來，公眾一直有這樣的猜疑，而格蘭特與司法部長霍爾在做出這樣提名背後的動機，一直受到後人的質疑。

但是這樣的指控也是毫無根據的。參議員喬治·F·霍爾（George F. Hoar）就曾為自己的哥哥辯護，詳細地談論了當時的每個具體細節。這篇文章刊登在西元 1896 的《波士頓先驅報》上，之後被做成了小冊子印刷。不過，要還格蘭特總統以及他的司法部長一個清白，並不需要這樣堆積證據。當時的最高法院的確是出現了空缺，而這些空缺必須要填補。格蘭特身為共和黨推舉出來的總統，當然會選擇共和黨人來擔任這個職位，因為當時七名大法官中有四位都是與民主黨有著連繫的。

查斯在就任大法官的兩年前，還曾是民主黨推舉的總統候選人。對格蘭特來說，沒有比像斯特朗以及布蘭得利這樣有聲望的共和黨律師或是法官更加適合的人選了，因為這兩個人都支持法定貨幣法案是符合憲法的。直到現在，我們都沒有找到斯特朗與布蘭得利在獲得總統以及司法部長的提名，並且得到內閣成員同意的時候，存在著任何人要求他們兩人要持支持立場的條件。格蘭特並沒有「收買這兩位法官」。

第三十六章　更為棘手的問題

在格蘭特任職總統的時候，黑人問題以及南方各州的問題處在最複雜與難以解決的階段，這的確是他的不幸。在重建過程中出現的許多悲劇性政策失誤，雖然他當時在詹森政府就職期間就不是很同意，但出於政治壓力，也只能違心地同意。不過，這樣的政策在他的任期裡卻帶來嚴重的後果。內戰結束後，他一直就是南方各州的真誠朋友，支持應該迅速給予南方各州公民平等的權利。

在當時的政治環境，他不得不接受給予黑奴平等選舉權的法案，作為對詹森執行頑固政策的一種報復，但他並不認為這樣的做法，與他想要重新聯合這個國家的願望是相悖的。「讓我們擁有和平吧！」當他說出這句話的時候，並不是一句空談。可是，在他成為總統之後，要想實現和平卻只能透過武裝力量所帶來的恐懼情感，透過炫耀武力去鎮壓內部的叛亂。在格蘭特擔任八年總統的期間，南方各州的暴亂以及流血衝突頻仍不斷。在得到國會的授權之後，格蘭特不得不採取了一些超過憲法賦予權力的政策。

南方各州的許多投機分子以及無賴們，透過濫用黑人的選票，控制了這些州的政治權力，這段歷史實在是太黑暗，讓人不忍去回顧。三 K 黨以及白人聯盟的行為也同樣讓人痛心疾首。他們的行為讓整個國家都為之蒙羞，無論他們以所處的環境多麼動盪為藉口，都無法為他們的行為正名。之前的黑奴在面對這些突如其來的權利時都感到無比欣喜，可是這些人並不是代表他們種族的最佳人選，相反，他們是北方各州那些狂熱的廢奴主義者的受害者。這些人愚蠢地認為，之前那些貧苦、目不識丁的黑人在獲得選舉權之後，能夠立刻浴火重生。

三 K 黨以及白人聯盟的惡棍所做出的行為，並不是當時南方各州狀況的典型代表。當代很多人對當時南方各州政治腐敗、治安狀況極度混亂的描寫，其實並沒有將南方人民所具有的高尚品質以及教養展現出來。在格蘭特執政期間，各種暴行、暴亂以及謀殺案層出不窮，這些基本上都是處在社會最底層的白人做的。不過，我們應該為南方人民正名，那些投機分子實施的暴政，並不能抹殺南方普通民眾所付出的努力，這些人離開家鄉，前來幫助飽受戰爭的地區恢復往日的繁榮。

西元 1866 年 7 月爆發的新奧爾良暴亂，謝里登將之稱為「一場絕對意義上的大屠殺」。這是南方各州在投降之後出現的第一次社會大暴亂，在之後的一段時間裡，這樣的暴亂變得非常頻繁。這些暴亂首先出現在路易斯安那州是很正常的，因為這是南方第一個進行「重建」的州。很多獲得機會參加政府管理的黑人，都是之前在奴隸主的農場打工的人，這些人都是黑人種族中最無知與野蠻的，其中不少人都被他們之前的主人所出賣，遭受過逃跑奴隸的懲罰。

此時，北方的冒險家也迅速來到了新奧爾良，組織那些獲得自由的黑人取得政治上的控制。一方面是腐敗與司法系統的墮落，另一方面則是暴力事件層出不窮，這成為當時這個州的常態。在西元 1868 年春季選舉中，共和黨贏得了超過兩萬六千張選票，但在當年 11 月的總統選舉中，民主黨的西摩與布雷爾卻比格蘭特多得了四萬六千張選票。

西元 1868 到 1872 年這四年間，因為投機分子與黑人錯誤的治理方式，再加上少數白人製造的暴力事件以及威脅恐嚇不斷地出現，此時這樣的情況已經不僅局限於路易斯安那州，還蔓延到其他擁有許多黑人的州。雖然維吉尼亞州在斯科菲爾德長時間的軍事管制下，躲過了投機分子帶來的不良影響，用斯科菲爾德的話來說就是「避免了這個州出現其他南方州那樣的腐敗治理以及掠奪人民財產的行為」，可是賄賂、偷竊以及鋪張浪費等行為，在立法機構以及其他政府官員上還是非常普遍的。法院存在著普遍的腐敗，財產不斷貶值，拖欠的稅款遲遲無法收回，整個州的債務飆升到了荒唐的地步。整個州的工業處在癱瘓的狀態。

在田納西州、喬治亞州、北卡羅來納州以及維吉尼亞州，保守勢力在格蘭特執政的前幾年漸漸獲得優勢，但這樣的情況並沒有在其他州出現。西元 1873 年，南卡羅萊納州四分之三的立法機構成員都被黑人、黑白混血兒、有八分之一黑人血統的混血兒所控制，這些人在幾年前還是白人的奴僕，其他一些人還在農場監工的皮鞭下種植玉米以及棉花。當時該州眾議院的裝修異常豪華，時鐘以及鏡子竟然花費了六百美元，椅子花費了六十美元，痰盂花費了十四美元，幾乎將內戰前的簡單擺設都換掉了。

當時有一間免費的酒店以及酒吧一天二十四小時都開業，就是為了方便立法機構的成員和他們的朋友能夠享樂。在黑人控制立法機構的八年時間裡，政府列印費竟然超過了七十一萬五千五百八十九美元，這超過了該州之前七十八年列印費的總和。該州的立法機構成員一共支付的稅款，只有少得可憐的六百三十四美元。在九十八名黑人成員裡，有六十七名成員根本沒有納稅。

黑人以及投機分子不斷進入了議會，其中一些人是具有品格的，但其他人則不然。像布蘭奇 · K · 布魯斯（Blanche Kelso Bruce）、H.R. 雷威爾斯（Hiram Rhodes Revels）、約翰 · R · 林奇（John R. Lynch）、羅伯特 · 伊里亞德（Robert Elliott）等黑人議員，與世界上任何國家的議員相比都毫不遜色。

在南方重建各州當中，也出現了黑奴發動的暴亂，有很多關於黑人燒毀穀倉、軋棉機、民居以及強姦白人婦女的消息，當然，這些可能是黑人當中一些充滿獸性的人在獲得自由之後做出來的。但是，我們並沒有找到任何關於這類事情普遍存在的證據，不過這足以引發這些州政府做出反應，喚醒了白人做出反擊。因此，三 K 黨的活動日益猖獗，白人聯盟在晚上對黑人發動襲擊，比如夜晚對黑人抽鞭子、處以私刑還有難以盡述的惡行，其中一些白人這樣做是為了報私仇，還有一些人將之視為對政治權利受到打壓的發洩。這樣的紀錄是臭名昭著的。後來南方一些州的小說家、劇作家以及電影製片商想要為這些白人的報復行為正名，但這是毫無根據的[16]。

因此，格蘭特敦促國會制定前所未有的法律。授權他執行一些不受約束的政策 —— 要是南方各州處在軍事管制的時間更長一些，而不是直接進行重建實驗的話，那麼這樣的狀況可能就不會出現。格蘭特採取的政策

---

16 雖然三 K 黨的一些活動臭名昭著，但我們必須要指出，他們的活動在南方各州並不是普遍存在的。他們的勢力分散，並且主要打擊的目標是黑人聚集區以及黑人人口較多的州。其他一些密集的組織似乎也與三 K 黨存在著聯繫。有關這方面最真實的紀錄出現在西元 1871 年 4 月 7 日國會公布的一份聯合調查聲明當中，這是由七名參議員與十四名眾議員——獲得授權對「最近爆發騷亂的各州進行調查」。大多數調查人員指出，三 K 黨主要是在田納西州以及鄰近的幾個州活動，並且他們的活動在黑人成為議員或是黑人獲得選舉權之前就存在了。

這份報告還指出聯邦政府強加給重建各州的政策取得了讓人失望的結果。「不准黑人之前的主人參加政治重建的過程，這必然會讓黑人受到其他人的影響。許多黑人都透過選舉擔任了公職，並且忠實地履行著自己的職責，不過也有不少黑人沒有足夠的能力做好這樣的工作。不少根本沒有資格的白人就利用這些黑人的信任，獲取了這些公職。

特別是在南卡羅萊納州，腐敗簡直是無孔不入。該委員會所提供的證詞表明，無論是激進的共和黨人還是民主黨人都存在著腐敗的問題——黑人與白人都一樣。

民主黨的立法議員 R.M. 史密斯在被問到他是否會懲罰那些賄賂官員的人時，這樣回答：「先生，我不會的。因為當每個人都覺得一個人就像一隻綿羊那樣可以以某個價格出售的時候，那麼任何人都有權利去購買他。」

M.C. 布特勒將軍之後成為了聯邦參議員，在與西班牙的戰爭當中，他是一位來自南方的將軍。他談論過土地委員會欺詐的行為。南卡羅來納州的本地人會以每畝五美元的價格將土地賣給州政府，但如果他賄賂土地委員會的成員，讓他們最後購買了這些土地。「這幾乎就是人性最赤裸裸地體現。我並不認為一個真正誠實的人會這樣做。若是我有一萬畝地要出售，一位參議員走過來對我說，『要是你給我五百美元的話，我就跟你買這些土地。』我肯定會立即拿錢收買他，就像我拿錢去買一頭驢一樣。」

是非常激進的，在一些人看來這是有害的政策。可是在那個時候，這些措施卻是收效明顯且有必要的 —— 格蘭特在解決問題的方法上，從來都是非常明確的。

維吉尼亞州、德克薩斯州、密西西比州已經通過了憲法第十四條與第十五條修正案，這些州的參議員與眾議院都被批准進入國會，前提是他們要接受聯邦憲法，確保這些州在共和黨人的控制下。海勒姆 · R · 雷威爾斯，是一位有著四分之一黑人血統的人，他是第一位進入美國參議院的混血兒，他取代了傑弗遜 · 戴維斯之前在參議院的位置。此時，南方叛亂各州都開始進入了重建的過程，但是喬治亞州在西元 1868 年進行過詹森政府主導的重建，此時還需要再次進行重建。在該州被接納入聯邦政府之後，該州立法機構的保守派勢力就立即驅逐了所有的黑人成員，讓那些根本不符合憲法第十四條修正案的白人取代他們的位置。因此，在西元 1869 年 3 月組建的第十一屆聯邦國會當中，該州的參議員與眾議院席位都被暫停了。

喬治亞州的投機分子相對較少，不過該州的州長布洛克是一個激進的人，做任何事情都不會有任何顧慮，最後帶來了嚴重不良的結果。該州的財政狀況存在著許多隱患以及混亂的地方。西部與亞特蘭大鐵路多年來都是該州的驕傲之一，現在卻成為政治鬥爭以及搶劫的犧牲品。這一條鐵路的監管者證實，布洛克負責「管理這條鐵路的公共以及政治政策」。審計員以年薪三千美元的薪水節約了三萬美元的支出。正如布洛克所說的「厲行節約的經濟模式」。

西元 1869 年 12 月 6 日，格蘭特在年度國情咨文裡，就曾建議推行立法機構的重組。國會迅速制定了相關法律，嚴格規定立法機構的成員選舉標準，為那些準備加入國會的南方各州的參議員以及眾議員提供了法律的依據。喬治亞州必須要批准憲法修正案第十五條。要是布洛克州長對此無能為力的話，那麼格蘭特總統就可以使用包括武力在內的一切手段，強迫該州執行這一法律。

特里負責該州的軍事管理，將該州的立法機構成員都召集起來。在他的命令下，二十四名民主黨議員遭到了罷黜。他們的議員席位被共和黨人以及之前那些被罷黜的黑人所取代。在經過這樣的改組之後，該州的立法機構迅速批准了憲法第十四條修正案與第十五條修正案，選舉出兩名聯邦參議員。

在國會的辯論中，不少議員都表示，應該將喬治亞州的「基本經驗」搬到維吉尼亞州、德克薩斯州以及密西西比州，但是他們同時花費了兩年時間重組布洛克領導的州。莫頓、索姆奈、威爾遜以及其他激進的共和黨人在參議院進行了長時間艱苦的鬥爭，但沒有取得成功。布洛克想要延長重組期間的陰謀沒有得逞，喬治亞州在西元 1870 年舉行選舉，修訂州憲法的規定日期確定下來了。這是在重組的早期階段裡，共和黨內保守勢力第一次取得支配地位。

布洛克雖然在華盛頓方面吃了虧，可是他讓自己親手選擇的參議員提出一項決議，那就是該州的立法機構成員在西元 1872 年 1 月之前不准開會，並且規定任何選舉議員的行為，都必須在西元 1872 年 12 月之後才能進行，所有的州政府官員都要堅守自己的職位。這項決議在國會兩院進行了劇烈的爭論，最後在格蘭特的影響下沒有通過。布洛克接著慫恿該州的立法機構通過一項法律，規定 12 月 22 日舉行為期三天的選舉，然後給予黑人一次「重複」選舉的機會。對此，沒有人提出反對。該州過去三年一直徵收的人頭稅現在被宣布是非法的，因此沒有人會因為無力支付稅收，而被剝奪選舉議員的權利。

當時隸屬於民主黨的白人集團，想辦法要將黑人以及投機分子趕出該州的首府，將權力重新奪回手中。他們沒有表現出「任何憤怒的情感」，也沒有恐嚇或製造任何動亂，而是進行了長時間耐心的「勸說工作」。黑人都會因為選舉之後幾天裡有錢花而感到興奮。很多黑人都投票給了民主黨人。但是更多的黑人還是沒有參加這樣的投票。對獲得自由的黑人來說，這是一次對他們智力水準以及自身公民意識的檢驗。

民主黨人獲得了該州立法機構三分之二的席位，在新當選的七名眾議員中，有五名是民主黨人 —— 這對處在數字上劣勢的民主黨人是一個不錯的開始。之後，喬治亞州實行「地方自治」。在兩年之後的西元 1872 年末，一位民主黨州長正式就職。從這時開始，該州的總統選舉人票就一直投給民主黨推舉出來的總統候選人。一位來自南方的婦女在西元 1869 年冬天這樣寫道：「黑人幾乎處在一種無政府狀態。」兩年之後，她這樣寫道：「黑人的表現就像天使一樣。」這就是民主黨人執行「勸說」這一全新手段所帶來的良好結果。

北卡羅來納州一直以來都是一個追隨輝格黨的州，該州的黑人數量不多，但是腐敗橫行。該州的立法機構成員收受賄賂的情況是公開且普遍的。幾乎所有有問題的企業都能花錢消災。該州的債務從一千六百萬美元飆升到了三千兩百萬美元，足足上升了一倍之多。該州還有三 K 黨出沒，不過三 K 黨在該州造成的惡劣影響不像其他州那麼嚴重。當時的州長霍頓宣布有兩個縣處於緊急狀態，派柯爾克上校率領一支山地民兵組織前去鎮壓。柯爾克上校逮捕了一百多人，其中不少人都具有良好的名聲，並且在軍事法的要求下，讓這些人每天都處在面對死亡的恐懼當中。

這就是後來人們所說的「柯爾克上校的攻擊」，這件事激起了華盛頓方面強烈的憤怒，國會也對此進行了激烈的爭論。美國地方法庭的法官發布了一張人身保護令的法院命令，要求柯爾克將這些「犯人」帶到他跟前。與此同時，格蘭特也派一個兵團前往該州，美國的其他將領都呼籲軍隊要執行法院的命令。後來，格蘭特將這件事交給支持聯邦法院權威的司法部長阿克曼去處理。最後，法庭宣布這些被柯爾克「非法囚禁」的犯人無罪釋放。在此期間，該州在 8 月 4 日舉行選舉，共和黨在這場選舉中遭遇慘敗。民主黨占據了立法機構的絕大多數席位，並在新當選的七名眾議院中占據五個席位。

該州州長霍頓宣布派由黑人組成的軍隊去守衛州首府，更是產生了嚴重惡劣的影響。最後，他遭到了彈劾，被判有罪，撤去了州長的職位。

在釋放黑奴和南方各州在選舉過程中存在諸多舞弊的情況下，憲法第十五條修正案在四分之三的州批准之後，正式生效了。這些批准的州有北卡羅萊納州、南卡羅萊納州、路易斯安那州、阿肯色州、佛羅里達州、維吉尼亞州、阿拉巴馬州、密西西比州、德克薩斯州、喬治亞州以及之前南方邦聯控制下的那些重建州。國務卿在西元 1870 年 3 月 30 日對此進行了確認。

格蘭特對完成重建這三個重要的階段感到非常高興，因為這為南方各州走出內戰提供了基本的法律規定。他在發布給國會的一條特別公告裡，用熱情洋溢的話語去表達自己的心情。雖然一般的編輯可能會對格蘭特的這段話做一些刪節，但是這段話所傳遞出來的情感還是沒有什麼問題的。「像我們國家這樣的制度，所有的權力都是源於人民，因此必須要透過人民的智慧、愛國之情和勤奮來維繫。所以，我想讓那些剛剛獲得選舉權利的黑人朋友們明白，他們必須要努力地提升自己，更好地利用這一全新的權利。對那些受到我國法律最大保護的群體，我要說，你們必須要對那些剛剛獲得這些權利的群體給予最大的保護。我們的憲法制定者們堅信一點，那就是一個共和國要是沒有人民的智慧以及所接受的教育，是絕對不能長久的…… 因此，我呼籲國會採取各種憲法賦予的一切權力，去促進所有國民接受教育的權利，讓他們能夠更好地履行政治權利，有機會能夠獲得必要的知識，讓他們將政府變成一個帶給所有人祝福的機構，而不是一個給多數人帶來危險的機構。」

可是，國會在該修正案的第二條規定下通過的第一項法律，就是賦予國會「可以透過適當的立法去執行這一規定」的權力，這並沒有為推廣教育指明方向。與此相反，國會通過這一項法律旨在解決南方一些州依然存在的緊張局勢，但這在很多時候造成了對黑人的威脅恐嚇，一些聰明的白人利用對政治的控制，壓制黑人投票，只讓他們認為適合的人去治理政府。

國會迅速通過了三項「執行法案」，格蘭特在西元 1870 年 3 月 31 日簽署了第一項法律。「這一法案的範圍以及目的，」支援該法案的卡爾·舒爾茨說，「就在於任何州在選舉或是選舉之前的程序裡面，都不能用任何直接或是間接的方式阻礙某一部分人去投票，防止任何合法公民因為種族、膚色或是之前的狀況而被剝奪投票的權利…… 任何一個州或是個人都不能因為種族或是膚色的原因剝奪另一個人的選舉權，不能剝奪任何人參與自治政府的權利。國家有責任去防止出現這樣的犯罪，糾正因為這些犯罪而帶來的不良後果。」

瑟曼以及其他民主黨參議員譴責這一法案「是一種暴行與壓制」。艾德蒙德就曾用激烈的言語表示，「這一法案簡直就是從西元 1850 年制定的逃奴追緝法中抄襲過來的，這是對我們現在這個不同時代的一種莫大諷刺。」

該法案的一部分內容要求遏制三 K 黨的蔓延，另一部分的內容則授權

第三十六章　更為棘手的問題

總統在必要的時候，可以動用美國的部隊「幫助執行法院的判決」。在憲法第十四條修正案裡其他的一些特殊內容，也賦予了總統這樣的權力。

國會在嘗到了自身所具有的權力之後，接著就更進一步。在西元 1871 年 2 月 28 日，第二項執行法案由格蘭特簽署成為法律，這部法律被稱為「確保美國一些州執行公民選舉權利的執行法案」。這項法案讓聯邦軍隊可以管理議會選舉，美國法院的法官也可以深入監督選舉，確保選舉的公平以及計票的公正。這一法律還授權美國的元帥任命一些將領去防止出現干預人民投票的情況。在法律的授權下，這些將領能招募地方武裝團隊去幫助執行法律。

當然，這部法律適用於聯邦政府的所有州。事實上，這部法律後來對於曝光紐約坦慕尼選舉舞弊案件產生了直接的影響。但是，這部法律制定的直接目的就是保護南方各州的黑人能夠行使選舉權。因為在當時的南方，很多州對解放黑奴宣言以及憲法修正案的內容有誤解。後來，白人開始意識到透過將人口普查中的黑人數量計算在內，但卻不計算他們的選票，能讓這些白人比在內戰之前在聯邦眾議院獲得更高比例的代表權。

第三部執行法案制定的主要目的，也是為了在南方建立秩序。第四十二屆新國會在 3 月 4 日開會了。根據他們制定的限制詹森總統的法案，已經在先前設立的特別委員會中對南方各州的情況進行了調查。3 月 23 日，格蘭特發布給國會的一份特別公告裡表示：「在聯邦的一些州依然存在著人民的生命以及財產無法得到保障的情況，很多政府員工在送郵件或是收稅的時候依然會面臨危險。這些狀況仍然在某些地區存在著，現在國會應該想辦法去解決。消除這些弊端的權力超過了州政府所擁有的權力。美國行政體系的權力只能在現有的法律框架內運轉，可是法律賦予政府的權力並不足以解決這些問題。因此，我強烈要求國會制定相關法律，確實地保護人民的生命、自由、財產以及確保美國每一個角落裡都執行這些法律。」

國會深感局勢的緊迫性，迅速同意了格蘭特提出的要求，在西元 1871 年 4 月 20 日通過了第三部執行法案「保證憲法第十四條修正案的條款得到執行」。這一法案賦予了總統非常大的權力。其中的部分內容授予格蘭特可以暫停法院發布人身保護令的權力，這樣的權力一直持續到本屆國會的終止。

隨著西元 1872 年的選舉慢慢接近，共和黨內的大老們出現了分裂的信號，但是他們在支援打擊三 K 黨的法案上卻是少有的立場統一。

參議院裡的民主黨人雖然承認三 K 黨做出的種種暴行，卻強烈反對這一法案。瑟曼宣稱這一法案是違憲的。不過，共和黨多數派領袖莫頓則表示：「要想維持重建的成果，要想維繫憲法修正案的完整，要想保護黑人享有公平權利，要想讓共和黨人保護南方各州人民的生命、自由與財產的安全 —— 那麼這個法案就必須在西元 1872 年獲得通過。」

11 年後，美國最高法院裁定這一法案違憲。事實上，最高法院在西元 1875 年就宣布西元 1870 年 3 月 31 日通過的第一部執行法案的主要部分是違憲的，表示「憲法第十五條修正案會讓美國政府獲得過大的權力」。

格蘭特只使用了一次三 K 黨法案賦予他的權力，他將這次權力用在南卡羅來納州。當他做出那份聲明給國會的時候，其實就是特別針對該州發生的狀況。當時該州的州長斯科特是一位投機分子，就曾請求過聯邦軍隊過來援助，並在沒有得到法律的授權下整合武裝部隊，在該州製造許多暴力事件。5 月 3 日，格蘭特發布了一份聲明：「無論在任何地方與任何時候，如果有必要的話，我會毫不猶豫地使用法律賦予我的權力，動用聯邦軍隊確保每一名美國公民的安全。」

第三十六章　更為棘手的問題

西元 1871 年 10 月 17 日，格蘭特發布一項聲明，暫停了 9 個縣的法院發布的人身保護令。在這項聲明下，許多人遭到逮捕，其中一些人還遭到起訴，最後接受了法律的制裁。

這些措施取得了立竿見影的效果。根據三 K 黨調查委員會的報告，直到西元 1872 年 2 月 19 日為止，三 K 黨的活動出現了「明顯地停頓」。格蘭特在西元 1872 年 12 月 2 日的年度國情咨文演說裡表示，他不會質疑通過執行法案所帶來的「必要性以及有效性」。西元 1873 年 3 月 4 日，在他的第二次總統就職演說裡，他理直氣壯地說：「之前與聯邦政府作戰的州，現在都已經在重建，這些州的行政管理與美國任何州的行政管理已相差無幾了。」

格蘭特堅定地使用國會賦予他的這些權力，也是取得這些良好結果的重要原因。要是格蘭特稍微軟弱一點，都有可能助長這樣的行為，直到局勢最終失控。格蘭特對自己不得不使用這樣的權力表示遺憾，但是他的本性要求他必須遵守法律 —— 這也是他履行日常職責的一部分。在格蘭特的第二任期裡，路易斯安那州、密西西比州以及南卡羅萊納州都出現了種族與政治的衝突，需要聯邦軍隊及時加以干預。這是美國歷史上一段不愉快的歷史。若是詳細敘述的話，至少需要一個章節。

與此形成鮮明對比的是，格蘭特政府逐漸赦免之前參與南方邦聯叛亂的人。在國會通過特別法案之後，赦免的範圍包括了之前三千一百八十五名參加過反抗聯邦政府的人。可是，很多南方人對此非常敏感，不願意主動申請赦免。因此，國會需要通過大赦法案才能消除這些特別法案所帶來的局限。

格蘭特在西元 1871 年 12 月 4 日的年度國情咨文演說裡，用寬容大度與通俗易懂的話這樣說：「距離上一次雙方停戰到現在已過去六年多，其中一方是為了維繫聯邦政府，另一方則是想要摧毀聯邦政府。我們現在需要思考一下，憲法第十四條修正案裡面關於剝奪那些公民的權利是否應該廢除。這一修正案並沒有剝奪這些人選舉的權利，只是剝奪了他們擔任公職的權利。當選舉的公正性得到保障之後，絕大多數人都應該獲得選舉權利，從而反映出絕大多數人的意願。我認為，不能因為那些人之前參與過反對政府的戰爭，就剝奪他們被選舉的權利，只要他們有足夠的能力以及品格，並能宣誓效忠聯邦政府的憲法，那麼他們就有足夠的資格去擔任這樣的公職。人們可能會說，之前那些人違背了他們的宣誓，但其他人則沒有，這是因為其他人沒有這樣做的能力。如果他們一樣做出了這樣的宣誓，那麼我們同樣不會懷疑他們會像那些人一樣違背自己的諾言。」

「但是，」格蘭特補充道，「對於像傑弗遜·戴維斯、雅各·湯普森（Jacob Thompson）以及其他主犯，在國會看來，那些參與了內戰的主犯，應該從大赦名單中排除。」

眾議院通過了格蘭特提交的大赦法案，要不是索姆奈堅持將他補充性的民權法案作為修正案強行加入的話，參議院應該也會通過這一法案。

按照索姆奈自傳作者的說法，索姆奈提交的這一民權法案禁止在「交通工具、戲院、酒店、學校、公共墳墓、教堂或是在州法院或是聯邦法院遴選陪審團成員」的時候有任何形式的歧視。這一法案讓南方的白人非常反感，這些白人不願意看到黑人與他們獲得平等的權益。對北方民眾來說，索姆奈提出的這一法案同樣讓他們反感，因為他們不願意聯邦政府過度干預各州的內部事務。

假使索姆奈這一民權法案獲得通過，反而會給黑人帶來負面的影響，不過這是死板固執的索姆奈所無法理解的。正是因為索姆奈的堅持，再加上他與國會裡其他支持黑人的議員一起反對，才使得大赦法案沒有通過。

第三十六章　更為棘手的問題

最後，在西元 1872 年 5 月，大赦法案以全票獲得眾議院通過，但在索姆奈的民權法案修正案被單獨否決之後，參議院也通過了大赦法案。因為索姆奈的阻撓，通過的這個大赦法案在赦免的人數上還不夠徹底，最終還有三百到三百五十名的叛亂分子無法得到應有的政治權利。

索姆奈是兩位投了反對票的參議員中的一個，他就曾說自己之所以反對，是因為：「黑人無法充分獲得他們應得的權利，而法律卻認可這種對黑人的歧視。先生們，現在並不是大赦的時候。在我們對之前那些叛亂分子採取寬容態度之前，必須要先公正地對待黑人。」

格蘭特在西元 1872 年 5 月 22 日簽署了這份法案，除了第三十六屆與第三十七屆國會裡來自南方各州的參議員與眾議員、司法部門、軍事部門以及海軍等方面的軍官之外，其他人都獲得了平等的政治權利。不過那些沒有獲得赦免的人後來也得到了赦免，其中不少人為重建一個統一的聯邦國家付出了無私的努力。

第三十七章　黨內不滿的原因

「格蘭特總統坐在那裡，看著整個國家的治理還在人民可以忍受的範圍之內。」薩繆爾·鮑爾斯（Samuel Bowles）在西元 1871 年 11 月的《春田市共和報》上這樣寫道。鮑爾斯是一位具有罕見天才的記者，在政治觀點上具有獨特的風格以及鮮明的人格特點，他經常提倡要打破政治上的成規陋習。他所持的觀點經常與同時代的人不同，即便是他最親密的朋友所持的觀點與他的觀點也有一定的出入。在格蘭特政府執政的開始階段，他的這種傾向就展現出來了。

在格蘭特任命的內閣成員名單公布之後，他在給亨利·L·達維斯（Henry L. Dawes）的信中這樣寫道：「我喜歡這個內閣——你應該也喜歡格蘭特總統任命的這個內閣，因為這簡直就是一場革命，這打破了歷屆總統任命內閣成員的舊例，讓政府改革變得更加容易與更具可能性。」在一個月前，他就曾這樣寫道：「我的觀點是，格蘭特政府的內閣以及內閣組成人員將會是一個炸彈，對那些國會議員和政治圈子的人來說是一個重磅炸彈。」因此，當最終的內閣成員名單出爐之後，鮑爾斯顯得不是很驚訝。

事實上，這位來自春田市的觀察家，其觀點發生了一些微妙的變化。這樣的變化在他這樣的職業中是很常見的，那就是他們有時候能夠預測一些政治走向，但他們的預測對於格蘭特政府卻沒有什麼影響，即使他們的報導在當時會對格蘭特政府的聲譽產生一定的影響。鮑爾斯並不是一個迂腐的人，他的絕大部分人生經驗都是從與社會打交道的過程中慢慢獲取的，他就像蜜蜂吮吸著花粉那樣汲取各種資訊。他具有所有媒體人都應該具有的那種微妙的感知能力，再加上像他這樣一個經歷過道德衝突以及內戰洗禮的人，報導的激情更是非常強烈。

因此，鮑爾斯其實與亞當斯、葛德金、柯帝士、舒爾茨以及索姆奈等人有許多相似之處，後面提到這些人在學術上也給予他一定的尊重，雖然並不是非常看重他。他對那些「從事文學創作的人」非常感興趣。他的一個朋友就是撒迦利亞·錢德勒（Zachariah Chandler），當羅威爾擔任駐西班牙大使的職位，干預正常的任命程序時，錢德勒對此發出了許多不滿的聲音。像他這樣的人也理想化了格蘭特在內戰期間展現出來的英雄特質。格蘭特安靜沉穩以及含蓄的行為對他們具有強烈的吸引力——特別是格蘭特對軍人都想要追求的名聲表現出一種全然的冷漠，這更是讓他們讚賞有加。

「我並不是一位崇拜戰爭英雄的人。」在阿波馬托克斯戰役結束幾週之後，莫特利在給阿蓋爾公爵夫人的信件裡這樣寫道，「但在當前的階段，我們需要一位戰爭英雄，我們必須感激這樣一位戰爭英雄來到了我們身邊——這樣的一個人在視野上如此開闊，如此具有耐心，反擊的時候那麼淩厲，卻那麼地缺乏個人野心，那麼地謙遜，對名聲是那麼地反感。在過去兩年裡，全世界人民都在漸漸關注這個人，他卻始終不願意獲得大眾太多的關注。他將所有的功勞都歸給薛曼與謝里登這兩位將軍。只要我們這個國家擁有像格蘭特這樣的人，那麼我們的共和國就是安全的……在我的想像力存在著某種非常宏大的東西，那就是格蘭特從來沒有踏足過里奇蒙一步，也許他永遠都不會這樣做。」這是莫特利對格蘭特罕見的表揚，這與莫特利的好友索姆奈，在六年後對格蘭特進行猛烈地攻擊形成了鮮明的對比。

從霍爾姆斯到莫特利等人，在波士頓這些名人交流的內容當中，我們都可以對格蘭特的品格了解一二。「他是我見過最簡樸與最冷靜的人之一⋯⋯在我見過的名人當中，他似乎是最沒有虛榮心的一個⋯⋯有人問他是否享受被眾人吹捧的感覺時，他說：『這是非常痛苦的一件事。』格蘭特的這個回答充分展現出他的獨特品格⋯⋯我有時能從女性身上看到這樣的特質，但很難從一個男人身上看到這樣的特質——他似乎在追求一個偉大目標的過程中完全忘掉了自我，因而會給一般人產生影響的事件，對他來說根本不會有任何影響。」

這是格蘭特取得軍事上的輝煌成功、他的名聲尚未被政治的「汙泥」所汙染之前，他留給學界那些人的印象。倘若格蘭特擁有某種讓這些文化人感興趣的文化水準，或是更願意與這些人交往的話，即便當他的表現讓這些文化人的希望完全破滅，讓他們對格蘭特在政治上的純潔性理想完全消失，這些文人也依然會保持對他的喜歡以及支持。當一些不愉快的政治事件出現之後，這些文人也會更願意將原因歸結於那個時代。

如果是這樣的話，那麼這段歷史將會減少許多個人爭論，以及對格蘭特的動機和真誠的不公平攻擊。事實上，那個時代的確是懲罰別人的成熟時機，但是索姆奈、葛德金、鮑爾斯以及舒爾茨也不該對格蘭特做出那麼嚴重的「懲罰」，這主要是因為格蘭特缺乏一定的社交能力，無法理解他們所要表達的觀點。

在格蘭特宣誓就任總統後，他無視許多人想要給予建議或是要幫他撰寫就職演說稿子抑或就內閣成員給予建議的要求，這讓不少人都感到不滿。在政治領域，格蘭特就像一個孩子那樣天真。在這個國家經歷內戰之前，格蘭特根本沒有展現出要擔任任何公職的願望，而這樣的願望幾乎是每個人與生俱來都會有的念頭。

在詹森政府期間，格蘭特在政治上遭遇了許多不愉快的事情，這些事情更加表明了他不願意與那些對政治方面訓練有素的人交往。在阿波馬托克斯戰役之前，除了知道華盛頓方面的官僚主義會干預他的軍事計畫之外，他對華盛頓的運轉方式一無所知。他從未見過開會期間的立法機構，除了在春田市訓練軍團之外，除非是占領某個州的州府，否則他從未去過其他州的首府。

他對文學的了解程度也僅限於西點軍校教科書的內容。他有時會閱讀小說，但這主要是為了了解故事情節，而不是在意作者的寫作風格。他的藏書也僅限於客廳或是其他角落裡擺放的幾本書而已。他對歷史不感興趣，當然他在後來的工作中，不得不對歷史有深入的學習與了解。

他甚至對自己所從事職業的相關書籍都不感興趣。當他勝利凱旋的時候，費城與華盛頓都獎勵了他幾間房子，波士頓甚至還想要送給他一座圖書館以表達他們對格蘭特的感激之情。薩繆爾·霍普（Samuel Hooper）想要了解格蘭特閱讀過什麼軍事方面的書籍，好讓他進行推廣。但讓他感到無比驚訝的是，格蘭特根本沒有閱讀什麼軍事書籍。他在戰場上的靈活指揮完全是憑藉他的直覺，他在各種不可預測的緊急關頭善於運用軍事作戰原則的天才，以及他後來在公職上處理事務的能力，都是源於他的直覺。「他的治理能力，」鮑特韋爾說，「沒有任何的藝術或是神奇可言，我們可以從這個國家裡每一位誠實的公民身上看到。」

格蘭特想要與之交往或是培養交情的人，都不是那些具有精緻品味的人。他更願意與「慷慨大方」的喬治·威廉·查爾德斯（George William Childs）交往，也不願意與評論家兼改革家喬治·威廉·柯帝士（George William Curtis）交往。相比於查爾斯·索姆奈、卡爾·舒爾茨、萊曼·特蘭伯爾等人，格蘭特更願意聽從撒迦利亞·錢德勒、約翰·A·洛根以及羅斯科·康克林等人的意見。格蘭特將亞當·巴多、約翰·羅斯洛普·莫特利視為具有相同成就的歷史學家，但他個人更加偏向於巴多。巴多後來就說，格蘭特曾經表示讓他取代莫特利在倫敦的職位，不過巴多非常具有克制力，最終沒有同意。

即便是當時的國務卿菲什 —— 這位格蘭特政府的骨幹，深得格蘭特的信任，被格蘭特視為繼承人的人 —— 他們兩人多年之後也沒有什麼來往。後來，他們都住在紐約，房子的位置離得很近，卻從來沒有見過面。

在黨內出現的不滿情緒可以察覺的前一年，格蘭特並沒有待在白宮。索姆奈與格蘭特政府在聖多明哥事件上決裂，這是黨內出現分裂的第一個明顯信號，這個信號後來極為明顯，因為格蘭特將這次失敗牢記在心，後來在執政的時展現出許多更適合在軍事方面絕地反擊的頑固方法，而沒有採用更加需要策略與妥協的柔和談判方式去解決國會的衝突。格蘭特親自到國會去遊說議員，他對那些不贊同他的議員進行施壓，似乎忘記了他所處的高位本該具有的尊嚴，這讓他在那些原本他應該努力維持良好形象的議員心中一落千丈。

索姆奈在擔任外交關係委員會主席時所做的證詞，冒犯了一些文化人與學術界，雖然他們並不認同索姆奈在很多問題上固執的看法，但卻認為索姆奈代表著一種制度，認為索姆奈是當時華盛頓裡面唯一一個能夠與英國、法國、德國的偉大政治家相媲美的人。

格蘭特羞辱索姆奈的做法已經很糟糕了，而讓索姆奈將他在參議院的衣缽傳給西蒙·卡梅倫（Simon Cameron）的做法，在那些深諳參議院傳統 —— 即按照資格排位 —— 來決定地位的議員們來說，這簡直是一種公開的蔑視。之後，格蘭特做出迅速撤回莫特利的決定，這被許多不了解當時局勢的人，視為是格蘭特有意刁難莫特利這位具有豐富學識與名聲的外交家。當格蘭特提名俄亥俄州缺乏名氣的眾議員羅伯特·申克取代莫特利的時候，必然會遭受國會議員的強烈反對，他們說申克到了倫敦在推廣換牌撲克這種遊戲方面可能還比較有名聲。

西元 1870 年 6 月 15 日，格蘭特要求賈奇 · 霍爾辭去司法部長一職，接著提名當時沒有名氣的阿克曼取而代之，這引發了不少質疑。當時，大部分的人並不知道霍爾其實是做出了犧牲，因為格蘭特要想國會通過聖多明哥協議，南方各州參議員的選票是至關重要的，為了爭取他們的支持，格蘭特只能讓一個南方人擔任司法部長。但是，當時很多人只知道，他們非常尊重的獨立派與改革派內閣成員被迫要求辭職。

另一件事就是俄亥俄州的雅各 · D · 科克斯事件。在許多議員看來，科克斯身為內政部長的紀錄非常不錯，這不僅在於他擅長管理本部門的事物，更在於他反對在專利局、人口普查局以及印第安人辦公室設立「贊助獵人」的要求，從而保護他的職員免於陷入任何政治評論，讓他能夠堅定地進行政府改革。在霍爾辭職四個月後，科克斯同樣辭職了，取代他的人是俄亥俄州的哥倫布 · 德拉諾，一位沒有什麼名氣的政客，他之前的許多行為都存在是否符合正當性的質疑。

科克斯記錄著霍爾辭職以及他辭職時發生的事情。他與卡梅倫和錢德勒等人發生矛盾，後者經常要求內政部的職員應該將他們的一部分薪水捐獻給黨內基金。格蘭特曾說，在霍爾辭職的時候，「他最喜歡的人就是科克斯州長了。」但是，錢德勒、卡梅倫以及其他人，都是他在國會裡必須爭取的人，在他們與科克斯之間，格蘭特別無選擇，科克斯必須辭職。

科克斯在西元 1870 年 10 月 3 日所寫的辭職信非常坦率與簡要：「當國會在夏天休會的時候，我收到可靠的消息，說一場有組織的計畫將在國會冬天重新開會之前完成，要求我們改變內政部的政策。對國會參眾兩院的許多議員來說，從正常的政治贊助中分離出印第安人事務，這讓他們感到很不滿。為了能夠讓總統可以順利地達成目標，我希望自己的辭職能讓總統不會因為內政部的事情而遭受任何尷尬。我想要對內政部進行改革的想法，或多或少與那些政界有權勢的人產生了衝突。我的責任感讓我不得不在工作的安排上反對他們的要求。」

霍爾在表達自己辭職的原因時並沒有流露出滿意的感覺。但時，科克斯卻將霍爾當時所說的一段話記錄下來了：「昨天早上，我還坐在辦公室的椅子上準備處理日常事務。」霍爾說這些話的同一天，科克斯驚訝地從報紙上看到霍爾辭去司法部長職位的消息。「當時有人送來一封信，說是總統送過來的，我當時也沒有多想。當我打開信封一看，驚訝地看到總統要求我辭職的內容。他沒有給出任何解釋或是原因。總統的要求是那麼簡要與直接。我的第一個想法就是，總統肯定是對我犯下的一些嚴重錯誤感到不滿。即便是晴天霹靂這個詞都無法形容我當時的心情。我坐在椅子上思考片刻，總統這封信究竟意味著什麼？——為什麼事先沒有任何警告？在我們的日常談話裡也沒有提及呢？我的第一反應就是詢問總統為什麼要做出這樣的決定，但是自尊並不允許我這樣做。我對自己說，我必須要讓這件事順其自然，甚至不應該因此而感到苦惱。我拿起筆，寫了一封辭職信，卻發現自己必須要找尋一些辭職的常規理由。我最後停下了筆，將那張紙撕掉，對自己說：『既然總統沒有給出我為什麼要辭職的原因，要是我擅自發明一些原因，這就是不誠實的做法。』於是，我將辭職聲明寫得很簡單，沒有多加掩飾。」

雖然這件事讓霍爾感到很不愉快，但這並未影響他與格蘭特之間的私人交情，也沒有動搖他對格蘭特的支持。十八個月後，科克斯加入了特蘭伯爾、舒爾茨與索姆奈等人當中，參與了自由的共和黨運動。

格蘭特提名阿克曼與德拉諾分別取代霍爾與科克斯的位置，更進一步降低了批評家們對格蘭特的評價，雖然他們一開始就對格蘭特提名的內閣成員評價不高。當時的海軍部長羅伯森是一位能力很強的人，可是他在報紙上卻只獲得了生活鋪張浪費以及任人唯親的壞名聲。戰爭部長 W.W. 貝爾納普（W.W.Belknap）則在為接下來爆發的醜聞打基礎，最終讓他在面臨彈劾的時候不得不選擇辭職。格蘭特政府任命的官員都沒有什麼名氣，特別是在那些擅長撰寫歷史而不是創造歷史的人看來更是如此，不過一般民眾還是透過選舉表達了他們對格蘭特的信任。

當時的白宮有很多軍事助手，這些人所擔任的職務，通常來說都應該由文職人員擔任 —— 賀拉斯 · 波特將軍（Horace Porter）在戰時有著輝煌戰功，後來在擔任公職的時候也取得了不俗的名聲。格蘭特的妹夫斐德列克 · 登特將軍（Frederick Dent）一直在格蘭特身邊，卻沒有什麼大的作為。巴布科克雖然討人喜歡，有一定的能力，但不能完全被信賴。格蘭特都喜歡這些人，都相信他們的為人。在某些情況下，他的這種盲目自信是毫無根據的。

遠在格蘭特在戰爭初期獲得一定聲望之後，許多親戚就過來找他幫忙。在他成為總統後，他的姐妹、叔伯、姨嬸、表親都過來攀親。他的父親很早就參與了這場遊戲。格蘭特在之前的信件裡這樣寫道：「父親還給里德寫了一封信。」西元 1861 年 10 月，格蘭特在開羅寫信給姐姐說，「父親就在這裡，應該能夠獲得一個職位。我不希望求別人給予他一個職位。我沒有什麼適合他的職位，我不希望給任何人帶來麻煩。當然，我的影響力能夠幫他找到一個職位，可是我必須要為他所在職位的表現直接負責。我不知道什麼時候才能對那些願意給予幫助的人這樣說。」這就是格蘭特在戰爭時期體現出來的軍事本能。在他成為總統之後，手中有很多可以分配的職位，當時也沒有明確的文職政策規定干預總統的這種支配權力。因此，格蘭特很難反對親人或是朋友提出的這種請求。

格蘭特讓父親在肯塔基州卡文頓縣擔任郵政局長，讓他一直在這裡做。他讓妹夫擔任駐丹麥大使。對於他以及妻子的其他親戚，他都好心地給予一些有利可圖的職位，雖然獲得職位的人並不多，但足以引起許多人說他大搞「裙帶關係」。西元 1872 年 5 月 31 日，索姆奈在國會發表了一篇反對格蘭特的激烈演說，將很多內容都集中在展現「格蘭特總統是如何利用職權便利，幫助家人擔任公職，這在美國歷史上是從未出現過的，甚至連世界上最腐敗的政府都不會出現這樣的情況……人們甚至可以說獲益的人高達四十二人，幾乎每一位與總統有血緣關係或是姻親關係的人都獲得了提拔。一些支持總統的人在經過檢查之後，否認了這個名單的真實性，將獲益的人數縮小為十三人。因此，格蘭特總統至少有十三名親戚在這個國家獲得了職位，這並不是因為這些人的能力，而是因為他們與總統之間的關係。這種赤裸裸的裙帶關係在我國的歷史上是極為罕見的。」

事實上，格蘭特在安排自己的父親、妹夫跟其他親人的時候都是非常用心的，不讓他們擔任十分重要的職位。

內戰之後，格蘭特坦然接受了人們出於對他的感激之情而給予他的許多東西，包括在費城與華盛頓的房子，一些具有價值的書籍，其中絕大多數書籍都是格蘭特從來沒有看過的，許多書籍依然存放在白宮的地下室裡，在他任期結束的時候都沒有翻看過。在格蘭特看來，他不認為從那些因他獲利的人那裡得到禮物是一種不正當的行為。他在處理任何事情上都是非常直接的，因此他從未對那些最了解他的人產生過懷疑，也不覺得自己給予別人利益會和別人送給他禮物之間存在著連繫。格蘭特的這種想法為他的政治對手提供了難得的「攻擊武器」。

格蘭特在選擇朋友上並不挑剔，在這方面不會在意別人的看法。當羅林斯去世之後，他失去了唯一一個能對他的判斷產生重要影響的人。在格蘭特心中，誰也無法替代羅林斯的地位。格蘭特成為總統沒多久，羅林斯就去世了，之後格蘭特結交朋友的範圍就變得越來越廣。

「格蘭特所需要的，」查爾斯・艾略特・諾頓（Charles Eliot Norton）在寫給柯帝士的信件裡說道，「是一位獨立、富憐憫心、具有智慧以及值得信賴的顧問⋯⋯要是別人以巧妙的方式向他提出意見，格蘭特很容易聽從所謂的糟糕想法。與此同時，他在戰爭期間展現出來的寬容，在和平年代的政治生涯裡卻變成了一種惡習。」諾頓顯然抓住了大部分的人沒有觀察到的一面，但他對此也沒有什麼解決的辦法。對局外人來說，為格蘭特找尋適合的顧問提供意見，這似乎並不是太難的事。諾頓心目中認為合適的人選是柯帝士或是他與格蘭特都認可的人。不過，格蘭特有自己的性格特點，這是很難改變的。從長遠來說，格蘭特的性格是不會改變的。

第三十八章　改革

這個階段是改革家們的春天。他們都在利用這個時期嘗試各式各樣的改革，無論這些改革在現實層面上是否可行。不少改革者都認為改革保護性關稅是非常有必要的，而進行「稅制改革」也是很多人共同的呼聲——自從民主黨人控制國會後，有關「自由貿易」的呼聲就沒斷過。但是，這樣的議題並沒有單純局限於黨派之間，因為也有許多共和黨人強烈要求改革內戰爆發前制定的莫里爾關稅法。

這些改革的呼聲在中西部的共和黨人中特別強烈，因為這些人認為莫里爾關稅法從一開始制定的時候，本意就是為了讓新英格蘭地區以及賓夕法尼亞州的製造商獲得利益。諸如艾利森與加菲爾德等剛剛在國會中嶄露頭角的政治新星來說，他們都在強烈要求降低關稅。

加菲爾德是一位崇尚自由貿易主義的人，是科布登俱樂部的榮譽成員，但他提出的改革方向卻是非常「務實」的。他曾在國會演說裡這樣表示：「無論這樣的改革會對我個人或是政治前途產生什麼影響，為了所有美國人的利益以及我所代表的的選區的民眾在工業方面的利益，我都會盡自己最大的努力……如果我能阻止這樣的事情出現，那麼我絕對不會就我所在選區的民眾深切關注的商品關稅提出那麼大的減免議案，因為其他方面的商品都在相當程度上得到了關稅減免，可是我所在選區的選民的商業利益卻受到了嚴重的影響。」

西元1870年制定的關稅法案引發強烈的爭議，在經過一番艱苦的鬥爭之後，支持貿易保護主義的人重新占了上風，他們要求減免關稅，計算免稅以及應課關稅的商品名單，將減免關稅的程度平均降低百分之五。這些改革者所獲得的主要利益，就是將生鐵關稅從每噸九美元降低到七美元。有關生鐵關稅的問題，國會進行過非常激烈的辯論。霍勒斯．格里利（Horace Greeley）就曾對加菲爾德說，如果他有權力的話，他會讓生鐵每噸的關稅高達一百美元，讓其他商品的關稅都按照同等的程度進行提高。格里利這樣的說法受到普遍的指責。此時，很多支持貿易保護的人都被其他人指責是為「某些利益團體」服務的人。不過，這些改革者所持的態度助長了科布登俱樂部帶來的不良影響，揮霍了許多英國金幣。

格蘭特雖然沒有治理經濟方面的頭腦，但他在西元 1870 年 12 月的年度國情咨文演說裡，談論了一番關稅問題，表明他的政府已經開始關注關稅問題。這是國會在行將休假之前進行的一次簡短會面，因此在接下來一年的時間裡，至少都不會有相關方面的立法。「在我看來，任何宣揚要稅制改革的人，都沒有對如何進行稅制改革有明確的定義。」格蘭特用諷刺的筆調這樣寫道，「但這些人似乎認為，在沒有任何花費或是努力的前提下，就能夠滿足每個人的要求。」

格蘭特個人的觀點是：「隨著每個地區的郵政局長取消當地的印花稅票、酒類的稅費以及各種菸草的稅費，那麼透過對關稅進行恰當的調整，就能對這些商品施加關稅。我們還可以對一些奢侈品施加高額的關稅。這樣的話，經過幾年和平的時間，再加上我們在減少債務方面的努力，我們的稅收就會不斷增加，從而讓政府能夠完成其應該完成的使命……假使這就是那些改革家們所談及的稅制改革，那麼我支持這樣的改革。倘若他們所說的稅制改革，只是透過增加人民的稅收負擔，將稅收用來支持政府的運作，用於支付政府債務的本金與利息，那麼我是反對這樣的稅制改革的。我相信人民在這方面會與我站在一起。如果這意味著我們必須以必要的手段去抵消政府的開支，拒絕償還政府債務以及撫恤金，那麼我依然會反對這一類的稅制改革。」

一年後，在新一屆國會重新開會時，格蘭特就著手解決這個問題，要求減少政府的浪費，「透過這樣的方式，為絕大多數人民提供最大程度的幫助」，同時，他推薦對不在美國國內生產的部分商品進行免稅，因為這些商品在進口之後，透過國內的製造商加工，最後滿足人民的普遍消費，這能讓我們獲得差價。「要是我們在減稅力度上更進一步，就會讓這些商品影響到國內的製造工業，降低美國工人階層的收入水準。」

新一屆的國會通過了這兩個關稅法，格蘭特在西元 1872 年 5 月 1 日簽署。這兩個關稅法將茶葉與咖啡放入免稅名單，從而讓「美國人在餐桌上的花費變得更低」，這贏得了共和黨內部貿易保護主義者們的讚賞。第二個關稅法在西元 1872 年 5 月 3 日在國會通過，當然這個法案是妥協的產物。該法案規定降低許多商品的關稅，其中就包括鹽、含瀝青的煤、錫、皮革、用於工業生產的棉花、羊毛、鐵與鋼，同時還降低印花稅。該法案並沒有提及不受歡迎的個人收入稅的問題。

這一法案與其他所有關稅法案都是妥協的產物，這是一場互助的遊戲。薩繆爾 · 鮑爾斯寫了一封安慰性質的信件給他的親密友人亨利 · L · 達維斯 —— 時任眾議院籌款委員會主席 —— 他在信件裡這樣說：「你在關稅問題上取得了輝煌的勝利……這項法案肯定不是政治家能力的體現，你肯定是知道的……相比於將所有的紡織廠、毛紡廠、牧羊的農民以及圖釘廠的利益都打包起來，然後進行妥協，肯定還能找出更加高明的解決方法。」

那個時代就是國會與政府不斷對抗的時代。索姆奈、舒爾茨與葛德金等人惡意攻擊格蘭特，他們的攻擊很容易讓我們忘記格蘭特為他們的目標所付出的努力。這些人總是忙於指責格蘭特或是整個政府所犯的各種錯誤。現在，當我們回過頭去看那段歷史，似乎覺得那個時代充斥著紛爭，往往會忽視那個時代所取得的成績，也往往會忽視格蘭特在執政期間所取得的成就。

現在，誰還記得格蘭特是美國歷任總統中，第一位強調要改革聯邦政府的委任制度，從而讓人事任命不是按照候選人的關係而是個人能力的總統呢？除此之外，格蘭特在建立廉潔的行政體系付出的努力，遠遠超過之前四十年歷任總統所付出的努力。林肯與傑克遜總統以來的歷任總統，都將政黨分肥制視為政府運轉方面的一種常態。從普通的政府職員到內閣成員，政治方面的考量幾乎決定政府內部大大小小的職位。

內戰期間，分肥制在軍事方面表現得非常明顯。布特勒與麥克倫南德並不是唯一一個因此而獲得勛章的政客。林肯最後與查斯的決裂只不過是因為他們在人事任免方面出現了矛盾而已，但相比於之後整個分肥制來說，這是一件小事。當索姆奈在西元 1864 年向國會提出一個議案，要求建立政府考績制度的時候，他的很多同僚都沒有當這是一回事，只是覺得這是索姆奈心血來潮的一種表現。但在格蘭特政府執政沒多久，格蘭特就動手解決這個別人忽視的問題。

「歷屆總統從來沒有就這一項可怕的制度發表過反對的聲音。」喬治·威廉·柯帝士（George William Curtis），這位公認的行政體系改革家在西元 1869 年對一眾支持者這樣說，「直到現在，格蘭特總統的演說所透露出來的精神值，得我們去支持本屆政府。『為了確保高效地執行法律，必須毫不猶豫地改變官員的任命制度。有時，在單純的黨派觀點占據上風的時候，通常會造成不良的政治後果。我們要毫不遲疑地支持高效的官員，對抗這種完全源於政治利益而產生的可怕制度。』最後，感謝上帝，我們終於有了一位之前遠離華盛頓汙染的總統，他不會懼怕這些可怕的政治對手，正如他當年在戰場上不會懼怕任何敵人一樣。他所說出來充滿力量與簡單的話語，讓我們有樂觀的足夠理由，因為他的表態正如他在率軍前進維克斯堡過程中的演說一樣，充滿了一往無前的勇氣與力量。」

但是，柯帝士這種洋溢著情感的讚美詞並沒有持續多久，雖然格蘭特在他的第二次年度國情咨文演說裡，指責政黨分肥制是「長期以來的一個嚴重弊端」，表示要立即解決。格蘭特表示，他不僅想讓考績制度取代政黨分肥制，而且還要規定官員的任期。「沒有比人事任命方面的糟糕表現，更讓整個政府以及行政部門感到尷尬的了。但是，即便政府在這方面做出許多努力，敦促參議員與眾議員們對此通過改革，可是這樣的努力證明是吃力不討好的。現有的體制並不能確保最優秀的人獲得任命，因此很多時候無法勝任公職的人卻占據了公職職位。要是對政府的行政體制進行改革與淨化，這必然會得到所有美國人民的支持。」

這是格蘭特政府傳遞出來的一個全新信號。一週後，格蘭特簽署了國會通過的第一部《公務員改革法案》，該法案規定設立一個委員會，為遴選政府公職部門的候選人進行評定。之後，格蘭特提名柯帝士擔任這個委員會的主席。

當國會在西元 1871 年 12 月開會沒多久，格蘭特就在一份特別聲明裡敦促國會批准撥款給這個委員會。「假使這個委員會無法得到國會的支持，那麼法案規定的內容將無法得到忠實地執行。若是我之後的繼任者沒有對此進行更進一步的修訂，那麼這樣的法案是沒有約束力的。我希望國會能夠給予授權，讓我完成該委員會提出的公務員改革方案。」

當時的國會與政黨分肥制存在著緊密地連繫，很快就完全停止撥款給這個委員會。許多不了解事實真相的改革者，紛紛指責格蘭特沒有更進一步地努力，但在那個階段，格蘭特即便是耗盡身為總統所具有的一切影響力，也很難讓考績系統取代政黨分肥制。因為在當時的國會，幾乎沒有幾個參議員或是眾議員支持格蘭特。

其中反對聲音最強烈的參議員是莫頓、錢德勒、康克林、卡朋特以及卡梅倫，他們都對格蘭特的聲明持一種輕蔑的態度。而絕大多數人對此也根本不在乎。這是當時一些具有遠大理想的知識分子才會討論的話題，不過這群人的數量以及他們所產生的影響，在當時都不足以影響政局。格蘭特沿著這些人所提出的道路前進到這個程度，已經是相當了不起了，但他還是因此遭受許多攻擊，因為這些人認為格蘭特沒有盡全力去完成他根本無力完成的使命。

要是格蘭特在國會每次開會的時候，都要求進行公務員改革，並且讓這種「改革」的呼聲成為政府唯一的聲音，那麼格蘭特顯然會贏得這些知識分子以及歷史學家們的好評，而格蘭特任內所犯下的其他錯誤，都將被他們一筆帶過。但在那個時代要進行這種全新的公務員改革，時機根本就不成熟，而格蘭特手頭上也有許多更加迫切的工作要去做 —— 比如維持美國在世界上的聲譽、保護海外美國人的生命與財產安全，嚴格執行國內的各種法律，建立穩健的政府信譽。在公眾呼聲以及輿論不是那麼強烈的時候，這些改革可以緩一緩，可是這些改革對於整個政府的長久卻是最基本的，因此必須要立即著手去改革。在這些改革面前，其他的問題都必須放在次要的位置。

在接下來幾年的時間裡，國會都沒有撥款，因此這個委員會一直在沒有財力保障的基礎下運轉。格蘭特認為單方面繼續這樣的鬥爭是沒有用的。他在西元 1874 年 12 月的年度國情咨文演說裡，坦率地對國會表示，如果國會在休會期間依然對公務員改革缺乏足夠的支持，「那麼我將會視為國會不認同這樣的改革，除了堅持要求對某些公職候選人進行審查之外，放棄其他的所有計畫。競爭性的審查制度也將會遭到廢除。」格蘭特在放棄這個改革機會的同時，仍沒有放棄要做最後一搏，但在很多追求改革的人看來，格蘭特就是半途而廢了。

格蘭特說：「那些原本應該支持這項改革的人，最後在改革的本意明顯出現偏離的情況下，卻選擇挑一些小毛病。」總體來說，格蘭特認為這樣的規定是有好處的，能夠在一定程度上提高公務員服務的水準。「委員會的那些成員在沒有薪水的情況下，依然兢兢業業地工作，努力為政府公務員改革出謀劃策，這表現了他們對工作的熱情與追求。無論對他們還是我本人來說，若是完全放棄這項改革，就是一種絕對意義上的屈辱。但是，我要重複一點，倘若我們無法得到普遍的支持與幫助，這樣的改革是不可能取得成功的。」

在任何政治環境下，格蘭特這種表態都是符合常識的。柯帝士之後才認識到這點，他這樣說：「總統本人單獨為這項改革付出了那麼多努力，他肯定會覺得這對整個政府來說是非常關鍵的改革，因此必須要冒一切風險去取得最終的成功。他肯定擁有著像路德那樣堅定的信念以及不可戰勝的意志，『我站在這裡，只是我，沒有別人。』格蘭特將軍在內戰結束後，受到了民眾的廣泛愛戴，被人民選為總統。當時他剛從軍隊將領的職務中走出來，就要直接讓他接觸陌生的政治與政客。他看到了進行改革的理由以及必要性……國會看在格蘭特總統缺乏政治經驗的面子上，在一定程度上對他的改革抱著容忍的態度，撥款給他進行這種改革試驗。但是，格蘭特在這個過程中遭受的壓力是巨大的。格蘭特曾經說：『我習慣了壓力。』的確，他的確是習慣了軍事作戰方面的壓力，可是他卻無法適應政治層面上的壓力。他被許多未知以及無法預估的政治暗流驅趕與壓制。他陷入了詭辯法、指責和輕信的漩渦當中。在內戰期間，他不惜耗費整個夏天都要取得最終戰鬥的勝利，但在政治這個對他來說完全陌生以及新奇的領域，他卻感到絕對意義上的陌生與困惑……格蘭特最後的確是投降了，但他卻是一位勇敢的投降者，他錯誤地判斷了對手的本性和力量，過分樂觀地高估了自己的忍受能力。」

格蘭特並沒有「改革先驅者」的稱號，歷史必須還給他這樣的頭銜。格蘭特在推銷商品方面沒有什麼天賦，也缺乏政客所需要的陰謀與欺騙。在一些評論家眼中，即便是格蘭特取得的一些成就，也是誤打誤撞取得的。在這件事以及其他很多事情上，格蘭特都是自身誠實特質的「受害者」。

格蘭特對印第安人的好感可以追溯到他在大西部服役的時候。當時他還是一個年輕的軍官，目睹了印第安人遭受白人不公平的對待。喬治·W·柴爾德斯（George W. Childs）曾說：「格蘭特在那個時候就下定決心，如果他有朝一日獲得了任何影響力或是權力的話，他一定會努力改善印第安人的生存環境。」格蘭特說到做到了。他的第一次就職演說雖然非常簡短，但在「要以恰當的方式去對待這片大陸上的原住居民，這應該是我們必須履行的一個責任」這句話裡面，則包含著太多的內容。「我會支持任何有助於印第安人走向文明，並且最終成為美國公民的努力。」

他設立了印第安人事務委員會，任命來自費城的威廉·威爾士擔任主席。後來，繼任的海斯總統（Rutherford Birchard Hayes）任命威爾士為駐英國大使，成為了基督教公誼會的主要成員之一。格蘭特總統在西元 1869 年 12 月的年度國情咨文演說裡指出：「眾所周知，在賓夕法尼亞州早期的移民當中，印第安人與白人能夠和平相處，但是該地區或是其他地區教派的白人，總是與印第安人產生紛爭。」格蘭特採取了全新的措施，讓該機構允許印第安人相信任何教派，並且派一些傳教士到印第安人中傳教，基督教公誼會也透過其自身的機構去執行政府的措施，表達了對政府的支持。

在格蘭特第二年的國情咨文演說中，他指出：「我深信，我們現在執行的政策在未來幾年時間裡，將會讓所有的印第安人住在房子裡，讓他們擁有校舍與教堂，讓他們能夠與白人和平相處，有著個人的業餘愛好，他們能夠去拜訪那些守法的白人公民，而不需要擔心會遭受任何懲罰。」這是我們的政府第一次以人道主義的方式去對待印第安人 —— 這項政策給我們的國家帶來巨大的好處，這其實起到了保衛國家安全的作用。但是，格蘭特卻因此遭受非議，因為在此之後，印第安人的事務幾乎成為內政部要處理的主要工作，這在之前是從來沒有出現過的。

幾年之後，格蘭特說：「在我的公職生涯裡，我最反感的人就是那些自以為正直的人，這些人認為別人做任何事情的動機都是邪惡的，認為所有的公職人員都是腐敗的。這些人認為除非他們自己去做這些事情，否則任何事情都是存在腐敗的。這些都是目光狹窄的人，他們似乎總是瞇著雙眼，只能透過一個小孔去看這個世界。」菲什在他的日記裡，就曾講述在聖多明哥事件爭議當中，格蘭特曾經這樣說：「奇怪的是，很多人看不慣別人與他們持不同的意見，每當他們聽到不同的意見，就會站起來加以反對……在這個國家，要是沒有一種責任感，誰都不願意擔任公職人員。在我看來，我不知道別人為什麼要去競爭我現在所處的位置或是內閣成員的位置。倘若我沒有這樣的責任感，我現在就可以立即辭職。」格蘭特的這些言論，有助於我們更好地理解他為什麼會在政府官員遭到最猛烈攻擊的時候，依然忠誠地支持他們。

第三十九章　格里利事件

在內戰之後重建時期的所有公眾人物當中，卡爾·舒爾茨占據著特殊的地位。多年來，他一直都沒有代表著一股建設性的勢力，但他卻是一位給當時社會帶來影響的人。身為一位永不妥協的批評家，他始終在攪動著當時的政治局勢。這讓他雖然不是很受歡迎，卻獲得了廣泛的聲譽。他出生在普魯士，是一位革命主義者，於西元 1848 年逃難到美國。他對美國政治制度的理解是沒多少美國人能夠與之相比的。

不過在相對自由的政治氛圍裡，他卻始終扮演著一位革命者以及堅定反對者的角色。終其一生，他都沒有完全實現「美國化」或是本土化，他缺乏一種「回歸本能」。在離開自己的祖國後，他先後在瑞士、法國、英國住過，最後在西元 1848 年來到美國。他先後輾轉於賓夕法尼亞州、威斯康辛州、密西根州與密蘇里州，最後才在紐約定居。他從未長時間地支持某一個政治團體，也從未忠於某個政治團體。

在內戰爆發初期，他出任駐西班牙大使，之後他成為了民兵的准將。他經常嚴厲指責在軍事領域或是行政領域的上級。在內戰最艱難的那段歲月裡，他對林肯總統發出的警告，招致了長久以來備受煎熬的林肯的反駁，這也成為了一段有趣的歷史故事 [17]。

17　「我剛剛讀了你在 26 號寄給我的信件。你在信件裡聲稱我們在上一次選舉裡失敗了，整個聯邦政府現在都處於失敗的狀態，因為目前聯軍在當下的戰爭中節節失利。當我說自己並不需要為此承擔太多的責任時，我並沒有在為自己開脫責任。我當然知道如果這場戰爭失敗了，那麼整個聯邦政府就會瓦解，我肯定也會背上首要的責任，不管我是否應該承擔這樣的責任。要是我能夠在戰爭過程中做得更好，卻沒有這樣做的話，那麼我肯定要遭受指責。我認為我還可以做得更好，因此你現在就開始指責我了。我認為自己無法做得更好了，因此我要指責你在信件裡那樣指責我。我理解你現在願意接受來自那些『非共和黨人』的幫助，前提是他們『心繫聯邦政府』。我對此表示同意。但是，我並沒有這樣的黨派之分。不過，誰能成為評判人們是否具有『心繫聯邦政府』之心的裁判呢？假使我放棄了自己的判斷，轉而採納你的判斷，那麼我也必須要採納別人的

內戰結束沒多久，卡爾·舒爾茨就成為密蘇里州一份報紙的編輯，他支持在重建過程中採取激進的手段。西元 1865 年，他以詹森總統的信使身分前往南方考察，回來之後提交了一份報告。激進的共和黨人利用這份報告在國會裡反對詹森推行的政策。卡爾·舒爾茨在西元 1869 年當選為共和黨參議員，但他在參議院的位置還沒有坐熱的時候，就與格蘭特產生了產生分歧，與索姆奈等人一道反對格蘭特提出的兼併聖多明哥協議。

他幾乎對所有的議案都進行投票，除了最後一部執行法案，因為他認為這部法案是違憲的。多年之後，當最高法院裁定第三部執行法案違憲時，他感到了深沉的滿足。他所寫的文章語言流暢，邏輯清晰，是英文寫作方面的大師。當他對某個議題做好了充分的準備之後，他的演說能力也是超乎常人的。他所具有的才學，在其他國家可能會對政府產生更加重大的影響，但他的才智在美國的政治體系下，卻沒有得到多大的發揮，因為他幾乎在任何議題上都與政府站在對立面，讓他每次都幾乎處在少數派。

舒爾茨是推動西元 1872 年自由共和黨運動的領袖。正是在他的煽動之下，才舉辦了一部分共和黨人的全國代表大會，在辛辛那提提名格里利為總統候選人。密蘇里州人民當時的不滿情緒與該州的狀況有著密切的關係，同理，伊利諾州、紐約州、麻塞薩諸塞州以及其他州的反對者，也有著各自的理由。不過，正是在密蘇里州，這一運動最早找到了機會，對格蘭特政府進行有組織的反對。

在一個符合當地人利益的問題上 —— 重新給予同情南方的人民選舉權 —— 共和黨反對派提名 B. 格拉茨·布朗州長（B. Gratz Brown），他之

意見。到那時，我便不得不拒絕所有提出意見給我的人。最後，我便無法得到任何人的支持，無論是共和黨還是其他黨派的人——甚至連你都不會支持我。我親愛的先生，可以肯定的是，現在也有一些『心繫聯邦政府』的人認為你現在做得很差，就像你認為我做得很差一樣。」這段文字源於林肯總統在西元 1862 年 11 月 24 日給卡爾 · 舒爾茨的回信。

前就是在民主黨人的幫助下才成功當選為州長的，因此便將整個州都變成了民主黨人控制的州。弗蘭克 · P · 布雷爾（Frank P. Blair）則已經成為聯邦參議員。

重新給予選舉權的這個問題，其實根本就不是整個國家範圍內的事情，格蘭特之前已經敦促國會通過大赦法案，國會也準備批准這項法案，但是舒爾茨那時候卻在吹噓要進行關稅改革，並且讓關稅改革成為他這個全新政黨的政綱條款之一。格里利在《紐約論壇報》上的文章，將密蘇里州的自由人士視為脫黨者。舒爾茨察覺到在新一屆總統大選日期臨近之際，其他州也出現了對這一屆政府不滿的信號。於是，西元 1872 年 1 月 24 日，他在傑弗遜市舉辦了全新政黨的大會。這個政黨的名稱就是「自由共和黨」，他們發出公告，號召所有反對政府並且支持改革的人，在 5 月的第一個星期三到辛辛那提開會。

很多前來開會的人都有著不同的理由，當然他們都懷有一個共同的理由，那就是對格蘭特以及他代表的政府感到不滿。之後，紐約州發生了一次派系爭執，兩位聯邦參議員都在爭鋒相對。魯本 · F · 芬頓（Reuben E. Fenton）是一位操控政治的狡猾政客，在西元 1865 年到 1869 年間，他是該州的州長。但是，康克林則在華盛頓方面逐漸取得了優勢。格里利一直都想要獲得公職，是芬頓心目中在西元 1870 年競選州長的理想人選，卻在提名大會上遭遇挫折。在西元 1871 年舉行的大會上，雙方為了爭取支配地位進行了激烈的爭鬥，最後康克林占了上風，將格里利以及芬頓的親信全部打壓下去，取得了整個大會組織的完全控制。

格里利一直對聯邦政府的治理方式感到不滿。此時，他與芬頓都將失敗歸結為康克林利用聯邦政府以及格蘭特的支持。因此，他們充分利用了正在西部慢慢形成的一股反對政府的思潮。對格里利這位一直吹噓要對美國進行高度保護的人來說，對密蘇里州的自由共和黨人宣稱的「對關稅進行真正意義上的改革」的做法，其實並不是那麼容易。但是他將這個問題先擱置下來，在《論壇報》上宣布「我們將前往辛辛那提」的口號。在恰當的時機，他認可了東部的共和黨人前往密蘇里州參加大會的要求，但在他自己所在的紐約州，只有少數商人參加這次大會。

參加辛辛那提大會的人，並不包括透過正常管道選出來的代表，而是曾為共和黨後代的人都可以參加。在美國歷史上，從來沒有以這樣奇怪的方式去成立一個政黨的。直到此時，自由共和黨運動所展現出來的強烈改革熱情，其實都是媒體撰稿人的文章所帶來的產物。

首先，舒爾茨就是一位編輯與時事評論者，與他並肩作戰的還有來自《春田市共和報》的薩繆爾．鮑爾斯、《辛辛那提商業報》的穆拉特．霍爾斯特德（Murat Halstead）、《芝加哥先鋒報》的約瑟夫．梅迪爾（joseph medill）與賀拉斯．懷特、《費城時報》的亞歷山大．K．麥克盧爾、《國家報》的 E.L. 葛德金（Edwin Lawrence Godkin）、《紐約晚報》的威廉．庫倫．布萊恩特。他們在某些議題上有著一致的看法，在其他的議題上，他們的意見存在著嚴重的分歧。這場運動從一開始就是這些撰稿人、理論家、反對者以及教條主義者所發起的。在這些人當中，絕大多數人都對如何運轉政府進行過深入地思考，但很少有人真正參與過政府治理方面的工作。可以說，這些人從一開始就是一些具有崇高理想的人，不過在他們成立的政黨組織成型之後，往往會引來一些讓人失望且缺乏威望的政客。

在該政黨內部，也有一些具有實戰政治經驗以及崇高原則的人，比如來自伊利諾州的約翰．M．帕爾馬與萊曼．特蘭伯爾，來自俄亥俄州的斯坦利．馬修斯、喬治．霍德利與雅各．D．科克斯、密西根州的戰時州長奧斯丁．布雷爾等人。最後，還有像大衛．A．威爾斯、希歐多爾．迪爾頓、愛德華．阿特金森、弗蘭克．W．博多以及威廉．F．巴特利特將軍等人。其中一些人是出於追隨這種時尚的原因選擇加入，但這些人之前都沒有在政府部門工作的經驗。索姆奈、大衛．戴維斯與查理斯．法蘭西斯．亞當斯則是後來才加入的。

這股運動之所以能夠成型，就在於《芝加哥先驅報》、《春田市共和報》、《辛辛那提商業報》、《國家報》、《紐約晚報》、《紐約先鋒報》以及《路易斯維爾信使報》的編輯們共同合力。其中《路易斯維爾信使報》是一份民主黨人控制的報紙，經常發表批評亨利．沃特森（Henry Watterson）的文章。其中一些報紙在一開始的階段，並不像其他報紙那麼堅定地支持這場運動，不過他們在反對格蘭特這個議題上卻有著共同的立場，雖然他們中絕大多數人都對這次大會取得的成果表示失望。

要是他們能意識到從一開始就將取得失敗的結果，因為他們不僅缺乏專業政客所具有的智慧，更過分專注於道德的議題。也許，他們最大的缺陷，就是無法找到一位具有鮮明個性的人，去代表他們所宣導的改革。奇怪的是，這些資深的報紙編輯，很早就想到了要與當權的政黨進行競爭，並且要取得成功，但是他們的領導人物卻有著局限——查理斯．法蘭西斯．亞當斯、萊曼．特蘭伯爾、大衛．戴維斯與霍勒斯．格里利——這些人無論在政治還是個人影響力方面，都缺乏忠實的支持者，除了戴維斯之外，其他人都缺乏現實的政治常識。

賀拉斯．懷特說：「那些想要獲得公職的互助會成員，幾乎都是戴維斯的支持者。他身為總統候選人的形象，讓那些一開始支持該運動的人極為反感。戴維斯身為最高法院的大法官，在未事先聲明的情況下進入政治領域，這雖然不是史無前例，卻非常不合禮數。除此之外，戴維斯的支持者都不是那些最早要推動改革的人……戴維斯獲得提名的機會，在很早的時候就被編輯互助會的討論否決掉了。他們在穆拉特·霍爾斯特德的家裡舉行晚宴，他們決定，即便戴維斯最後獲得提名，他們也不會支持他，並且將他們的立場公諸於眾。在那天晚宴上，他們並沒有對格里利是否能夠獲得提名的問題進行過認真的討論……亞當斯與特蘭伯爾是兩個被我們認為有可能獲得提名的人選，而亞當斯獲得提名機率要更高一些。但是，我們必須要明白，在有些時候，個人的獨特性以及天才的瞬間迸發，要比祖先的榮耀或是世人認可的政治才能，或是這兩者的結合都更加重要。」

有自知之明的亞當斯至少知道，要是他成為總統候選人的話，最後必然會遭遇失敗。「如果我成為了候選人之一，並且你們都認為我是一個誠實的人，那麼你們就會友善地將我從候選人的名單中劃去。」在自由共和黨大會開會的兩週前，當他乘坐輪船前往歐洲，參加日內瓦法庭仲裁的路上，給戴維斯·A·威爾斯的信件裡這樣寫道，「一路走到現在，我從未感覺片刻的自在。我認為像我這樣完全遠離政治派系鬥爭的人，是有可能成為總統候選人的。對我個人而言，不幸的是，我認為個人的獨立要比犧牲個人獨立去獲得公職更為重要……假使在辛辛那提開會的人，真的認為他們需要像我這樣一個特立獨行的人，他們就必須拿出證據說服我，否則他們的一切努力都將會浪費掉。」

亞當斯的這封信表明了若是他身為總統候選人，是無法贏得大選的，但他在信件裡展現出了身為一名忠誠於自由共和黨人所展現出來的理想主義以及脫離現實的品格。盲目樂觀的鮑爾斯將這封永遠都不該公開的信件公開了，單純地認為這有助於幫助格里利獲得提名，並且贏得總統大選。

後來，格里利不僅贏得了總統候選人的提名，而且他在大會演說過程中絕口不提認同關稅改革的話題。這是除了格蘭特的個性之外，讓這群人前來這裡開會最重要的一個共同原因。格里利是美國歷史上最不肯妥協的貿易保護主義者。在公務員改革方面，他要比格蘭特顯得更不友善，並且公開發表反對考績制度的輕蔑言論。

格里利這樣的言論，讓這場運動的其他領導者在殘酷的現實中清醒了。其中很多學者都是忠實支持大學改革的人，但他們卻發現這個黨現在所推崇的理念與他們內心原本所珍視的理念背道而馳。他們驚訝地發現，之前那位彬彬有禮，經常為《先鋒報》撰寫一些諸如：「在所有的教授裡，願上帝從大學畢業生中幫我挑選吧！」的人，會做出這樣的表態。

這次大會的臨時主席斯坦利．馬修斯立即選擇重新支持格蘭特。在給一位朋友的信件裡，他這樣寫道：「我對整件事的發展感到非常懊悔，包括我參與其中的過程都感到非常懊悔。我得出了一個結論，不論身為政客或是幫助總統候選人競選的人，我都是非常失敗的。」

威廉．科倫．布萊恩特在寫給特蘭伯爾的信件裡這樣寫道：「每個了解格里利的人，都將會知道他執政之後會帶來什麼後果。要是他贏得大選成為總統，必然會導致整個國家陷入可恥的腐敗漩渦當中……他所展現出來的錯誤判斷力，必然會導致權力的濫用以及各種奢侈浪費。讓人感到驚訝的是，別人對此展現出來的顧慮或是擔心，卻絲毫沒有對他產生任何影響。」特蘭伯爾在回信裡也找不到支持格里利的理由，只是表示：「他是一個誠實卻容易相信別人的人，要是身邊有恰當的人加以幫助，可能會對當下的政治有所改善。」

賀拉斯．懷特這樣寫道：「參與大會的那些明智人士都感到非常震驚，在所有可能發生的事情當中，出現了最不應該發生的事情。」卡爾．舒爾茨也對這樣的結果感到懊悔，在寫給格里利的信件裡希望他退出競選，並且說明了他參加競選會帶來的各種不良因素：「現在，如果競選的發展讓你的希望落空，如果你還被事態的真實發展狀況所矇騙的話，那就不是我的過錯了。」但是，舒爾茨表示還是會以「一種謹慎的方式」支持格里利。舒爾茨為自己「擊敗格蘭特以及解散該黨組織」的努力感到滿意，他願意隨時為此付出努力。雖然他在格里利競選過程中感到有些困惑，不過他還是希望這樣的熱情能夠擊敗格蘭特。

舒爾茨這種機會主義者的觀點，是葛德金所不能接受的，他之前為自己與舒爾茨一起支持格里利競選總統感到高興。「舒爾茨是美國政壇上唯一能夠鼓勵葛德金懷著希望去做某事的人。」派克·古德溫用更加嚴厲的話語評論說：「那個人就是一個喜歡吹牛，也是最渺小的那種吹牛者。這完全源於他那種軟弱而缺乏力量的虛榮心。他在政治上取得的成功，是那些最離經叛道以及那些最腐敗的人都能夠取得的……格蘭特與他的政府是很糟糕，但若是格里利執政的話，他的政府將會更加糟糕。」當這個國家只能在這兩者之間做出選擇的時候，這個國家當然是處於一種可悲的狀態。

來自紐約的自由商人在斯坦威大廳舉行了一場盛大的集會，邀請那些支持寬鬆貿易政策的人參加，並且提名威廉·S·格羅斯貝克（William S. Groesbeck）為總統候選人。這場大會受到了卡爾·舒爾茨的支持，他當時是辛辛那提自由共和黨大會的永久主席，支持的人還有 J.D. 科克斯、W.C. 布萊恩特、D.A. 威爾斯、奧斯瓦德·奧滕多弗、雅各·布林克霍夫——這些都是反對派之中的反對者。當民主黨在巴爾的摩表示支持辛辛那提大會的提名人選之後，他們會在恰當的時機支持格里利。

辛辛那提大會發表了一篇「給美國人民的信」的文章，闡述了這次大會達成的原則。這篇文章純粹是譴責格蘭特的文章。「現任美國總統公開利用權力與機會提拔那些親信，以實現個人的目的。他繼續讓那些深陷腐敗的無能之輩擔任高級職位，這對國家利益造成了難以估量的影響。他還將政府的公職當成腐敗的一種便利工具，不斷利用個人的影響力去干涉政府的內部運轉，影響政府以及大眾的根本利益。他在獲得昂貴的禮物之後，就將重要的職務送給這些人，從而加速了整個政府與政治的腐敗。他本人就是一個最明顯的例子。他的所作所為已經充分表明，他根本就不配擔任總統，是很多錯誤人事任命的罪魁禍首。」

而格蘭特所在政黨的人，則被指責是「阻擋了必要的調查以及不可或缺的改革計畫」，只是「一味地煽動內戰之後的激情與不滿的情緒……而沒有將南方人民潛在的愛國熱情激發出來」。這樣做只是「為了讓那些諂媚者能夠獲得行政權力與影響力，這些人不配成為共和黨。」。

在這篇言詞激烈的聲明之後，會議在闡明施政綱領方面的口氣卻顯得非常溫順。他們要求「立即廢除所有強加給南方叛軍的不平等對待」、「在給予所有人平等選舉權的情況下實行地區自治」、「文職政府要高於軍事權力」、「捍衛人身保護令」、「對公務員制度進行徹底地改革」。為了實現這個目標，「必須要求在職總統都不能競選連任」。維持政府信譽，迅速恢復貨幣支付，停止「給予鐵路公司以及其他公司大批土地」。

這次大會闡述的施政綱領，顯然要比之前單純談論的關稅更進一步：「就貿易保護制度與自由貿易之間，我們必須要認識到的確存在著某些不可調和的矛盾，我們會讓地區的議會討論這樣的問題，讓國會就此做出決定，避免出現行政干預與命令的情況出現。」

這是一份讓人印象深刻的聲明。要是其中最重要的一些內容不是抄襲共和黨在 6 月 5 日到 6 日，在費城舉辦的共和黨全國代表大會上的綱領，那麼這將會是一份非常有影響力的綱領。格蘭特在這次共和黨全國代表大會上，再次被提名為總統候選人，並且獲得了一致通過。共和黨支持對公務員制度進行改革，但是「要透過法律的形式去廢除贊助體制所帶來的弊端，對公職人員的遴選要堅持公開公正的方式，並且要對公職的任期做一個明確的規定」。他們反對「停止給予公司或是壟斷企業土地支持」的政策，並且表示「除了從菸草與酒類所獲得的稅收，其他進口商品的關稅都要進一步提升。我們要調整其中的細節，確保美國的工人能夠獲得合理的薪水，推動工業的發展，讓整個國家實現經濟發展。」

共和黨選擇徹底支持格蘭特，他們唯一的分歧就是在副總統人選的提名上。科爾法克斯要是沒有在亨利．威爾遜獲得提名前，表示自己要退出提名競選，之後又改變心意的話，那麼他肯定會繼續成為副總統候選人。科爾法克斯在詹森總統執政期間是眾議院院長，之後在格蘭特政府裡面擔任副總統。他在政壇上有著不錯的聲譽，可是他最近招來了華盛頓一份報紙的質疑，這份報紙是專門監督公職人員舉止的。他們的這些報導讓威爾遜獲得了副總統的提名，這個提名具有特殊的意義，因為威爾遜之前的同事索姆奈在幾天前，也就是 5 月 31 日，在一篇演說中將格蘭特描述成一位軍事篡位者，指責他玷汙了總統這個職位，說格蘭特濫用職權的程度要讓古代的羅馬君主都要為之汗顏。

民主黨人在 7 月 19 日選擇支持格里利，從而將之前那張不完整的拼圖結合起來了。民主黨之所以做出這樣的選擇，是因為他們無法找出其他比格里利在政治理念上與格蘭特如此相對立的候選人。索姆奈與自由共和黨、民主黨之間的唯一共同立場，就是他們都反對格蘭特 —— 這就是索姆奈的態度。因為在過去三十年裡，他一直都在毫不留情地批評歷屆總統，無論這位總統是在他所在的政黨或是其他政黨。

從格里利獲得提名的那一天開始，他就沒有贏得總統大選的機會。不過，在某段時間裡，他在攻擊格蘭特的競選活動中表現得非常激烈，甚至讓那些最有經驗的政治觀察家們都認為格里利可能會有一些機會。索姆奈在 5 月 31 日發表了一篇強烈反對格蘭特的演說。

「我們所珍視的憲法與法律不僅受到了漠視，」索姆奈慷慨激昂地說，「而且總統這個職位也被某些人視為玩物與特權。有關這些方面的證據是非常詳細的。從一開始，這就表明了格蘭特總統完全辜負了民眾對他的信任，只貪圖個人的享受。他出入乘坐豪華的轎車，騎著名貴的馬匹，到海邊別墅休假的時間要比他正常辦公的時間還要多。相比於大眾的利益，他更加看重個人以及親信的利益……他總是欣然接受別人送給他的禮物，讓整個國家都在為他服務。現在，許多人都將為他服務看得比為國家或是政黨服務更為重要。他肆意地濫用憲法與法律賦予他的權力，不斷推行自己的個人計畫，讓自己的親信朋友從中獲益，打壓他的政治對手，努力爭取第二個總統任期。他的這些陰謀詭計都在他的第一個總統任期內暴露出來，他身上展現出來的軍事作風以及軍人精神，讓人感覺到了專制政治或是人本主義，反對我們的共和制度。現在，很多人都認為奉承總統才是最高的法則。

「……我強烈反對格蘭特競選連任，他根本就不適合擔任總統。他本來只是一名軍人，之前從未擔任過文職工作，從未履行過公職職務，對共和制度的本質根本沒有一個明確的認識。」

因此，在那個時期，「專制政治」就成為那些反對為人低調的格蘭特的人發出的最大呼聲。格蘭特在入住白宮的第一天晚上，就調走了白宮的守衛，並在他就職典禮那一天下令調走華盛頓地區的駐軍。「就在昨晚，我想起了一件事，」馬修．H．卡朋特在回應索姆奈這篇激烈的長篇演說時說，「那就是在內戰後期，我從未聽過格蘭特將軍說過一句自誇的話。我聽到他用洋溢著情感的詞語去讚美自己的部下。我聽到他讚美薛曼將軍取得的輝煌勝利，我聽到他表揚洛根、麥克皮爾森以及其他聯軍將領。卻從未聽他談論過一場戰鬥。『在當時，我認為我會聽到他不斷地自我誇耀，說我指揮了某場戰役，或是我透過神奇的指揮扭轉了戰局』。但是，我從未聽他在聊天過程中對自己有任何的誇耀。在與他生活以及交往了多天之後，你簡直會認為他之前根本就沒有參加過任何戰爭。」

每一個在戰場上了解格蘭特的人，都會認同馬修的這番言論。誠然，格蘭特所結交的朋友並非都是好人。夏天的時候，他的確沒有待在華盛頓，而是選擇到海邊度假，但這也是之後每一任總統的慣例。他從小在父親的農場就喜歡騎馬，他不加分辨地收取別人送來的禮物，這也是事實。他的一些親人擔任著官職，這也是事實。但是如果別人真的要指責他的話，那麼這樣的指責應該是針對格蘭特的個人判斷力，而不是他有意為之。歷史也將會對這些輕描淡寫，一筆帶過。

格蘭特對於別人的人身攻擊非常敏感，可是他對自己所取得的成功卻沒有絲毫的懷疑，即便是最有經驗的政治觀察家都會有看走眼的時候。喬治·W. 柴爾德斯就曾說，競選期間，威爾遜在全美各地巡講後，懷著沮喪的心情來到格蘭特在費城的家。「我前去見格蘭特將軍，我對他說了威爾遜參議員的特別感受。格蘭特將軍什麼都沒說，只是默默地打開了美國地圖。他將地圖放在一張桌子上，然後拿起一支鉛筆，說：『我們將會贏下這個州、這個州以及那個州』，直到他最後幾乎將美國地圖上的每個州都畫了一遍。此時，我才意識到，格蘭特將軍有可能贏下所有州的選票。」他在 8 月分給沃什伯恩的一封信裡這樣說，即便格里利一直競選到 11 月，他都不可能贏下北方的任何一個州。

格蘭特的預言是正確的。格里利只贏下了幾個州，其中有馬里蘭州、喬治亞州、密蘇里州與肯塔基州。格蘭特贏得了 349 張總統選舉人票中的 286 張，他的總得票數為三百五十九萬七千一百三十二張，這要比他在西元 1868 年第一次當選總統時，多出了四十八萬四千兩百九十九張。

這對格里利是一個非常殘酷的事實。他之前的人生都在忙於譴責歷屆美國總統以及總統候選人，現在輪到自己的時候，他終於感覺自己的靈魂被逼到了絕路。他曾經引用《聖經》上的名言警句「那些依靠刀劍生存下來的人，最終也會因為刀劍而滅亡」。這句話放在格里利身上是極為恰當的

。「如果說我是歷屆競選總統候選人中最失敗的人，」他在給塔潘上校的信裡這樣寫道，「那麼競選過程中遭受到的極猛烈攻擊，讓我幾乎分不清自己到底是在競選美國總統，還是在競選感化院的院長。在最黑暗的那段日子裡，我的妻子離我而去，因為她這麼久以來一直在忍受著深沉的痛苦。我在埋葬她的時候，眼淚都哭乾了。是的，我已經沒有什麼價值了。我再也不願意面對自己了。這幾個星期以來，我都沒有怎麼睡過。每當我想要閉上眼睛的時候，它就會不由自主地睜開。」在總統選舉團成員集合起來之前，他就心碎地死去了。

但是，格蘭特在取得個人成功的過程中也有自己的苦惱，因為他所經歷的誹謗以及謾罵是歷屆總統都沒有遇過的。這些謾罵與誹謗對他的影響是顯而易見的。幾個月後，當他在發表第二次總統就職演說時這樣說：

「我從未想過要追求什麼職位或是官職，我原本也是一個沒有任何影響力的人，也從不認識任何有影響力的人物，但是在我們國家存亡的關鍵時刻，我下定決心要履行一個公民的使命。我一直都遵循著自己的良心去完成工作，從未想過要對任何派系或是個人心存報復的念頭。

「內戰之後那段時期，以及我從西元 1868 年擔任總統到去年的總統競選，我遭受的謾罵與誹謗的程度，在世界的政治歷史上都是罕見的。因此，我感覺自己在今天要感謝你們對我的信任，讓我心懷感激地接受這些評價。」

第四十章　醜聞

當我們回顧格蘭特擔任總統初期的表現時，可以看到當時的人們更多的只是批評他做事的方式，而不是所做的事情本身。西元 1872 年的總統大選已經清楚表明，當時美 國的保守勢力依然選擇相信格蘭特。雖然格里利成功地吸引了不少聽眾前來聆聽他的演說 —— 在某段時間，他所吸引的民眾甚至讓經驗豐富的共和黨競選人員感到吃驚 —— 但是，最終的結果表明，這些民眾只是出於好奇才前去聆聽那位寫了多年文章的人的演說。

在格里利的演說之後，民眾經過「第二次清醒的思考」後，反過來投票給格蘭特。格里利本人卻陷入了當時「浪潮」的幻覺當中，讓他的那些支持者都感覺到了競選成功的希望。即使格蘭特在做事的方法上備受質疑，但他之所以能夠贏得大選，是因為人民覺得格蘭特依然具備成為總統的基本特質。格蘭特成功地維繫了整個國家的經濟信譽，無論在北方或是南方地區，都展現出了嚴格執行法律的鐵腕手段，他的這種能力讓很多具有深厚政治勢力的人都選擇繼續相信他。

當然，格蘭特所犯的一些錯誤的確應該遭受指責。其中一點就是他結交了許多無能的朋友，並且在無視這些人的工作經驗或是能力的情況下，讓這些人擔任重要的職位，而他的這些朋友則經常利用他的信任，做一些實現他們個人利益的事情。另一點就是干預國會事務的程度要超過了之前的歷屆總統。在這兩種錯誤當中，第一種錯誤只是針對他個人的，且持續的時間比較短暫，第二種錯誤要是出現在那些更加狡猾的總統身上，可能就會變成充滿危險的障礙。歷任總統都有想要擴權的傾向，但若是總統的權力超過了立法機構所具有的權力，這將會動搖整個國家的基礎。

事實上，沒有比一個與總統配合的國會，能更加拓展民眾的自由了。當格蘭特成為總統的時候，這樣的傾向並不像其他總統那麼明顯，因為格蘭特沒有那麼多的政治手腕與技巧。格蘭特本來就不是一個喜歡煽動政治的人，他從沒有想過要利用民眾的支持來玩弄權力。他總是按照某個愛國的明確目標去做事，雖然他對政府這臺機器運轉的過程還有一種陌生的感覺，但他的出發點是好的。他經常會忽視法律方面的技術問題，直接解決根本問題，不會太在意那些標注著「不能跨越」的信號。

當格蘭特心懷感激地接受民眾對他第一任總統任期表現的評價之後，一大堆全新的問題需要他迫切去解決。當時國會議員的任期即將到期，卻爆發出了兩件醜聞——信貸公司行賄事件與「強索工資法案」。其中一件醜聞爆發是因為要拓展公平權，雖然雙方都指責當時在國會擁有控制權的共和黨人，不過民主黨也應該為此負一定的責任。這兩件醜聞都代表了當時民眾要求改革的呼聲，其產生的影響並不僅限於華盛頓內部。

「我的公職生涯是短暫且無足輕重的。」喬治·F·霍爾（George F. Hoar）在那個時候這樣說，「僅僅持續了一任參議員的任期，但在短暫的任期內，我看到了美國聯邦高等法院的五名法官，相繼因為害怕遭受腐敗或是行為不當等彈劾而辭職。一些對此諷刺的人說，當美國人想要與東方人在藝術生活方面競爭的時候，美國制度唯一超過東方那些國家的東西，就是無處不在的腐敗。我看過美國很多大城市，都因為腐敗而成為世界人民的笑柄……當世界上最長的鐵路將美國的東西部連接起來的時候，我看到了我們這個國家取得的勝利與榮耀變成了恥辱與苦澀……我聽到了那些在政壇打滾了幾十年的人說出了最無恥的話。事實上，在我們的共和國裡，獲得權力的最佳方式就是賄賂那些能給他們帶來幫助的官員。」

這個階段發生的許多腐敗醜聞，的確是美國歷史上最難堪的一頁，但要是將這些腐敗醜聞歸結為格蘭特或是格蘭特政府的責任，則是荒謬的。那段時期正好在內戰結束之後，當時的道德準則以及標準都經過了戰爭的洗禮，依然沒有完全得到修復。這當然是無法與和平年代的時候相比。格蘭特剛好趕在這個時候執政，這是美國人民的運氣。若是其他人處在格蘭特的位置，都無法比格蘭特做得更好。要是此時選了一位軟弱的總統，那幾乎什麼事情都辦不了。

雖然霍爾的評論有一定的道理，但是放眼世界，在經歷過同等戰爭之後，美國出現的腐敗率要遠比其他國家更低一些。政客們所攻擊的醜聞相比於在相對和平時代出現的更為嚴重的醜聞相比，其實根本不算什麼。這些醜聞在美國建國初期就曾出現過，並在那之後一直進行對比。霍爾在評論中說出了許多經典的話語，表達了他的崇高理想，但他其實也是誇張渲染文章的受害者。與索姆奈一樣，即便是為了一項高尚的事業努力，他也是一位頑固的黨派分子。在那些最了解他的人看來，若是霍爾不贊同的事情就必然會具有巨大的危害，而「他所贊成的事情，即便是醜小鴨也會變成天鵝」。

在競選過程中，《紐約太陽報》的一篇文章，曝光了聯邦太平洋鐵路公司建設過程中出現的行賄醜聞。這篇報導說，來自麻薩諸塞州的眾議員奧克斯·埃姆斯（Oakes Ames）—— 一位具有遠見的商人 —— 應該對此負責。文章還披露，埃姆斯將信貸公司的股份，分給一些有影響力的眾議員與參議員。這間信貸公司是一間賓夕法尼亞州的公司，之前是沒有經銷權的，後來被聯邦太平洋鐵路公司的高層收購，確保他們能夠獲得建造鐵路的合約。埃姆斯與他的同僚所採取的商業方法是具有獨創性的，之後普遍流行在私人建造業領域。

第四十章　醜聞

按照當時的章程，直接用現金來認購這些股票是不可行的，這不像後來的那樣。如果埃姆斯不利用自己的信譽，那麼整個企業都可能已經破產了。「建設橫跨美洲大陸的鐵路」計畫可能也要延遲數年。但是，在信貸公司的幫助下，股東們所具有的權利與聯邦太平洋鐵路公司的股東是一樣的。

這條鐵路在西元 1869 年開始建造。法律規定，股東購買股票都應該完全用現金來支付。事實上，很多人都是用三十美分的錢，購買到一美元的股票。按照埃姆斯的觀點，他們與信貸公司的安排是明智且必要的，能夠帶來雙贏，否則建設鐵路的計畫將會無法執行。當鐵路原本應該在西元 1865 年至 1866 年間開始的時候，他並不敢要求國會修改章程，唯恐在重建時期的國會會讓這項計畫無限期地延遲下去。

埃姆斯從西元 1863 年就一直擔任眾議員，他利用這項優勢一直關注著鐵路公司的利益。伊利諾州的沃什伯恩 —— 這位監督財政部的人 —— 就曾斷斷續續地要求對鐵路公司的事務進行調查。埃姆斯並不想讓這件事走立法程序，但他機靈地想到一點，那就是他與國會那些大老們的交情，應該是一項可以利用的「資產」。西元 1867 年秋天，在他的建議下，信貸公司的三百四十三份股票交給他作為託管人。

他在給一位同事的信件裡寫道：「我會將這些股票送給那些能夠給予我們最大幫助的人。我置身其中，能夠更好地判斷他們所持的立場。」於是，他與國會裡那些重要的參議員和眾議員進行接觸，從七月的第一天開始賣給他們等價的股票。他們就一百六十股的問題達成了合約。沒過多久，股票的紅利就到期了，這些股票的價值已經是原來的一倍之多。一些議員同意立即購買，其餘的股票則由埃姆斯代為保管。

在競選將要結束的時候，這個醜聞被曝光了。根據埃姆斯這個夏天在賓夕法尼亞州法院的一場訴訟裡披露的名單，參議員與眾議員的名單都被公布出來了。其中有一些都是國會裡重量級的人物，包括科爾法克斯、康克林、加菲爾德、布萊恩與威爾遜。在總統選舉結束幾個星期之後，國會要求就此成立兩個調查小組，一個調查小組由來自佛蒙特州的盧克·波蘭負責，專門調查那些牽涉其中的國會議員。另一個調查小組則由來自印第安那州的威爾遜與喬治·F·霍爾負責，專門調查聯邦太平洋鐵路公司與信貸公司之間的業務是否存在違法問題。

最後的調查結果表明，埃姆斯所說名單上的絕大多數議員都沒有牽涉其中。諸如布萊恩、康克林以及鮑特韋爾等人都是一開始就拒絕接受股票的。其他議員在知道這其中可能涉及到可疑的利益輸送後，也將股票退了回去。只有那些在競選期間以及之後一直對此否認的人存在問題，雖然他們可能不會因為腐敗而受到起訴，但他們必須要為此負責。科爾法克斯因為之前在調查過程中存在撒謊以及可疑交易，不得不辭去公職。新罕布希爾州的派特森被參議院委員會建議離職，不過在參議院準備對此採取行動之前，他的任期就滿了。

埃姆斯與詹姆斯·布魯克斯 —— 這位紐約的民主黨人以及鐵路公司的行政主管牽涉其中，因此這兩人也被迫辭職。在這起案件訴訟審判之前，布魯克斯就去世了。國會要求審判埃姆斯，但埃姆斯在一個月之後也因為心碎而去世了。直到這場醜聞曝光之後，他都從未認為這樣的交易是違法的，並認為自己這樣做是為了緊跟時代，他還認為自己應該得到讚揚，而不是斥責。

他在向委員會解釋時，表示他從未想過要以任何方式去賄賂國會議員。「這些議員都是鐵路公司以及我個人的好朋友。如果你想去賄賂一個你想賄賂的人，你也會去賄賂那些反對你的人，而不是賄賂你的朋友……

第四十章　醜聞

我從未做出過任何承諾，也沒有賄賂過任何一位議員。我也絕對沒有膽量這樣做。」在國會對此事投票之前，他做出了這番最後陳述，這次陳述在歷史上也留下了一定的地位。

「我冒著個人名聲、財富以及所有的一切，只是為了能夠讓政府得到難以估量的好處，以避免我國的資本主義出現萎縮的狀態……我結交了很多朋友，其中一些是擔任公職的。我願意與他們分享一些有投資價值的商業機會……無論是在經營好或是不佳的時候，我都只做真實的報告，從未否認任何我做過的事情，也沒有隱瞞任何事情，始終持一種毫無保留的態度。誰能說只有我一個人做出了這樣的犧牲，從而希望能夠平息公眾的憤怒或是為別人贖罪呢？」

這些醜聞的曝光以及牽涉其中的人物都名聲掃地，但這卻是公眾良心的開端，讓人們意識到不應該指責那些本意良好卻用錯方法的人。不過，這些事情對格蘭特政府並沒有產生負面的影響，因為這些交易都是發生在他執政之前的。

國會原本在處理信貸公司事件方面表現得非常好，卻在「強索工資法案」的立法過程中，引發了公眾強烈的不滿，因為這一法案為國會的參議員與眾議員以及政府的高級官員增加薪水。根據該法案，總統的薪水將從每年的兩萬五千美元升至五萬美元，而參議員與眾議員的年薪，則從五千美元升至七千五百美元。當然，副總統、內閣成員以及最高法院大法官的薪水也相應提升。其實，這樣的舉措不應該遭受那麼嚴重的批評，因為這種增加薪水的舉措是必要的，絕對不應該拖延太久。

但是，真正讓公眾感到憤怒的是，這一法案規定加薪的起始日期從目前這一屆的國會議員開始，因此目前的所有議員都能夠在已經獲得的薪水之外，額外獲得五千美元的收入——正是這種赤裸裸的利益輸送讓人們感到無比憤怒。很多人認為這是一場劫掠國庫的陰謀，那些對這個法案投贊成票的人，都會遭受公眾的鄙視。

民主黨與共和黨都支持這一法案，當然這兩個黨都必須要對此負責，但是因為當時的國會是共和黨控制的，因此民眾就將指責的矛頭對準了共和黨。包含上述那條讓民眾反感的撥款法案，是在國會休會前執行下來的，因此格蘭特在強迫新一屆的國會對此特別討論之前，不得不先簽署這項法令。之後，格蘭特總統敦促國會授權總統一部分行政權力，可以否決法案裡的部分內容 —— 格蘭特多次做出這樣的要求，但都沒有收穫什麼結果。

民眾強烈反對國會通過的「強索工資法案」，不少參議員與眾議員都將多得的薪水返還給財政部。新一屆的國會在西元 1873 年 12 月集合之後通過的第一個法案，就是將給予參議員和眾議員加薪的條款廢除，只保留給總統以及最高法院大法官加薪的條款。這個議題在下一次的國會選舉裡產生了很大的影響，也是造成共和黨在那次國會選舉失利的主要原因。

這個法案給國會帶來的影響超過了三十年，直到羅斯福總統執政時期，議員們才勇於提出加薪的要求。但在那個時候，所有人都知道這個要求是非常合理的，而不是議員們為了自身利益找的藉口，因為議員們必須要有足夠的薪水去支付差旅費、僱用員工、購買文具等方面的費用，所以，那時候的議員根本不會懼怕民眾對此加以反對。

當布特勒從西特波因特被遣散回老家後，他在多年之後的自傳裡，無情地諷刺格蘭特的戰爭表現，誰也不知道這期間到底發生了什麼。這可能是因為他並不喜歡索姆奈，而索姆奈又非常反感布特勒的做事方式，或者是因為布特勒天生就喜歡逐一打敗對手。但不管怎樣，我們都可以猜測到，布特勒做事粗暴的風格也許相比於索姆奈那種菁英階層謹慎的做事方法，更能得到格蘭特的欣賞。因為格蘭特始終都會與那些讓他感覺輕鬆自在的人在一起。

他在麻薩諸塞州給予布特勒的一些幫助，引發了公眾廣泛的不滿。格蘭特選派西蒙斯 —— 這位「信仰基督教的年輕士兵」，衛理公會教派的領袖以及布特勒的親信 —— 到波士頓港口徵稅，這引發了該州人民的不滿，也引起了諸如索姆奈、皮爾斯、惠蒂爾、霍爾姆斯等人的激烈反對，他們都強烈反對布特勒想要成為該州州長的野心。六名來自新英格蘭地區的參議員反對西蒙斯的任命，只有一人對此投了贊成票。霍爾兄弟想要說服格蘭特收回這樣的提名，但格蘭特卻顯得非常頑固，毫不動搖。

「布特勒曾說他能夠依靠你。」賈奇 · 霍爾與格蘭特坐在一起的時候這樣說。羅德則是用非常直接的語言闡述了當時的情景：「格蘭特咬著牙，接著用手撫摸著下巴，面不改色地看著霍爾的雙眼，但沒有說一句話。長時間的沉默讓雙方都感到非常煎熬，最後霍爾離開了。」喬治 · F · 霍爾在他的自傳裡講述了他與格蘭特在拉斐特廣場散步的時候，談起了西蒙斯這個話題。格蘭特淡然地表示，要是撤回對西蒙斯的提名，這對年輕的西蒙斯非常不公平。

在走到索姆奈所住的那座房子的角落前，他們之間的談話還非常友善。不過在到達那個角落之後，格蘭特整個人的表現都變了，他握緊拳頭，狠狠地說：「我絕對不會撤回提名的，那個一直與我作對的人給我帶來的痛苦，是任何人都無法相比的。」此時是西元 1873 年的冬天，索姆奈在幾個星期之後就突然去世了。

桑伯恩合約醜聞因為牽涉到布特勒的關係，對整個政府產生不良的影響。威廉 · A · 理查森之前是鮑特韋爾手下的助理財政部長，在鮑特韋爾當選為參議員之後繼任為財政部長。理查森也是來自洛維爾，與布特勒是同鄉。理查森之前除了在華盛頓的一些行政部門擔任過職務之外，沒有任何的行政管理經驗。

當有人詢問起理查森在麻薩諸塞州的工作紀錄時，喬治·F·霍爾這樣說：「他的名聲幾乎局限在華盛頓。」西元1872年，國會廢除了一項危險的法律，那就是允許幫助徵稅的人獲取所徵稅款的一部分錢。但是，這個條款卻偷偷混入了法案當中，授權財政部長「可以聘請不超過三個人去幫助政府發現偷稅漏稅以及徵收任何聯邦政府本應得到的稅款」。

在這個條款的要求下，一開始擔任助理財政部長、後來成為部長的理查森，與布特勒在波士頓的一位朋友約翰·D·桑伯恩（John D. Sanborn）簽訂合約，當時的桑伯恩已經是財政部的特別專員了，專門負責從蒸餾酒廠、鐵路公司、遺產受贈人以及其他人那裡徵收稅款。桑伯恩後來要求對這一合約進行多次修改，讓財政部官員允許他向數千人徵收稅款，以及向美國所有鐵路公司徵收稅款，並且有選擇地對一些拖欠稅款的人進行徵收。

按照這一合約，桑伯恩徵收了四十二萬七千美元的稅款，其中桑伯恩能夠獲得二十一萬三千五百美元的收入。在後來的聽證會上，桑伯恩表示自己花費了十五萬六千美元用於僱用人手幫助他完成工作，當然他所僱用的人都是與他關係親密的人，而這些人都支持布特勒在政治上有更大的作為。

西元1874年，國會調查委員會發現，絕大多數徵收來的稅款都是沒有得到法律授權的，因此這應該按照正常情況下，由國家稅務局來徵收。但是，很多交易都是具有欺騙性的，因此稅務局專員在整個過程中都被晾在一邊。調查委員會的成員一致同意，向國會提交一份報告，表明委員會對理查森失去信任，要求他立即辭職。

第四十章　醜聞

當格蘭特收到這個消息之後，立即派人去找調查委員會的成員，要求他們收回這個決定，表示理查森可以辭職，但應該在其他部門繼續任職。因為誰都找不到理查森從這項安排中獲利的證據，委員會最多也只能指責他有監察失職的行為，最終還是贊同了格蘭特提出的建議。理查森後來成為索賠法庭的一名法官，而來自肯塔基州的本傑明 · H · 布里斯托律師因為之前在美國司法部的良好表現，被提名為財政部長。

第四十一章 否決《通貨膨脹法案》與恢復《貨幣支付法案》

在大法官就法定貨幣做出否決裁定的兩年之後，美國似乎進入了歷史上空前的繁榮階段。商業得到了暴漲式的發展，貫通東西部的鐵路能將西部的糧食送到急切盼望糧食的歐洲人手中。一些人則瞄準了賓夕法尼亞州以及邊境地區一些州的煤礦與鐵礦地區。從西元 1869 年到 1872 年這四年裡，美國的鐵路里程增加了兩萬四千哩 —— 這要比西元 1865 年到 1868 年這三年的平均增長里程多出三倍。

這意味著市場對鋼鐵有極大的需求，讓北美五大湖的航線變得極為繁忙。工廠與作坊每天都在滿負荷地運轉，許多移民不斷湧向美國。很多鐵路公司都在發行公司債券，向投資者許諾能夠獲得高額的利息。這些債券受到了牧師、學校老師和其他低收入者的歡迎，他們都希望能夠以較小的投資獲得較大的收益。

在鐵路公司發行的債券裡，最著名的要數北美太平洋鐵路公司透過傑伊·庫克債券公司發行的債券，該公司在內戰期間成功地幫助政府發行債券，因此在公眾的心目中，這間公司在債券市場的聲望，就好比摩根公司在很多年裡都成為美國銀行系統的代表一樣。在這段時間，除了正當經營的生意之外，也出現了灰色地帶的產業。

每個人都在忙著，每個人手裡都有了一些錢，整個國家看來蒸蒸日上。范德比特以及其他人，多年來一直以最震撼人心的方式做著規模最龐大的事情，他們都在大規模地拓展業務，相信未來的發展會無限美好。他們看不到未來的任何困難，為什麼一般的美國民眾要產生那樣的不祥預感呢？

在西元 1873 年夏末時期，也就是格蘭特連任總統幾個月之後，市場上現金突然變少了，雖然這個時候一般都是將西部的糧食運到東部，繼而運到歐洲的時候，但現金緊缺的程度卻超過了往年。當然，除了現金緊缺外，還有其他徵兆也表明之前的經濟發展存在著泡沫化狀況。最後，在西元 1873 年 12 月 18 日，傑伊 · 庫克債券公司宣布破產，這個消息讓整個國家都感到無比震驚。

維持經濟表面繁榮的支柱突然被抽走，所有的繁華一夜之間倒塌了。美國各地的許多銀行相繼宣布倒閉。證券交易所連續八天沒有開市，人們瘋狂地囤積美鈔與國家債券。在經濟恐慌的歷史上，票據交易所第一次要給客戶發放證書。政府採取了各種辦法想要讓民眾將金錢放到市面上流動。格蘭特在上任總統之後，再也沒有遇到「好時機」。

在經濟恐慌最嚴重的時候，紐約那群驚慌的金融家紛紛前往華盛頓，希望政府能夠施以援手。就在傑伊 · 庫克債券公司倒閉三天之後，格蘭特就與財政部長理查森來到紐約，在第五大街酒店被紐約很多商界領袖團團圍住。印第安那州的莫頓就說：「在星期六那天，我碰巧就在紐約，看到了一大群的銀行家、經紀商、資本家、商人、製造商以及鐵路公司的主管，都擠在第五大街酒店的大廳、走廊以及會客室裡，他們急切地懇求格蘭特總統動用手中的一切權力，增加市場的現金流。他們表示，除非政府能夠施以援手，否則任何舉措都無法將這個國家從破產與崩潰中拯救回來。

格蘭特當時有兩項援救措施可以使用。在麥克洛克被國會要求辭職之前，他按照法律將四億美元中的四千四百萬美元收回國庫，只留下三億五千六百萬美元在市面上流通。鮑特韋爾擔任財政部長期間，多次將這些錢以小額面值的紙幣發行出去，以解決政府的開支，在政府的開支問題得到解決之後，又重新將這些錢回收到國庫裡面。因此，在當前的經濟危機下，格蘭特有權力要求財政部立即重新發行這些紙幣。華爾街那些最重要的大老們都紛紛懇求他這樣做。

但是，格蘭特拒絕為了緩解市場現金不足而發行這些貨幣，造成通貨膨脹的情況。在格蘭特看來，發行這些貨幣只能取得暫時的效果，但這樣的舉措可能根本是無效的，甚至存在著違背法律的風險。雖然在當時的情況下，這種可能違背法律的行為，基本上會被人們忽視。事實上，財政部的確還有多餘的紙幣，格蘭特要求財政部長利用這些紙幣去購買債券，從而讓儲蓄銀行獲得一千三百萬美元的現金。但是，這些錢並沒有直接流入華爾街。這在道德層面上具有深遠的影響 。

國會在西元 1873 年 12 月重新開會的時候，發現整個國家都陷入了經濟恐慌的狀態中，各界都盼望華盛頓方面能夠採取必要的措施緩解危機。許多參議員和眾議員休會回來之後，都帶上了自己的提案。多年來，一直要求增發紙幣的聲音現在終於變得勢不可擋了。

格蘭特在給國會的特別信件裡，敦促國會議員將注意力放在稅收的下降「是因為目前廣泛存在的經濟恐慌上」，因此國會有責任「提出明智與深思熟慮的議案」。「我個人的觀點是，無論個人在這場危機中遭受多大的損失，我們都已經在貨幣支付方面邁出了長足的一步。除非我們能夠維持這樣的支付方式，除非我們除了黃金之外的其他支付方式也能夠購買進口商品、支付國外的利息以及其他支付義務，從而讓我們能夠累積到可觀的寶貴金屬⋯⋯為了增加我國的出口，就需要足夠的現金去讓整個國家的工業運轉起來。要是沒有這點的話，整個國家以及個人都會面臨破產的命運。但是，過高的通貨膨脹也會導致價格上漲，讓國內的技術與勞動力製造出來的商品，無法在國際市場上有競爭力，這反過來也會延續目前的局面。

「因此，我們要對流通的貨幣媒介保持一種靈活性，讓貨幣在市場上有足夠的流動性，帶動整個國家的正常商業運轉，讓所有的行業都能重整旗鼓，這才是我們想要看到的結果。其中一種嚴格規定的媒介就是貨幣，這是全世界各地都通用的交換媒介。一旦我們達到了這個結果，就能讓我們的貨幣獲得某種彈性。要是單純出於貿易與商業的動機，那麼這就會帶來負面影響，讓貨幣大規模地流到國外。反觀，要是貨幣太少的話，就會造成相反的結果。維繫住我們已有的東西，讓我們的紙幣向這個標準看齊，這才是國會最應該去考慮的問題。」

約翰．舍曼是當時參議院經濟事務委員會主席，他在 12 月初的時候就對此進行了正確的指引，因此委員會裡絕大多數成員都提出了要求恢復貨幣支付的法案。來自密西根州的費里提出一個會導致通膨的議案。莫頓與洛根則是通貨膨脹的積極推動者。瑟曼將這三項舉措稱為「紙幣的三位一體」。

他們要求發行大約一億美元的紙幣，莫頓的計畫則是希望將麥卡洛克收回國庫的所有紙幣全部發行出去。後者的計畫會讓發行的紙幣價格在四億美元左右，但市面上所需實質發行的紙幣價格則為一千八百萬美元。自從通膨的恐慌爆發以來，沒有法律授權下的理查森，整天忙著解決不斷下降的稅收數字，想辦法去滿足現有政府的開支。麥卡洛克之前將四千四百萬美元紙幣收回國庫，在西元 1873 年 9 月爆發的經濟恐慌裡，市面上紙幣的價格在三億五千六百萬美元。理查森在恰當的時候表示，到了西元 1874 年 1 月中旬的時候，現有的支付費用為兩千六百萬美元。

對於理查森所採取的措施的合法性，存在著截然不同的看法。但是，國會當前最需要解決的問題為，是否授權財政部發行一千八百萬美元或是更多的紙幣，同時默認理查森已經採取的措施。這不是一個發行多少紙幣的問題，而是一個原則的問題。舍曼說：「如果在當下的經濟恐慌時期，我們向那些要求多發行紙幣的人做出一點讓步，那麼我們之後就再也不能回頭了。以後國會在遏制紙幣發行的問題上就沒有任何權力了。如果你現在要求發行四千萬紙幣，那麼之後再要求國會發行四千萬紙幣將會變得很容易……無論在任何的經濟形勢下，難道不是總有人會負債的嗎？難道不是總有一些原本充滿希望的人，在踏上了信貸之路後就不能回頭的嗎？難道不是總有人在這樣的情況下要求增發紙幣嗎？」

這場大範圍的討論持續了四個月。舍曼的委員會提出了一個議案，要求最高發行紙幣的價格不能超過三億八千兩百萬美元，這也是理查森之前所採取的措施。最後，這個議案將這個數值調到了四億美元，從而將理查森之前的做法合法化，並且繼續授權增發一千八百萬紙幣。西元 1874 年 4 月 4 日，這個議案以壓倒性的優勢獲得參眾兩院通過，等待著格蘭特總統的簽署。

接著，就是格蘭特總統生涯中，一件最富戲劇性與最值得讚揚的事情了。當國會通過通膨法案後，整個國家都在盼望著這會馬上變成一項法律。人們也有這樣期望的理由。在那之前，無論在公開場合或是私人場合，格蘭特都始終表示要維持經濟穩定發展，無論在他的私人檔案還是公開檔案中，沒有一個段落的內容與適度增發貨幣不吻合的地方。格蘭特非常圓滑地贊同了鮑特韋爾與理查森所採取的非常規手段，雖然他事先沒有對他們的做法表示同意。莫頓與洛根都是格蘭特堅定的政治支持者。在格蘭特遭受最猛烈攻擊的時候，他們依然站在格蘭特身邊。但在這件事情上，格蘭特才充分意識到自己所處的位置要肩負的責任。

在此時，若是格蘭特對此沒有表示異議，直接簽署這份法案，或是讓這份法案在不需要簽署的情況下直接生效，會顯得更加容易一些。無論在哪種情況下，人們也不會對格蘭特有任何批評，所有的錯都將會落在國會上。

但是，格蘭特從未想過要逃避責任。他一開始也想過要贊同這份法案，並且還寫一封信講述自己贊同的原因。但是，當他認真閱讀了國會通過的法案內容後，他感覺自己無法發自內心地贊同這份法案。他立即將自己所寫的那封信撕掉，重新寫了一封信。4 月 22 日，他否決了國會通過的這項法案，讓整個國家都感到無比震驚。

「唯一讓我違背自身意願去做一件權宜的事，是發生在擴張或是通膨法案上。在我的一生當中，我從未感覺需要那麼迫切地否決一個法案。在我看來，否決這項法案會摧毀在西部的共和黨，西部與南部的政治勢力將會聯合起來，重新控制這個國家。他們可能會贊同一些更加糟糕的經濟計畫，其中一些計畫可能是意味著拒絕支付國債。莫頓、洛根以及其他一些我所尊敬的朋友，在闡述這些觀點時都是很有道理的。我最後決定要自己嘗試一番，努力去拯救我們的黨。

「與此同時，我還要避免讓這個法案，對我們國家的經濟信譽產生嚴重的影響。於是，我決定寫下一封信，闡述自己這樣做的原因和別人給我的一些建議，從而表明國會通過的這個法案，不能給整個國民經濟帶來通膨的後果，也不能影響整個國家的信用。我寫這封信旨在希望能夠緩解東部人民的不滿情緒，讓持有美國國債的外國人能夠安心。在經過一番深思熟慮之後，我寫了這封信，找尋各種理由去表明，這個法案雖然沒有什麼害處，卻也不會取得支持這個法案的人想要的結果。

「當我完成了這封我感覺會對共和黨以及整個國家都有好處的信之後，我再次閱讀了一遍，然後對自己說：『這個法案真的有這麼好嗎？你並不是這樣認為的。你知道這並不是你內心的真實想法。』於是，我將這封信扔掉了，下定決心去做自己認為正確的事情。否決這項法案！我無法漠視自己內心的真實想法。當我產生這種想法的時候 —— 這讓我感到焦躁不安，在晚上根本無法入睡 —— 十天之後，身為總統的我，必須要選擇簽署法案或是否決法案。在第九天時，我狠下決心決定否決這項法案，就讓暴風雨到來吧！」

格蘭特簽署否決了這項法案，這一般都是他在表達重要立場的時候才會這樣做。格蘭特在那封信件裡表明了自己堅定的立場。他表達了堅決反對任何會造成紙幣膨脹的手段，稱這「背離了經濟發展、國家利益、國家對債主的義務、國會承諾以及黨派（對於共和黨與民主黨都一樣）的承諾，也違背了我每年在國會發表的國情咨文，以及就職演說裡做出的莊嚴承諾。」

這是美國經濟政策歷史上的一個轉捩點。如果說格蘭特在八年執政時期沒有做出其他值得讚揚的政績，那麼他在否決這個法案上的表現，則可以讓他進入偉大政治家的行列。格蘭特的這一舉措穩固了美國在世界經濟勢力的地位。

不過，格蘭特還需要解決一些問題，因為通貨膨脹給國民經濟帶來了沉重的打擊，國會還需要進行額外的立法，確保以紙幣為基礎的交換媒介能夠成為與世界各國交往的管道。西元 1874 年，美國人民已經準備進行國會的政黨輪替了。這是一段非常糟糕的時期，國會的糟糕表現、信貸公司的醜聞、「強索工資法案」還有諸如桑伯恩合約醜聞，這些問題累積起來最終超過了民眾的忍受極限，他們在國會期中選舉中讓民主黨控制了眾議院。

第四十四屆國會的三分之二共和黨多數派，與民主黨少數派發生了大逆轉，這是自西元 1861 年以來第一次出現的情況。從此，參議院與眾議院由兩個不同黨派所控制。當國會的多數議員認同恢復貨幣支付方式時，相關的任何立法都能夠通過，但在民主黨人看來，尋求穩定發展的經濟方式不在他們的信條之內。

當國會在西元 1874 年 12 月進行當年最後一次短會的時候，格蘭特在給國會的信件裡，勇敢地將恢復貨幣支付的問題提出來，用非常懇切與充滿力量的口吻要求國會處理這個問題。格蘭特闡述了國家利益的問題，認為當前的支付方式，無法與國際公認的支付方式處於等價地位，要求任何外債，無論是借貸方或是放貸方所簽訂的合約，都應該以貨幣來支付。根據雙方所同意的規定，在償還債務的時候，應該以黃金或是黃金的等價物來償還。

「政府要是不能對借貸人展現出良好的信用，這必然是國家的恥辱。」在格蘭特看來，要做到這點，第一步就要鼓勵美國商業「建立起一個幣值相對穩定的貨幣，能在世界各地的文明世界裡流通。如果這樣的情況出現在某個國家裡，那麼這必然能在其他市場裡複製。這樣一種貨幣的基本價值，就在於其所包含的勞動價值，正是這樣一種勞動價值才讓紙幣擁有其價值。

「在世界各地，黃金與白銀都被公認為交換媒介。因此，我們在這方面不能有任何的延誤⋯⋯我深信，除非我們就此採取相關政策，否則我們是不可能長久地確保我國商業的恢復以及工業的發展——只有當國會通過相關法律——重新回歸到以貨幣為支付的基礎上⋯⋯我相信國會在這次開會的過程中會通過這樣的法案，重新恢復人民的信心，恢復工業的發展，讓我們重新走在持續多年的繁榮道路上，並且保持整個國家與人民的信用。」

在格蘭特看來，他所提出的措施對於重新恢復貨幣支付來說，是極為必要的。「法律條文上關於法定貨幣的內容，授權政府可以發行紙幣的權力應該被廢除，在某個法律固定的生效期限之後，之前相關的合約就會失效⋯⋯ 法律條文應該規定，財政部長有權在必要的情況下，動用國庫的黃金，當然這是在貨幣支付恢復之後才能存在的。要想做到這點，我們應該增加稅收收入，確保國庫能夠不斷地累積黃金，確保能夠永久性地贖回⋯⋯ 在這些黃金贖回之後，自由銀行就能得到安全方面的授權，按照現有的法律對所有的債券持有者給予完全的保護。事實上，我將自由銀行制度視為整個過程中最重要的一步。這將會給我們的貨幣帶來適當的彈性。」

格蘭特最後在信件裡表示：「我希望你們能夠認真思考這個問題，深信一個滿足各方利益的法案是可以達成的。如果本屆國會能夠完成這個目標，那麼當代人與後代人都將會感激你們，讓他們不需要受到失信與恥辱的束縛。」

國會迅速響應格蘭特的號召。參議院經濟事務委員會主席約翰·舍曼在第一次黨團會議上，就讓原本存在不同意見的多數人達成一致，形成了一個議案，他被任命為該委員會的主席。雙方都做出了讓步，讓這個議案漸漸形成。這個議案的關鍵部分規定，從西元 1879 年 1 月 1 日起，政府應該以貨幣的方式贖回美鈔，並且盡可能地完成贖回，授權財政部長利用多餘的稅收收入，出售國債以累積黃金。這個議案還提出了建立自由銀行制度，讓國家銀行盡可能收回美鈔，直到市面上流通的美鈔價格降低到三億美元，之後，輔助性的銀幣將會取代輔助性的紙幣。

西元 1875 年 1 月 14 日，國會參眾兩院迅速通過了這個議案，格蘭特簽署議案，使之成為法律。在一封給國會的祝賀信裡，格蘭特要求國會更進一步，讓該法律在增加稅收的前提下變得更加有效，還建議進行其他方面有益的立法。後來，當舍曼在海斯政府擔任財政部長的時候，終於完成了這樣的立法，從而完成了有關經濟方面的立法，這是所有正直的美國人都應該感到自豪的。

第四十二章 穩固的南部正在慢慢形成

當我們回顧這幾年發生在南方的各種事情，必然會產生一種深沉的憂鬱感。我們會看到在黑人獲得選舉權的一些州，出現了糟糕的政府管治情況，我們不斷看到奢侈浪費、不誠實的勾當以及無知的行為，讓驕傲卻又被征服的南方人民感到極度壓抑。在人類歷史上，很少會出現這種因為給予了另一個種族選舉權與政治權利而出現嚴重的問題。

北方人被很多關於黑人的傳說所迷惑，未能真實地理解南方那些擁有封建權力的奴隸主，突然之間要成為他們之前奴隸的下屬之後的那種心靈狀態。即便在黑人獲得解放後，在之前那些南方人看來，黑人依然是一個無可救藥的劣等種族。當北方的聯邦政府在內戰結束，迅速給予所有男性黑人選舉權時，這讓北方與南方都付出了沉重的代價。

在甩開這個讓所有人覺得可惡的負擔之後，南方人民似乎在按照一種自然法則，讓其他問題都等到各州自治的時候才爆發。在「穩固的南部」漸漸形成的時期，這個階段給我們帶來的嚴重傷害，是怎麼高估都不過分的，當然我們在這個過程中也發現盎格魯 - 撒克遜民族的優良特質，但是當時的人們無法對此進行深入地研究，因為黑人問題所帶來的影響掩蓋了這一切。

現在的人們可能會認為這是一種毫無根據的擔心，認為這樣的話題無關緊要。可是在重建時期，擔心黑人控制某些州的疑問，一直存在於很多人的內心裡。南方在漸漸重建的過程中必須要承受這樣的代價，但是北方在這個過程中一直在找尋著藉口，也必須要為此付出代價，因為北方在這方面也需要遭受指責。

格蘭特在這個過程中所扮演的角色是他不願意看到，也不是他主觀想要去面對的。他一開始就不贊同給予黑人選舉權，最後在別人的愚蠢似乎無法改變下，他不得不默認這個事實。不過，當腐敗與瀆職行為最終導致南部一些州出現流血衝突時，他身為軍人的本能，讓他立即要求執行法律的規定。他動用了聯邦軍隊去鎮壓一些叛亂，引發當時不少人的批評，這樣的批評一直持續到他整個總統任期結束。

這些人認為，正是格蘭特動用聯邦軍隊鎮壓暴力，才導致這些暴力事件的出現，這並非解決暴力事件出現的根本方法。反對格蘭特的人指責他正在扮演凱撒的角色，想要透過軍事控制的方式繼續擔任總統。事實上，駐守在南方各州的聯邦軍隊，根本還不夠維持一個鎮的治安。在四年的內戰裡，聯邦政府動用了超過兩百萬的軍隊，才鎮壓住南方的叛軍，現在竟然有人指責格蘭特調派四千名聯邦軍人到南方各州平息暴動就是一種犯罪，這簡直是對歷史的一種漠視。

可以說，這幾千名士兵是聯邦軍隊在南方各州駐軍的最高數值，這些軍隊都駐守在德拉華州與墨西哥灣的各個軍事堡壘裡。在格蘭特看來，要是新英格蘭地區以及中部一些州的人能夠往這個方向遷居，而不是朝著愛荷華州與堪薩斯州遷居的話，這對於南方的穩定是有好處的。若是從歷史與格蘭特自身經歷的角度去看，我們會發現格蘭特在這個讓他長時間思考良久的問題上有著成熟的觀點：

「回顧重建時期的所有政策，在我看來最為明智的一項措施，就是在某些州執行的軍事管制。理性的南方人現在都認可一點，那就是在軍事管制下，這些州的政府會更加清廉、公正與公平。這讓南方人民能夠團結起來，修復戰爭帶來的各種物質損失……軍事管制對所有人來說都是公平的，無論對想要獲得自由的黑人來說，或是對想要尋求保護的白人來說，抑或是對想要聯邦統一的北方人來說，都是公平的。

「當南方越來越多州表示願意按照我們的條件 —— 而不是他們的條件 —— 重新加入聯邦，我必須要承認軍事管制在那段時期所產生的積極影響。這樣的舉措讓給予所有公民選舉權的措施變得不是那麼迫切。我認為當時的國會在有關選舉權的問題犯下了一些錯誤。在當時的情況下，在那麼短暫的時間內讓黑人承擔公民的責任，並且期望他們能夠與白人鄰居一樣，能夠很好地履行這樣的職責，這對他們來說是不公平的，對整個北方來說也是不公平的。

「在給予南方黑人選舉權之後，我們就會讓之前那些奴隸主，在總統選舉團裡擁有四十張選票。他們會像之前那樣繼續擁有這樣的選票，但卻剝奪了黑人這樣的選票。這是重建時期所犯下的最嚴重錯誤……現在，我清楚地認識到，要是北方當時能夠在給予黑人選舉權、重建或是州政府管理等方面延遲十年，讓南方處於臨時軍事管制的狀態，這對整個北方都是有好處的……

「這會讓南方各州的政府避免出現諸多醜聞，節約許多金錢，讓北方的商人、農民以及勞工，在南方重新組建一個新社會。但是，我們已經制定了那樣的政策，也只能盡最大的努力去執行了。一旦給予黑人選舉權之後，政府就再也不能收回，因此政府現在所能做的，就是保護那些獲得這種權利的黑人，可以很好地履行他們的職責。」

西元 1873 年的選舉，就展現出了選民願意支持民主黨的趨向，部分原因是對經濟危機的恐慌情緒，部分原因是其他因素。當西元 1874 年期中選舉臨近的時候，民主黨在北方贏得選票的態勢變得越來越強烈。在北方出現支持民主黨的傾向時，南方幾個州出現了反對黑人的暴亂，格蘭特在當年 12 月的國情咨文演說裡就對此進行了闡述[18]。

在阿拉巴馬州，「具有智慧與財產的人」決心奪回他們的州。在北方各州流傳著許多報導，說「暴動、謀殺、刺殺以及折磨」等行為，在李將軍投降之後變得更加普遍。新聞撰稿人的這些報導是不足為信的，但格蘭特在獲得執行法案授權之後，派遣 679 名士兵到阿拉巴馬州確保選舉的公平性。在軍隊的保護下，黑人都勇敢地投票給共和黨，但最終該州選舉結果表明，民主黨人出任州長，立法機構也被民主黨人所控制。

眾議院特別委員會對這次選舉進行調查，共和黨議員在報告裡表示，這場選舉充滿「欺騙、暴力、恐嚇與謀殺」。民主黨人承認在選舉日當天，某些地方的確出現了暴動，並且指出這些暴動都是黑人發動的，他們認為黑人才是發起暴動的元凶。

阿肯色州在西元 1872 年爆發了布魯克斯的支持者與巴克斯特支持者之間的武裝衝突 —— 這兩人是爭取州長職位的候選人。格蘭特認同這兩人當中更加保守的巴克斯特作為該州的合法州長。在巴克斯特作為州長之下的議會通過了一個法案，要求舉行憲法大會。該州人民支持這一舉措。該州的憲法於西元 1874 年 10 月 15 日由憲法大會通過。就在同一天，民主

18「我對南方一些地區，在上次選舉過程中出現的暴力與恐嚇行為感到遺憾，這些人因為別人持不同的政見而剝奪別人自由投票的權利，這是違法的。一群帶著面具與手持武器的人，到處恐嚇準備要投票的選民，白人聯盟以及其他社團都在漸漸形成，這些組織有為數不少的武器與彈藥，他們甚至還進行一些軍事訓練，舉行恐嚇性的遊行。他們犯下了許多謀殺案，準備在這些地區散播恐慌情緒，以達到他們的政治目的。我認為，憲法第十五條修正案是用來保護民眾免於類似的恐嚇行為。西元 1870 年 5 月 1 日國會通過的法案要求執行這些法律。我們的目標就是要確保所有公民都能獲得選舉的權利，保護他們享有使用這項權利的自由。我們的憲法規定『必須要忠實地執行這些法律』。根據我們在前面提到的各種暴行以及廣泛傳播的恐慌情緒，我們必須讓一些官員起訴那些違法犯罪之人，聯邦軍隊也會在某些地區駐守，幫助這些官員執法。若是有必要的話，甚至去幫助這些官員履行職責。很多人對聯邦政府這種干預表示不滿，但是如果我們提到的憲法修正案以及法律，不能讓我們在這種情況下實行干預，那麼這些法律就沒有任何意義、實質性的效力與作用，那麼我們給予黑人的選舉權就是一個笑話，簡直可以算得上是一種犯罪。」（理查森的《信件與文件》第 297 頁）

黨人 A.H. 加蘭德（A. H.Garland）—— 之後成為美國司法部長 —— 當選候任州長，立法機構也被民主黨人控制，同時產生了四名民主黨眾議員。格蘭特此時從一個全新的角度看待阿肯色州的問題。

西元 1875 年 2 月 8 日，格蘭特給國會的一封特別信件裡表達了他的想法，那就是在西元 1872 年當選為合法州長的人選應該是布魯克斯，而不是巴克斯特，並表示布魯克斯從那時起就被剝奪了合法的職位。「西元 1874 年，該州的憲法是在暴力、恐嚇以及錯誤的程序下通過的，因此應該被推翻。該州應該制定一部新憲法，成立一個新的州政府。」格蘭特表示，當時該州所走的法律程序完全忽視了該州少數派的權利。「……我誠懇地要求國會在這件事情上採取明確的措施，解除該州的行政權力，讓該州的立法機構去決定這個問題。」

格蘭特認為，非法的巴克斯特政府通過的任何法律都應該被廢除，布魯克斯應該在之前的州憲法規定下，擔任州長直到西元 1877 年 1 月。

國會成立了一個調查委員會，由盧克 · P · 波蘭（Luke P. Poland）擔任主席，他在一份給國會的報告裡指出：「按照調查委員會的判斷，聯邦政府不應該對現在的阿肯色州政府採取任何干預的措施。」這個報告在共和黨控制的眾議院以 150 票對 81 票通過了。波蘭支持國會這樣的表態，表示從一部憲法過渡到另一部憲法應該是一種和平的轉變，正如他的故鄉佛蒙特州一樣。在加蘭德的治理下，麻薩諸塞州在各方面都事物都進展得非常順利，整個過程都是相對和平的。

西元 1875 年 2 月，國會通過了《民權法案》，法案的內容並不像索姆奈當年所要求的那樣 —— 確保黑人在旅館、公共交通、戲院或是其他娛樂設施以及身為陪審團成員等方面與白人的平等權利。這個法案在內容上引發很多人的反感，最終取得的結果也很糟糕。八年之後，也就是西元

1883 年，最高法院宣布這個法案的主要內容違憲，必須廢除。

密西西比州的情況則與阿肯色州以及阿拉巴馬州的情況不同。該州的立法機構被黑人和投機分子控制，對所有支持公立學校的投資計畫都課以重稅，這引起了三 K 黨的憤怒，最終引發了對黑人以及前來這些公立學校支教的北方女性的指控。

奧德爾貝特·阿姆斯（Adelbert Ames）之前在詹姆斯的軍隊裡有過英勇的表現，後來當選為該州州長。他始終是黑人權利的捍衛者。維克斯堡有一半人口是黑人，白人因為不堪過高稅收的壓迫，要求當時的治安官，共和黨人克羅斯比辭職。阿姆斯告訴治安官可以繼續留任，克羅斯比也呼籲黑人支持他留任。這引起的暴亂造成了二十九名黑人與兩名白人死亡。謝里登當時的駐軍在新奧爾良，派兵前往維克斯堡維持治安。克羅斯比最後留任，該州重新恢復了和平的狀態。

西元 1875 年，「具有智慧與財產的人」組織起來參與選舉，最後控制了立法機構。該州的黑人選民要比白人選民多出一萬五千人。問題就在於說服黑人投票給民主黨或是說服他們不要去投票。他們原本的想法是「和平地說服」，但不幸的是，密西西比州邊境地區的人們有持槍的習慣，每個人都會攜帶單刃長獵刀或是槍枝。黑人的集會經常被武裝的白人集團所破壞。少數白人與眾多黑人在這樣的衝突裡身亡。當黑人對白人做出報復的行為之後，反而會招致更多的殺害。

阿姆斯發電報給格蘭特，要求他宣布在該州實行軍事管制，但格蘭特對此表示拒絕。格蘭特在朗布蘭奇給司法部長皮爾龐特的電報裡說：「南方每年在秋季都會爆發出這樣的事情。絕大多數人此時都準備譴責聯邦政府的干預行為。我衷心希望在不需要發布這些公告的情況下，恢復和平與秩序。但是如果我不得不發布這樣的公告，我將會命令指揮官千萬不要輕舉妄動。法律必須要得到執行，美國的大街小巷都必須要實現和平。」

阿姆斯是一個好鬥之人，他組織起該州的民兵，其中絕大多數是黑人，並且用春田市生產的後膛槍作為武器。而白人也組成了他們的軍事組織。要不是司法部的一位中間人就此事進行調解，一場流血衝突是在所難免的。阿姆斯之後解除了民兵組織，民主黨人組織的集團也解散了。雖然避免了一場可怕的內鬥，但是威脅恐嚇的手段證明還是相當有效的。

所謂的「密西西比計畫」是指恐嚇黑人不去投票的有組織計畫。許多白人在公共道路上發射加農炮，按照二等兵約翰·艾倫的說法，就是「讓黑人知道這場選舉若是沒有他們的參與，將是一場公平的選舉」。一些騎馬的民兵將繩索繫在馬鞍上，然後騎馬前往黑人將要去投票的地方。「投票站什麼時候才會開門？」一人問道。「大約十五分鐘吧！」另一人回答。「如果是這樣的話，那麼這些黑人距離被絞死還有不到十五分鐘。」那人回答說。

黑人們都沒有說話，在接下來不到十五分鐘的時間內，黑人們都紛紛離開了投票站。民主黨人最後以多出三萬一千多張票贏得了這次選舉，在立法機構裡獲得了九十三席的多數席位，擔任了該州大多數的政府職位，並且在該州六名聯邦眾議員裡占據了四名。

格蘭特在西元 1876 年 7 月 26 日這樣寫道：「現在密西西比州政府的官員，都是透過選舉欺詐以及暴力手段得來的，他們獲得權力的方式堪比野蠻人，這絕對不是文明世界的基督徒所應該做的。」阿姆斯遭到了新一屆立法機構的彈劾，但立法機構後來撤銷了彈劾，阿姆斯表示願意辭職。羅傑·A·普賴爾這樣寫道：「阿姆斯像一位勇敢且具有尊嚴的紳士那樣忍受著一切。」

在南方各州所處的情勢當中，路易斯安那州所面對的是最糟糕的。該

第四十二章　穩固的南部正在慢慢形成

州的政府內部，存在著共和黨派系以及民主黨人對投機分子規定的分歧與爭論。亨利 · C · 沃莫斯（Henry C. Warmoth）是共和黨派系的領導人，他展現出明顯的保守派傾向。與他相對的是美國元帥 S.B. 帕卡德（S. B. Packard）和曾經在伊利諾州擔任過律師的威廉 · 彼得 · 凱洛格（William Pitt Kellogg）。凱洛格在內戰期間曾擔任伊利諾州軍團的上校，林肯總統在西元 1865 年派他到新奧爾良擔任海關徵稅員。沃莫斯在西元 1872 年加入了保守派的民主黨，支持提出融合狀態政策的約翰 · 麥克內里（John McEnery）擔任該州州長。凱洛格則是共和黨方面提名的州長候選人。

後來，雙方都宣稱他們贏得了州長以及立法機構選舉的勝利。按照路易斯安那州的法律，選舉監票所是由州長、中將、州務卿與另外兩名特別任命的人負責，這些人有權力判斷投票過程中是否存在著暴力、恐嚇、賄賂或是腐敗方面的影響。沃莫斯有對選舉監票所監督的權力，他要求對監票所進行重新改組。改組之後的監票所宣布麥克內里贏得了州長選舉的勝利，並且宣布民主黨在立法機構的選舉裡占據了多數席位。

與此同時，共和黨人也組建了他們的選舉監票所，宣布凱洛格當選州長，共和黨人在立法機構裡占據多數席位。當天晚上，美國巡迴法院法官發布了一項命令，要求美國軍隊將領派兵控制該州的議會。帕卡德不僅是該州的治安官，也是該州委員會的主席。在得到司法部長的授權之後，他可以調派聯邦軍隊控制州議會。在他的保護下，凱洛格宣布就任州長。

西元 1873 年 2 月 25 日，格蘭特在一份特別聲明裡表示，承認凱洛格擔任路易斯安那州州長的合法性。他表示，如果國會對此沒有什麼異議，他會立即認可凱洛格政府的合法性並且給予支持。

在格蘭特政府宣布承認凱洛格當選為州長的消息傳出去之後，在距離新奧爾良三百五十哩的紅河旁的科爾法克斯地區，爆發了一場屠殺。在兩個月之內，白人騎著馬衝入該郡，要求黑人立即放下武器，並且要求郡政府裡面的人投降，當時有六七十名黑人躲在郡政府大樓裡避難，這些人都遭到了槍擊。當黑人們紛紛逃出大樓的時候，一些被白人射殺，一些則成為了俘虜。那些被俘虜的黑人後來也遭到了殘忍的殺害。

總而言之，在科爾法克斯地區遭到殺害的黑人多達五十九人，只有兩名白人被殺。「這種行為是無法進行任何辯解與解釋的。」時任眾議院特別委員會主席的喬治·F·霍爾（George F. Hoar）在調查報告裡指出，「這是一場有預謀、殘忍且冷血無情的屠殺，這場屠殺堪比阿拉巴馬州的格蘭克屠殺與聖巴托洛繆大屠殺，在我國的歷史上將會留下永遠的汙點。」——也許霍爾在報告的描述顯得有點誇張，但是這場血腥的屠殺實在是太黑暗了，讓北方人民在情感上出現了明顯的轉變。

從那時開始，他們開始反對那些利用黑人選舉權實現政治利益的人。大約一年之後，在紅河旁的考沙塔地區，又出現了一場屠殺，同樣讓人震驚。白人聯盟對黑人發動這場攻擊，造成了雙方互有死傷。剛剛從北方調過來的六名共和黨官員向白人聯盟投降，白人聯盟要求他們立即辭職。雖然白人聯盟占領了什里夫波特，可他們還是對另一群黑人發動攻擊，殘忍地殺害這些黑人。

此時，格蘭特已經將聯邦軍隊從該州調回來了，只是還有少數聯邦軍隊依然駐守在新奧爾良。西元 1874 年 12 月 14 日，保守派的白人在新奧爾良市發動暴亂，他們在大街上設置路障，經常與黑人對抗，並且控制了該州議會大樓，宣布他們的領袖重新組建政府。格蘭特立即調派聯邦軍隊過去，在聯邦軍隊的保護下，凱洛格政府再次宣布具有合法性。支持保守派勢力的武裝力量很快就被鎮壓。

在西元 1874 年的州立法會議員選舉中，保守派勢力贏得了多數的二十九個席次。凱洛格的選舉監票所在經過數週的思考之後，以涉嫌威脅恐嚇選民以及欺詐等罪名，推翻了保守派所宣布的選舉結果，直到最後出現了五十三名保守派議員與五十三名激進派議員的局面。當立法機構在西元 1875 年 1 月開會時，就出現了非常混亂的局面。最後，保守派議員控制了局面，選舉出眾議長，並且讓該派的五個人來填補空缺。共和黨表示要退出，從而讓議會無法達到法定的開會人數。

德．特羅布里恩將軍收到了凱洛格的命令，要求他率兵將議會裡的所有議員全部趕走，並且要求這些議員不能擔任選舉監票所的法定成員。後來，士兵們拿著槍衝進州議會，宣布所有的議員都得離開議會大樓。保守派的眾議長以及他的黨派最後退出了，共和黨人重新占領了議會，並且按照他們的想法組建議會。

格蘭特派謝里登將軍前往新奧爾良，此時謝里登負責指揮這個地區的軍隊。謝里登在發給貝爾納普的電報裡說：「我認為，路易斯安那州、密西西比州以及阿肯色州都出現了恐怖統治的情況，要是我們不能逮捕武裝的白人聯盟首領以及進行公正的審判，那麼這些問題將無法徹底根除。倘若國會通過一項法案，宣布所有的匪徒都要接受特別軍事法庭的審判……或是總統發布一項命令，宣布參加暴動的人都為匪徒，那麼我們就不需要採取更進一步的手段，便能完成這項任務。」

時任戰爭部長的貝爾納普在回覆給謝里登的電報裡說：「格蘭特總統與我們每個人都對你充滿信心，完全贊同你所採取的措施……請你確信一點，總統以及內閣成員都完全相信你的指揮，相信你採取的任何行動都將是公平公正的。」

北方一些反對派報紙和參議院裡一些反對政府的參議員，對謝里登、德．特羅布里安，特別是格蘭特的做法表達強烈的不滿。舒爾茨憤慨地說：「如果國會支持在路易斯安那州採取這樣的手段，那麼距離聯邦政府干預麻薩諸塞州以及俄亥俄州也就不遠了……先生，你要在將軍的位置上做多久，才能決定一場充滿競爭的選舉到底誰勝誰負，決定哪一方在參議院裡占據多數呢？士兵要不了多久就能直接走到聯邦眾議院，拿槍直接指著眾議長說：『把這些小玩意拿走！』」這些憤怒的人在庫珀學院以及法尼爾廳舉行了這些會議。

查理斯·福斯特、威廉·沃爾特·菲爾普斯以及克拉克森·N·波特等人組成眾議院調查委員會，前往新奧爾良調查凱洛格的選舉監票所所採取的行為。調查委員會的成員在這個動盪時期聚集在該州議會大樓，在一份聯合報告裡指出：「該州的選舉監票所做出的決定是極為武斷、不公平且非法的。」報告上這樣的內容就能打碎該州出現保守派占據多數派地位的幻想。委員會的成員們表示：「從西元1872年以來，白人們都一致認為，凱洛格政府是非法僭越的政府。」

另一個調查委員會則由喬治·F·威廉、威廉·A·維勒以及威廉·P·弗賴爾等人組成，他們在報告裡表示，選舉期間出現的恐嚇行為，讓西元1874年的選舉無法變成一場「公平公正且自由的選舉」，而德·特羅布里恩將軍的干預行為「防止了一場流血衝突」。在他們的建議下，「維勒妥協」被雙方所接受，也就是讓保守派占據眾議院的多數派，讓共和黨人占據參議院的多數派。而該州的立法機構也要通過協議，不要影響凱洛格政府的執政。

在某段時間裡，南卡羅萊納州的情況彷彿就像陰雲裡露出了一抹曙光。丹尼爾·H·張伯倫（Daniel H. Chamberlain）是麻薩諸塞州的一名軍人、律師、耶魯大學的畢業生，他懷有遠大的志向，在西元1868年到1872年間擔任該州司法部長，有足夠的勇氣反對任何錯誤的政策。他在西元 1874 年當選為該州州長，取代了毫無作為的莫斯，莫斯的前任則是臭名昭著的史考特。

張伯倫否決了多個掠奪法案，改革了司法系統，改變之前低效的政府作風。「我最高的理想，」他說，「就是讓共和黨在南卡羅來納州處於支配地位，取得良好的政績，維持該州的穩定，讓本屆政府成為南方各州政府中最讓人驕傲的政府。」在他兩年的州長任期裡，他幾乎實現了自己的諾言。當然，他也不是萬能的。

第四十三章　首席大法官

「格蘭特就像好心的傑克·泰勒那麼誠實。」薛曼在維克斯堡給家人的回信裡，談到那些蜂擁前來聯盟訓練營，就密西西比棉花討價還價的商人時這樣說。在歷史上，針對格蘭特在內戰期間的攻擊，始於他揭露了承包商的不正當行為，禁止他們在他的管轄區內進行商船往來。但是，格蘭特在搬到白宮之後注定要成為媒體攻擊的靶子，因為被揭發的相關人物都是他所信任的人。

我國的內戰與歷史上其他戰爭一樣，都留下了令腐敗滋長的空間，但是我國在掃除這些腐敗成因的問題以及曝光腐敗問題的速度，還是其他國家所不能相比的。在格蘭特擔任總統期間，很多可疑的交易都被曝光，若是這樣的事情發生在其他國家，這根本不會引起任何評論或是根本就不會被曝光。在那個時代，為惡者被迅速繩之以法，這可以說是讓人感到稍微心安的。雖然在那個時代，改革所帶來的勝利並不能完全驅散歷史的陰雲，因為歷史與政治一樣，都過分注重強調表面上的錯誤，而忽視了內在的根本原因。

格蘭特從未想過可以輕而易舉地獲得改革者的名聲。他從未有過要改變其他人做事方式的想法，他是一個有血有肉的人，始終都無法將自己的私人生活與公事分開。擔任總統期間，他與那些他喜歡的人交朋友。雖然我們對他選擇一些朋友的眼光感到遺憾，卻不能指責他對這些朋友的信任。一位跟隨了格蘭特八年之久的隨從說：「格蘭特是我見過的唯一一位讓你能夠相信他承諾的人。即便是最小的事情，只要他對此許下了承諾，都必然會辦到。若是他對你許下了某個承諾，那麼你可以轉眼忘掉這個承諾，等你周遊世界回來之後，就會發現這個承諾已經變成事實了。」

格蘭特這種堅定不移的特質有助於他的成功，但他對別人孩童般的信任卻是一件非常危險的事情，這讓他的心靈飽受痛苦。過往的經驗並沒有讓他從中獲益。他依然對朋友們保持著堅定地信任。在他的一生中，他始終同情那些他認為遭受了不公對待的人，雖然這些人可能本身犯了錯誤，但他的本能反應還是保護這些人免於他人的攻擊。在尋求正義的激烈追逐遊戲裡，他的心與狐狸站在一邊，而不是與獵犬站在一邊。

在格蘭特信任的所有好人與壞人當中，巴布科克 —— 他的助手與私人祕書 —— 是他最為關心的。因為巴布科克在「挖坑」方面有特別的天賦，當然其中一些錯誤的確是無心之失。巴布科克一開始在聖多明哥事件裡，被指責存在著利益輸送，不過卻無法找到與此相關的任何證據，證明他確實與此存在利益輸送，只能證明他在行為的正當性方面有疑問。事實上，當他在這件事情上被證明沒有責任之後，格蘭特對他就更加信任了。因為在格蘭特心中，巴布科克正是因為支持他想要完成的事業，而遭到這樣的指責。

當亞歷山大·夏帕德成為華盛頓州州長的時候，巴布科克被指控在拿下合約方面有幕後操作的疑慮，但這樣的指控顯然只是對他言行失檢表現的一種不滿。夏帕德是一個在做事方法上毫不留情的人。毋庸置疑，他的一些朋友的確在房地產生意上賺到了一些錢，這些人透過獲得政府合約賺到了一大筆錢。不過，他雷厲風行的作風讓原本落後的華盛頓，從一座破爛的小城鎮變成了一座擁有寬闊大道、美觀建築的首都，並且還按照二十五年前的法國設計師朗方的設計改造華盛頓。

在當時，整個國家都充斥著反對「老闆」夏帕德的聲音，州議會要求改變政府治理的方式。為此，州議會特別成立了一個地區委員會，就是要防止身為州長的夏帕德插手市政工程出現「利益集團」。當格蘭特提名夏帕德擔任這個委員會的專員時，引發了許多人的不滿。夏帕德在其他方面的表現乏善可陳，之後他在墨西哥生活了二十年。當他回來華盛頓州之後，他成為了文職政府方面的偶像。他的雕像現在就矗立在他當年修建的大道旁邊。

巴布科克後來成為了「威士忌酒集團案」醜聞的中心人物，這讓格蘭特處在一個非常尷尬的位置。威士忌酒集團案醜聞是當時一個讓人不愉快的章節。西元 1874 年 6 月，布里斯托取代理查森擔任財政部長。布里斯托之前擔任聯邦檢察官時，就累積了指控官員方面的經驗。當他來到財政部擔任負責改革方面的工作之後，他的名聲才漸漸越出了肯塔基州。他在全新的職位上發現了許多問題，這證明了他的能力，增添了他的名聲。

多年來，釀酒廠與蒸餾廠的商人，一直在中西部的聖路易斯、芝加哥與密爾沃基等地的威士忌酒生產上，存在著偷稅漏稅的行為。這些商人與違法的徵稅官員達成共識，沒有繳交原本應該收繳到國庫的稅款。這種行為最猖狂的時候，發生在詹森總統執政期間。據說，在格蘭特就任總統三年多的時間裡，從聖路易斯運送出去的威士忌酒中，沒有交稅的酒，其數量是交稅酒的三倍多。聯邦政府在長達六年的時間裡，應收而沒收的稅款高達三百萬美元。

人們長久以來一直懷疑，這些酒廠老闆有逃稅的行為。西元 1874 年夏天，在格蘭特的認同下，財政部採取了一些措施制止逃漏稅，但沒有取得成功。財政部在徵稅方面的工作可以說是千瘡百孔，幾乎內部的每一個員工都參與了這種非法的勾當。因此，每當政府想要調查此事的時候，這些利益集團就會迅速知道其中的內幕。直到《聖路易斯民主黨報》的編輯 G.W. 菲什巴克給了布里斯托一份祕密情報，布里斯托派一些非官方身分的人前去調查，才讓財政部在「內鬼」沒有收到消息的情況下收集證據。

菲什巴克是在西元 1875 年 2 月給布里斯托這份祕密報告的，5 月 10 日，在掌握了充分的證據之後，他曝光了這樁醜聞。布里斯托命令在美國各地同時進行突擊行動。在聖路易斯、芝加哥、密爾沃基等地，十六名酒廠老闆以及十六座酒廠被控制，參與欺詐的檔案包裹幾乎在這些城市的每個鎮都能看到。這樁醜聞立即引發了公眾極大的關注，之後報紙又開始曝光一些內幕消息。格蘭特始終關注著這場調查，也要求繼續深挖。

沒過多久，調查委員會就發現巴布科克與威士酒集團醜聞的主要人物有關聯。根據一些已有的線索，他們發現巴布科克不僅從中獲得一部分的利益，而且他還利用部分的錢，用於幫忙格蘭特在西元 1872 年競選總統的過程中籌措資金，並且準備以相同的方式幫助格蘭特競選第三任總統。

前任參議員 —— 格蘭特最大的政敵約翰 · B · 亨德森（John B. Henderson），幫助政府檢察官戴爾準備這個案子的起訴工作。麥克唐納，這位負責聖路易斯地區徵稅的官員被法院定罪，關在監獄裡。他表示亨德森曾經要求自己認罪，轉而成為政府的證人（向他許諾如果這樣做的話，就可以免於他的刑事處罰）。麥克唐納表示，因為他的忠誠，他拒絕就格蘭特以及巴布科克等人作證，並且自願前往監獄服刑，從而避免格蘭特和整個聯邦政府陷入更大的醜聞當中[19]。

聖路易斯地區的一位銀行家巴爾納德，在給格蘭特的一封信裡表達了對亨德森以及戴爾的譴責，並且要求「為了政府和你過去光輝的人生履歷，應該受到額外條款的保護⋯⋯免於受到媒體、黨派或是自我膨脹的影響。」這封信裡提到了許多所謂證人的名字，並且談到了稅收官員。最

19 根據麥克唐納後來所著的《威士忌酒醜聞的祕密》一書透露，當年政府的調查存在著諸多錯誤與漏洞，而政府所做出的一部分正確論述也僅僅是因為巧合而已。因此，完全相信調查委員會的結論並不是正確的行為。麥克唐納本來想要親自撰寫這本書，但他是一個文盲。

後，巴爾納德表示，要是格蘭特不能放棄這些官員的話，那麼巴布科克就要遭殃。

7 月 29 日，格蘭特在朗布蘭奇收到這封信，他立即向財政部長提起這封信，並且親自寫了一封信。「……我將這封信轉交給財政部，就是希望能夠更好地調查這個案件。若是這有助於我們找到所有牽涉其中的人，那麼調查委員會就應該這樣做。如果可以的話，不要讓任何一個有罪之人逃脫法律的懲罰。在對那些被指控涉嫌欺詐的人起訴方面，要特別警惕一點，那就是不要暗示這些人有任何高層人物的保護。在執行公告政策上面，任何個人的因素都可以忽略不計。

在格蘭特的墨水還沒有乾之前，這一醜聞就大爆發了。那些牽涉其中的人都在悄悄地撇清關係，為終於將白宮牽涉進來而感到高興，希望這層關係能夠幫助他們免於牢獄之災。布里斯托是一個誠實且勇敢的人，身邊有許多諂媚者一直在煽動著他的政治野心。媒體也開始談論他競選總統的事情。格蘭特的身邊有很多隨從，這些人都不斷地跟格蘭特談論著他最好要競選第三個總統任期，並告訴他布里斯托那群朋友的陰謀詭計。此時，整個政府內部彌漫著猜疑的氣息。

8 月，調查人員發現巴布科克寫給一位被指控官員的信件，上面的署名是「sylph」，裡面寫著：「我已經成功了，他們不會去的。我會寫信給你的。」這些內容被調查人員解讀為巴布科克不斷為那些酒廠老闆通報有關財政部方面的動向。媒體大肆炒作巴布科克的這些信件，最後才證實這些信件與所謂的欺詐案件沒有任何關係，雖然這可能暗示著巴布科克在其他方面存在著不純的動機。

沒過多久，格蘭特就帶著巴布科克前往西部的幾座城市，其中就包括聖路易斯以及其他城市。在他動身之前，布魯福德 · 威爾遜，時任財政部的法務官寫信給亨德森，提醒他不要忽視「整個陰謀的每一個細節」的重要性，並且建議將所有被告都置於嚴格的監視中，監控的時間至少要在「十天或是兩個星期左右」。威爾遜之後表示：「我寫這封信的本意是巴布科克將軍應該受到監視。如果他牽涉到這樁醜聞，並且我有足夠執法權力的話，我就會直接逮捕他。若是他沒有牽涉其中，我就會徹底地證明他的清白。」

調查人員調查巴布科克的方式引起了格蘭特的憤怒，因為格蘭特當時認為這些陰謀的根本目的是對他進行誹謗。12 月的時候，兩名主犯根據檢察官已掌握的證據被定罪。巴布科克在聖路易斯被起訴，罪名是「涉嫌陰謀欺詐國家稅款」。在巴布科克的要求下，一個特別的軍事法庭就此案進行審理。許多批評政府的人都表示，在特別軍事法庭審理巴布科克，旨在為了讓他能夠避免進入民事訴訟當中。

亨德森在審判過程中曾經這樣大聲疾呼：「我們的總統有什麼權力干預財政部長正常履行職責呢？他沒有這樣的權力！難道在我們這樣一個國家裡，一個身居高職的人，就能讓他手下的人成為他使喚的奴隸嗎？」還有很多人也發出了類似的呼聲。當格蘭特聽到這樣的言論時，立即下令解除亨德森的職務。

這件事發生在巴布科克被起訴的第二天，引發了媒體的強烈反彈。亨德森後來被詹姆斯 · O · 布羅德海德 —— 這位聖路易斯法庭的民主黨人所取代，至少他與亨德森一樣都是一個好人。首先，內閣成員就此事進行了討論，每一名內閣成員，包括布里托夫都投票贊成撤除亨德森的職位，認為他的行為「不符合公職人員的專業表現」。

格蘭特遭受了猛烈的抨擊，因為他批准司法部長將一封信送給所有地區檢察官，不准給予任何犯人豁免權，財政部之前就強烈表示，必須要追究每一個涉案人員的責任。格蘭特在信件裡寫道：「一些人建議，應該讓一些犯罪之人免於處罰⋯⋯我已經下定決心，在我的權力範圍之內，一定要確保對這些人進行公正的審判——必須要保持公正公平——只有這樣，才不會有人說這是出於惡意而做出的判決，也不會有人因為徇私舞弊而免受懲罰。任何嫌犯除非在被證明有罪或是自認有罪的情況下，否則他們不能遭受懲罰。」[20]

這封信的副本落到了巴布科克手中，他立即將這封信交給媒體。「他們試圖毀掉我。」他這樣向司法部長解釋，「我有權利獲得公平的審判。」皮爾龐特在眾議院委員會作證時說：「我聽說格蘭特總統就這個案子談論了五到六次。他說：『如果巴布科克被證明有罪，那麼沒有人比我更加希望他是有罪的。因為對我來說，他的這種行為是最嚴重的背叛。」

當巴布科克的審判在 2 月開庭的時候，格蘭特請求成為證人。在他的要求下，他在白宮面對著美國最高法院大法官、皮爾龐特、布里斯托以及巴布科克的律師宣誓作證。格蘭特在宣誓作證時表示，他從未在巴布科克的行為或談話中，看到任何表明他與威士忌酒集團有關聯的事情。格蘭特說：「巴布科克始終在公共利益上展現出忠誠與正直的品質，在擔任我的私人助手期間，他的表現『讓我非常滿意』。」、「我始終相信他的正直

---

20 在所有被指控的人以及最後的審判結果，聖路易斯地區只有三人在監獄裡服刑。其中一人是麥克唐納，他被判三年監禁，在服刑兩年之後獲得赦免。前任財政部主計長的卡爾夫·C. 史尼芬，在格蘭特八年的總統生涯裡一直擔任格蘭特的祕書，他認真地研究這些紀錄。他說：「很多原本應該遭受法律制裁的人都獲得了赦免，獲得赦免的人數讓人感到震驚。西元 1875 年的 10 月到 11 月之間，芝加哥地區有四十七人被起訴，這些人在正式開庭審理之前就提前得到赦免。直到西元 1876 年 8 月 4 日，只有三個人獲判較輕的刑罰。酒廠的代表律師宣稱他們的當事人，獲得了華盛頓方面給予的民事豁免權。在聖路易斯地區，十四名酒廠老闆中，有十三名老闆在一天之內就承認有罪，但是他們都沒有接受過任何民事懲罰，而原先被指控為該醜聞的組織者則完全逃過了懲罰。法庭事先表示，任何承認有罪的人，在所有的案件審理完結之前，都不會被宣判有罪，除了那些因此逃債的人，但即便是這些逃債的人，後來也沒有接受任何懲罰。根據司法部長後來給出的一份聲明，這份聲明刊登在西元 1876 年 2 月 29 日的《紐約先鋒報》上，在那時進行了兩百五十三次起訴，有四十名酒廠老闆、六名酒廠員工以及另外二十一人承認有罪。他們進行了十七次審判，宣判十三人有罪，三人無罪，另一人存在爭議。」

以及工作能力」、「無論是直接還是間接的方式，我從巴布科克的言行舉止上，都沒有看到他以不正當的方式去籌措資金用於政治目的。」格蘭特發誓，巴布科克從未與他談論有關威士忌酒案件的事情，也從未想過要找他以任何方式給予幫忙。

格蘭特詳細地談論了自己與這起調查案件的關係，表示假使巴布科克被認定有行為不檢的罪名，那麼他肯定會知道的。在美國的歷史上，從未有一位總統親自在一起案件裡提供證詞，他堅定地保護自己的祕書。他廣為人知的誠實特質，對這個案件的審理產生了深遠的影響，甚至讓那些最尖銳的批評者都瞬間安靜下來。後來，巴布科克最終被裁定無罪，並不是因為格蘭特的證詞，而是因為法庭無法找到確鑿的證據來定罪。

《紐約先鋒報》就此事發表了言詞激烈的評論，指責格蘭特徹底誤解了他所擁有的權力本質以及限制性，宣稱：「格蘭特更加適合去統治亞洲的封建國家，而不是統治美國這麼自由的共和國。」在最後的審判結果出來之後，該報在評論中的口氣轉而變得溫和，祝賀這樣的審判結果，「這次審判經過了最為嚴格的審查，誰也不會認為法庭有偏袒巴布科克將軍的嫌疑，也不會認為審判是無效的，或是認為法官存在著預設立場……這場醜聞在進入白宮之前，就被迎頭痛擊打了回去。」

2 月 24 日，巴布科克被宣判無罪。當他回到華盛頓之後，他像往常那樣回到自己的辦公室。格蘭特來到他的辦公室，他們關門私下談論了很長時間。當格蘭特走出辦公室時顯得一臉沉靜。沒過多久，巴布科克就鎖上辦公室大門，走開了。之後，他再也沒有回到白宮擔任格蘭特的私人祕書，他在距離白宮幾個街區遠的地方，擔任公共建築與廣場辦公室的主任。有人說，巴布科克過段時間就會恢復原先的職位，但這並不是事實。

他與格蘭特之間的親密關係，在這件事情之後再也無法修復了[21]。

格蘭特也不會原諒那些想讓白宮牽涉這樁醜聞的人。在他看來，布里斯托就是這樣一個人。他並不喜歡布里斯托處理這個案件的方式。在調查的過程中，他們之間出現了嚴重的分歧[22]。不少反對布里斯托的政敵都向格蘭特講述許多虛構的事實，而格蘭特同時也面對著很多支持布里斯托的批評者。布里斯托不止一次提出辭職，但格蘭特都挽留了他，雖然他曾經動過讓布里斯托辭職的念頭。

在巴布科克被宣布無罪之後，布里斯托在接受民主黨控制的眾議院調查委員會詢問時，被問到他是否想過利用這些事情達到政治目時，他拒絕作證，表示按照程序，內閣成員有這方面的特權。格蘭特就此迅速作出表態：「我允許你就這個問題作證，不需要因為財政部長一職而背負任何責任。你不僅可以回答與此相關的任何問題，而且我的內閣成員或是前一任的內閣成員，都可以就這 ·話題作證。」格蘭特對此事感到憤怒，因為財政部想要指控洛根，卻沒有什麼證據。在格蘭特看來，財政部這樣做是為了打擊那些支持他競選第三次總統的朋友。

在辛辛那提大會舉辦後的第四天，布里斯托來到白宮，與格蘭特在通往行政辦公室的階梯上會面，他從口袋裡掏出一封信，遞給了格蘭特，之

21 E. 洛克伍德 · 霍爾是一個頭腦冷靜的人，善於觀察身邊的人。他非常了解格蘭特，認為他是一個極為誠實的人。有人曾經這樣問霍爾：「你真的確定在所有這些可疑的交易當中，格蘭特真的沒有收過一分錢嗎？」霍爾故意用奇特的方式回答：「我更寧願相信聖保羅拿了那三十塊銀子。」

22 對那段歷史有最深入了解的人都會認同一點，那就是格蘭特從來沒有做過任何要保護那些認罪之人，或是做過任何干預司法公正的事情。他的做法以及行為現在已經是每個人都能清楚看到的了。與此同時，無論該案的主犯在什麼時候透過錯誤的方式去辯解，都不會讓政府去干預指控的過程，或是激起所有關於財政部長的猜疑。一天之後，財政部長有權力撤銷對這兩者的指控。在這些情況下，格蘭特始終都傾向於正確的司法程序。但是，當別人的這些解釋反覆出現的時候，陰謀論的觀念就讓他覺得有必要阻止這些事情得逞，因此他干預了司法審判，這讓財政部長感到很沮喪。事實上，在很多情況下，當財政部長決定要辭職的時候，格蘭特都堅持他留任。過了一段時間之後，當財政部長因為此事辭職時，整個形勢讓格蘭特能夠很好地處理。考慮到許多反對財政部長的勢力所具有的影響，以及他們經常能夠接觸到總統的便利條件，在那個時候，格蘭特的雙眼無法看到事實的真相，對這件事產生了極深的成見，這也就不足為奇了。

後一言不發地坐上馬車離開了。這是布里斯托的辭職信。幾天後，格蘭特要求郵政部長傑威爾辭職。傑威爾當時是布里斯托的堅定支持者，並且與格蘭特在很多方面都存在著分歧。第二天，助理郵政部長詹姆斯·N·泰納被叫到白宮。格蘭特說：「泰納先生，我決定要求你辭去現有的職務。」接著停頓了一下。泰納的臉一下子紅到了脖子上，接著溫順地表示同意。「我即刻任命你為郵政部長」格蘭特接著說。

西元1874年，民主黨控制了眾議院，立即開始為下一屆的總統選舉搜集各種政治資料。當新一屆國會開會之後，眾議院就開始成立一個調查委員會，專門用於調查各種政府醜聞，搜尋各種共和黨執政下的政府犯下的各種錯誤，這些都是媒體樂見的。相對來說，眾議院用於本職的立法工作上並沒有耗費很多時間。

在經過數週毫無結果的調查之後，調查委員會的一名成員在審閱戰爭部的開支上，發現了貝爾納普案件。貝爾納普一直擅長社交活動，他家裡的女性都過著奢侈的生活。貝爾納普並沒有什麼積蓄，他的薪水也相對較低。他的妻子卻透過介紹職位的方式賺了不少錢，並且這樣的情況持續了好多年。當求職的人得到滿足之後，就會給予貝爾納普的妻子一大筆錢作為報酬。

貝爾納普在接替羅林斯成為戰爭部長之後，去過加勒·P·瑪律斯在紐約的家，對瑪律斯暗示說，他可以為瑪律斯提供一個職位，前提是瑪律斯要給自己的妻子一筆酬勞。瑪律斯申請了印第安那州西爾堡的一個肥差，後來被告知直接去找當時的在職者埃文斯，此時的埃文斯正在華盛頓打點關係，希望能夠保住這個職位。最後，貝爾納普與埃文斯都認同一點，那就是瑪律斯不應該申請這個職位。作為他退出這個職位競爭的賠償，他可以從埃文斯那裡每年拿到一萬兩千美元的回報，每個季度支付一次。這樣的支付始於西元 1870 年，另一半的報酬則支付給貝爾納普的妻子。

但是，我們沒有找到什麼確鑿的證據，證明貝爾納普知道這樣的交易。貝爾納普在辯護的時候說，他一直以為妻子的這些錢都是從投資中獲得的，因為他與妻子在結婚前，妻子就對投資方面有一定的見解。在貝爾納普的妻子去世之後，給他送錢的情況依然持續著，雖然此時他獲得的薪水要比之前少一半，因為埃文斯將這份薪水一分為二，另一半給了瑪律斯。

總而言之，貝爾納普一共獲得了兩萬美元。戰爭部開銷調查委員會主席海斯特 · 克萊默在西元 1976 年 3 月 2 日的報告裡指出，在他們調查剛開展的時候，調查委員會就發現了貝爾納普行為不當的確鑿證據，並且建議以犯罪和行為失檢等罪名彈劾他。眾議院迅速一致通過了彈劾議案。

克萊默的這份報告在當天下午三點鐘提交上去，但在第二天上午十點鐘，貝爾納普就預測到自己將要面對的結果，宣布辭職，格蘭特立即「非常遺憾」地接受了他的辭呈。參議員就彈劾的流程一直擱置到了八月分，但是，最後卻因為沒有通過三分之二的票數而無法定罪。絕大多數議員之所以反對定罪，並不是因為他們相信貝爾納普無罪，而是因為他已經辭去了職務，從而對參議院在這個案件上是否還具有司法權存在著疑問。

貝爾納普辭職後在華盛頓的一間房子住了下來，雖然他之後過著貧窮與恥辱的生活，但他直到去世之前還是很受歡迎。在當時的華盛頓，人們流傳著貝爾納普做出了巨大的犧牲，就是為了保住他去世妻子的名聲。

柯克斯之所以辭去內政部長，是因為他認為格蘭特總統並沒有支持他在反對政黨分肥制方面的努力。格蘭特說，柯克斯所面臨的問題都是他自找的，因為柯克斯將自己看得太重要了，他所設定的目標是無法實現的。哥倫布 · 德拉諾（Columbus Delano）取代柯克斯擔任內政部長。德拉諾是一位來自俄亥俄州的律師，有著良好的名聲，但缺乏足夠的行政經驗，無法很好地應對內政部裡面其他官員想要利用職權謀取金錢的行為。

在他的任內，爆發了印第安醜聞以及土地醜聞，這讓大眾感到非常震驚。接二連三的醜聞也讓他沒有足夠的能力去解決政府內部的積弊，最後他也選擇辭職。來自密西根州的錢德勒在競選參議員失敗之後，被格蘭特委任為內政部長。錢德勒上任之後，與那些職業的改革家相處得並不融洽，這讓那些改革家們感到驚恐。一些人認為這意味著腐敗集團已經取得了勝利。一貫做事雷厲風行的錢德勒則痛斥這些所謂的「改革」，並且用一種輕蔑的眼光看待那些支持「改革」的人。

錢德勒從骨子裡就是一位堅定的人，也是一位堅定的共和黨人，有著當年開拓西部先驅者的精神，之前在商業經營方面也取得了成功。他認可政黨分肥制以及各種政治活動方面的贊助與支持行為，而這些行為正是舒爾茨與葛德金等人特別厭惡的。不過，錢德勒在任期間，他的整個部門都展現出了高效的工作作風，這是他之後的繼任者所無法比擬的。他將那些銀行家趕出了內政部，消除了醜聞產生的根本原因，將多年來存在的政府官員違規的行為加以糾正。他為務實性的改革提供了一個很好的榜樣。

格蘭特是少數幾位有幸承擔選擇最高法院大法官職位的總統。當查斯大法官在西元 1873 年去世的時候，他獲得了一個提名大法官的機會。格蘭特像挑選幕僚長那樣去挑選大法官。據說，格蘭特在挑選大法官人選方面，與之前的總統並沒有很大的區別，都很看重大法官人選的威望。不過，出於個人以及黨派原因，格蘭特在選擇的過程中，並沒有優先考慮大法官人選在法庭或是法學界方面的威望。

塔虎脫（William Howard Taft）與哈里森（William Henry Harrison）這兩位總統為美國所做的最大貢獻，就是他們始終按照最高法院的最高標準去提名大法官人選。對每位總統而言，沒有比降低最高法院在人民心目中的威望更加糟糕的行為了。一些總統可能會有意識地提名一兩位律師擔任大法官，但這樣的行為很可能會被國會指責為不專業，從而讓被提名的人無法得到國會的批准。

格蘭特是法律方面的門外漢，對法律也沒有什麼專業的見解，因此他在選擇大法官人選方面存在一些錯誤也是情有可原的。儘管如此，格蘭特所提名的人選都具有相當高的素養與威望。斯坦頓、霍爾、布蘭得利、斯特朗以及亨特等人都具有專業的法律知識與素養，在這些人當中，除了斯坦頓之外，其他人都具有良好的脾性。

斯坦頓之所以獲得提名，是因為在斯坦頓臨死之前，參議院要求格蘭特提名。雖然從各個方面去看，霍爾都是最為理想的人選，但卻被參議院在一氣之下拒絕了。在每次提名人選的時候，由律師組成的參議院都不是很看重最高法院的傳統。為什麼格蘭特要特別看重這些呢？

格蘭特的第一選擇，是他在政治領域內最親密的朋友康克林，康克林完全有能力勝任大法官的職位，必然能夠成為這個時代最著名的法官。他不僅是一位律師，他的尊嚴與氣度讓他在該州成為領袖，也成為了參議院的重要成員。

康克林在言行舉止上都展現出貴族氣派，為人有點自大，這讓他不是很受歡迎。康克林喜歡閱讀書籍，記憶力非常好。當他發表演說的時候，人們自然會投去信服的目光。他的演說在內容上都是經過深思熟慮的，並且還會事先排練。他是一位務實的政客，認可政黨分肥制，在踐行這種制度方面也是一位老手。

康克林多次對改革者以及他們所宣揚的改革表達反對，這讓一些獨立媒體對他充滿了敵意。當媒體知道格蘭特將要提名康克林擔任最高法院大法官的消息之後，一場猛烈的批評風暴就席捲起來了。康克林最後表示拒絕格蘭特的提名，因為他更加喜歡參與政治的鬥爭。他認為自己現在還年輕，不願意就這樣去最高法院那裡養老。

格蘭特因為手頭上沒有適合的人選，只能提名他的司法部長喬治·H·威廉擔任最高法院大法官。威廉來自奧勒岡州，在擔任律師期間並沒有什麼名氣，卻獲得了「四輪馬車」的綽號，因為他的家人經常乘坐豪華馬車去參加社交活動，最後卻要讓政府來報銷。紐約律師協會反對格蘭特的這一項提名，因為他們認為威廉「缺乏大法官所應具有的智力、經驗以及名聲，這些都是維持最高法院尊嚴與威望必不可少的條件。」參議院也以一種漫不經心的態度對待格蘭特的提名。最後，在威廉的要求下，格蘭特撤銷了對他的提名。

接著，格蘭特提名凱萊布·顧盛，這位學識淵博的律師，他在律師公會以及外交方面都有一定的名聲，曾經擔任美國在日內瓦仲裁方面的首席顧問。雖然顧盛非常有智慧、具有深厚的學識以及靈活性，但他的政治與職業生涯卻存在汙點。在內戰爆發的開始階段，他就被列入了同情南方的北方人名單之中，因此，他的職業真誠度受到嚴重的質疑。雖然格蘭特在提名顧盛的時候並不知道這點。

在那些追求「政治正確」的人看來，顧盛是絕對沒有資格擔任這個職位的。正如霍伊與漢姆林所寫的：「因為他這個人缺乏原則。」正因為如此，如果格蘭特執意要提名顧盛的話，也會遭到參議院的反對。不過，格蘭特的支持者拿出了一封信作為反駁的證據，這是顧盛在西元 1861 年 3 月所寫的一封信，收件人是他「親愛的朋友」傑弗遜·戴維斯，希望戴維斯任命其他人到南方邦聯擔任行政方面的工作。

參議院裡的共和黨議員在經過黨團會議之後，沒有認可這樣的證據，要求格蘭特撤銷提名，最後格蘭特也只能無奈地撤銷了這個提名。在美國最高法院的歷史上，顧盛是唯一一位因為個人專業的真誠度受到質疑，而無法獲得確認的提名人。其實，只要是被提名人有這方面的問題被提出來，那麼他幾乎就不可能獲得國會通過，因為即便是共和黨控制了參議員多數席次，這都是一個繞不過去的汙點。在很多人看來，當被提名者本身就存在著這樣的汙點時，那麼這樣的事實就讓他絕對無法穿上大法官那身法官袍。

格蘭特想要再次提名康克林，但沒有成功。接著，他提名了莫里森·R·韋特，一位在俄亥俄州不是很出名的律師，他在國家層面上所獲得的唯一名聲，是來自他在日內瓦仲裁會議上的顧問工作。韋特是一位謙虛的人，與俄亥俄州律師公會處得很好。因此，格蘭特的這個提名並沒有遭到多少反對，最後獲得了參議院通過。韋特在最高法院擔任了十四年大法官，他的表現足以代表了最高法院的權威，也充分證明格蘭特的選擇是正確的。

第四十四章 西元 1876 年總統的各種爭議

隨著選舉新一任總統的時間越來越接近，各黨派也開始緊鑼密鼓地物色各自的候選人。格蘭特雖然過去七年多一直受到民主黨與獨立媒體的攻擊，但他在人民心目中依然擁有崇高的地位，因此很多共和黨人都支持他第三次競選總統。事實上，格蘭特在總統任期內所犯的錯誤是被人為誇大了，不過大眾並沒有因此受到愚弄，當然大眾也希望政壇能夠出現全新的面孔。

選民並不是太傾向於支持民主黨所控制的眾議院，因此民主黨也會承受民眾不滿所帶來的政治後果。民主黨控制下的眾議院，有專心收集各種政府官員醜聞的傾向，喜歡小題大做、不斷展現該黨日益壯大的勢力，這些行為都讓選民感到不滿。正如民主黨的「看門人」菲茲林所吹噓的那樣:「自己要比格蘭特更有勢力。」類似這樣的言論讓選民們厭惡，無法真正地迎合選民的要求，因為此時美國工業的發展並不好，那個時代的人民過得並不順心。

諸如康克林、卡梅倫以及洛根等堅定的共和黨人認為，雖然共和黨失去了一定的優勢，但繼續提名格蘭特競選第三次總統，能夠幫助共和黨挽回劣勢。可是，此時的格蘭特已經厭倦了政治上的各種爾虞我詐，想要退休。早在西元 1875 年，賓夕法尼亞州的共和黨人準備提名格蘭特再次成為總統候選人時，大會的主席也對此表示同意。不過，此時的格蘭特已經下定決心不再競選總統了。

他召開了一次內閣會議，告訴每位內閣成員他的想法，並且在一封私人信件裡這樣表示：「任何人單憑自己的能力，就能當選為總統或是再次提名自己成為總統候選人的想法，是荒謬可笑的。因為任何人都可能毀掉他擔任這個職位的機會，可是誰也不能強迫選民做出什麼選擇或是左右誰將會獲得提名。要是我再次獲得總統候選人的提名，我將拒絕接受。我不會再次接受總統候選人的提名，除非是在某些極端必要的情況下，讓我不得不這樣做 —— 但這種極端必要的情況不大可能出現。」

一些批評者表示，格蘭特拒絕再次獲得提名也是有附帶條件的，只是這些附帶條件並沒有生效而已[23]。因此，在西元 1876 年，共和黨舉行全國代表大會的時候，已經沒有人談論格蘭特要競選總統的事情了。

布萊恩是當時非常熱門的總統人選，他與當時的格蘭特政府沒有任何關聯，因此非常受歡迎，但有人表示，他在擔任眾議長的時候，存在著一些可疑的交易行為。雖然他與他的朋友都對此極力反駁，不過這樣的質疑還是有可能斷送他的總統前程。康克林與莫頓都有各自的支持者，他們都希望能夠得到格蘭特的支持，可是格蘭特卻刻意與這次黨代會保持一定的距離。格蘭特暗自認為，要是在提名人選競爭激烈的情況下，菲什有可能是各方妥協之後最終提名的人選。如果菲什能夠獲得這樣的機會，他將會專門寫一封信[24]。

---

23 當時格蘭特面臨的壓力非常大。當國會在 12 月開會的時候，民主黨控制的眾議院提出了一個議案，並且獲得了 88 名共和黨議員中 77 名議員的支持。這個議案是這樣規定的：按照眾議院的觀點，華盛頓總統以及歷屆美國總統所留下的慣例，總統在連任一次之後就要退出總統競選，這已經變成了一種慣例，也是我們這個共和制政府的一種傳統。任何偏離這種傳統的行為，都是不明智且缺乏愛國之心的，必然會對我們的政治體制造成嚴重的後果。

24 「在辛辛那提的共和黨代表大會舉辦之前，我不會參與這樣的討論，因為很多候選人都是我的朋友，除了布里斯托之外，他們的工作都讓我感到非常滿意，因此我都會衷心地支持他們每個人。我不支持布里斯托的原因，我將會在以後某個正式的場合上談論，而不想在現在這種情況下解釋。布萊恩會成為一位非常優秀的總統……我沒有看到有人提名布萊恩、莫頓或是康克林。布里斯托從來不都是一位認真的候選人，甚至根本不存在獲得提名的機會。在我看來，要說黑馬的話，我認為是菲什。巴亞特 · 泰勒在柏林的時候對我說，這個時代最偉大的三位政治家是加

第四十四章　西元 1876 年總統的各種爭議

布里斯托當時深受改革者的支持，但這些改革者卻無法忍受任何支持格蘭特的人，因此他們同樣反對布萊恩。海斯是一位來自俄亥俄州的候選人 —— 他為人比較低調，在內戰裡也立下了一定的戰功。西元 1874 年，他領導該州人民與通膨奮鬥，擊敗了民主黨的州長候選人艾倫，從而消滅了民主黨在經濟方面的「異端邪說」。當然，共和黨還有其他可以選擇的人選。

要不是因為當時發生了一連串事情，布萊恩幾乎肯定會成為共和黨的總統候選人。在共和黨大會召開之前，康克林的最大敵人以及一連串戲劇性內幕的曝光，成為了美國歷史上一段有趣的故事。若非當時共和黨選民普遍擔心康克林會在總統競選期間，成為一名備受攻擊的候選人，那麼即便他的政敵或是他的政治運轉機器都不能阻止他獲得提名。

最後，反對布萊恩的政治勢力轉而支持海斯。在所有競爭總統提名的人選當中，沒有人比海斯更能讓各方接受的了。幾天之後，民主黨人提名蒂爾頓為總統候選人，蒂爾頓在西元 1874 年當選為紐約州州長。因此，當時的人們都認為這將是一場較為公平的競選。「在這兩位候選人當中，人們沒有什麼可以選擇的。」羅威爾這樣寫道。很多自由派共和黨人也靜觀事態發展[25]。

福爾、哥特查科夫以及俾斯麥。我對他說，我認為有四位最偉大的政治家，第四位就是菲什。我認為菲什與其他三位政治家有著一樣的地位。菲什在擔任八年內閣成員的工作表現，讓我對他留下了這樣的印象。他每一年的工作都給我留下極為深刻的印象。於是，我寫了一封信，準備在恰當的時候公布——在布萊恩、莫頓與康克林等人都沒有獲得提名的情況下——然後再表達我對菲什的支持，這對整個共和黨來說都是一件好事。但是，最後的結果證明根本沒有公開這封信的時機。直到整個大會結束之後，菲什才知道有這封信的存在。」

25 亨利 · 沃特森曾對他的私人朋友——民主黨總統候選人蒂爾頓，做過一番非常生動的描寫：「對那些熟悉蒂爾頓的人來說，他是一位親切的單身漢，住在格拉梅利公園裡一座精緻的老房子裡。雖然他已經六十歲了，但看上去依然精力充沛。他是一位真誠且具有才華的學者，一位訓練有素與真誠的教條主義者，也是一位具有公共精神以及愛國心的公民。他具有廣泛的名氣，受人尊敬，他在律師公會裡贏得了名聲與財富，始終對公共事務保持著高度的興趣。他是一位夢想家，有著經商方面的天賦，也是一位哲學家和組織者。在他的人生當中，一直以穩健的步伐不斷地前進……他的家庭生活是秩序與禮儀的典範。他的家庭物品擺設並不像主教那樣嚴謹，他對自己信但是，這場競選漸漸也變成了一場惡意的攻擊。民主黨人一直在談論共和黨這八年來的各種嚴重失職與醜聞。他們大聲疾呼：「改革是必要的！」以及「將那些混蛋趕下臺！」他們在民主黨大會上就表示要廢除《恢復貨幣支付法案》，但蒂爾頓卻被視為支持發展穩定經濟的人。共和黨人無法談論通膨的問題，轉而開始談論「揮舞血腥的襯衫」，並且指著「那些叛亂的准將」透過恐嚇與威脅的手段，正在制定陰謀想要讓北方大城市裡的貧民窟與「穩定的南方」連繫起來，從而控制整個國家。蒂爾頓在內戰期間在個人稅收方面犯了錯，他也是第一位要因此接受「質詢」的總統候選人。

撒迦利亞·錢德勒是共和黨競選委員會的主席，威廉·E·錢德勒（William E. Chandler）則是之前兩次總統競選委員會的祕書長，此時他是新罕布希爾州委員會的成員，正在給前者大力支持。這兩位有頭腦以及勇敢的競選經理，在政治上不講任何情感，只追求最後的勝利。當時共和黨內不同的派系都堅定地支持共和黨的信念。艾布拉姆·S·休伊特則是民主黨競選委員會的主席，不過蒂爾頓本人就是一位靈活的政治能手，知道如何去競選。

就競選當晚的情況來看，除了兩個明顯的例外，民主黨人看來似乎獲得了總統競選的勝利。美國的每一份報紙都做出這樣的宣布，他們的依據是蒂爾頓已經拿下了紐約州、紐澤西州、康乃狄克州與印第安那州，並且還想當然地認為蒂爾頓能夠拿下南部的每一個州，這將會讓他穩妥地當選總統。就在此時，我國經歷了一段連小說都不敢編造的神奇歷史。

任的人是非常慷慨的。他喜歡閱讀書籍，不是很喜歡音樂與藝術，但他喜歡騎馬、遛狗跟室外活動。他的品味是比較簡單的，每當他有閒暇時間就去做自己喜歡做的事情。他不常喝酒，雖然偶爾會喝上幾口……無論是喝威士忌酒還是喝白開水，他都一樣滿臉愉悅，與人們東拉西扯地聊天……他的判斷力可以說是絕對正確的。」西元 1913 年 5 月。

第四十四章　西元 1876 年總統的各種爭議

威廉 · E · 錢德勒回家投票後，在第二天才回到第五大街酒店，發現這個地方已經沒有人在工作了。競選委員會的其他員工都早早上床睡覺去，因為他們相信海斯已經輸掉了競選。此時，錢德勒遇到了《紐約時報》的新聞編輯約翰 · C · 里德。里德帶來了這樣一個訊息給錢德勒，根據最近的投票結果，共和黨還是有可能贏得總統選舉的。

經過快速計算的方式，他們發現決定誰最終取得勝利的關鍵，在於佛羅里達州、路易斯安那州、南卡羅萊納州、奧勒岡州以及加利福尼亞州等地的票數。他立即發急件給這些州的黨部，急件上是這樣寫的：「如果我們能夠拿下南卡羅萊納州、佛羅里達州以及路易斯安那州的話，海斯就能成為總統。你們能夠守住這些州嗎？請立即回答。」

接下來爆發的爭議，讓我國政府的組織形式接受了嚴重的考驗。撒迦利亞 · 錢德勒在當天早些時候支持威廉 · E · 錢德勒的行為，並且宣布：「如果這封信件的內容是正確的，那麼他完全相信海斯州長已經百分之百當選為美國總統了。」這份信件送到了媒體那裡，記錄下了一段歷史：「海斯贏得了一百八十五張選舉人票，成功當選為下一任美國總統。」[26]

接下來幾天都充滿了許多讓人興奮的消息，各種支持以及反對的聲音

26 在選舉日當天下午，我從康科特前往波士頓，接著乘坐夜間火車前往紐約，在將近天亮的時候才到達第五大街酒店。維拉斯在前臺上跟我說，蒂爾頓已經贏得大選。我說我不相信，接著就前往第一號的選舉委員會房間，發現裡面一個人也沒有。我在大廳上遇到了《紐約時報》新聞編輯約翰 · C · 里德，他也是剛剛過來。他跟我說，如果我們拿下南卡羅來納州、佛羅里達州或是一兩個西部州的話，那麼我們就能贏下這場選舉。我們立即來到選舉委員會辦公室，我認真檢查了遺留在桌上的多份報告，接著就前往錢德勒參議員的辦公室，好不容易將他從美夢中叫醒，說我們依然有獲勝的希望，問他是否知道在昨天晚上他發電報給哪幾個州的哪些人。此時的參議員非常疲憊，沒有給我多少有用的資訊，讓我按照自己認為較好的想法去做。於是，我回到了委員會辦公室，寫了幾份電報，然後簽下錢德勒的名字，一些電報則是簽署我的名字。里德將這些急件帶到市中心，然後以電報發送出去。接著，我吃了一頓早餐，回到委員會辦公室。此時，很多人紛紛過來了，沒過多久，錢德勒也過來了。我們討論了當前的情式，他發出去那份著名的電報：「海斯贏得了一百八十五張選舉人票，成功當選為下一任美國總統」。在這一天裡，我們的精神都十分高漲。下午的時候，我們還在開會商量該怎麼採取下一步的對策。在很多定下來的措施當中，有一條就是我必須要去一趟南方。」這是威廉 · E · 錢德勒的一份聲明，在當時並沒有公開。

都有。海斯必須要贏下每一個存在爭議的州，才能成為下一任總統。當時，大家都知道奧勒岡州與加利福尼亞州都是安全的，南卡羅萊納州在計票之後也歸屬於共和黨。因為當時該州州長張伯倫也是競選連任的候選人，所以他的州應該不會支持民主黨。張伯倫依然記得「漢堡大屠殺」，擔心在選舉期間會出現暴動，請求聯邦政府調派軍隊。格蘭特表示同意，這些士兵此時就駐守在州政府附近[27]。

根據計票結果，蒂爾頓在路易斯安那州獲得了多數票，海斯在佛羅里達州獲得了多數票，但在當時的緊要關頭，「計票結果」也不是一個無法確定的問題。共和黨與民主黨的大老們都紛紛前往南方各州，而其他守在競選總部的人則焦急地等待著最後的結果。

格蘭特此時的責任就是要維持和平。他並不想看到因為大選而爆發全新的暴力事件。在給薛曼的命令裡，他寫道：「命令駐守路易斯安那州的奧格爾將軍，佛羅里達州的魯格將軍都要提高警覺，防止隨時可能出現的暴亂行為，維持當地的和平與秩序，確保法律委員會的成員在履行職責的時候不要遭受任何干擾。要是雙方在計票方面存在任何可疑的欺詐行為，就要立即上報，並且否決最後的結果。每一個競選總統的人都不能透過欺詐選票的方式來贏得大選的勝利。每個黨都能夠接受選舉失利的事實，但這個國家不能接受任何非法或是錯誤的計票行為。」

計票結果顯示，海斯在佛羅里達州多得了 48 票，以極為微弱的優勢拿下了該州的選舉人票，後來該州的選舉委員會，以選舉過程中存在欺詐

27 除了在南卡羅萊納州，其他州在選舉期間都沒有增加士兵的部署。只是在維吉尼亞州的彼得斯堡地區，因為擔心選舉前會出現暴動，因此調派了二十四名士兵以及一名軍官。在投票的地方沒有駐紮著任何軍隊。在佛羅里達州以及路易斯安那州，上面已經提到的州也只有少數士兵駐守，避免可能出現的暴動。當然，地方的民防團也能起到維持和平的作用，防止選民遭受恐嚇的威脅。在我看來，這種部署兵力的方式是合理的，也符合法律和之前的慣例。唯一的疏忽就是與憲法規定總統要「忠實地執行法律」的要求不相符。理查森所著的《信件與報紙》第 419 頁至 420 頁。

和違法亂紀等理由，將海斯所贏的票數增加到了 925 票。除非民主黨堅決不承認這樣的結果，否則共和黨人是絕對不會拱手將該州的勝利讓給民主黨的。事實上，民主黨選民在該州的選民人數占有 6,300 到 8,957 人左右的優勢，但是選舉委員會卻有最終的發言權，這一委員會也曾在西元 1874 年製造過類似的麻煩，其行為遭到了國會參眾兩院的批評。

選舉委員會主席 J. 麥迪森 · 威爾斯是該州前任州長。十年前，謝里登就曾將此人稱為政治上的騙子以及不誠實的人。選舉委員會另外三個人跟他也是一個德行，其中兩人還是黑人。這些人都是共和黨人，唯一的一名民主黨人在兩年前就宣布辭職了，留下的空位到現在依然沒有填補。在這種情況下，該州出現這樣的結果也是可以預期的。

後來，整個國家都將目光集中到新奧爾良的選舉結果上。「臨時政治家」很快就來到了這裡，格蘭特邀請了諸如薛曼、加菲爾德、卡森、斯坦利 · 馬修斯、盧 · 華萊士等重量級的共和黨大老，而休伊特也邀請了眾多的民主黨人，其中就包括帕爾瑪、特蘭伯爾、蘭德爾、柯帝士、朱利安以及沃特森。這個「臨時政治家」委員會參與了選舉委員會舉辦的多次會議。12 月 6 日，該委員會宣布海斯獲得了多數票數，勝出的票數在 4,626 到 4,712 張左右。該委員會是在否決了 13,250 張投給民主黨人的選票，以及 2,042 張投給共和黨人的選票之後做出這個宣布的。

委員會的最終會議是在祕密中進行的，當時有些人說休伊特、威爾斯以及他的同伴都為了金錢而出賣民主黨。但是，誰也無法找到相關的證據。「臨時政治家」委員會中的一些共和黨人在投票計算結果出來之後，聯名發了一份聲明給格蘭特，告知格蘭特在密西西比州到阿肯色州邊境地帶出現暴行的教區名字，表示：「這些地區存在著暴力與恐嚇的行為，許多人都使用謀殺、傷害等手段威脅選民。」

該委員會的民主黨成員也發去一封信給休伊特，他們在信中說：「事實上，根本沒有暴力或是流血衝突的事件存在任何地區，也沒有出現威脅恐嚇等情況。在路易斯安那州的每一個教區，都找不到任何有說服力的理由，證明多數共和黨選民不去投票，是因為這些暴力情況的出現，相反，他們這樣做只是出於政黨的利益。」該委員會當中的民主黨人帕爾瑪、特蘭伯爾與朱利安等人之前都是共和黨人。約翰·舍曼就曾評論說：「對於那些剛剛脫離共和黨的人來說，那些之前就脫離共和黨的人所做的行為，要更加不公平以及讓人不滿。」

在選舉監票所的計票結果出來之前，薛曼寫了一封信給海斯，談到了遭到威脅恐嚇的選舉。「那裡的情況就像地獄那麼糟糕，沒有文明的基督教世界的影子……你本應該在路易斯安那州的公平選舉裡獲得多數選票的，任何一個誠實的人都不會對此有任何疑問。」

12 月 6 日，也就是國會重新開會的兩天之後，各州的選舉人開始進行投票，海斯獲得了 185 張有效的選舉人票，蒂爾頓則獲得了 184 張有效的選舉人票。民主黨對此表示抗議，他們認為佛羅里達州的四張選舉人票以及路易斯安那州的八張選舉人票，都應該歸屬於蒂爾頓。他們還宣稱，奧勒岡州有一張選舉人票也應該屬於蒂爾頓，因為該州的共和黨選舉人瓦特斯身為副郵政局長，按照憲法是沒有成為選舉人的權利。如果這一抗議得到批准，那麼即便海斯贏得了另外兩個南部州，蒂爾頓仍將以 185 張選舉人票當選為下一屆美國總統。

要是國會參眾兩院都是共和黨占多數的話，這個爭議也會就此結束，海耶將會按照正常程序當選為下一任總統，雖然少數一些人還是會就此事發表反對的聲音。但是，共和黨在參議院只比民主黨人多出 17 個席次，而民主黨人在眾議院卻比共和黨多出了 74 個席次。因此，按照憲法與法律的要求，共和黨無法讓參眾兩院一致通過確認海斯當選為總統的協議。

不少共和黨人，包括海斯本人都表示，按照憲法規定「參議院院長應該在參眾兩院議員開會的時候，打開所有的證書以及選票，重新進行計。」。這意味著當一個州具有兩份證書的時候，參議院院長就必須要決定哪一份是有效的，然後計算選票，宣布最後的結果。不過，這只是儀式性的職責，眾議院對此沒有干預的權力。

不過，國會在西元 1865 年通過的聯合協議規定，「除非經過參眾兩院批准，否則任何遭到質疑的票數都不能進行計算」，這一規定立即招致參議院的一致反對，遭到了廢除，因此這一規定在參議院裡是沒有任何效力的。要是眾議院堅持這一規定，拒絕接受佛羅里達州與路易斯安那州的投票結果，那麼蒂爾頓就會比海斯獲得更多的選舉人票。參議院無法透過否決其他南方各州的投票結果作為報復，因為若是這樣的話，也就根本不存在什麼總統大選了。民主黨人可以按照憲法規定的程序，宣布蒂爾頓當選為下一任美國總統。

因此，民主共和兩黨似乎找不到任何共識。全美的共和黨人幾乎都認為不管選舉監票所有著什麼技術性的規定，海斯都是實至名歸當選的總統，因為若是在一場公平的選舉當中，海斯顯然會拿下南方那些存在爭議的州的選票。民主黨人則激烈反駁說，共和黨已經事先在佛羅里達州與路易斯安那州選好了選舉人，並且大肆宣揚選舉過程中出現的暴力事件。民主黨人認為選舉的過程與當時的環境沒有任何關係，蒂爾頓在所獲得的總票數上要比海斯多出三十萬張。

一些狂熱的黨派信徒都在談論著一些不可思議的事情。那時全美流行很多看似難以想像的故事。有人說，格蘭特想要獨攬大權，成為一名獨裁者。還有人說南方的來福槍俱樂部成員準備向華盛頓進軍，幫助蒂爾頓成為總統，而蒂爾頓的「支持者」—— 內戰期間支持民主黨的老兵 —— 也準備向北方進軍。當時，這些瘋狂的故事無論看上去多麼不可能，都有一些上當受騙者。此時的華盛頓就需要一個強而有力的人。格蘭特是一位冷靜沉著的人，他運用個人的影響力將各個鬥爭的派系都處於一種平穩的狀態，確保能以和平的方式解決這場爭議。

來自愛荷華州的麥克雷，之後成為海斯執政時期的內閣成員，就在眾議院提出了一個議案，希望能夠成立一個委員會，該委員會與之前的其他委員會比較類似，其成員由參議院任命，直接向參議院彙報工作，從而解決有關「選票的合法性以及合理性的問題」。為了達到這個目的，應該對選票重新進行計算，而該委員會最終宣布的結果是誰都無法去質疑的，其最終的決定應該被視為最後的結果。

格蘭特事先就知道這個議案，他將休伊特叫到白宮，確保他對這個妥協方案的贊同。這個議案在沒有爭論的情況下，就得到了參眾兩院的通過。艾德蒙斯是代表參議院方面的主席，來自俄亥俄州的亨利 · B · 佩恩則是代表眾議院方面的主席。

該委員會一致同意提交一個成立選舉委員會的議案，委員會由五名參議員、五名眾議員以及四名大法官組成，這四名大法官還要選擇另一位大法官，從而讓整個委員會的成員人數達到十五人。這個議案規定「除非得到參眾兩院的認同，否則任何選舉人票或是來自各州的投票結果，都應該被拒絕採納」。在那些不止進行了一次計票的州，「所有這些計票工作的選票都應該上交，作為判斷與決定的證據，從而判斷這些選舉人票是否符合法律規定」。該選舉委員會的決定，只有在國會參眾兩院分別投票反對之後才算無效。

艾德蒙德、康克林與瑟曼就這個議案提出的建議得到了廣泛的重視。

莫頓、布萊恩與薛曼則對此表示反對。他們說這是違憲的，但他們反對的真正理由卻是擔心這會對海斯不利。在民主黨人的支持下，這個議案在參眾兩院獲得了通過。有 26 名民主黨參議員與 21 名共和黨參議員，在參議院投了贊成票，只有 16 名共和黨參議員與 1 名民主黨參議員投了反對票。在眾議院的投票過程中，159 名民主黨眾議員與 32 名共和黨眾議員投了贊成票，18 名民主黨眾議員與 68 名共和黨眾議員投了反對票。因此，兩黨都認為，該委員會最終的裁定可能更加有利於蒂爾頓。

1 月 29 日，格蘭特簽署了這個法案。與此同時，他發表了熱情洋溢的談話，表達了對國會的讚賞，「以一種有趣且關鍵的方式去執行憲法，確保憲法的規定能夠以有序的方式得到履行，這是國會履行最高職責的表現⋯⋯最終，這兩名候選人當中肯定會有一人當選。看到這兩位候選人在這個過程中受到如此的對待，這實在是讓人痛心。整個國家都對發生這樣的事情感到不滿。兩黨以及各派系都要保持和平，以克制忍耐的方式去面對最終的結果。

「要是這樣的爭議持續下去，就會讓我國的工業出現停頓狀態，工人失業，市場崩潰，企業無法繼續生產，因為所有人都對誰將會成為我國總統存在著重重疑慮。我們應該確保每個人都接受選舉的結果，而不應該對失利候選人的支持者有任何抵觸的情緒。當然，當選為總統的人，也絕對不能以欺騙的方式來獲得這個職位。」

在這段緊張時期，當歷史處於創造階段，個人與國家的命運都處於緊要關頭的時候，蒂爾頓正隱居在格拉梅西公園的家裡，有時會對親信悄悄說一些毫無用處的計畫。當其他人都在努力為解決這個問題而苦苦掙扎的時候，「他將超過一個月的時間，用於準備從華盛頓建國以來到當代選舉人計票方式的歷史研究上，表示只有國會而不是參議院院長，才有權力對選舉人票進行計算」。這樣的工作應該是那些精通法律的人去做的。顯然，蒂爾頓在面對這個機會的時候，根本就沒有做好充分地準備。要是當選為總統，他的政府也很可能像布坎南政府那樣軟弱無能。

國會的民主黨人注定要感到無比失望。這個議案裡規定的四名大法官分別是柯利弗德、斯特朗、米勒與菲爾德，他們都代表著美國四個不同地方的利益，在政治見解上也存在著分歧。他們同意選擇大衛·戴維斯為第五名法官，戴維斯之前是一位共和黨人，但他一直對歸屬的黨派搖擺不定。

但在最後一刻，就在這個議案被送到國會之前，伊利諾州那邊傳來一個消息，就是該州的立法機構在過去幾個星期，一直就洛根在參議院的第二個「任期」問題陷入僵局，民主黨與獨立派人士後來選擇了戴維斯。因此，戴維斯就這樣失去了成為第五名大法官的機會。最後，四名大法官提名了布蘭得利，他是一位擁有正直名聲的法官，具有非常出色的專業素養。

參議院方面選擇了艾德蒙德、莫頓、弗利林海森、瑟曼以及巴亞德等參議員，眾議院則選擇佩恩、亨頓、阿伯特、霍爾以及加菲爾德等眾議員。當聯合委員會在2月1日開會的時候，在談到佛羅里達州的問題之前，一切都進展得非常順利。該州擁有三份證書，一些議員反對選舉委員會的決定，於是這個問題就留給最高法院大法官去裁定。除非這個問題首先得到解決，否則其他問題都無法解決。委員會可以重新計算選票嗎？在經過幾週的爭論以及祕密會議後，委員會認為這是不可行的。

在五名大法官當中，布蘭得利的觀點是至關重要的。後來，布蘭得利這樣寫道：「最終的裁定結果，表明我得出了一個誠實的結論。在充分詳細地考慮了整件事之後，我覺得這是解決這個問題的唯一滿意結論。」他說：「在我看來，國會參眾兩院以及大法官，都應該認可各州選舉委員會的決定，將之視為該州選舉的最終結果，並且作為任命總統最真實的依據。有人要求對一些州的合法性提出疑問，但是這樣做只是為了確定他是否真實反映了選舉監票所提供的數字。這不能視為對選舉監票所的行為的一種上訴。」

該委員會的決定上報給了聯合委員會。參議員默認這一結論，認可這一決定。眾議院反對這一決定。根據之前設置這一委員會的法令，除非參眾兩院同時否決這個決定，否則這個決定就是有效的，因此這個決定最終有效。同樣的結果也出現在路易斯安那州、奧勒岡州以及南卡羅萊納州。隨著計票過程不斷深入，民主黨對此表達了強烈的憤怒。他們認為屬於該黨的選票被竊取了，於是他們盲目找尋這種憤怒的發洩口，最後，他們找上布蘭得利法官作為發洩口，不斷對他進行猛烈地攻擊。

在一段時間之內，布蘭得利法官成為美國人最反感的人。人們認為他抓住這樣的機會製造了一場欺詐的選舉結果，而沒有選擇逃避這樣的責任。但是，這樣的指責對布蘭得利法官是極為不公平的。共和黨在爭議州始終以一票勝出的消息不斷傳出，這讓布蘭得利的名字成為了一個笑柄，以及人們指責的對象。

但是，布蘭得利只是該委員會的成員之一。若是人們要指責布蘭得利，就同樣有足夠的理由去指責斯特朗、米勒以及其他成員。布蘭得利並不是委員會的仲裁員，他只是這個委員會普通的一員，與其他成員承擔著一樣的責任 —— 在某段時間裡，他還以恐懼的心態去面對這樣一種責任。除此之外，若是戴維斯處在布蘭得利的位置，他可能也會這樣做[28]。

28　「在海斯宣誓就任總統的第二天，我的親戚斯坦利 · 馬修斯對我說：『你們當時想要找戴衛斯法官，我們也想。我要跟你說些我知道的事情，若是戴衛斯法官在那個位置上，也會做出與布蘭得利一樣的行為。我們之所以更傾向於找戴衛斯，是因為他更有分量。』 戴衛斯法官後來在參議院六十名民主黨議員，其中絕大多數是來自北部州以及西部州，想要以阻礙議事通過的方式，將計票的結果拖延到 3 月 4 日，因為到那時，這一屆的國會就會任期屆滿，留下總統的問題懸而未決。但是，委員會在佛羅里達州的選舉做出決定之後，就意味著最後的結果。42 名來自南方各州的民主黨議員「莊嚴承諾，他們會反對任何想要阻止對總統選舉計票的行為」。眾議院院長蘭德爾以其堅定的愛國之心，一直讓眾議院議員堅持工作到 3 月 2 日凌晨四點鐘，終於完成了計票工作。根據最終的計票結果，海斯宣布當選下一任美國總統。

3 月 4 日是週六，為了避免出現更多複雜的問題，海斯在大法官韋特旁邊宣誓就任總統，格蘭特與菲什在旁作為見證人。週一，他正式宣布就任總統，彷彿這場總統選舉過程中沒有出現任何爭議。格蘭特與他一起乘坐馬車前往國會山莊。

毋庸置疑，國民幾乎都認為蒂爾頓應該當選為總統，這個問題始終都會成為人們爭議的焦點。北方人民已經厭倦了有關南方各州在選舉期間出現威脅恐嚇的話題，開始對黑人的問題失去興趣。現在，我們發現，若是沒有獲得選舉權的黑人幫忙，海斯不可能會當選為總統。發生在路易斯安那州一些地區的暴力事件與選舉欺詐問題，在公眾的意識裡是相當模糊的，而選舉監票所廢除一萬三千張投給民主黨人的選票，則是所有人都知道的。

事實上，若是這場選舉是在公平的環境下進行，相比於最終的選舉結果，會有更多南方州投票支持海斯。我們不應該忘記一點，那就是南方各州因為黑人獲得了選舉權，反而擴大了他們的代表權，因此他們在總統選舉人票中有三十五票，這要比在北方一些共和黨占多數的州，其所擁有的

裡的表現證明這是完全正確的。」出自亨利 · 沃特森《海斯 - 蒂爾頓的總統之爭》

選舉人票還要多。在當時以及幾年之後，依然有人在表示「這是偷來的總統」。

時至今日，還是有不少人認為海斯是一位透過欺詐手段成為總統的人。但若是按照嚴格意義上的法律規定，海斯的確是以合法方式當選總統的。如果說存在所謂的「偷竊」，這也不是發生在華盛頓。如果民主黨人一開始提出要設立的選舉委員會，能夠承擔起其應付的責任，透過其達成的一些決定，讓國會對存在爭議的民主黨選舉人票進行重新計票，那麼現在也不會有人還在談論什麼欺詐問題了。

不過，倘若說委員會裡的少數派是正確，而多數派是錯誤的話，這也是不公平的。事實上，幾乎所有成員都是按照各自的黨派路線去投票的。如果說存在「偷竊」，這種情況肯定只能出現在佛羅里達州與路易斯安那州。在眾多的證詞當中，我們始終無法搞清楚，到底誰才是第一個犯下「偷竊」罪行的人。

在總統選舉人票的結果完全計算出來之前，海斯在俄亥俄州的朋友們，也許在沒有告知海斯的情況下，就向南方的民主黨人做出承諾，在海斯獲得總統提名之後，他不會繼續在南方實施軍事干預，但是這樣的承諾對最終的大選並沒有任何影響。畢竟在海斯發這種訊息給在南卡羅萊納州組建反對政府的張伯倫與韋德·漢普頓之前，他根本還沒有成為總統，因此他在那個階段宣布承諾從該州首府撤出軍隊，讓漢普頓政府處於控制狀態，這實在是無稽之談。

在路易斯安那州，帕卡德與尼克爾斯正在激烈地競爭著州長職位，帕卡德表示該州有更多人選擇了蒂爾頓，該州的聯邦軍隊也撤出去了。而尼克爾斯則代表著白人的利益，控制著該州政府的管理權。在格蘭特離開白宮之前，他收到了帕卡德發來的請求，但他在回信裡表示，北方民眾的想法是不能再用軍事干預的方式影響南方各州的管理[29]。

當時的南方各州已經形成了全新的秩序，不存在需要軍事干預的情形了。

格蘭特在這場具爭議的總統大選所持的態度，是保衛這個國家的和平、幫助達成一個雙方都滿意的協議的強大因素。對他來說，設立總統選舉委員會以及確保雙方都能達成一定的妥協，這才是最重要的[30]。

後來，格蘭特說：「沒有比設立總統選舉委員會更加明智的做法了，沒有比那些聲稱海斯是透過欺詐手段成為總統的人，更加缺乏愛國之心了。這些人的行為是懦夫與無賴的行為。海斯與之前的歷任總統一樣，都是透過正常合法的方式當選總統的……我絕對不相信存在任何私弊的情況，但我收到了很多人給予的警告，讓我做好各種情況的準備……

「我已經為任何可能出現的偶然事件做好了準備。任何出現的暴動都必然會被立即徹底地鎮壓……如果最終當選的是蒂爾頓，我也會馬上將權力交給他，讓他能夠平穩地獲得權力。倘若我之前的所作所為對蒂爾頓

---

29 格蘭特在給帕卡德的回信裡是這樣說的：「為了回覆你之前寄來的信件，總統指示我必須要坦誠地表明他的立場。他認為全國民眾都不再支持用軍事干預的方式，去影響路易斯安那州政府的治理。他必須要在施政過程中體現這點。無論在過去還是未來，聯邦軍隊都要保護民眾的生命財產安全，在州政府出現無法管制的情況下，聯邦軍隊就要鎮壓那些發動叛亂的暴徒。但在總統所剩不多的任期內，聯邦軍隊不會在該州實行軍事干預，或是該州的某些地區實行干預。總統認為這並不符合他的施政目標。 總統祕書：C.C. 史尼芬

30 喬治·W·柴爾德斯在他的回憶錄裡表示，格蘭特要求他前往華盛頓，對他說：「我已經與總統選舉委員會成員交流過，有一個黨派的領袖對此表示反對，這是我不願意看到的結果。他們說，如果成立總統選舉委員會，那麼蒂爾頓就有成為總統的極大希望。若是共和黨真的用選票欺詐的手段贏得了總統大選，我便會更加支持蒂爾頓成為總統。假使我是海斯，除非這場爭議能夠在參議院之外透過其他方式得到解決，否則我也不會認為自己當選了。這件事受到了國會參眾兩院的共和黨領袖以及全國人民的反對。」「……我會提名眾議院的一位重要民主黨人。」格蘭特總統對此表示認同，於是就這樣做了。「我要求此人前往白宮，讓格蘭特陷入兩難的處境。」民主黨人立即對這種做法表示同意，正是透過格蘭特總統，整件事才能繼續開展下去。格蘭特叫來康克林，認真地對他說：「這件事是非常重要的，人們對此感同身受。我認為應該設立總統選舉委員會。」康克林回答說：「總統先生，莫頓參議員（公認的參議院領袖）對這個建議表示反對，並且反對你所提出的解決方案。但是如果你想要推動設立選舉委員會這件事的話，我也能夠做到。」格蘭特總統說：「我希望這能做到。」康克林執行了這件事，並且完成了。「與我交談的重要民主黨人在眾議院採取了這樣的舉措，而康克林則在參議院裡採取了這樣的行動。」

有任何不公的話，我絕對不會為海斯說任何一句話。我想要看到的結果是以法律的形式宣布某人成為總統，讓聯邦政府能夠平穩地運轉，緩和雙方支持者的情緒，讓這個國家擁有和平……就我個人而言，我感覺自己在當選為總統的那一天開始就有這樣的承諾。當我們的國家實現了和平與秩序，每個人都遵紀守法，就能展現出這個共和國所具有的尊嚴與力量，這才是對這個國家最大的祝福。我們要感謝那些提出要設立總統選舉委員會的民主黨人與共和黨人所具有的智慧與遠見。」

第四十五章 回顧格蘭特執政時期

在失去軍銜與離開總統之位後，格蘭特發現自己從阿波馬托克斯戰役以來，再次成為一個默默無聞的人。隨著他離開總統之位，之前所有關於他的攻擊都瞬間消失了。公眾再次對格蘭特產生了好感，這種情況在總統離職之後通常都會出現。

再也沒有人談論他會像凱撒那樣實行獨裁，也沒有人說他任人唯親或是做事腐敗了，有關那些指責格蘭特當年像凱撒獨斷專橫的人，肯定會覺得自己愚蠢，因為現在成為普通平民的格蘭特，正享受著回歸到私人的生活當中。之前盲目攻擊格蘭特任人唯親的人都銷聲匿跡了；想找他要一份職位的人也已不見蹤影。在過去十六年的時間裡，格蘭特要第一次面對這樣的現實，這讓他有點難以應付。

誠然，他擁有人民送給他的房子，可是這些房子並不是以捐贈的形式給他的，因此他不能居住在這些房子裡。他在聖路易斯附近的格拉瓦有一座農場。格蘭特曾在這裡向別人借過錢，但卻從來沒有歸還。他已經花光了總統任期內的薪水，認為自己能從投資中得到一些回報。要是他將過去十六年的時間用於經商的話，那麼他現在的經濟處境會好許多。

那些在過去八年裡一直猛烈攻擊格蘭特的人，現在才知道他們罵錯了人。格蘭特依然是整個國家的偶像。很多人直到此時才終於了解格蘭特在執政時期的積極表現，從表面膚淺的攻擊中走了出來。他們意識到，在總統大選的爭議期間，他們是多麼依賴格蘭特。美國人民開始意識到，在格

第四十五章　回顧格蘭特執政時期

蘭特執政期間，美國在世界上的地位很高，在美國歷史上，從未有過像格蘭特執政時期的美國，更能贏得世界人民的廣泛尊重。可以說，從格蘭特政府執政開始，美國在世界上的地位就處於最高峰。

在歷屆總統當中，也沒有哪一位總統比格蘭特擁有更加堅定或是持續的外交政策。當然，菲什理應在這個過程中得到許多讚美之詞，而格蘭特也總是慷慨地讚揚菲什。不過，若不是格蘭特始終給予的支持，菲什是絕對不可能取得如此輝煌的外交成功，讓格蘭特政府在執政期間取得那麼受矚目的成就。

菲什是一位具有遠見、意志堅定與通情達理的人，不過若是沒有格蘭特的大力支持，他的任何努力都將付諸東流。正是白宮方面給予持續堅定的支持，才讓菲什能始終如一地執行他的外交政策。而幾乎在每項外交政策上，格蘭特都應該得到與菲什一樣高的讚美。

其中一個典型的例子就是弗吉尼厄斯號事件，該事件發生在格蘭特第二次總統任期的初期。要是這件事沒有處理好，就容易與西班牙爆發戰爭。但是，該事件最後卻以美國透過堅定與謹慎的外交手段，避免了戰爭，同時贏得該事件的勝利，維護了國家尊嚴。

弗吉尼厄斯號是一艘美國建造的汽船，在過去幾年裡一直用於運載遠征士兵前往古巴，幫助那裡的武裝分子。西元1873年10月31日，該船從牙買加的金斯頓港口出發前往一個古巴港口，船上掛著美國國旗，但運載的是戰爭物資。這艘船被西班牙的軍艦俘獲，帶到了聖地牙哥。船上一共有一百五十五名乘客，其中絕大多數乘客都是準備前往古巴加入武裝部隊的，裡面也有一些是美國人。

在11月上旬時，有五十三名乘客與船員被軍事法庭宣判犯下死罪，遭到槍決，其中有八人是美國公民。「如果最後證明有美國公民在這起事件裡遭到了誤殺，那麼美國政府將會要求巨額賠償。」菲什在發給美國駐西班牙大使西克爾斯的電報裡這樣說。西班牙總統卡斯特拉爾（Emilio Castelar y Ripoll）也立即對此事表示深感遺憾。當時美國國民對這件事義憤填膺。媒體都在鼓吹必須要迅速進行報復。在大規模的集會上都能聽到充滿火藥味的演說。菲什則對此表現得極為謹慎。密蘇里州東部的人民也準備對西班牙發動進攻。與西班牙的戰爭似乎一觸即發。

不過，菲什在格蘭特的支持下，依然採取謹慎的外交應對手段。他沒有被外界的輿論所影響，及時向西班牙政府闡明美國的立場，也沒有使用含糊的外交辭令來模糊我們的立場。「除非西班牙政府自願就此事提供巨額的賠償，」菲什在 11 月 14 日發給西克爾斯的電報裡這樣表示，「否則你將要求西班牙政府歸還被他們扣押的弗吉尼厄斯號汽船，釋放所有尚未遭到殺害的美國公民。停泊在聖地牙哥港口的商船也應該立即升上美國國旗。參與這次事件的西班牙官員也要為此負責。從你收到這份電報的十二天之內，若是西班牙政府拒絕給予合理的補償，你就結束在西班牙的工作，馬上離開馬德里歸國。」

馬德里人反對美國的情緒，與美國民眾反對西班牙的情緒一樣高漲。西克爾斯在處理這起事件上，有時顯得有點歇斯底里。但格蘭特與菲什依然保持著冷靜的態度。菲什在華盛頓與西班牙駐美大使保羅密切磋商，達成了雙方都滿意的協定。弗吉尼厄斯號汽船以及船上倖免於難的人要即刻送回美國。西班牙有機會證明當該船被俘獲的時候，並沒有掛著美國國旗。倘若他們在 12 月 25 日前不能證明這點，那麼該船就要升起美國國旗。參與此次事件的相關官員則要接受處罰。

12 月 18 日，弗吉尼厄斯號商船掛著美國國旗，駛向美國海軍駐古巴的巴伊亞翁達州基地，但該船之後在前往紐約的航程中遭遇風暴沉沒了。

第四十五章　回顧格蘭特執政時期

兩天之後，船上兩名倖存者表示投降，安全抵達了紐約。調查人員在事後調查表明，該船在被扣押時，並沒有以恰當的方式懸掛美國國旗，因此被西班牙軍隊扣押。在格蘭特與菲什的處理下，整起事件都在維持美國國家尊嚴的前提下得到了解決。在談判階段，格蘭特要求海軍處於備戰狀態，同時表示，「相信國會以及美國民眾會認可我的舉動。」

在第二次總統就職演說裡，格蘭特說道：「我會這樣總結本屆政府的政策：徹底地執行每一項法律，忠實地收繳法律規定的每一項稅收，在每一項財政支出方面都採取節約的原則，迅速償還每一項國債，降低民眾的負稅程度，降低稅收與關稅，從而讓絕大多數民眾能夠從中受益。在與其他國家進行商業貿易的時候，始終堅持誠實公正的原則。

「要想實現這個目標，必須盡可能避免與其他國家爆發戰爭，但絕對不會因為要避免戰爭而損失我們的利益。我們必須要改革對待印第安人的政策，同時改革政府整個文官制度。最後，我們必須要確保每個公民都有投票選舉的自由，每個有權利的公民都能在每次選舉裡表達自己的聲音，不需要擔心被騷擾或是遭受恐嚇。任何人都不能因為政治觀點、種族或是膚色而被剝奪選舉權利。」

在第二次總統就職演說當中，格蘭特闡述了他這一屆政府的目標：「未來，我希望能夠恢復國內不同地區人民的友好情感，恢復我們的紙幣價值，使之與世界通用的貨幣黃金能夠掛鉤 —— 甚至使我們的貨幣具有與黃金一樣的價值。我們必須要在大陸上建造廉價的交通運輸設施。只有做到這點，我們生產的商品才能找到市場，讓從事生產的人能夠獲得豐碩的回報。

「我們必須要保持與鄰國以及遠方國家的友好關係，重振我們的商業，與大西洋對岸的大陸積極進行商業往來。我們要鼓勵工業生產，大力支持出口國內生產的商品，同時進口我們所沒有的原物料—— 這是確保我們能夠維持貨幣支付標準的重要方式。我們必須要提高勞工的生活水準，同時以人道主義精神，幫助土著居民接受教育以及文明的積極影響。」

歷屆總統都沒有像格蘭特這樣，忠實地執行這些政策。我們看到了格蘭特是如何堅定地維持美國在國外的利益，他是美國歷史上第一位提倡成立國際事務爭端仲裁的總統，在與美洲其他國家打交道的時候，始終堅持門羅主義。他在與墨西哥、西班牙、法國與英國打交道時，總是保持著堅定的立場。

在涉及到國家尊嚴的問題上，絕對不會因為其他國家的國力是弱小或是強大而採取區別對待。他要求驅逐俄羅斯駐美國大使卡塔卡茲，因為他用言語辱罵美國官員，並且影響了美國與其他國家之間的關係。格蘭特在向國會發表演說時表示：「要是允許卡塔卡茲繼續留在這裡代表他的國家，那麼我們是將無法對俄國懷有一種公平的看法。」

格蘭特與英國解決了邊界爭端問題，與美洲其他國家解決了相關的利益問題，和西班牙、英國就引渡問題達成共識，確保西班牙將逃到古巴的特維德引渡回美國。格蘭特想要在時機成熟的時候兼併聖地牙哥。在面臨嚴重的國際問題時，格蘭特始終堅持與各國和平相處的原則，但他從未想過要展現自己幫助美國遠離戰爭的價值。

國會阻礙了格蘭特想要改革文官制度的決心，不過他所提出的改革方案直到今天依然在進行當中。他要求政府嚴格執行法律，在政府開支方面堅持節約原則，降低稅收，減少國家債務。後來，他無法確保美國一些州出現公正自由的選舉，但這並非他的過錯。他在這方面有努力嘗試過，可是他當時面臨的困難，是任何政府都無法克服的。

他抓住一切機會敦促建造美國商船隊。他說：「我們現在每年還需要支付兩三千萬美元給外國的商船用來運輸商品，這實在是美國的恥辱。我們應該憑藉美國製造的商船、美國擁有的商船以及美國人操控的商船來運輸美國商品。」

「造船業的興起，特別是鋼鐵汽船的興起，」格蘭特繼續回到這個主題，「對於我國的經濟繁榮是極為重要的……要是能夠支援我們常說的私人企業不斷發展，我願意看到政府改變之前的一些政策。我並不建議立即補貼美國的造船業，但我建議直接補貼那些透過大西洋航線進行快遞業務的公司，並且將這樣的補貼政策覆蓋到那些在南美、中北美以及墨西哥等地進行這種業務的公司。當然，我們也要對那些透過太平洋港口進行這種業務的公司採取補貼政策。」

格蘭特是第一位強調要對不在美國出生的選民給予關注的總統。在他看來，這些人對美國的制度缺乏根本的理解。「在一段試用期過後，假使這些人在免費學校的教育下，依然不能用英文書寫的話，那麼我建議剝奪他們的選舉權。我支持這樣的政策。來到美國的外國人要想成為美國公民，他們就需要掌握英語，了解這裡的政策制度，才能更好地獲得認同感。若是他們對我們的語言不感興趣，不願意深入了解我們的政治制度以及法律的話。我就不會贊同給予他們選舉的權利。」

格蘭特建議重新調整關稅，「從而增加國家稅收，同時減少對所收關稅的商品種類。對於那些在國內無法大規模生產的商品，就應該實行免稅進口的政策。對於那些國內能夠部分生產卻無法完全生產的商品，我們也應該採取免稅的進口政策。」

格蘭特成為總統之後，用他自己的話來說，「整個國家都陷入了內戰之後財政緊縮的局面，各種稅收給人民帶來沉重的負擔，限制了生產的發展。」當時的美國還面臨著國外干預而引發戰爭的可能。後來簽訂的《華盛頓協定》不僅扭轉了這種局面，而且還建立了仲裁原則。

在他擔任總統的前七年裡，減稅金額達到了三億美元，國家債務降低了四億三千五百萬美元。透過調換債券等方式，國債每年的利息從一億三千萬美元，降低到一億美元，並從原先的一億三千萬美元的貿易逆差，轉變為一億兩千萬美元的貿易順差。格蘭特還提出了要求恢復貨幣支付法案以及防止通膨的法案，這對當時擾亂美國經濟的各種不良因素是致命的一擊。

對於像格蘭特這樣一位之前從未有過任何政治經驗的人來說，治理國家以及實施外交政策都是陌生的。但是，格蘭特在擔任總統期間取得的成就卻是讓人驚訝的，當然這與他在內戰期間的表現還是有一定的差距。格蘭特的大部分發言和信件都是他親手寫的，他也總是密切關注著內閣成員所提出的各種重要問題。

綜合上面的各種因素，我們也就不難看出格蘭特在西元 1876 年最後一次國情咨文演說裡，所表達出來的個人哀婉之情了：

「我在沒有任何政治經驗的情況下成為總統，這是我的福氣，也是我的不幸。從我十七歲開始，除了自己參選總統之外，從未就總統選舉投過票。雖然其中有一次我是一位有資格的選民。

「在這種情況下，人們有理由認為我會在判斷上出現一些差錯。即便他們沒有這樣的想法，政府的內部也會出現意見不合的情況，這是因為每個人都已經宣誓要履行各自的職責。此時，許多記者與喜歡辯論的人，必然會利用這些事情煽風點火。其實，我們不能因為政府內部存在不同的意見，就認為政府在某些方面存在著錯誤。我們都知道，誰都可能犯錯，這點我必須要承認。

第四十五章　回顧格蘭特執政時期

「但在我看來，這樣的錯誤只在選擇一些助手去幫助政府執行各種職責的時候出現 —— 可是幾乎在每個這樣的情形下，被選擇的人都與任命他的人沒有什麼關係，而是基於人民直接選舉的議員的推薦。在面對那麼多需要處理的緊要事務時，政府不可能在每件事情上都做對。

「歷史已經證明，從華盛頓到現在，歷屆政府都不能免於這樣的過錯。但我會將評價留給歷史，只是說明一點，我所做的每一個決定，都是源於我的良心認為這樣做是正確的、符合憲法與法律的，符合美國人民的利益。如果要說過錯的話，我想說這只是判斷上的過錯，而不是本意上的過錯。」

在內戰的創傷以及林肯在南方各州執行的軍事管制措施之後，格蘭特政府在重建方面的成就可以說僅次於華盛頓，前者最偉大的功績就是讓聯邦政府在憲法規定的範圍內運轉。格蘭特完全可以「留給歷史去評說」。要是我們排除當時南方出現的各種困難問題和他所犯的一些個人錯誤（假使這稱得上是過錯的話），就會發現格蘭特執政時期的施政，都是嚴格按照法律去進行的，因此我們很難對他的政府採取的政策有過多的批評，後來的事實也反駁了這點。

第四十六章
周遊世界與第三次謀求總統

在一些人吹捧了他幾個星期之後，格蘭特就出發前往國外旅行了。他在 5 月中旬從費城出發。他的女兒內莉在白宮嫁給了阿爾傑農·薩托里斯後，便隨著丈夫前往英國居住。格蘭特的這次旅行除了要看望一下女兒之外，還有其他計畫。

一大群人聚集在費城的港口送他。格蘭特與妻子以及他最小的兒子傑西一起出遊。讓他感到驚訝的是，當他抵達英國利物浦的碼頭時，發現有更多人在那裡歡迎他的到來。大約有一萬多名英國人在利物浦的通關處迎接他。無論是在利物浦或是曼賈斯特，他都獲得了城市自由勛章。他前往倫敦的旅程就像軍隊凱旋一樣隆重。他在倫敦也同樣得到了與在利物浦以及曼賈斯特一樣的禮遇。英國的商人和工人對他的尊重程度超過了他的想像。對他們來說，格蘭特是這個世界上還活著的最偉大將軍，代表著民主的奇蹟。

沒過多久，許多達官貴人就紛紛前來拜訪他。菲爾莫爾與範布倫之前到英國拜訪的時候，他們得到的禮遇就與普通的美國民眾差不多，沒有什麼人專門歡迎他們。但是，格蘭特在美國駐倫敦大使館的外交努力下，得到了美國前總統的待遇 —— 雖然格蘭特對此並不是特別在意，但皮爾龐特認為，格蘭特身為美國前總統，絕對不能忽視接待方面的規格。無論美國國內的人對此有怎樣的看法，但熟悉宮廷禮儀的英國人，會將招待不周視為一種無禮的舉動。

第四十六章　周遊世界與第三次謀求總統

撇開格蘭特在拜訪英國過程中出現了一些不愉快事情之外，整個旅程還是讓他感到非常高興的。格蘭特在倫敦所獲得的招待，在他遊覽世界各國的時候也反覆出現。他參觀了歐洲各國的首都以及每一座重要城市。他與德國的俾斯麥和毛奇進行交流，與法國的甘貝塔與麥克馬洪進行討論，與俄國的哥特查科夫進行探討，與西班牙的卡斯特拉爾聊天，與歐洲其他國家的國王或是女王交流，還與梵蒂岡的教宗會面。幾乎在每個國家的首都，他都受邀觀看閱兵儀式，但格蘭特一概拒絕這樣的邀請。他說：「事實上，我更想做一名農夫，而不是一名軍人。我對軍事方面的事情不感興趣。我對於自己加入軍隊的事情感到遺憾，在退伍的時候感到非常高興。」

參觀畫廊或是博物館等地方，讓格蘭特覺得索然無味，因為那些繪畫、雕塑以及教堂的建築，都讓他覺得沒什麼意思。但是，格蘭特對阿爾卑斯山脈的雄偉、金字塔的壯觀感到無比的震撼。他特別喜歡在大街上閒逛，與各國的普通百姓互動。美國駐西班牙大使詹姆斯·羅素·羅威爾在馬德里招待了格蘭特，他後來對格蘭特的這番描述，適用於格蘭特在其他地方旅行時的形象：

「因為格蘭特只會說英語，不會說其他語言，因此他像一塊冰那樣無法與別人自由地交談。我認為他對這麼漫長的旅行感到厭倦了。他最喜歡做的事情，就是遠離陪伴在身邊的那些達官貴人，與自己的妻子、孩子到大街上閒逛，感受普通人的生活。他來到這裡兩天了，我認為他已經比我更加了解馬德里這座城市了。他在觀察事情的時候非常專注，為人誠實且通情達理 —— 很容易受到他喜歡的人的影響。他是一位自然卻缺乏自我意識的人，有時對一些事情會表現出近乎無知的困惑。我經常回想，當他參加其他士兵的葬禮時，是否也是始終保持這樣的沉著冷靜。」

格蘭特從歐洲出發前往埃及，參觀了那裡的金字塔，之後前往亞洲，來到了聖地，後來又前往印度、暹羅、中國與日本。他對東方這些國家懷著濃厚的興趣。日本這個國家讓他感到驚訝。中國則是深深吸引著他。格蘭特在到訪中國的時候，曾與李鴻章交流過，他認為李鴻章是當時世界上在治國才能與外交手腕方面最偉大的四個人之一。

格蘭特在國外旅行時，發現許多新奇的景象吸引他的注意，人們給予他的關注也讓他感到高興。此時，海斯已經宣布自己不會競選連任，事實上，即便海斯試圖競選連任，也根本不可能獲得黨內提名，因為民眾普遍認為他得到這個總統職位就是有汙點的。海斯在總統任職期間，疏遠了絕大多數一開始幫助他成為總統的人。在格蘭特執政期間，那些具有影響力的政客，發現他們在海斯政府內無法發揮什麼影響。康克林、卡梅倫、洛根以及其他堅定的共和黨人，都失去了往日的權力與影響力，而薛曼、艾瓦特斯、霍爾以及舒爾茨則成為海斯的新寵。

在任命南方的公職人員時，南方民主黨人被召集到議會中。海斯的政府並不懂得如何去妥協。海斯對聯邦政府這臺「機器」運轉的方式根本就不了解，也沒有認清楚黨派責任以及過去那種老式的做事方式。布萊恩當時努力爭取成為總統候選人，與海斯以及堅定的共和黨人沒有什麼共同之處。堅定的共和黨人立即本能地將目光投向了格蘭特。

格蘭特在歐洲旅行的各種消息不斷傳回美國國內，格蘭特所受到的禮遇讓美國人感到自豪。無論這些人有什麼樣的政治立場，他們都在格蘭特身上看到了舊世界向新世界致敬的意思。顯然，當格蘭特回到美國之後，將會延續他的受歡迎程度。那些支持格蘭特的人要做的，就是阻止格蘭特過早地回國，從而讓格蘭特的受歡迎程度，能夠延續到共和黨召開黨代會的時候。當堅定的共和黨人開始發訊息給他，要求他不要匆忙回國，並且暗示當前的政治走向時，格蘭特在國外旅行的時間還未到一年。

格蘭特也是人，他對那些讚美他的話語也感到高興。「我收到美國國內寄來的每一封信件，比如波爾特給我的信件，都要求我繼續在國外旅行。」西元 1878 年 3 月，格蘭特在羅馬給巴多的信件裡這樣寫道：「他們希望我東山再起，這是我之前沒有想過的。也許，我應該在今年初秋或是明年早春的時候回美國。」但是，格蘭特在那年秋天並沒有回國。直到西元 1879 年 9 月，格蘭特所乘坐的船才來到了金門，發現碼頭上聚集著許多歡迎他的人，人數要比當初他在費城以及利物浦等地還要多。

格蘭特在美國西海岸到處逛，拜訪了過去在溫哥華洪堡特住過的地方。他在這裡所度過的歲月若是用文字描述出來的話，也許會讓格蘭特不願意去回憶。接著，格蘭特乘坐火車往東邊出發，在期中選舉的第二天來到格利納。他在這裡受到之前老鄰居的歡迎，並在這裡住了一個星期。之後，他再次向東邊出發，他在沿途所到的城市受到成千上萬民眾的歡迎。最後，他抵達費城，完成這次環遊世界的旅程。

在格蘭特看來，美國人民似乎都衷心地歡迎他。但從一個政客的角度去看的話，他回來的時間還是太早了 —— 這要比堅定的共和黨人預期的時間早了六個月。除此之外，格蘭特以及「保守勢力」似乎都沒有意識到，民眾有一種反對格蘭特第三次競選總統的強烈情感。民眾對格蘭特的愛戴並不能轉化成為他們支持格蘭特的選票。對於事情的發展，格蘭特顯得無動於衷，既沒有做一些有助於事態發展的事情，也沒有做一些不利於事態發展的事情。他只是靜靜地等待著結果。

接著，格蘭特前往墨西哥與古巴，繼續他的世界旅程 —— 他也成為美國歷史上去過世界上最多地方的人。

那些想要幫助格蘭特第三次競選總統的人，都是非常勇敢且握有資源的領袖。在美國的政治歷史上，還從未有過一個競選團隊在智力、自律、執行力度以及組織能力方面能夠與之相比的。我們經常能看到「保守勢力」在報紙上為格蘭特製造聲勢，在競選的場合不斷吶喊。但是，他們中絕大多數人都有著扭曲的幻想或是蠱惑人心訴求。他們自認為掌握的資源其實與他們想像的權力根本不相配。

不過，這些「保守勢力」的組成成員，對於名聲並沒有任何偽善的想法，他們所犯的錯誤至少是合理的錯誤，他們也不是一些虛偽的人。紐約的康克林、賓夕法尼亞州的唐·卡梅倫以及伊利諾州的洛根，他們都是各自所在的州的負責人，組成了「三頭政治」局面，當然，這個名詞是從古羅馬的歷史上得來的。他們在其他州也有盟友，將他們的勢力擴展到美國的每個角落。

2 月的時候，格蘭特還在古巴旅行。沃什伯恩在寫給格蘭特的信件裡，就提到了他再次爭取共和黨總統候選人提名的可能性。格蘭特在回信裡的口氣表明他也對此有所期望，雖然他沒有表現出很大程度的關心。「我所希望的是，聯邦政府能夠控制在那些拯救過它的人手中，直到所有因為內戰引起的問題都得到了解決。我寧願讓我提到的許多人成為總統，也不認為自己應該繼續擔任總統……當然，我也不能拒絕別人給我的機會，從而讓敵人感到高興。我並不是競選什麼職位的候選人。如果在芝加哥舉行的共和黨大會，提名一位能夠贏得大選的候選人，這也會讓我感到高興的。倘若提名的人選是別人而不是我，這會讓我感到更加高興……我希望看到布萊恩當選，但我擔心共和黨不會提名他成為候選人。」

3 月 25 日，當格蘭特在加爾維斯頓的時候，沃什伯恩在信中建議他在西元 1880 年之後，絕對不要同意成為總統候選人，格蘭特在回信中表示：「我認為任何來自我的聲明都會遭到誤解，只會被我的敵人抓住把柄。這樣的聲明應該在提名程序結束之後再做。如果我獲得了黨內提名，我就會接受這樣的提名。事實上，無論我是否能夠獲得提名，這都根本不是我所關心的事情。我認為還有很多人比我能更好地勝任總統這個職位。我已經非常感謝國民對我的信任了。如果他們認為我贏得總統大選的機率要比其他候選人還大的話，那麼我也絕對不會拒絕這樣的提名。」

從格蘭特的這些回信裡，我們可以看出格蘭特顯然願意接受共和黨的提名。從墨西哥回國之後，他沿著密西西比河從新奧爾良來到了開羅，接著借道維克斯堡與孟菲斯，沿著將近二十年前的軍事路線前進 —— 最後來到了格利納。他就在這裡等待著共和黨代表大會的召開。他似乎對大會最終的提名人選不感興趣，但他還是默許了家人與朋友們的要求。

與此同時，「保守勢力」一直非常勤奮地為格蘭特拉票。他們在做事方式上並不會吹毛求疵。在 2 月舉行的紐約州與賓夕法尼亞州的代表大會上，他們都迅速達成了共識，要求在這些州進行單位投票制。在伊利諾州代表大會上，選舉格蘭特成為該州的提名人選，忽視了其他地區反對的聲音。類似的情況也出現在其他州。

當共和黨代表大會在 6 月舉行的時候，已經有三百名代表支持格蘭特了，其中紐約、伊利諾州、賓夕法尼亞州，以及幾乎所有的南方州和邊境州的絕大多數代表，都表示支持格蘭特。布萊恩所擁有的票數少於格蘭特，但他所獲得的票數都分散在北方各州。薛曼除了在他所在的俄亥俄州獲得了比較穩固的領先之外，在其他州只有一些零星的支持，其中包括一些在南方州的黑人代表。艾德蒙德、溫頓與沃什伯恩都有各自的支持者，即使這些人都沒有真正地參加這次競選。

隨著時間接近 6 月，按照當時的情形來看，格蘭特必然要經過一番苦戰才有機會獲得提名。格蘭特的一些密友擔心格蘭特需要以這樣的方式贏得提名，便懇求他放棄尋求提名。但在那個時候，格蘭特已經走得太遠了，若是此時選擇放棄必然會讓他的朋友感到尷尬。格蘭特的家人也想要重新回到華盛頓，因此格蘭特只能勉為其難地同意他們的要求。約翰·拉賽爾·楊恩來到格利納，苦口婆心地勸導格蘭特寫一封信給他曾經的內閣成員，現任共和黨代表大會主席的卡梅倫，表明在任何時候都可以撤去他的名字。但是這封信並沒有保存下來，也從來沒有用過。

在兩黨黨代會的歷史上，還從未出現過像這次黨代會這樣的情形。黨內各個派系的人都在煽動支持者的情緒，會上出現了各種戲劇化的場面，個人與黨派傾軋的悲劇從未如此地赤裸裸。這次大會摧毀了一些人的野心，開創了一些人全新的事業，這在政治領域內形成了一個奇妙的組合。「三頭政治」嘗試強硬執行單元投票制，這一政策本來能讓格蘭特在紐約州、賓夕法尼亞州以及伊利諾州取得非常巨大的領先，但卻失敗了。他們在推出其他武斷的計畫方面也失敗了，從而引發了黨內激烈的爭論。

康克林所代表的勢力在這次大會上極盡炫耀，對反對勢力展現出極度的鄙視，這讓布萊恩的朋友和其他候選人感到不滿。他們試圖透過聯合支持其他候選人，以此來反對康克林所支持的格蘭特。他們質疑康克林一派人的忠誠度，嘲笑他們在政治層面上表裡不一。幾乎每一個參加這次代表大會的人，都清楚地記得康克林在提名格蘭特的時候所說的話。這段話充分展現了康克林盛氣凌人的個性：

「當有人問他來自什麼地方的時候，
我們的唯一回答就是
他來自阿波馬托克斯，
那裡有一棵著名的蘋果樹。」

康克林在大會上的發言，用詞極盡吹捧，給人留下的印象也只是一時的。但是，他在發言中使用的句子卻是讓人印象深刻的：「格蘭特對這個國家的貢獻證明了他的偉大。」、「他是憑藉自己的能力贏得這樣的名聲，而不是憑藉某些書面上的文字或是誇誇其談，是因為他完成了一件又一件偉大的事情才成就這樣的名聲的。」、「正是因為格蘭特的貢獻，我們的紙幣所具有的價值才能與黃金相媲美。」、「當他拒絕理會來自加州的鄧尼斯·科爾尼的時候，他其實表達的意思是，共產主義、缺乏法制以及秩序的情況，會給整座城市帶來極大的混亂，因此這樣的人必然會面對許多敵人[31]。」

在持續兩天長達三十六次的投票當中，「保守勢力」始終堅持陣線，他們保持嚴格自律的方式是之前從未出現過的。其他代表可能會在這方面出現動搖，但他們卻沒有。在第一次投票的時候，他們讓格蘭特獲得了 304 張選票。在接下來的兩天裡，他們投給格蘭特的選票從未低於 302 張，甚至在第三十五輪投票時，當格蘭特與加菲爾德兩人進行競爭的時

---

31 「從康克林在大會上的第一次發言到最後一次發言，他都在演說的過程中譏諷他的對手。在一場政治大會上，從來沒有出現過像康克林如此自大與傲慢的人。如果說這次大會之前還存在著就某些方面進行妥協餘地的話，那麼康克林在短短半個小時內的演說，就將這種可能性完全摧毀了。康克林提出的第一項建議就是通過一個決案，要求代表們支持獲得提名的人，無論最終獲得提名的人是誰。當他這樣做的時候，很明顯就是希望讓布萊恩那群人在格蘭特獲得提名之後能夠給予支持，因此他事先採取這樣的方式去堵住他們的後路。大會通過了這一決案，但是有關這一決案的討論，卻讓康克林成為這次大會最不受歡迎的人，這讓格蘭特在後來競爭提名的時候失去了最後的支持。康克林接下來的一項重要手段，就是要求所有代表都實行單元投票制，從而確保獲得大多數票數的人，能夠在各自的州獲得穩固的領先優勢。當康克林提出這項要求的時候，同樣讓很多人非常反感。若是要將康克林在這次大會上的傲慢表現充分描述出來的話，大約需要一個章節才能寫完。在他提名格蘭特的演說裡，他偏離了原先的主題，直接攻擊布萊恩那群人以及大會上其他反對格蘭特的勢力。這篇演說的內容事先就被媒體披露了。康克林在一開始表述的時候這樣說：『當有人問他來自什麼地方的時候，我們唯一的回答就是，他來自阿波馬托克斯。』這句話本身具有一定的尊嚴與戲劇性的力量。但在他後來使用的『修改版本』裡，我們卻沒有看到這樣的句子。當投票開始時，康克林身為紐約州的大會主席宣布投票結果。在這樣做的時候，他用傲慢的態度面對反對格蘭特的勢力。他最喜歡使用的話語是：『主席先生，紐約州有兩名代表支持薛曼，十七名代表支持布萊恩，五十一名代表支持格蘭特。』他稍微改變句式繼續重複一次，直到西維吉尼亞州代表大會主席都能模仿他說話的方式與口氣，這讓大會上的代表哄堂大笑起來。在這之後，康克林就沒有像之前那樣重複地說話了，而是表示那些沒有參加代表大會的人『其實是犯下了另一種背叛的罪過。』」 出自《總統提名與競選》一書，第 80 頁至 84 頁。

候，格蘭特依然獲得了 313 張選票。在最後一次投票時，當其他候選人都開始潰敗的時候，他們仍然顯得非常堅定。格蘭特依舊獲得了 306 張選票，這讓他們創造了歷史。

加菲爾德在一開始參加大會的時候是支持薛曼的，因此他在大會上是反對康克林的。開始的時候，他在每輪投票幾乎都只獲得一張選票，之後則被布萊恩那群人提名，但後來很多人說這是事先就已經安排好的，不過相關的證據並不明朗。為了平息「保守勢力」的不平，曾在格蘭特政府時期擔任紐約港口收稅員的亞瑟被提名為副總統候選人，他在海斯執政期間遭到解僱。當紐約的代表被要求選擇一個人作為副總統候選人時，康克林本應該對此要求不加理會。可是，亞瑟當時是總代表，他低聲對康克林表示自己希望能夠獲得這個職位 —— 這對後來的歷史產生了深遠的影響。

在整個提名過程中，格蘭特都在格利納處理著自己的事情。提名他的康克林不斷嘲笑著布萊恩，他說：「布萊恩那個傢伙沒有任何地位，也沒有任何的政治影響力。沒有任何人願意支持他，也沒有委員會支持他，他的家沒有電報線路連接這些參加大會的重要人物的家。他沒有任何電子方面的設備，他本人也沒有做出任何努力，但格蘭特的名字卻是家喻戶曉的。」

事實也的確如此。在整場大會上，當公告牌出現之後，格蘭特在羅利的辦公室待了兩三天。當康克林在演說中談到了阿波馬托克斯那句話，受到大會代表長達半個小時的歡呼之後，格蘭特在回家後，用嘆氣的口吻對兒子說：「我擔心自己會再次獲得提名。」在整個投票過程中，格蘭特沒有做出任何回應。當他得知最後的投票結果時，他只是彈了一下雪茄的菸灰，說：「加菲爾德是一個好人，我為他感到高興。先生們，晚安。」接著，他一言不發地回家了。

第四十六章　周遊世界與第三次謀求總統

但是，格蘭特其實也受到了這次大會的影響。他一想到卡梅倫當時在寫給他的信件裡提到的「保守勢力」讓他參與其中這麼深，就感到非常痛苦。「我的朋友們並沒有誠實地對待我。」他說，「我不能承受失敗的結果。如果他們不能百分百確保我能夠獲得提名，就不該讓我去參加提名。」他認為一些人並沒有公平地對待他，他也永遠不會原諒這些人——這其中就包括沃什伯恩，因為沃什伯恩利用他的名字將洛根在伊利諾州的選票分散了。

結語

當格蘭特離開白宮的時候，他就應該徹底與政治說再見了。政治遊戲並不是他擅長的。若是他能夠早點認清這個事實，那麼他退休後的生活會過得更開心點。只是，他身邊的朋友讓他感覺到自己有義務繼續參加總統競選，後來卻遇到了挫折。在海斯執政的大部分時間裡，格蘭特都在國外觀察著國內的局勢。他並不贊同海斯在路易斯安那州與南卡羅萊納州所採取的政策，認為這等於承認聯邦政府放棄了對當地政府的控制，同時讓張伯倫以及帕卡德等人能夠從中獲得實實在在的利益。

海斯不僅扭轉了格蘭特在南方各州的政策，而且他還疏遠康克林，解除康內爾與亞瑟在紐約海關的職位。在他執政期間，黨派的分別逐漸變得模糊起來。

在加菲爾德獲得黨內提名之後，格蘭特前往科羅拉多州，他並沒有發去祝賀的信件。很多人認為格蘭特會對此事感到氣憤。一些人甚至認為格蘭特會轉而支持漢考克 —— 格蘭特之前在軍隊的好友。但在 9 月的時候，當加菲爾德的選情看上去不樂觀時，格蘭特公開宣布他對加菲爾德的支持，康克林以及其他堅定的共和黨人，也加入了支持加菲爾德的陣營當中。格蘭特與康克林為加菲爾德發表競選演說，因為格蘭特在國外旅行的時候，已經掌握了發表公共演說的能力。

在大選之後，他認為自己在此期間做出了一定的貢獻，但加菲爾德卻從沒有徵詢過他的意見。當布萊恩獲得進入內閣的提名後，格蘭特感到非常不滿。在 3 月 4 之後，布萊恩前往華盛頓，希望能夠得到加菲爾德的支持。沒過多久，羅伯森就獲得了在紐約的任命，普拉特與康克林在參議院選擇辭職以表抗議，接著就要為再次選舉努力了。

之前在芝加哥舉行的紐約代表大會上，羅伯森就是反對格蘭特的成員之一，他對格蘭特失去黨內總統提名有著重要作用。格蘭特非常同情康克林的遭遇。他也對加菲爾德的做法感到不滿，因為加菲爾德在沒有徵詢他的意見之前，就讓紐約之前遭到解僱的收稅員梅里特恢復原職，同時將之前擔任這一職位的人派到了國外工作[32]。

這年春天，格蘭特在墨西哥。他在5月的一封信裡這樣寫道：「我對加菲爾德政府的表現非常不滿。他的表現再也無法讓我選擇信任他了。我再也不會支持那些在黨代會上缺乏足夠魄力的人作為總統候選人……加菲爾德已經表明他並不是一個中堅人物，我希望他的提名會被國會反對。」格蘭特這封對加菲爾德表達不滿的信件，在被媒體公布之後廣為人知。當加菲爾德遭到槍殺去世後，格蘭特與康克林在一段時間內成為大眾指責的對象。9月，當格蘭特為加菲爾德扶棺時 —— 正如他之前為索姆奈、莫特利以及格里利等人扶棺一樣 —— 這樣的攻擊依然沒有完全消失。

亞瑟（Chester Alan Arthur）擔任總統之初，與格蘭特的關係比較融洽，經常會就一些事情詢問格蘭特的意見。在格蘭特的建議下，弗里林海森被任命為國務卿，紐約州州長摩根則被任命為財政部長。摩根拒絕了這

32 西元1881年5月14日，參議員康克林與普拉特在給州長康內爾的辭職信件裡這樣表示：「幾週前，總統向參議院提交人事提名，要求對幾位已經擔任公職的人進行撤換。在這些職位當中，有現在由梅里特擔任紐約港收稅員的職位，一個職位是美國駐倫敦總領事，現在由巴多擔任，另一個則是美國駐丹麥的代辦，現在由克雷默擔任，還有一個則是美國駐瑞士使領館的職務，現在由前任國務卿菲什的兒子擔任……在這些職位當中，只有克雷默本人是紐約人。總統建議解除這些人的職位，並不是因為這些人犯下了什麼錯誤，也不是因為他提名的人選在提供公共服務方面有什麼更好的表現，而是為了讓紐約港收稅員的職位可以讓威廉 · 羅伯森擔任，作為對羅伯森『幫助他成功贏得黨內提名』的回報。總統的這一連串人事提名立即遭到了巴多的強烈反對。亞瑟、康克林、普拉特、郵政部長詹姆斯以及州長康內爾等人都聯名反對。他們已經將反對的信件遞交給總統，但總統對此置若罔聞。

個任命。格蘭特一開始建議約翰·雅各·阿斯特擔任財政部長，之後又建議他擔任駐英國大使，但這兩個建議都沒有被採納。

沒過多久，亞瑟就開始疏遠格蘭特的那些朋友，也許這是因為他認為這些人都依仗著格蘭特的政治勢力。他希望成為一個獨立的總統，而要想做到這點，就有必要建立屬於自己的政治勢力。亞瑟這樣的表現完全出乎格蘭特的意料，格蘭特對亞瑟的這種做法也完全無法理解。在格蘭特的一生裡，他始終忠誠於自己的朋友，甚至連自己的名聲受到影響的時候，也依然要保護自己的朋友。

在受邀重新回到白宮時，格蘭特對身邊的隨從或是親人不斷懇求他在總統面前說些好話，讓他們擔任一官半職的要求感到厭煩。但是，天生隨和的格蘭特最終屈服他們的要求，直到亞瑟最後明顯表達出對格蘭特這種做法的不滿，有時甚至會刻意地躲避他。格蘭特希望自己的朋友比爾擔任海軍部長，亞瑟卻任命威廉·E·錢德勒擔任這個職位，錢德勒是布萊恩的朋友，也是擊敗格蘭特獲得第三次總統提名的關鍵人物之一。在這之後，格蘭特與亞瑟之間的矛盾開始漸漸顯現。

西元 1883 年 2 月，格蘭特在一封信裡這樣寫道：「亞瑟似乎更加懼怕他的政敵，正是因為這種恐懼心理，會讓他受到自身判斷、個人情感或是朋友關係的影響。」一年之後，也就是在共和黨全國代表大會召開的前夕，他寫道：「亞瑟要是參加這次大會提名的話，他的支持人數可能會排在第二。若是他沒有那些被他任命的官員的支持，他可能不會獲得半張提名的選票。」

格蘭特之所以感到不滿，並不是因為亞瑟沒有按照他的建議那樣去任免官員，而是因為亞瑟沒有去改正他認為錯誤的事情 —— 在他擔任總統期間，他拒絕讓菲茲·約翰·波特接受第二次審判。從那以後，在經過對證據更加詳細的研究後，他相信波爾特在接受軍事法庭審判時的一切指控，都是不能成立的。這一判決最後被以斯科菲爾德為首的委員會否決，格蘭特努力想讓這個議案獲得國會通過，授權總統重新恢復波爾特之前的軍銜。但亞瑟卻否決了這個議案，理由是國會已經侵犯了總統在人事任命方面所具有的特權。格蘭特立即公開譴責亞瑟否決議案背後的動機。

西元 1884 年的共和黨大會上，主要是布萊恩與亞瑟之間在競爭，格蘭特更加傾向於支持布萊恩，不過因為他此時已經身患重病，無法將票投給他。在大選前一年，他這樣寫道：「共和黨要想得到拯救，必須要執行果斷鮮明的政策。現在，共和黨根本就沒有推出任何鮮明的政策，只是不斷向那些失去權勢的人兜售職位，從而讓他們繼續支持共和黨，避免就任何重要的問題公開表明立場。」以格蘭特的政治信念來說，他始終都是一位堅定的共和黨人。

格蘭特從國外旅行回來之後，馬上就開始思考自己的生計問題。他不得不想辦法去賺錢，但他從來都不擅長賺錢。當他從科羅拉多州回到東部之後，他這樣寫道：「有一件事是非常確定的，我必須要做一些事情來增加收入，或是繼續在格利納生活，或是繼續在農場裡生活。我找不到繼續在城市裡生活的門路。」

格蘭特一直對墨西哥這個國家充滿了興趣。在他爭取第三次總統提名的努力失敗之後，他的朋友羅密歐多年來都是墨西哥駐華盛頓的大使，決定與他合夥成立一間公司，格蘭特擔任公司主席，該公司成立的目的，就是建立一條通向南面瓜地馬拉邊境的鐵路。這個企業並沒有取得成功。但在西元 1882 年，在弗利林海森的建議下，亞瑟委任格蘭特為談判代表，與墨西哥就商業協議進行談判。格蘭特之所以接受這個任命，完全是因為他希望美國與墨西哥這兩個國家，能夠建立更加緊密的商業與政治連繫。

這個協定最終達成了。格蘭特希望參議院能夠迅速通過這個協議。他知道，要是參議院拖延的話，就會給外國勢力找到影響墨西哥當局的機會。可是亞瑟政府接下來沒有就此做任何事情。這個協議最終沒有通過，之後也沒有人提起。

他來到華爾街，那裡的人都認識他。他認為自己能夠在這裡賺到錢，事實上，賺到錢的只有華爾街那幫老油條。市場不相信偶像崇拜，股票市場也不會因為參與的人之前多麼有名氣而變得順從。格蘭特踏上了其他名人之前走過的道路。但他之前的人生已經充滿了太多衝突，之後還要面臨一場更加迅速的轉變。在接下來幾個月的時間裡，他經歷了悲劇、歡喜與不幸，最終讓他在人民的心目中恢復了他應有的地位。

當格蘭特在國外旅行時，他委託兒子打理自己的財產。他認為兒子有經商頭腦，希望他能夠用這筆錢去投資。格蘭特的兒子與百萬富翁兼參議員的女兒結婚，之後就定居在紐約。西元 1879 年，小格蘭特認識了年輕的斐迪南 · 沃德，此人當時在華爾街做得風生水起。小格蘭特透過投資沃德的一些業務，為格蘭特賺到了一筆錢，這讓格蘭特有足夠的資金完成環遊世界的旅行。

西元 1880 年秋天，沃德提議成立一間私人銀行，以格蘭特 & 沃德的名義在華爾街從事銀行業務，具體的業務由沃德去操作，小格蘭特則是該企業的合夥人，而格蘭特以及詹姆斯 · F · 菲什 —— 沃德的岳父，時任布魯克林梅林銀行的主席 —— 擔任隱形合夥人。這間新成立的企業受到很多人的追捧，沃德成了華爾街耀眼的明星。他的公司具有極高的信用，整個市場看上去非常熱絡，公司的投資者都獲得了豐碩的回報。

該公司的業務範圍包括股票、債券以及鐵路合約，一開始的時候，公司的實收資本是來自查菲出資的四十萬美元，其他的一些資本則是來自格蘭特家族 —— 當時弗雷德與傑西都和有錢人結了婚，定居在紐約。在接下來三年的時間裡，該企業的營收達到了一千五百萬美元，菲什的帳戶上已經存了將近一百萬美元。

格蘭特只知道他們賺到了這些錢，他跟兒子都沒有在意具體的經營細節。他們只是看到不斷有錢進入他們的帳戶，因此他們對沃德深信不疑。不過，當沃德與他們談論鐵路合約，以及給次級合約商緊急貸款的高額利息問題時，他講到了格蘭特的影響力對於公司贏得政府合約是非常有幫助的 —— 格蘭特之前已經表明，他絕對不會參與公司這種形式的商業競爭，他認為這是一種不正當的競爭方式。

「我之前擔任過美國總統。」他後來作證的時候這樣說，「我認為，對我而言，讓我的名字與政府合約連繫在一起是不合適的。我知道除非他們以不誠實的手段贏得合約，否則便很難獲得豐碩的利潤。有些人每年都能獲得許多政府合約，無論他們是否以不誠實的方式獲得，但我都認為自己絕對不能從事這樣的活動。」

此時的格蘭特絲毫沒有意識到，厄運正慢慢降臨在他身上，他還盲目地認為自己的餘生都將過著富足的生活。他最親密的一些朋友都是富人，現在他感覺自己也能與這些富人平起平坐了。他在第六十六大街靠近第五大街有一座豪宅，那裡住著他的家人，擺放著他多年來獲得的勛章。他打算就這樣安逸地度過餘生。格蘭特除了在格蘭特 & 沃德公司獲得的豐碩分紅之外，還能從紐約金融家那裡得到一筆一萬五千美元的收入。他現在沒有任何公務，也沒有任何政治野心，也不再戀棧權力了。他覺得自己的未來一片光明，對這樣的生活感到滿足。

在西元 1883 年 12 月耶誕節的前一天，他在自家門前一條布滿冰塊的道路上滑倒了，摔斷了腿，之後在床上躺了幾個星期。在接下來的幾個月裡，他一直拄著枴杖跛行。之後，他在華盛頓與門羅堡的時候身體狀況似乎好了一點，卻始終無法恢復到之前的健康水準。當他在第二年 4 月回家之後，他的雙腳依然沒有痊癒，但他照舊過著無憂的生活。他經常坐車前往市中心處理一些事情，不需要為經濟方面的事情擔心。

西元 1884 年 5 月 4 日週六，這天晚上，沃德前來看望他，跟他說梅林銀行現在陷入了困境，說西特 · 張伯倫在這天下午取出了一大筆錢，這影響到銀行的儲備金。除非能夠立即籌措到四十萬美元，否則銀行在週一上午的時候就要關門了，這必然會影響到銀行現有的六十六萬美元存款。沃德表示自己籌措了二十五萬美元，但這還不夠，他要求格蘭特籌措剩下的錢。

這對格蘭特來說是前所未聞的。他不知道該找誰去借這筆錢，沃德建議他去找范德比特。於是，格蘭特當天晚上就去找范德比特，跟他說了這件事，並從范德比特那裡借了十五萬美元 —— 范德比特表示，他之所以願意借這筆錢，並不是因為格蘭特 & 沃德銀行出現了困境，而是因為他個人願意這樣做。第二天，范德比特就將這筆錢給了格蘭特，格蘭特認為這筆錢會自然地進到銀行的系統裡面。

星期二早上，當格蘭特跛著腳回到銀行辦公室時，兒子的一句話讓他感到無比驚訝：「格蘭特 & 沃德公司倒閉了，沃德跑路了。」格蘭特一言不發地轉過身，緩緩地回到自己的私人辦公室。這天下午，出納員發現他依然坐在辦公室，就走到他的桌前，發現格蘭特垂著頭，雙手抽搐地握著椅子。

當天晚上，他知道自己所有的錢都被捲走了。公司已經沒有半分存款了。沃德之前談論的債券根本是一文不值的。格蘭特一家都陷入了貧窮當中。他們之前累積的所有財富都投入到這間公司裡。商人們的催款帳單不斷地傳過來，要不是某位陌生人（來自紐約的查理斯·伍德）迅速給予慷慨的幫助，格蘭特甚至沒有錢吃飯。當然，這位陌生人要求格蘭特接受這筆貸款，「作為對格蘭特從西元1865年4月以來所做貢獻的回報」。當時格蘭特的內心是驕傲的，但他沉默的性格讓他不願意去接受別人的幫助。

為了避免那些貪婪之人繼續利用格蘭特，范德比特要求格蘭特將個人的財產作為借款的抵押。因此，格蘭特將農場抵押出去，還包括妻子在費城與芝加哥的房產和他所有的個人財物 —— 其中還包括他在戰爭期間所獲得的勳章、寶劍跟軍服。幸好，格蘭特的債主是范德比特，否則他就要將這些財物先抵押給格蘭特 & 沃德公司。之後，范德比特想要將這些財產轉給格蘭特夫人，但她表示拒絕，只接受了格蘭特當年的一些勳章，之後又將這些勳章送給了政府。菲什與沃德因為犯有欺詐罪，分別被判處七年與十年有期徒刑。

格蘭特失去了生活的經濟基礎，還要承擔各種責任，經商失敗，別人不公正的指責，再加上身體孱弱，年歲漸增，他不得不重新面對這個世界。他再也無法為自己對人性的簡單信念辯護了。他說：「一直以來，我都選擇相信別人，在別人背叛我之前，我都選擇相信他們。但我看不到以後繼續相信別人的可能性了。」可見，這些事情讓格蘭特的心靈遭受了極大的痛楚。倘若沒有這些事情，歷史也將不會記錄下格蘭特人生最後階段所做的努力，讓我們對之前種種發生在他身上的事情有足夠的認知。面對逆境的時候，格蘭特的表現值得所有人的尊敬。

在他身無分文之前，《世紀雜誌》便邀請他就內戰的戰役寫一些系列文章，要求他寫關於夏洛伊以及荒原戰役的故事。不過，當時的格蘭特對此不是很感興趣，因為寫作從來就不是他擅長的事情。現在，這些人繼續向他提出這樣的建議，他已經別無選擇了。為該雜誌撰稿可以讓他賺到一些錢。他寫了一篇關於夏洛伊戰役的文章，驚訝地發現自己能夠讓整個故事充滿趣味，就像他之前在軍隊的下達指揮命令與寫軍事報告一樣。格蘭特具有某種異乎常人的敘述能力，因為在他的一生裡，他都是一位讓人愉悅的談話者，有時在面對一些特定朋友的時候，甚至會口若懸河說個不停。格蘭特只是在公開場合或是那些他不是很熟悉的人面前才會保持沉默。

在寫了夏洛伊戰役的文章之後，他接著寫了維克斯堡戰役、查塔努加戰役以及荒原戰役等文章。在此基礎上，格蘭特萌發了要創作回憶錄的念頭。他開始專注於這項全新的工作，雜誌方面也一再要求他繼續寫下去。因此，整個夏天，格蘭特都待在朗布蘭奇，每天在巴多以及他最年長的兒子的幫助下寫作，後者負責幫他證實一些紀錄以及將一些內容組合起來。

但是，格蘭特的身體每況愈下。到 10 月的時候，當他回到城市時，他感到自己的咽喉開始疼痛起來。經過檢查之後，醫生告訴他這是咽喉癌。很快，格蘭特在吃東西時就得忍受巨大的痛苦。他表示，如果他不能康復的話，就不想活下去了。在某段時間裡，他甚至不想繼續寫作或是走路了。

「他經常花幾個小時坐在椅子上，緊握著雙手，看著面前的那堵牆，一言不發，沉思著自己的未來。他的臉上沒有露出一絲對痛苦或是疾病的恐懼神色，只是顯得非常莊重。這就好像一個人正在注視著自己敞開的墳墓。可是，他並沒有因此而感到沮喪。」巴多這樣寫道，「這樣的場景，是我見過最震撼心靈的畫面了。」

格蘭特並沒有沉浸在疾病的痛苦之中。他勇敢地再次回到寫作這項全新的工作當中。他想要為自己、家人以及那些他所虧欠的人完成這本書。

第四十六章　周遊世界與第三次謀求總統

當他得到第一筆稿費之後，立刻將這筆錢還給在 5 月分借錢給他的那位陌生人。但是，他始終覺得自己無法還清所有的債務。1 月時，醫生最終的診斷結果是他無法康復，格蘭特對這個結果感到非常痛苦。他並不是因為自己要死而感到痛苦，而是因為他覺得自己無法活到能夠洗清自己名聲的那一天。

在這年冬天，參議院通過了一個法案，要求恢復格蘭特的軍銜，將他列入退伍軍人的名單當中。不過，亞瑟總統表示他會像在對待菲茲·約翰·波特的情況一樣，否決這個議案。亞瑟對這件事情非常敏感，參議院要通過這個議案讓他感到不安。

很快，世人就知道格蘭特即將要死去，各地的人們都開始同情格蘭特的遭遇。參議院那份要求恢復格蘭特軍銜的議案在經過修改之後，滿足了亞瑟的要求，但卻因為政黨分歧原因在眾議院被擱置了。民主黨人想要通過早前的那一份議案，從而讓亞瑟感到難堪，因為他們這樣做，是希望亞瑟能夠改變之前的做法或是直接否決這個議案。國會差點就達成了這個目標，格蘭特也將這樣的事實看成是某種報復的手段，不過他此時已經對此漠不關心了。

2 月 16 日，這一議案在參議院被否決，這一天也恰好是多納爾森戰役大捷紀念日。格蘭特覺得，每一天都可能是他的最後一天。國民對格蘭特的同情感被喚醒了，形成了強大的輿論攻勢。3 月 4 日，在這一屆國會即將任滿結束前的幾個小時，這個議案在按照亞瑟的要求修改之後，在參眾兩院一致通過了。克利夫蘭總統（Stephen Grover Cleveland）簽署了這個法案，這也是他任期內簽署的第二個法案。

此時，格蘭特的人生只剩下與死神最後的博弈了。死神似乎不止一次降臨到格蘭特身上，醫生也不止一次認為格蘭特就要死去了。在接下來的幾個月裡，格蘭特並沒有躺在床上，而是彎腰坐在椅子上，忍受著身體的極度痛苦。即便那些之前長期與格蘭特存在不和的人，現在也開始同情他的遭遇。在慶祝里奇蒙被聯軍攻占的紀念日當天，格蘭特寫了這樣一段話：「我為我的朋友和所有稱不上朋友的人給予的祝福以及憐憫而感動，我也祝願大家一切安好。」

沒有必要繼續寫下去了。格蘭特所說的簡單文字就像一把刀那樣深入人們的心靈。他專注於完成自己的回憶錄，當他不能說話的時候，就用筆在紙上寫。他人生最後幾個星期所寫的文字是流暢且客觀的。這些文字讀起來非常簡潔，人們很難意識到格蘭特在寫每一段話時經歷了多大的痛苦。在 6 月的時候，他們將格蘭特送到麥葛列格山。7 月 23 日，他在這裡去世。在他去世前的三週，也就是 7 月 2 日，他給道格拉斯醫生的一封信，適合作為本書的結尾：

「在我去世之前，不要將這封信給別人看，你的醫生同事除外。我特別希望你不要讓我的家人看到這封信⋯⋯在一些時候，我感覺自己恢復了力氣，但我知道這已經是回天乏術了。我知道，在冬天來臨之前，你要繼續維持我的生命，這並不是一件容易的事情。當然，一些偶然的狀況隨時都可能出現將我帶走⋯⋯因此，我要對你和你的同事們說一句，盡可能讓我走得舒適一些。如果上天要讓我走的話，我絕對會毫無怨言地接受上天的召喚。其實，我寧願現在就走，也不願意忍受每一天的痛苦，況且我也沒有了康復的任何可能性。正如我所說的，我要感謝你們延長我的生命，讓我能夠繼續手上的工作。我還要感謝你們讓我親眼看到了和諧的景象，幾年前還與我爭鋒相對的人現在都過來祝福我。當我知道全國人民、世界各地信仰不同宗教的人，以及當年兵戎相見的南方老兵們都給予我祝福，這實在讓我極為感動。他們的祝福帶給我極大的快樂，即便這不能讓我康復，還是讓我心存感激。我要感謝你以及你的同事，正是你們讓我躲過了死亡的重重陰影，讓我見證了這些美好的事情。」

只接受無條件投降的人，尤利西斯‧格蘭特將軍：

主導南北戰爭、重建戰後美國、執政時期飽受攻擊、用盡生命完成回憶錄，重現美國戰爭部長傳奇的一生

作　　者：[美] 路易士 · A · 柯立芝（Louis A. Coolidge）
翻　　譯：李皓明
發 行 人：黃振庭
出 版 者：崧燁文化事業有限公司
發 行 者：崧燁文化事業有限公司
E-mail：sonbookservice@gmail.com
粉 絲 頁：https://www.facebook.com/sonbookss/
網　　址：https://sonbook.net/
地　　址：台北市中正區重慶南路一段六十一號八樓 815 室
Rm. 815, 8F., No.61, Sec. 1, Chongqing S. Rd., Zhongzheng Dist., Taipei City 100, Taiwan
電　　話：(02)2370-3310
傳　　真：(02)2388-1990
印　　刷：京峯彩色印刷有限公司（京峰數位）
律師顧問：廣華律師事務所 張珮琦律師

定　　價：550 元
發行日期：2023 年 03 月第一版
◎本書以 POD 印製

國家圖書館出版品預行編目資料

只接受無條件投降的人，尤利西斯 · 格蘭特將軍：主導南北戰爭、重建戰後美國、執政時期飽受攻擊、用盡生命完成回憶錄，重現美國戰爭部長傳奇的一生 / [美] 路易士 · A · 柯立芝（Louis A. Coolidge）著，李皓明 譯 . -- 第一版 . -- 臺北市：崧燁文化事業有限公司 , 2023.03
面；　公分
POD 版
譯自 : Ulysses S. Grant.
ISBN 978-626-357-225-6(平裝)
1.CST: 格蘭特 (Grant, Ulysses S.)
2.CST: 傳記 3.CST: 美國
785.28　112003026

電子書購買

臉書